匈牙利近现代史

(1867—2018)

马玉琪　著

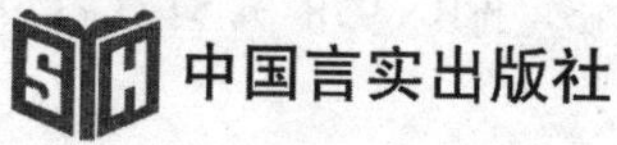

中国言实出版社

图书在版编目（CIP）数据

匈牙利近现代史 : 1867—2018 / 马玉琪著 . -- 北京 : 中国言实出版社 , 2020.7

ISBN 978-7-5171-3493-0

Ⅰ . ①匈… Ⅱ . ①马… Ⅲ . ①匈牙利—历史— 1867-2018 Ⅳ . ① K515

中国版本图书馆 CIP 数据核字 (2020) 第 107132 号

责任编辑　郭江妮
责任校对　王建玲

出版发行　中国言实出版社
地　址：北京市朝阳区北苑路 180 号加利大厦 5 号楼 105 室
邮　编：100101
编辑部：北京市海淀区花园路 6 号院 B 座 6 层
邮　编：100088
电　话：64924853（总编室） 64924716（发行部）
网　址：www.zgyscbs.cn
E-mail：zgyscbs@263.net
经　销　新华书店
印　刷　天津兴湘印务有限公司
版　次　2021 年 5 月第 1 版　2021 年 5 月第 1 次印刷
规　格　710 毫米 ×1000 毫米　1/16　20.25 印张
字　数　350 千字
定　价　76.00 元　ISBN 978-7-5171-3493-0

目 录

第一篇

奥匈帝国时期的匈牙利王国

（1867—1918）

第一章　奥匈帝国

一、奥匈帝国的建立

匈牙利1848年革命被镇压后，奥地利皇室于1849年3月14日公布了《奥尔木茨宪法》。宪法规定：取消匈牙利的自治权，匈牙利仅是哈布斯堡君主国的一个省，并将克罗地亚、斯洛文尼亚、伏伊伏丁那和埃尔代伊（Erd é ly, 现在罗马尼亚的特兰西瓦尼亚）从匈牙利领土中分割出去。不久，费伦茨·约瑟夫皇帝还嫌匈牙利领土过大，又把塞尔维亚和泰迈什（现在罗马尼亚的蒂米什）分割出去。1850年9月13日，费伦茨皇帝下令把剩余的匈牙利国土划分为5个大区：佩斯－布达区、肖普朗（Sopron）区、波若尼（Pozsony）区、考绍（Kassa）区和纳吉瓦劳德（Nagyv á rad）区，每个大区区长和州的州长都由皇帝指派。在长达10年的专制统治后，费伦茨皇帝于1860年郑重宣布放弃公开的专制制度，10月20日颁布了“十月赦令”。赦令在许多领域恢复了1848年以前的状况，并许诺恢复国会，还解决了部分匈牙利国家领土统一的问题，把塞尔维亚归还给匈牙利。恢复了匈牙利政务署、总督公署、枢密院，允许用匈牙利语教学及恢复各州自治政府。为了通过费伦茨的新宪法（十月赦令），1861年4月6日召开了匈牙利国会。国会代表一致反对哈布斯堡皇室的立场，要求执行裴迪南五世1848年签署的宪法。1861年7月8日，匈牙利国会上书国王，要求恢复1848年的宪法，但遭到了费伦茨的拒绝。8月14日，国会再次向国王上书，8天之后，皇帝下令再次解散了国会。10月末，费伦茨又解散了各州的议会。11月5日，费伦茨宣布进入过渡时期，并一直持续到1865年。

匈牙利贵族们奋斗的目标是恢复国家1526年之前的领土完整和独立，以及把匈牙利语言定为国家语言。他们响应匈牙利政治家戴阿克·费伦茨（De á k Ferenc）的号召，消极抵抗，不在机关供职，蒙骗奥地利当局，等待政治局势的好转。但到19世纪60年代中期，被排斥于政治之外的苦闷及连年歉收导致日益严重的物资匮乏，使得消极对抗的人们陷入困境。虽然哈布斯堡皇朝的目的是要把匈牙利的领土占为己有，把匈牙利德国化，但奥地利帝国国力不济，且在1859年与意大利和法国的战争中吃了败仗，1866年在与普鲁士的战争中再遭惨败。这时，奥地利被迫声明放弃对德国国内事务的干预，哈布斯堡家族在德国的影响受到削弱。由于意大利在战争中是普鲁士的盟国，奥普战争后得到了自拿破仑战争以来一直属于奥地利的威尼斯。费伦茨开始认识到帝国不能没有匈牙利的支持，而“具有反抗精神的”匈牙利人也从连战连败的斗争中明白短期内不可能实现完全独立。匈牙利所面临的问题是要和谁达成协议以及需要放弃什么。当时流亡在国外的科苏特·劳约什（Kossuth Lajos）主张建立包括匈牙利、克罗地亚、埃尔代伊、塞尔维亚、罗马尼亚在内的“多瑙河联邦”，但匈牙利统治阶级中大多数主张同哈布斯堡妥协。他们认为，一旦奥地利帝国解体，在强大的俄国和德意志帝国之间不可能存在一个独立的匈牙利。

匈牙利民族是奥地利帝国中第二大民族，面积占了帝国的⅓。为了保障奥地利皇帝在匈牙利的地位，防止其脱离奥地利而独立，费伦茨·约瑟夫皇帝不得不与匈牙利贵族进行安抚性谈判，寻求能得到他们支持的折中方案。一些政府官员劝告费伦茨与所有民族运动家谈判并建立联邦国家，他们担心与匈牙利贵族单独谈判会遭到其他民族更大的反对。但费伦茨无法忽视匈牙利贵族的势力，而这些贵族只肯接受他们与奥地利传统贵族之间的二元体。当时，罗马尼亚人和斯拉夫人等少数民族亦曾要求参与政权并建立多元（七元）政府，但基于奥地利和匈牙利贵族的反对，此方案未被通过。

1862 年年底，费伦茨皇帝命令奥波尼·杰尔吉（Apponyi György）制定一份两国妥协的方案。奥波尼在方案中提出：第一，奥地利不能把匈牙利完全吞并；第二，保持匈牙利法律的连续性；第三，保留匈牙利国会和政府各部。他建议基于以上原则建立二元制国家，另设两国共同的外交部、国防部和财政部三个独立部门。该方案被费伦茨否定。1864 年年底，费伦茨在同匈牙利政治家戴阿克的秘密谈判中暗示了同匈牙利和解的意愿，戴阿克抓住时机在报纸上公开表示，如果能够恢复宪法并建立两国共有的外交部、国防部和财政部，匈牙利方面愿意同奥地利和解。这时，费伦茨皇帝解除了梅林的首相职务，进行内阁改组，并于 1865 年年底召开国会会议。但由于奥普战争的爆发，国会被迫终止。奥普战争中虽然匈牙利举国上下都积极支持奥地利，但奥地利还是失败了，这也迫使费伦茨加快了同匈牙利妥协的进度。经过几个月紧锣密鼓的谈判，1867 年 2 月，奥地利国会以 257 票同意、117 票反对和 22 票弃权通过了“妥协协议”，该协议实际上采纳了当初奥波尼提出的建议。同年 5 月，匈牙利国会以 209 票赞同、89 票反对通过该协议。奥匈帝国就此诞生，结束了哈布斯堡王朝同匈牙利民族之间自 1848 年以来长达 20 年的斗争。“妥协协议”承认了匈牙利 1848 年的各项法律，并第二次任命了匈牙利的责任内阁（第一次是在 1848 年 4 月 11 日）。

二、奥匈帝国的状况

奥匈帝国的土地面积是676615平方公里（1914），在当时欧洲排名第二，仅次于俄罗斯帝国。人口为5280万（1914），继俄罗斯和德意志帝国之后位居欧洲第三。奥匈帝国内共有11个民族，其中占总人口的比例分别是：日耳曼人24%、匈牙利人20%、捷克人13%、波兰人10%、乌克兰人8%、罗马尼亚人6%、克罗地亚人5%、斯洛伐克人4%、塞尔维亚人4%、斯洛文尼亚人3%、意大利人3%。奥匈帝国以莱塔尼亚河为界分为内莱塔尼亚（奥地利帝国）和外莱塔尼亚（匈牙利王国）部分。内莱塔尼亚包括奥地利、斯洛文尼亚、波希米亚（现在的捷克部分地区）、摩拉维亚、加里西亚和达尔马提亚。外莱塔尼亚包括匈牙利、斯洛伐克、克罗地亚和埃尔代伊。另外，费乌姆（费乌姆是意大利语的称呼，克罗地亚语称其为里耶卡）为自由市。波斯尼亚和黑塞哥维那为独立的帝国直辖地区，由匈牙利和奥地利共同管理。此外，奥匈帝国还在中国的天津拥有1030亩的奥租界。

奥匈帝国的全称是“帝国议会所代表的王国和领地以及匈牙利圣史蒂芬（匈牙利译为“圣伊斯特万”）的王冠领地”。奥匈帝国由一个君主（奥地利称为皇帝，匈牙利称为国王）、两个国家和三个政府组成。两个国家是在内政上各自独立的立宪制国家，即奥地利和匈牙利。但两国均放弃了象征国家主权的外交、军事和财政权。两国各有自己的议会和首相（匈牙利称为总理）。三个政府是指匈牙利政府、奥地利政府和一个位于皇帝领导下的中央政府。匈牙利议会只能对税收和征兵数额进行监督。议会的法律草案必须经皇帝批准后才能提交国会。

皇帝领导下的中央政府由两国共同成立的外交部、国防部和财政部组成（均设在维也纳），三个部长由皇帝任命，部长们只对皇帝负责。三位部长、两国的首相或总理、军队总参谋长、部分大公和皇帝本人组成部长会议领导这三个部的工作。两国议会各选派由六十人组成的委员会和代表团对三个部的工作进行监督，委员会和代表团的例会在维也纳和布达佩斯轮流召开，以信件形式进行交流，只有在意见相悖需要表决时才聚在一起开会。实际上，例会也只能对经济和财政问题进行监督，对外政策和军事事务仍是皇帝的特权。国防部长只负责对国防部的管理，没有指挥军队的权力。匈牙利人担任过外交部长和财政部长，但从来没有担任过国防部长。

根据法律规定，所有健康的男子都必须服兵役。帝国的军队由陆军和海军组成，军队中一律使用德语，和平时期保持25万—26万军人，战争时期可扩招到80万。每年招募新兵10万，其中匈牙利占4万。1914年，军队编制增加至50万，战争时期可保持150万，服役期限为3年。1912年改为2年，但骑兵和炮兵仍为3年。按规定，两国每十年对帝国国防开支中各自承担的份额进行商定。起初，匈牙利承担共同费用的30%，后来增加到33%，1907年增长到了36.4%。而奥地利方面在1897年时就认为匈牙利应承担总费用的42%。两国还保留了关税同盟，关税税率每十年重订一次。此外，匈牙利还承担了帝国的一部分债务。

三、奥匈帝国与中国

1869年9月2日，中国和奥匈帝国签订了商业和航海协议，同年奥匈帝国在上海开设了领事馆，中国在33年之后的1902年才向维也纳派出外交官。1897年1月6日，奥匈帝国皇帝费伦茨·约瑟夫正式任命齐干（Moriz Czikann von Wahlborn）为第一任驻中国大使。1917年8月14日，中国对奥匈帝国宣战，9月8日奥匈帝国召回大使。自此直至第二次世界大战结束，中国同奥地利及匈牙利之间没有任何外交关系。

（一）奥匈帝国参加镇压义和团运动

1900年，北京爆发了义和团运动。应奥匈帝国驻北京大使馆的请求，奥匈帝国的Zenta号战舰于6月2日从日本抵达天津大沽，并组建了一支由30名士兵组成的突击队。突击队于6月3日乘火车抵达北京后保卫奥匈帝国大使馆，同时承担了保护比利时大使馆的任务。

1900年6月15日，另一支由300名日本士兵、120名德国和25名奥匈帝国士兵组成的突击队占领了塘沽火车站。6月17日，由德军和25名奥匈帝国士兵组成的突击队攻占了大沽西北炮台，将奥匈帝国国旗插在了炮台上。

6月13日，义和团进入内城，爆发了武装冲突，从此开始持续两个月之久的攻打外国使馆的战斗。6月13日，奥匈帝国突击队司令、护卫舰舰长托曼（Thomann）受命担任国际突击队司令，但于7月8日中弹身亡。6月13日以后，义和团对奥匈帝国大使馆进行了猛烈攻击，大使馆人员及警卫人员于6月20日逃到法国大使馆避难。21日，义和团放火烧毁了位于东交民巷的奥匈帝国大使馆。

8月7日，以女皇命名的“玛利亚·泰雷齐奥”号军舰乘载着153名士兵抵达大沽港。鉴于北京的严峻形势，费伦茨皇帝在外长的建议下再派遣名为““Kaiserin Elisabeth”号和“Aspern”号的军舰前往中国。

1900年8月3日，八国联军做出了进攻北京的决议，当时八国联军拥有约2万人的军队。8月4日，时任八国联军司令的俄罗斯将军Linevitch率领14400名八国联军（其中包括55名奥匈帝国水兵）从天津出发开始进攻北京。联军在北仓镇遭到义和团的顽强抵抗，联军死亡65人伤300余人。联军占领北仓镇以后继续向北京挺进，此时奥匈帝国突击队以缺乏食品、饮用水以及运输工具（骡子和马车）为由返回了天津。8月14日凌晨，八国联军抵达北京城外，经过两天的激战于15日攻占了各城门。8月16日晚，八国联军已基本占领北京全城。慈禧及皇室在北京陷落之后仓皇逃往西安。因此，奥匈帝国军队没有参加攻打北京城的战斗。但在“玛利亚·泰雷齐奥”号军舰8月7日抵达大沽港后接连派出了三支突击队，分别于8月18日、20日和22日抵达北京。“Kaiserin Elisabeth”号和“Aspern”号军舰则于9月7日抵达天津大沽港。此时，八国联军已经占领了北京。

9月中旬，八国联军在直隶（河北）的军人总共为62000人，其中包括奥匈帝国的500人。从9月下旬开始，奥匈帝国部队侵略者的面目开始显现 。9月16日，奥匈帝国的100名士兵同德国、英国、美国、意大利士兵一起前往八大处。19日，奥匈帝国的79名军人开始攻打北塘的碉堡，遭到了中国军人的顽强抵抗和反击，打死敌军两人，其中一名是匈牙利前国防部长的儿子保普（Pap），另外还有13名敌军受伤 。10月2日，包括玛利亚军舰在内的17艘外国战舰和7000名士兵（其中包括190名奥匈帝国士兵）攻打并占领了山海关要塞。1900年10月15日，奥匈帝国将陆地上的部分士兵撤到了军舰上，只留下360人在陆地过冬。这时，很多士兵得了伤寒病，其中6名战士病死。

11月6日，奥匈帝国军队第一次独立对中国人发动攻击。塞茨（Seitz）少校带领125名战士、2名军官和1名军医，以及德国送给他们的20匹战马，偷偷摸到距北京10—15公里的曹林村（Caolincun），对34名村民进行了审讯，他们认定其中3名村民是义和团的战士，并立即枪决，28人遭到警告，每人被抽了50鞭子。

11月12日，德国、意大利和奥匈帝国出动1310名士兵、6门大炮和90匹妈奔向张家口。其中奥匈帝国出动了150名海军战士、3名军官和2名军官学校学生，塞茨少校仍任指挥官。18日到达张家口，但不知什么原因19日便开始往回撤。29日抵达小城市Jincsing（津清–音译），他们在这里也枪毙了3名他们认定的义和团战士。

至此，奥匈帝国基本上停止了在中国的军事侵略行动，各国战舰也都撤到了冬季码头。11 月 19 日，奥匈帝国侵略者的舰队离开了大沽港。

（二）奥匈帝国可得到 400 万两白银的战争赔款

1901 年 9 月 7 日，清政府被迫签署《辛丑条约》。中国领土虽然免于被瓜分，但需要向各国支付总计 4.5 亿两白银的战争赔款，史称“庚子赔款”。奥匈帝国得到了 4003920 两白银，约占总赔款额的 0.8%。按当时条约中规定的比价（一两白银折合 3.593 克朗）计算，奥匈帝国得到了 1400 多万奥地利克朗。条约中还规定从 1902 年 1 月到 1940 年 1 月按月偿还，这样加上利息后奥匈帝国应得到 3141 万克朗。中国于 1917 年向奥匈帝国宣战，并宣布战争赔款条约无效。截至 1917 年 2 月，中国总共向奥匈帝国支付了 962.5183 万克朗的赔款。

（三）奥匈帝国在天津的租界

天津奥匈帝国租界（以下简称奥租界）是天津的九个租界之一，是中国唯一一个奥匈帝国租界，仅存在 15 年，是最短命的一个租界。

1900 年，八国联军占领天津时，德国军队占领了天津城东海河东浮桥对岸的一片市区，德军调防北京时改由奥匈帝国军队驻守。当俄国、意大利、比利时陆续在天津开辟租界后，奥匈帝国也提出设立专管租界的要求。1902 年 12 月 27 日，奥匈帝国驻天津领事贝瑙尔与天津海关的道绍仪订立了《天津奥租界章程合同》。该租界西面濒临海河，与天津城隔东浮桥相望，东面到京山铁路，北面到海河的支流金钟河（今河北区狮子林大街），隔河与有着百年历史的法国建筑望海楼天主堂相邻，东南方隔一条马路（今河北区北安道）与同样位于河北区的天津意大利租界相邻，面积共 1030 亩。1917 年 8 月 14 日，中国政府对奥匈帝国宣战的当天，中国军警进驻天津奥租界，随后租界被改为天津第二特别区。

但从法律上讲，1919 年 9 月 10 日，协约国与奥地利共和国签订宣布奥匈帝国解散的《圣日耳曼条约》之日起，奥地利才正式失去天津的奥匈帝国租界。

四、对奥匈帝国的评价

对于 1867 年匈牙利和奥地利的妥协，一直是匈牙利历史和政治考量的争论问题。匈牙利历史学家、67 年阵营（支持 67 年妥协的阵营）杰出代表人物、塞克菲・久洛（Szekf Gyula）认为，“67 年的妥协举动可同建国元勋圣伊斯特万国王的功劳相提并论，它使匈牙利靠近了天主教 – 日耳曼文化，是我们融入欧洲的重要一环”。而匈牙利独立思想的杰出代表比博・伊斯特万（Bib ó Istv á n）则认为，这是一种“自欺行为”，它把整个匈牙利政治、公法和社会的发展带入了“死胡同”。匈牙利历史界普遍认为妥协是一个“现实的和解”，既有好的一面也有坏的一面，从经济和文化的角度来看，对匈牙利利大于弊，从社会和政治的角度看则不那么有利。在经济和文化迅速发展的背后蕴藏着严重的社会和政治问题，“妥协体系”对这些问题有些不想去解决，有些无法解决，这些问题在 20 世纪初期已经十分严重了。“匈牙利人习惯把第一次世界大战前的 15 年到 20 年称为幸福的和平年代，这种说法有他的道理，但也不完全对。国内确实是和平的，多数人对自己的状况还是满意的。但 1867 年所创建的僵化结构的运转越来越困难，对命运不满的人越来越多，幸福和平年代的不幸和不满的胚芽正在酝酿成熟”（见 Romsics Ign á c 所著《20 世纪的匈牙利》匈牙利文版第 15 页）。

第二章　匈牙利王国

一、第一次世界大战前的匈牙利王国

（一）王国的政治体系

费伦茨·约瑟夫（Ferenc J ó zsef）从 1848 年 12 月 2 日起就是匈牙利的国王，但 19 年来一直没有举行加冕仪式。1867 年 6 月 6 日，费伦茨国王在布达王宫接见了匈牙利国会代表团，并向代表团递交了他的用匈牙利文书就的效忠宪法的保证书，这是哈布斯堡皇朝的皇帝第一次使用匈文书就文书。至此，为费伦茨加冕的一切障碍都已被扫除。1867 年 6 月 8 日，匈牙利为费伦茨和她的夫人伊丽莎白（茜茜公主）在布达佩斯马加什教堂举办了隆重的加冕仪式。匈牙利红衣大主教希莫尔·亚诺什（Simor J á nos）和总理安德拉希·久洛伯爵（Andr á ssy Gyula）将圣伊斯特万王冠戴在了费伦茨的头上。

1867 年之后的政治体制是带有民主性质的资产阶级议会制度。匈牙利国会分众议院和上议院。国会主要的职责是立法、监督政府，以及审批政府的年度预算法案。众议院有 413 名议员，从全国 ¼ 的成年男人（占全国 6%—7% 的人口）中选举出来。根据 1874 年的选举法，拥有 U 型地块土地的地主，或拥有 3 间一套住房的人，或一年缴纳 150 福林税款的人，或至少有一个雇工的独立手工业者，或者有毕业文凭的知识分子才有选举权。选举方式是公开选举，这在当时还说得过去，但到 19 世纪末和 20 世纪初就已经显得非常保守和落后了。当时全国共有 413 个选区，选区的大小没有明文规定，这给了当局舞弊的机会。1896 年大选时，有 12 个选区只有 500 个选民，另有 11 个选区选民多达 5000 多名，这些选区都在独立意识非常浓厚的大平原地区。

1885 年的选举法对上议院组织原则和结构做了些改变，成年贵族不能再自动成为上议院的议员，每年至少缴纳 3000 福林的土地税或房产税的贵族才可以当选，之后改为缴纳 6000 克朗（奥匈帝国从 1900 年起改用克朗）。在匈牙利有地产的皇室家庭成员可以自动成为匈牙利上议院的议员。高官们也可以自动成为议员，例如克罗地亚的总督、王室国库监管员、最高法院院长、行政法院院长、布达佩斯最高上诉法院院长，以及罗马和希腊天主教、希腊东正教、加尔文派基督教、路德教及唯一神教的高级神职人员。另外，国王可以任命50名议员，还可以从因新规定不能自动成为议员的大贵族中选举产生50名议员。

上议院的议员们组成利益集团，下议院的议员们组成党派，但都不是以意识形态或阶级来区分，而是以针对“妥协协议”的态度为分水岭。支持“妥协协议”的议员们成立了“自由党”，从1875年到1905年自由党在国会中一直拥有多数，甚至达到60%以上。而批评“妥协协议”、主张国家独立的反对党（独立党和48年党）在国会中只占有20%的议席。除这两大党之外还有一些小的反对党，例如民族党和基督教人民党，他们在议会中的人数总共不超过20%。

除议会以外，国王是立法的另外一个关键因素。国王可以召开、延期，甚至解散国会，还可以对立法进行两次干预。一是在法案提交国会前对法案享有预先批准权，只有他批准后才能提交国会审议通过，二是国会两院都通过后的立法也必须由国王签字后方可生效。

1868年制定了新的《公民诉讼法典》。法典废除了贵族们的特权，规定法官是独立且不可罢免的，并不能从事政治活动。1870年废除了封建刑法中不人道的手段，如体罚和戴脚镣、手铐等。奥匈帝国期间匈牙利法院分为四级，即区级法院、法院、最高法院和王室的最高上诉法院。区法院360个，法院102个，最高法院11个。20世纪初，区法院增加到385个，法院减少到67个。1896年设立了由审判员和陪审员参加的合议庭，合议庭只受理可判绞刑的案件，如伤害或冒犯国王、叛乱、杀人或纵火等案件。合议庭不同于法院，在合议庭审理中由陪审员决定被告人是否有罪，法官则给判定有罪的被告量刑。

法律规定，集会需提前24小时向所在区的地方政府申请，只要不违反法律、不扰乱公共秩序都会被批准。成立社会团体则需内务部长批准，首先要递交团体成立章程，通常不涉及政治目的的社会团体都会被批准。20世纪初，匈牙利有1000多个经济和文化社团组织。法律还确保了成年人（不包括妇女）法律面前的平等权和基本的政治和人身自由、聚会结社、信仰自由权、言论自由和新闻自由，取消了新闻检查。新闻的过失罪行由合议庭判决。新闻可以痛骂政府，但不可以痛骂国王。

政府是执行机构，在国会通过的法律范围内和预算基础上运转。政府总理由国王指定和任命，一般都由大选中胜出的党的领导人出任。部长由总理提名国王任命。政府的纲领也要同国王进行协调。匈牙利政府由总理和9个部长组成。少数民族事务及几个国家级的单位，如国家统计局、行政法院、匈牙利通讯社由总理直接监管。全国划分为63个城堡州和25个享有自治权的城市。州长由内务部长提名，国王任命和罢免。20世纪初，尽管州长拥有很广泛的权力，但州内的重要事项并不由州长决定，而是由选举的自治政府机构来处理，如卫生事业、交通、文教以及孤儿和儿童监护等事务。这些机构中最重要的是享有自治权力的委员会，它负责制定州的预算并选举官员，副州长也由委员会选举产生。委员会的组建原则像国会一样，并不民主，一半成员从成年男人的四分之一中选举，另外一半则由交税最多的人组成。这个制度确保了富有阶层在自治政府机构中的影响力。25个享有自治权的城市，其合法地位和内部管理基本同城堡州一样，设有市长和副市长，以及自治委员会。首都布达佩斯的一把手被称为大（城市）市长，在内务部长的建议下由国王提出3名候选人，并交由委员会选举。而布达佩斯自治委员会的一半成员从1200名交税最多的布达佩斯市民中产生。

（二）安德拉希政府及其改革措施

妥协协议后的政治形势

1867年签订“妥协协议”之后，人们对妥协的态度各异，据此分道扬镳形成“戴阿克党”“中左党”和“极左党”。“戴阿克党”人数最多，成员十分复杂，既有保守分子又有自由分子，既有破落绅士又有显赫贵族，还有资产阶级和神父。这些人的共同目的就是保卫“妥协”的成果。戴阿克由于对达成“妥协”协议做出的杰出贡献且在党内享有较高的威望，拥护者称他为“祖国的智者”，但其在政治上的创造力随着妥协的实现而告枯竭。“中左党”的大多数人是蒂萨河以东地区的地主，其领袖是蒂萨·卡尔曼（Tisza Kálmán）。他们要求对67年的妥协进行修正，即要求建立独立的匈牙利军队和得到更大的经济自主权。此外，他们还要求修改“妥协协议”中限制民主独立的条款。“极左党”在议会中占少数，但支持者很多。他们坚决拒绝妥协，坚持1848年的立场。该党后来被称为“48年党”，之后更名为“独立党”。他们尊崇的是流亡中的1848年匈牙利革命领袖和国家元首科苏特·劳约什，科苏特在国防军和奥尔弗尔德大平原地区受到广泛的尊重，成为政治独立和社会进步的象征。

安德拉希政府的改革措施

奥匈帝国成立后，国王本想任命戴阿克为匈牙利总理，但被其谢绝。在戴阿克的推荐下，1867年2月17日，费伦茨国王任命安德拉希·久洛（Andrássy Gyula）伯爵为匈牙利第一任总理。安德拉希曾是塞切尼·费伦茨（Széchényi Ferenc）的狂热追随者，塞切尼很赏识他的才干，并预料这位刚刚步入政坛的年轻人前途光明，评价说“他什么都能干，也有可能当上匈牙利的宰相”。后来安德拉希加入了科苏特的行列，1848 年当选为泽姆普伦州（Zemplén）的州长。当克罗地亚总督耶拉契奇（Jellasics）率领的军队打入匈牙利后，他以州国民卫队司令的身份参加了帕科兹德（Pákozd）和施韦哈特（Schwechat）的战役，还在春季大反攻战中担任匈牙利国防军总司令格尔盖伊的副官。1849 年 5 月作为政府代表前往君士坦丁堡，争取土耳其政府对匈牙利自由战争的支持。自由战争失败后移居巴黎和伦敦。1851 年在他缺席的情况下象征性地将其处以绞刑。之后，他在巴黎公开宣布放弃原有政见，转而主张同奥地利妥协。1858 年获得大赦，回国后加入了戴阿克的行列，并积极参与了 1861—1865 年的国会，以及后来匈牙利和奥地利的妥协谈判。安德拉希上任后，首先解决的是匈牙利王国的领土统一和加强中央权力的问题，并做出如下举措：

（1）不顾罗马尼亚和撒克逊人的反对，根据 1868 年国会通过的法律，解散了埃尔代伊的特别国会（1848 年也曾被解散）和政府机构，实现了匈牙利和埃尔代伊人的联合，埃尔代伊重新成为匈牙利领土的一部分。埃尔代伊原本是匈牙利领土，但在 1849 年的《奥尔本茨宪法》中将其分割出去。1867 年的“妥协协议”重新将埃尔代伊、克罗地亚、斯洛文尼亚和伏伊伏丁纳归还给匈牙利。

（2）在维也纳宫廷的支持下，1868 年，匈牙利同克罗地亚就克罗地亚国家权力问题达成了所谓的“小妥协协议”，费伦茨国王于同年 11 月 17 日批准了这一协议。协议规定，“克罗地亚是一个拥有特殊版图的政治民族，在内政上拥有自己的立法机构和政府机构”。内政指的是行政、司法、宗教和教育领域，其他事务则由布达佩斯政府和国会来决定，匈牙利政府中专设一名部长管理克罗地亚事务。克罗地亚可以使用本民族语言。克罗地亚自治政府由总督领导，总督由匈牙利总理提名国王任命。克罗地亚可以向匈牙利国会派遣 29 名代表管理共同事务。1872 年 6 月 9 日，费伦茨国王下令解散边疆军管区后增加为 42 名代表。

（3）获得出海口岸菲乌迈。匈牙利当时是一个内陆国家，没有出海口岸。菲乌迈（意大利语称其为菲乌迈 Fiume，克罗地亚语称其为里耶卡 Rijeka）地处克罗地亚境内。安德拉希向费伦茨国王提出把菲乌迈划给匈牙利，老国王经过再三考虑后答应了。从此菲乌迈成为匈牙利王国领土，是匈牙利唯一的出海口岸。其正式协议于 1870 年签订，匈牙利向菲乌迈任命了总督，总督由总理提名国王任命，直接向总理汇报工作。

（4）制定并通过了民族法，即 1868 年第 44 号法。法律规定匈牙利人和其他少数民族“在政治上是一个民族，即统一的不可分割的匈牙利民族，本国所有公民不分民族一律平等”，即政治上并不承认其他的少数民族。法律规定匈牙利语为国家语言，由国家规定国立学校所使用的语言，州和城镇司法中允许使用本民族语言，各教会自行决定教会学校所使用的语言。各少数民族可以成立社会团体，其活动章程必须经过批准。可以看出，奥匈帝国时期的匈牙利王国要听从于奥地利，而匈牙利的有产阶级在维也纳的支持下也在欺压其他民族。

（5）1868 年制定了教育法。教育法规定对 12 岁以下的儿童实行义务教育，建立国立和公立中学，国家要对教会学校进行监督，教会对此表示坚决反对。在使用语言方面，法律规定 6—12 岁的儿童使用本民族语言，12—15 岁的学生一律使用匈牙利语，但每周参加 2—5 小时的本民族语言“复习”义务教育。教育法还规定，在没有相应教会学校的地方要设立公立学校，这一点遭到宗教界最强烈的反对。

（6）1870 年对州建制进行了改革。新法规定，州立法机构仍然可以对全国性事务进行讨论，但不能再拒绝执行法律和政府的法令，最多可以书面形式提出反对意见。扩大了政府任命的州长的权力，州长可以对州议会决议，甚至对国会选举施加有效影响。

（三）过渡时期及自由党的成立

1871 年，安德拉希被任命为奥匈帝国的外交部长，他离开后国内稳定局面结束，开始了一个过渡时期，1871—1875 年的四年中更换了三位总理。

安德拉希离任后洛尼奥伊·迈尼黑尔特（Lónyay Menyhért）接任总理，他在 1867—1870 年曾任匈牙利财长，1870—1871 年任奥匈帝国财长，在维也纳任职期间博得了皇帝和皇后的宠爱，1871 年 8 月 3 日，费伦茨把他提为伯爵。他不是个很受欢迎的人但却是财政专家，在其任财长的困难时期内整顿了税收制度，消除了国家的财政赤字，但同时也在不断敛财，戴阿克因此并不喜欢他。他想通过修改选举法确保执政党戴阿克党在大选中获胜，遭到极左党的坚决反对，并在国会上首度运用“以冗长的演讲”阻挠议案讨论和通过的手段，致使改革选举法的尝试失败。之后，他提出维护妥协的成果是维护民族的利益，为此不惜运用一切手段，包括贿赂和武力。最终，戴阿克党在大选中获得了 245 个席位，中左党获得 116 个席位，48 年党获得 38 个席位。反对党随即发起进攻，指责他人品有问题，贪财并在修建铁路时大量收取贿赂。在这种情况下，他被迫于 1872 年 12 月 5 日辞去总理职务。

洛尼奥伊之后，斯拉维·约瑟夫（Szlávy József）接任总理，在他任职一年期间一事无成。随后，比托·伊斯特万（Bittó István）继任，他意识到戴阿克党的腐败，失去了群众基础，因此他把另外建立一个强有力的执政党视为己任。这时，作为反对党的中左党也想当执政党，于是便愿意同执政党（戴阿克党）合作，而且为了要承担执政党的角色，放弃了“要求对妥协进行修改、建立独立的匈牙利军队和得到更大的经济自主权”的纲领。这一合作最终导致了两党合并。1875 年 3 月 1 日，戴阿克党同中左党正式合并为自由党，自由党从 1875 年到 1905 年连续执政达 30 年之久。

（四）蒂萨·卡尔曼时期的经济建设

1875 年 10 月 20 日，国王任命蒂萨·卡尔曼（Tisza K á lm á m）为总理。蒂萨把加强和巩固自由党视为首要任务，为此把亲信安插在政府重要机关，并要求他们无条件地服从自己。与此同时，他还兼任内务部长职务 11 年。在他任职期间，自由党在国会上始终占着多数地位。蒂萨政府的主要支持者是旧的中等地主贵族，人们仿效英国人称他们为“乡绅”，这些失去财产但仍然过着“老爷”生活的绅士们充斥在政府各级部门中。15 年内共进行了 4 次国会选举，每次选举自由党都获得了 50% 以上的绝对多数席位，这主要归功于蒂萨灵活的政治手段及个人威望。另外，戴阿克党同中左党合并后，国会中的政治较量几乎没有了，因此可以集中精力搞经济建设。

经济生活中最大的变化是铁路网的建设和由此带来的交通改革。1848 年，匈牙利铁路线只有 200 公里长，1867 年有 2000 公里左右，到 1890 年达到了 9000 公里，到 19 世纪末已经超过了 17000 公里，全国铁路线实现了四通八达。政府在法令中规定了铁路建设投资资本几十年内的利润和利息，未能实现的利润由国家补偿，导致铁路建设费用异常昂贵。有影响力的政客们在批准项目中大肆敛财，铁路建设中出现大量贪污案件。最终致使政府不得不取消利润保证法，并将私人公司建造的铁路收购为国有。1879 年，蒂萨河大泛滥，塞格德市 90% 的房屋遭到损坏，在蒂萨的领导下 5 年内重建了一个崭新的塞格德。

1876 年行政改革时期，把全国划分为 65 个城堡州，1881 年更合理地调整了州的界限，把城堡州减少为 63 个，这一建制一直保持到 1921 年。此外，蒂萨还组建了审计署、国家铁路局和宪兵队（1882）。1878 年制定和实施了第一部用匈牙利文书就的刑法。1883—1884 学年制定了新的中等学校教育法。

根据 1867 年“妥协协议”规定，每 10 年对两国共有的财政部、外交部及国防部费用的负担比例及共同关税税率进行一次修订。1877 年，匈牙利同奥地利谈判，蒂萨希望获得比以往有利的条款，建立独立的匈牙利国家银行，并在关税上获得好处。但最终并没有得到任何好处，只是把银行“二元化”了，更名为

“奥匈银行”，在关税税率上反而更为不利。此时蒂萨明白，想让奥地利做出让步是非常难的。公共舆论对谈判结果也倍感失望。

蒂萨在任期间匈牙利国内形势安定，政权稳固。但他也推行了不少日后导致政局紧张的措施，比如颁布了雇农法令，允许“主人”对雇农实行体罚，甚至可用武力追回离开原主人和庄园的雇农。在少数民族问题上也采取了一些不计后果的措施，关闭了很多少数民族中学，解散了部分少数民族团体（例如斯洛伐克文学社和塞尔维亚的青年团），还对一些少数民族的领导人提出诉讼。

最终导致蒂萨政府垮台的主要有两件事。一是1889年蒂萨提出废除由国会一次性规划十年招兵人数的权力，改为每年由政府根据当年人口确定招募新兵的具体人数，并规定预备役军官必须通过德文考试。而国会不愿放弃自己的权力，人民则认为德语考试的规定损害了匈牙利的国家主权。提案虽然勉强通过，但遭到大规模群众游行示威的反对，蒂萨好不容易才从愤怒的人群中逃出国会大厦。第二件事是科苏特的国籍事件。根据1879年12月20日通过的国家公民法第31条规定，凡在国外连续居住10年的匈牙利公民，如不向奥匈帝国驻外机构申请保留国籍，则将失去匈牙利国籍。而科苏特从未前往所居住国的奥匈使馆办理手续，1889年12月20日将自动失去匈牙利国籍。蒂萨知道科苏特是意大利都灵市的荣誉市民，因此在国会提出折中方案，规定在驻在国某一城市获得荣誉公民的匈牙利人可以获得豁免，但国会没有通过他的提案。最终，蒂萨没能实现当时人心所向的保留科苏特国籍的期望，于是这个几乎以军事纪律统治着自由党的总理于1890年5月23日被迫辞职，他担任总理长达15年。

（五）90年代的二元制危机

二元制在匈牙利的危机从蒂萨政府倒台开始。蒂萨倒台后国内局势一片混乱，19世纪最后十年就更换了三位总理。总理的频繁更迭说明统治阶级内部也失去了平衡。

同奥地利关系紧张

匈牙利和奥地利就军队佩戴的符号和发布号令所使用的语言展开了争论。奥匈帝国的军队一直掌握在费伦茨皇帝手中，匈牙利议会几乎不起任何影响作用。在奥匈帝国军队中，军人佩戴的是帝国的符号（K、U、K，德文“皇帝和国王”的缩写），并用德语下达命令。多数奥地利军官对匈牙利军人很不友好，发生过多次摩擦。反对派要求不仅要在匈牙利国防军中，还要求奥匈帝国共同军队中的匈牙利军人佩戴匈牙利符号并用匈牙利语发布号令。

少数民族问题激化

19世纪90年代少数民族问题更加激化了。蒂萨政府推行的少数民族法主要目的就是将少数民族匈牙利化。政治家们认为，可以通过在少数民族地区学校推广匈牙利语以及支持推行匈牙利化的组织来实现匈牙利化。1895—1899年当政的班菲·德热（Bánffy Dezs）总理被认为是“最沙文主义的匈牙利人”，他声称要建立“一个最沙文主义的匈牙利国家”。他在《匈牙利少数民族政策》一书中写道，要运用一切可以运用的手段促进少数民族的匈牙利化，同时不能给少数民族文化、语言和其他欲望留有空间。他呼吁加速对家庭和居民区的匈牙利化进程，建议不要雇佣不会匈牙利语的用人，不在不讲匈牙利语的货主那里购买东西。有一位议员在国会发言中说道：“民族国家是我的理想，在这里有每个人的位置，所有人都能得到满足，只要他是匈牙利人。人人平等，但他们必须是匈牙利人。”

政府还使用宪兵和军队镇压农业无产者的反抗运动，尤其是在90年代初期斗争更加尖锐。社会民主党自1890年成立后首先在“风暴之角”掀起了革命风暴，1891年5月又在欧罗什哈佐、贝凯什乔鲍和鲍多尼奥等地发生了流血事件。琼格拉德和贝凯什州的城乡相继成立了农业工人协会，农业工人和贫农要求分配土地和分享政治权利。这时政府惊恐万状，并进行武装镇压。1894年，警察在霍德梅泽瓦沙尔海伊（Hadmezővásárhely）逮捕了农业工人协会的首领桑托·科瓦奇·亚诺什，闻讯赶来的农民们包围了市政厅。这时，警察开枪打死了一名农业工人，在该冲突中多人受伤。桑托被送交法庭审判并判刑。政府宣布与农业社会主义运动和秋收罢工关系密切的州处于紧急状态，禁止社会主义思想的宣传。随后，1898年众议院通过了一项所谓的“奴隶法”，对参加秋收罢工的农业无产者施以残酷的报复。

科苏特的葬礼风波

1894年3月20日，革命领袖科苏特逝世于意大利的都灵，老国王费伦茨准许其回国安葬，其棺椁于3月30日运抵布达佩斯。4月1日，布达佩斯市为其举办了安葬仪式，但官方规定各级政府官员及所有军人（包括后备役）均不得参加葬礼，政府成员离开首都以示抵制。人们自发组织了大规模的葬礼，科苏特的葬礼再次激发了匈牙利人民的民族情感。这一举动向全世界表明，1848年革命在匈牙利人民心中是件非常重大的事件。

教派平等法在国会受阻

当时的宗教总是设法阻止人们以世俗仪式办理生死和婚嫁的事宜，就此的改革已无法再拖延。韦凯尔莱·山多尔（Wekerle Sándor）总理在1892年11月任职后的讲话中宣布，将向国会提交关于犹太教法、宗教信仰自由法及出生、婚姻、学历和死亡等资料的世俗登记的法律提案，这引起了天主教的强烈反对。主教团致函国王，指出世俗仪式的婚姻不现实且违背教义，在自由党内及国会中引发了激烈的辩论。1894 年国会通过了世俗婚姻法，1895 年通过了犹太教合法的法律，但各教派平等法案由于天主教会的反对没有被通过。因此导致了自由党的分裂，1895 年 38 名自由党党员退党并新成立了天主教人民党。

（六）定居千年纪念和政党纷争

庆祝定居一千周年活动

1896 年是匈牙利人定居 1000 周年，从 1896 年 5 月 2 日到 10 月 31 日举办了各种庆祝活动。为给庆祝活动创造良好气氛，时任总理班菲通过国会呼吁各党派在此期间停止一切争论。

国会就庆典活动作出了如下决定：（1）在布达佩斯举办匈牙利博览会；（2）建造一座千年纪念碑（即现在英雄广场上的纪念碑）；（3）建造美术馆；（4）在马加什教堂旁边树立圣·伊斯特万骑马的雕像；（5）在普斯陶塞尔（Pusztaszer）、蒙卡奇（Munkács，即现在位于乌克兰的城市穆卡切沃 Mukacseve）、保农豪尔毛（Pannonhalma）、尼特劳（Nyitra，即现斯洛伐克的西部城市尼特拉 Nitra）、戴韦尼（Dévény，即现斯洛伐克的 Devin）、布劳肖（Brassó，现罗马尼亚的布拉索夫 Brasov）和齐莫尼（Zimony，现塞尔维亚的泽蒙 Zemun，在贝尔格莱德附近）各建造一个千年纪念柱；（6）在全国建造 400 所小学校。

匈牙利全国博览会于 1896 年 5 月 2 日在布达佩斯城市公园正式开幕，10 月 31 日闭幕。博览会的面积为 11.8 万平方米，2.1 万个参展单位，共有 580 万人参观，占当时匈牙利人口的三分之一。国王、王后、王室人员及匈牙利各级领导都出席了开幕式。商业部长发言后，老国王费伦茨也做了讲话。然后，国王在博览会参观了 2 个小时（此外，国王还于 5 月 6 日、12 日、14 日、15 日和 6 月 6 日参观了博览会），当晚国王参加了在歌剧院举办的庆祝演出，5 月 3 日晚参加了在马加什教堂举办的感恩弥撒。5 日，国王检阅了部队（17 万军人）。6 月 6 日，为城堡王宫新增建部分奠基。10 月 4 日，国王参加了以他名字命名的费伦茨桥（现在的自由桥）的落成仪式，还亲手安装了一枚用黄金做的铆钉。10 月 11 日，参加了工艺美术馆的落成剪彩仪式。博览会期间，国王共出席了 13 项活动。在博览会开幕之前的 4 月 11 日，欧洲大陆的第一条千禧地铁（即现在的一号线黄地铁）投入使用，老国王也出席了落成典礼。在1893年到1896年之间，全国共完成了3700个大型投资项目。

世纪之交的议会斗争

庆祝活动过后各党之间又开始了论战。在秋季的大选中，班菲总理为了获胜采取了从贿赂到动用武力的一切手段，政府党因此获得70.21%的席位。反对党则尽全力阻碍国会的正常工作，或是以冗长的演说阻挠议案的通过，或是要求对每项决议都进行有记名的表决，导致国会无法运转，连年度预算案都无法通过。政府没有钱又不能收税，万般无奈下班菲于1899年2月26日辞去了总理职务。1903年时任总理的塞尔·卡尔曼（Széll Kálmán）在国会上提出了增加新兵名额的法案，这一法案遭到了极左派的反对，他们在国会也采取了以冗长的演说阻挠议案通过的手段，反对派在法定的期限内成功地阻碍了国家预算案的通过，5月1日政府再次沦为无预算的政府。随后，陷入困境的塞尔总理无奈辞职。1903年6月27日，库恩·卡罗伊（Kun Károly）被国王任命为总理，刚上任便陷入贿赂案中，虽然没有发现赃物，但他于11月3日辞去了总理职务。国王于当日任命前总理蒂萨·卡拉曼的儿子蒂萨·伊斯特万（Tisza István）为总理，他是匈牙利统治阶级最有代表性、最坚决、最残暴的一个人物。匈牙利伟大诗人奥迪称他是“放火的野人”“当地主和做农民都是废料”。蒂萨建议用公开且粗暴的手段终止议会反对派的抵抗行动，并要求修改议会的议事章程，他的方案引起了激烈的反应。1904年3月5日，议员、历史学家和诗人泰尔·卡尔曼提出了一个妥协方案，从而平息了反对派和政府的争斗。蒂萨放弃了修改议会议事章程的要求，反对派则同意在出现突发事件时批准“新兵招募法”。但平静并没有持续多久，一个月后蒂萨再次提出修改议会议事章程。在11月18日的国会上，蒂萨简短致辞之后，按照事先的约定，自由党的副议长挥动了一下手帕，全体自由党的议员立刻站起来高呼：“我们要投票！我们要投票！”随后又高呼：“我们同意！我们同意！”就这样通过了议会议事章程的修正案。12月13日，国会要再次召开会议，会议开始之前反对党代表们捣毁了会议厅的全部设备。因此，费伦茨国王于1905年1月3日解散了国会。

这时，包括前总理塞尔在内的许多自由党党员都退了党。1905年1月举行的大选中自由党遭到惨败，只得到了159个席位。而以天主教人民党、独立的48年党和人民党等小党组成的反对党联盟则获得254个席位，蒂萨被迫辞职。1906年4月11日，自由党解散，在匈牙利政治舞台上执政了40年之久的自由党从此消失。一部分老党员在蒂萨的领导下成立了“民族伙伴小组”，1910年同“全国宪法党”合并后更名为“民族工党”。

反对党联盟的统治及失败

大选结果出来之后，费伦茨国王利用他的“帝王特权”宣布对选举结果“忽略不计”，拒绝反对党联盟执政，并下令让蒂萨政府作为“看守政府”继续工作。1905 年 6 月 18 日，国王任命他的亲信、私人卫队长菲耶尔瓦里·盖佐（Fejérváry Géza）为总理（他的政府被后人称为卫兵政府），这一决定引发了国内危机。反对党联盟各党认为该任命违反宪法，宣布实行消极抵抗，呼吁选民们不要交税，拒绝当兵，各地行政机关都拒绝执行政府的命令。这种有组织的反抗导致政府工作完全瘫痪。1906 年 2 月 19 日，军队占领了国会，宣读了国王命令之后把所有人员赶出国会，并将国会大门上了锁。解散国会后立刻颁布禁止集会令，解散了保护宪法委员会，停发不执行政府命令的州的工资。3 月，大部分州长都投降了，只剩 10 个州还在抵抗。这时维也纳威胁要在全国进行普选和秘密选举，认为这样可以破坏联盟派的统一。因为当时全国人口中只有 6.29% 的人有选举权，而占居民绝大多数的工人和农民对国家的事务没有任何发言权。

反对派联盟在同劳动阶级一起或是向统治阶级妥协中选择了后者，在 1905 年年底同维也纳的谈判中步步后退，最终于 1906 年 4 月与维也纳宫廷达成协议。他们放弃了信誓旦旦的民族纲领，不再坚持军队中使用匈牙利语和匈牙利号令，同意扩大招兵数额，放弃要求建立独立自主的关税区的主张，承认同奥地利所签订的一切贸易条约。因此，奥地利宫廷从日程表上抹去了普选和秘密选举权的问题。这场持续长达一年半的较量，最终以维也纳的胜利告终。

1906 年 4 月 8 日，国王免去了菲耶尔瓦里的职务，任命联盟派的韦凯尔莱·山多尔（Wekerle Sándor）为总理。联盟派借与维也纳宫廷达成的协议而爬上统治地位，这件事本身就和联盟派内多数党几十年来所宣传的纲领产生矛盾。上台后的联盟派完全忘记了当日的诺言和人民的要求，其结果不仅失去了大部分的拥护者，也没能争取到其他的社会支持。联盟派反对工人和农民的措施使得人民群众也起来反对政府了，而联盟政府则采取禁止集会和结社的措施对抗反抗。

这时，于 1890 年 12 月 7 日成立的社会民主党的左翼反对派力量日益壮大。1906 年，在具有特殊理论修养的绍博·埃尔文的指导下开始进行纯洁党的思想工作。后来又成立了以奥尔帕里·久洛为首的党的革命派。社会民主党的影响逐渐扩大，群众基础越来越广泛。1906 年，工会会员增长了一倍，达到 13 万人，加上农业工人协会会员后的总人数超过 16 万。举行的游行次数从 1905 年的 346 次增加到 1906 年的 625 次。成千上万的农民因为贫困不得不背井离乡，成群结队地流亡海外。到 1907 年向外移民的人数已经超过 150 万，大部分移往被称为“自由就业的乐土”的美国，有些地方整个村庄都空无一人。

当然，大部分农民还是在家乡寻找谋生的出路。经过多次自发运动后，农民们组织了起来。1906 年，农民利益的代表者阿奇姆·安德拉希（Áchim András）在贝凯什乔鲍组建了“匈牙利社会主义农民党”。该党的纲领是对 1000 霍尔特（1 霍尔特等于 0.57 公顷，相当于 8.55 亩）以上的土地进行分配和低租金出租，赢得了蒂萨河以东地区农民们的支持。1908 年召开了农民代表大会，400 多个农村派代表参加。1911 年坚决维护农民利益的阿奇姆被大地主日林斯基的两个儿子杀害了，而凶手居然没有受到惩罚，更加激化了矛盾。

政府鼠目寸光的民族政策导致了 1907 年 10 月 27 日的切尔诺瓦（Csernova）枪杀案件。在以少数民族政治家赫林卡（Hlinka）神父为首的农民群众纪念教堂落成举行的集会上，警察开枪射击，打死 15 人，多人受伤。

1908 年政府通过的新选举法中规定，凡 24 岁以上有文化的男子可得到一张选票。除此之外，中学毕业生或年龄超过 32 岁的人，有三个孩子或纳税 20 克朗以上者均可领到 2 张选票。中学毕业或纳税 100 克朗以上者可领到 3 张选票。占全国人口 65% 的文盲中每 12 个人只能共同拥有一张选票。这个完全无视普选和秘密选举的草案甚至没有得到国会通过，在群众中则引起了极大的愤怒。执政三年后，1910 年 1 月，国王免去了韦凯尔莱的总理职务。这不但没有引起全国的愤怒，反而在一定程度上缓解了紧张的气氛。

1910 年 1 月 17 日，国王任命库恩·赫德瓦利·卡洛伊（Khuen-Héderváry Károly）为总理。库恩是民族工党党员，1910 年 6 月初进行的国会大选中民族工党获得了 258 个席位（占 61.98%）。由于民族工党的胜利，国会中的反对派近一年内都没给政府制造太大的麻烦。1911 年 5 月，帝国国防部要求匈牙利再征 4 万新兵入伍，并大大提高了匈牙利政府向帝国上缴的公共国防经费。反对派坚决反对，在国会中抵触和阻挠，这种情况一直延续到 1912 年春天。3 月 4 日，首都 10 万工人上街游行示威，以示支持反对党在国会中的斗争，并宣称：“如果政府动用武力，面对的将是群众的革命暴力。”鉴于既找不到妥协之路又不敢动用武力，库恩总理不得不于 1912 年 4 月 8 日宣布辞职。

1912 年 4 月 12 日，国王任命卢卡奇·拉斯洛（Lukács László）为总理。卢卡奇新政府所面临的形势也不令人乐观。国会议长纳沃伊辞职后，1912 年 5 月 22 日，蒂萨·卡尔曼的儿子蒂萨·伊斯特万当上了议长。社会民主党就此表示反对，于 23 日组织了 10 万人上街游行。游行遭到警察的残暴镇压，造成 6 人死亡、182 人受伤和 300 人被捕，这就是历史上有名的“血腥的星期四”事件。蒂萨并没有害怕，仍然坚决奉行自己的强硬路线。6 月 4 日，他不顾反对派的反对强行通过了新的征兵方案，随后在警察的协助下将参与阻挠议案通过的议员统统驱逐出议会大厅，最后导致了国会枪击事件。6月7日，独立党科瓦奇·久洛议员突然从记者采访席上跳下来，高喊“这里还有一位反对者”，连续向蒂萨开了三枪，但都没有击中，最后科瓦奇向自己开了枪，但并未致死（后来法医诊定他患有精神病并无罪释放，至今国会的墙壁上仍然保留着当时的枪眼）。蒂萨并没有被枪击事件吓倒，仍然非常冷静地主持会议。在随后的几天里，蒂萨利用反对党议员们不在场的有利条件，通过了许多战时条例和法令。例如1912年第63号法规定，战争情况下可以授予政府特权，可以向行政和司法部门派遣政府代表，可以停止社团组织的活动，可以颁布严格的新闻检查，可以行使即决裁判等。第68号和69号法则规定了战时人员和物资的征集，以及对国民经济的军事管制等。

反对派在国会中的阻碍和干扰活动持续了15年之久，之后反对派把斗争转移到了议会之外。这时，一位独立党议员戴希·佐尔坦指责卢卡奇总理是“欧洲最大的受贿者”，指出卢卡奇在担任财长时为给民族工党筹集1910年大选经费，以为一些国家企业做担保的名义从匈牙利银行提取了4亿福林。就此，卢卡奇反告戴希诬告，但法院根据确凿的事实宣布戴希无罪。这时，卢卡奇除了辞职外别无他路。

二、第一次世界大战期间的匈牙利王国

（一）第一次世界大战爆发

走向世界大战

被帝国主义瓜分了的世界正在走向大战。在19世纪瓜分殖民地中落伍的强国，特别是德国、意大利和日本希望重新瓜分世界，而正在奴役着非洲、亚洲、澳洲和美洲大多数国家的英国和法国则力图保持原有的殖民地，新老殖民地国家的矛盾日益激化。普鲁士为了统一德国，与法国在争夺欧洲大陆霸权，在1870年至1871年与法国爆发普法战争。这场战争中法国大败，普鲁士大胜，建立了德意志帝国。德意志帝国害怕法国报复，本想与奥匈帝国及俄国结成“三国同盟”，但俄国在1878年柏林会议上因巴尔干半岛问题与奥匈帝国发生了利益冲突。这样一来俄国和奥匈帝国无法结盟了。德国、奥匈帝国和俄国的“三国同盟”的设想就此告吹。

同盟国的建立

德国在 1879 年与奥匈帝国缔结秘密的德奥联盟。1881 年，意大利和法国为争夺北非突尼斯爆发了战争，意大利战败。这时德国与面临孤立的意大利签订了盟约。1882 年 5 月 20 日，德、奥、意三国在维也纳签订同盟条约。条约主要内容如下：如意大利遭到法国进攻，德奥两国应全力援助，如德国遭受法国侵略，意大利也担负同样的义务；缔约国的一国或两国遭受两个或两个以上的大国（指法、俄）进攻，缔约三国应协同作战。这样德意志帝国、奥匈帝国与意大利王国三国缔结的“三国同盟”正式成立，条约有效期 5 年，并于 1887、1891、1902 和 1912 年 4 次续签。

协约国的建立

三国同盟形成后，法、俄两国都感到不安。为了对付共同的敌人，两国逐渐接近，并于 1892 年缔结了军事协定。法俄结盟后欧洲出现了两大军事集团对峙的局面，这是向三国协约方向推进的第一步。随着在殖民地问题上冲突的加剧，20 世纪初英德矛盾成为帝国主义之间的主要矛盾。为了对付德国，英国开始与德国的宿敌法国接近，在调整了两国在瓜分非洲等殖民地问题上的矛盾后，1904 年英法签订协约。为了共同对付德国，英国又主动开始协调同俄国的利害关系，在调整了双方在亚洲争夺殖民地的矛盾后，1907 年英俄签订协定。法俄、英法、英俄协定签订后，英、法、俄三国协约正式建立。这样，为了重新瓜分世界，欧洲两大军事集团最终形成并在战前进行着激烈的军备竞赛。只要有任何风吹草动，都将演变为世界大战。

波斯尼亚事件

巴尔干半岛向来都被称为欧洲火药桶。1908 年 10 月 6 日，奥匈帝国以保护侨民为理由派兵吞并了原先由其托管的波斯尼亚和黑塞哥维那，这激起了想要获得这两地（这里大多为塞尔维亚人）的塞尔维亚的强烈反奥匈帝国情绪。塞尔维亚作为斯拉夫国家的“二哥”（“大哥”是俄罗斯），极度渴望统治整个巴尔干半岛。但奥匈帝国出兵吞并波斯尼亚和黑塞哥维那，令其希望破灭，因此塞尔维亚十分仇恨奥匈帝国。随后，于 1912 和 1913 年巴尔干半岛各国为了各自的利益而发生了两次巴尔干战争，两次战争使得奥匈帝国和俄国的冲突再次加深，为第一次世界大战埋下了导火线。

萨拉热窝事件

1914 年 6 月 28 日上午 9 时整，奥匈帝国皇太子斐迪南大公参加指挥了一次军事演习。演习结束后，塞尔维亚一个秘密组织成员——17 岁的普林西普向斐迪南夫妇开枪射击，导致斐迪南夫妇毙命，普林西普被捕。这一事件被称为“萨拉热窝事件”，是第一次世界大战的导火线。普林西普刺杀斐迪南皇太子事件被奥匈帝国当作了对塞尔维亚发动战争的口实。1914 年 7 月 23 日，奥匈帝国在获得德国无条件支持下向塞尔维亚发出最后通牒，包括拘捕凶手、镇压反对奥匈帝国的活动和罢免反对奥匈帝国的官员等，塞尔维亚除涉及内政项目外悉数同意，但奥匈帝国依然将行动升级。

1914 年 7 月 28 日，奥匈帝国向塞尔维亚宣战。7 月 30 日，俄国出兵援助塞尔维亚。8 月 1 日，德国向俄国宣战，3 日又向法国宣战。8 月 4 日，德国入侵保持中立的比利时，比利时对德国宣战。同日，英国向德国宣战。8 月 6 日，奥匈帝国向俄国宣战，塞尔维亚对德国宣战，意大利宣布中立。意大利宣布中立使三国同盟失去了原来的意义。8 月 12 日，英国向奥匈帝国宣战。第一次世界大战全面爆发。

（二）匈牙利作战战场和国内形势

萨拉热窝事件之前，匈牙利总理蒂萨主张对塞尔维亚实行强硬政策。但在萨拉热窝事件之后，所有奥匈帝国领导人中只有他不主张同塞尔维亚开战。他了解帝国军队的真实状况，并担心奥匈帝国领土扩大后二元制将失去平衡。此外，他还担忧会引发世界大战，更害怕来自埃尔代伊的进攻，他一直把罗马尼亚的军队视为敌军。后来，德国向蒂萨保证罗马尼亚会无条件保持中立，帝国国防部也许诺向埃尔代伊边界增派一支 4 万人的部队。7 月中旬，蒂萨不再反对向塞尔维亚开战。

开战后不久，蒂萨却发现政治设想和战略规划都不正确。根据奥匈帝国军事领导人的计划，军队只需拖住俄罗斯军队，在德国打败法国后再一起消灭俄罗斯军队。但德国没能像 1870 年那样迅速将法国打垮，闪电战变成了阵地战。俄国的全国动员比预期快很多，8 月 5 日宣战当日，全副武装的俄国大军已逼近奥匈帝国边界。另外，对塞尔维亚的进攻也没能速战速决，用了一年半时间才结束。奥匈军队在与塞尔维亚作战的同时，还要阻止俄罗斯的进攻，显然能力不足。导致战争将在“树叶飘落时候”结束的诺言变成了谎言，接下来是长达 4 年的世界战争。

战争爆发后两大阵营都在拉拢其他国家加入。1914 年 9 月，土耳其加入了同盟国，德国向土耳其许诺，战争胜利后土耳其可以收回高加索地区所失去的领土。1915 年 5 月，意大利退出同盟国而加入了协约国，期望胜利后可以得到南蒂罗尔、阿尔巴尼亚一部分、伊斯特拉半岛、克瓦内尔湾、的里亚斯特以及达尔马提亚。1915 年 10 月，保加利亚加入了同盟国，目的是占领马其顿。这期间罗马尼亚也在同两个阵营进行谈判，1916 年 8 月，罗马尼亚最终决定加入协约国，目的是占领埃尔代伊。美国直到 1917 年 4 月 6 日才参战，美国参战加速了同盟国的崩溃。

1916 年，100 多万人的牺牲和无可计量的物质损失，也没能使得两大列强集团决出胜负。这时，英国初次使用新发明的钢铁巨物坦克，引起德国的恐慌。德国则使用毒瓦斯，造成法军数以万计的死亡。1917 年，德国为了使协约国陷于饥饿困境并切断物资来源，决定击沉所有英国和法国的船只，无论挂的是哪国国旗。这一行动促使拥有最大运输能力的美国于 4 月 6 日对德国宣战。

战争初期，匈牙利军队只有巴尔干和俄罗斯两个战场。意大利和罗马尼亚加入协约国后，又增加了两个战场。开战后奥匈军队就发现武器装备和技术培训落后，导致了大量人员的伤亡。180 万人的参战部队在同塞尔维亚和加利西亚作战的头几个月内就伤亡和被俘 100 多万，导致奥匈军队一蹶不振。此外，军队的供应也出现了问题，某些军火商所提供的武器多为不合格产品，再往后则出现了物资严重匮乏现象。

巴尔干战场

在巴尔干战区保加利亚站在同盟国一边，而塞尔维亚、蒙特内哥罗、罗马尼亚和希腊则站在协约国一边。1914 年 8 月 12 日，奥匈军队开始进攻塞尔维亚，很快越过了界河——德里纳河。由于奥地利军官的错误指挥，奥匈军队无法迅速击败敌军，致使两军陷入僵持局面。

1915 年 10 月 14 日，保加利亚加入同盟国，保加利亚的介入意味着塞尔维亚的灭亡。德国、奥匈和保加利亚军队以压倒优势的兵力从三面围攻塞尔维亚，1915 年底占领了整个塞尔维亚。1916 年，奥匈军队还占领了蒙特内哥罗和阿尔巴尼亚北部。

俄罗斯战场

1914 年，奥匈帝国拥有 180 万军人；俄罗斯军队有 340 万，紧急动员后达到 450 万。俄军于 9 月 6—11 日在贝伦格地区取得巨大胜利，9 月 6 日通过乌若克（Uzsok）海峡进入匈牙利领土。经过艰苦的战斗，奥匈军队于 12 月 4 日在波兰的利马诺瓦（Limanowa）打败了俄罗斯军队。

1915 年 3 月 22 日，波兰边陲城市普热梅希尔（Przemysl）城堡被俄罗斯军队占领。4 月初，奥匈军队把俄罗斯军队从城堡赶出，5 月 2 日，奥匈军队在戈尔利采（Gorlice）开始大反攻，解放了加利西亚，并占领了大片的俄罗斯领土。俄军在撤退时以犹太人同情敌军为由杀害了大批犹太人，德国人将此事公布于世，这一事件对后来的“贝尔福声明”起了重要作用。1917 年，英国外交部长阿瑟·贝尔福发表声明支持在巴勒斯坦建立一个犹太人国家的计划。

1915 年 3 月，因食品和弹药的缺乏，普热梅希尔城堡再次被俄军占领。1—4 月奥匈军队伤亡和被俘 80 多万人，仅普热梅希尔城堡战役就被俘 12 万人。为了挽回败局，德国抽调了一部分军队支持奥匈军队。5 月 2—5 日，奥匈和德国部队在戈尔利采组织了大反攻，不但夺回了普热梅希尔城堡和利沃夫，还占领了华沙。后来俄军补充了人员，加上意大利退出同盟国转而加入协约国，战局变得对奥匈非常不利。

1916 年 6 月 4 日，俄国发动了勃鲁西洛夫（Bruszilov）战役，目的是要摧毁奥匈帝国。俄军占领了布科维纳，并把奥匈军队赶出了加利西亚东部。俄军接近喀尔巴阡山，但没能摧毁奥匈帝国。为此，俄罗斯帝国付出了 140 万军人的生命，奥匈帝国也牺牲了 70 多万军人。

1917 年 2 月，俄罗斯爆发二月革命，沙皇政府被推翻。临时政府上台后向协约国承诺继续进行战争，并于 6 月 18 日在加利西亚发动了克伦斯基攻势，战役持续了 10 天。开始俄军占据优势，7 月 3 日，奥匈德军队开始反击，没几天俄军就开始败退。7 月 8 日，俄军后退了 240 公里。十月革命（1917 年 11 月 7 日）爆发后，临时政府被推翻。新成立的苏俄政权和德国于 1918 年 3 月 3 日签署了《布列斯特和约》，向德国割地赔款。之后相继与奥匈、土耳其和保加利亚签署和约，俄国就此退出了第一次世界大战。从此东线战场消失。

意大利战场

意大利本来是三国同盟成员，但于 1915 年 5 月退出同盟国并加入协约国，并于 5 月 23 日向同盟国宣战。意大利加入协约国后，奥匈军队又多了一个意大利战场。奥匈军队在意大利战场打了两场大战，第一场是 1915 年到 1917 的伊松佐大战，三年内打了 12 场战役。发生在 1917 年 10 月 24 日到 11 月 19 日之间的卡波雷托战役是伊松佐大战的最后一战，最终以意大利失败而告终。意大利士兵死伤和失踪 11 万人，奥匈军人死伤和失踪 5 万人。第二场是维托里奥·维内托战役。卡波雷托战役后意大利更换了军队指挥官，协约国调动英、法、捷克及美国的军队前来支援。这时德国又将部分军队调到西方战场，协约国的军队人数大大超过奥匈军队。1918 年 10 月 24 日开战，29 日奥匈军队彻底溃败，向意大利递交停战请求。 31 日，奥匈停战代表团抵达意大利军队总司令部所在的帕多瓦，并于 11 月 3 日在停战书上签字。11 月 3 日到 4 日，36 万奥匈帝国士兵沦为俘虏。11 月 6 日，奥匈帝国国防部长宣布解散参战部队，并命令军官们各自去自己民族的民族委员会报到。

罗马尼亚战场

在1916年6月4日的勃鲁西洛夫战役中，俄军获胜。罗马尼亚认为俄罗斯会赢得这场战争，因此于8月17日加入协约国，并与协约国签订秘密协议。根据协议，战后罗马尼亚将得到布科维纳、埃尔代伊和匈牙利大平原的大部分。罗马尼亚于8月27日晚9点向奥匈宣战，宣战前半小时已开始攻打埃尔代伊，但很快被奥匈和德国军队赶出埃尔代伊。与此同时，保加利亚、德国和奥斯曼土耳其帝国的军队开进了多布罗加。12月6日，协约国占领了布加勒斯特。1917年，苏俄退出第一次世界大战后罗马尼亚完全被孤立，故于1918年5月7日签订了《布加勒斯特和约》。根据和约，罗马尼亚要从喀尔巴阡山地区割让5113平方公里领土给奥匈帝国（匈牙利当时得到了3249平方公里），罗马尼亚的石油资源完全归德国所有，罗马尼亚宣布战前同协约国签订的秘密协议无效，而同盟国则默认罗马尼亚吞并比萨拉比亚。7月4日，罗马尼亚国会通过了该条约，但罗马尼亚国王直至1918年11月11日德国宣布投降都没有签字，条约始终未能生效。德国投降后，罗马尼亚立即宣布《布加勒斯特和约》无效。一夜之间，罗马尼亚从战败国变成了战胜国。

战争期间的国内形势

社会民主党在战争开始后几个月就反映了工人阶级的不满情绪，很多人认为匈牙利完全是为了德国人的利益而打仗。早在1915年年底，卡罗伊·米哈伊伯爵（Károlyi Mihály）就提出单独缔结和约，并于1916年组织新的政党，设想缔结不割地不赔款的和约，并把奥匈帝国改造成同一统治者的联邦制国家。

战争的第三年，各个交战国都已精疲力竭，奥匈帝国和俄罗斯尤为显著，1914年对战争的狂热和团结一致已完全消失。大战开始时各政党一致支持战争，战争的拖延、流血牺牲和接连不断的失败，再加上贫困使气氛彻底改变。再也看不见大批人群去车站为士兵送行的场景，也没有社会团体愿意给士兵们赠送礼物，更听不到欢送代表团的热情讲演了。

常年战乱给政治、经济和社会生活带来了严重的后果。大批年轻人被送往前线，致使劳动力严重缺乏，劳动生产率持续下降。1916年谷物产量只有战前的⅔，1918年降到了⅓。与此同时货币发行量却达到战前的15倍，从而导致了通货膨胀。1918年年底匈牙利公务员的工资与1912—1914年相比下降了67%，短工工资下降54%，产业工人下降47%。在这种情况下，匈牙利政府从1915年起对面包实行凭票供应，1916年起对农产品和牲畜实行定价征收。重要的工厂企业被军管，战争后期约900家工厂在军队监督下进行生产。鉴于物资的严重短缺，政府成立了各种中心，严格按规定分配日用消费品。

1917年2月，俄罗斯人民推翻沙皇统治，建立了共和国，这在匈牙利人民当中引起了极大反响。工人、农民和激进的资产阶级阶层纷纷向俄国人民表示祝贺。在社会民主党工会组织下城市工人掀起了罢工浪潮，1914年工会有5万成员，人数从1916年开始增加，1917年超过了20万，1918年增加到了30万。1918年春天起，从俄罗斯回国的战俘比例不断增加，到1918年秋季回国的战俘达30万之多。由于布达佩斯一家工厂的军官向游行队伍开枪并打死一名工人，引发了50万人参加的罢工和游行。1918年6月20日起，布达佩斯及其他大城市都加入了运动中。这次罢工中，匈牙利仿照俄罗斯成立了第一个“工人委员会”。

知识分子中的最优秀代表们认识到了革命的必要性，认为形势正在“奔向革命”，人们已经把对和平的设想与民主要求结合在一起了。这时，争取和平及要求扩大选举权的群众运动越来越多。奥匈帝国新的国王卡洛伊四世（IV. K á roly）也想以扩大选举权来稳定国内民心，蒂萨总理因迟迟拿不出方案，于1917年6月15日被卡洛伊免去总理职务，并于当日任命埃斯泰尔哈齐·莫里茨（Eszterh á zy M ó ric）伯爵为新总理，埃斯泰尔哈齐以无法承担这一重任为由于8月20日辞职。随后，韦凯尔莱·山多尔第三次出任总理，国王向他承诺，战争结束后满足有关匈牙利军队的各项要求。韦凯尔莱于1917年12月提出了一个扩大选举的方案。该方案规定：在前线的士兵、能读会写的24岁以上男子、四年制小学毕业的或每年缴纳10克朗税收的男子、24岁以上四年制小学毕业的女子以及能读会写的在战争中失去丈夫的寡妇均拥有选举选。按此规定，匈牙利选民达360万人，是1910年的两倍。有选举权的人数占全民的20%，这一比例与战前发达的西欧国家相等。但是，由于保守国会的拖延，方案半年也没能通过，最终通过的方案中将选民人数消减到了270万，占全民的比例降到了15%。国王卡罗伊四世于9月11日签署了这个法律，然而选举法还没来得及实行，国内就爆发了革命。

转眼就到了奥匈帝国崩溃的1918年。10月上旬，各少数民族纷纷成立了民族委员会，公开要求享受自治权。10月16日，卡罗伊四世皇帝宣布奥地利为联邦制国家。18日，美国总统公开支持捷克斯洛伐克、南斯拉夫及奥匈帝国内各民族的独立。10月24日，布达佩斯爆发了秋菊革命。韦凯尔莱总理于1918年10月30日宣布辞职。

（三）奥匈帝国崩溃和各民族独立

1916年11月20日，费伦茨国王感到身体不舒服，医生诊断他是从气管炎发展到了肺炎，建议卧床休息。但这位倔强的君主不听医生的话，不肯放下几十年来已习以为常的工作。21 日去世的当天早晨，他的体温为 38.1℃，却仍从清晨 3 点半开始工作。午饭后，体温上升到 39.5℃仍坚持工作。晚上 7 点钟上床睡觉，晚上 9 点零 5 分，这位在位 68 年的 86 岁高龄的国王在睡梦中安详地离开了人世。

费伦茨逝世后，匈牙利的内外政策中都出现了新的形势。1917 年 1 月，奥匈帝国的部长会议通过了一个最低纲领，希望在战争结束时能够保住奥匈帝国的领土。自 1917 年春开始寻求单独和谈，新国王卡洛伊四世秘密地通过其妻弟帕尔马王子西克斯图斯与法国进行和平谈判，奥匈帝国许诺战争结束后将阿尔萨斯和洛林归还给法国。不料，法国总理把两国会谈内容泄露于世，导致德国对奥匈帝国非常不满。

美国总统伍德罗·威尔逊于 1918 年 1 月 8 日提出“十四点原则”作为建立世界和平的纲领，允许奥匈帝国境内各民族自治。10 月 14 日，卡洛伊召开皇家议会并接受“十四点原则”。10 月 16 日，卡洛伊宣布同意把奥匈帝国改建为由各民族自治政府组成的联邦制国家，但却遭到匈牙利政府的坚决反对，认为这是试图修改 1867 年的妥协协议。于是匈牙利政府于 10 月 31 日宣布妥协协议无效，并退出二元君主国。卡洛伊皇帝急忙宣布这种改革“不涉及匈牙利王国”。但 10 月 18 日，美国总统改变了主意，把支持奥匈帝国境内各民族自治改成公开支持奥匈帝国内各民族独立。紧接着各民族自治政府纷纷宣告完全独立，并退出第一次世界大战。

在大战期间，匈牙利境内的各少数民族都在为本民族的独立积极开展活动。1915 年 5 月 1 日，在伦敦成立了以安特·特鲁姆比奇（Ante Trumbic）为首的南斯拉夫委员会，目的是在脱离奥匈帝国后成立一个南斯拉夫联邦。同年的 11 月 14 日，以爱德华·贝奈斯为首的一批捷克移民政治家在巴黎成立了捷克国外委员会，以成立独立的捷克斯洛伐克国为宗旨，并于 1916 年 2 月 3 日成立了捷克斯洛伐克民族委员会。他们同协约国的精英们保持着密切的关系。1917 年 7 月 20 日，克罗地亚领导人安特·特鲁姆比奇和塞尔维亚政府代表尼古拉·帕希奇达成成立塞尔维亚—克罗地亚—斯洛文尼亚国家联盟的协议。1918 年 4 月 8 日，奥匈帝国各少数民族领导人在罗马开会，会议作出要求建立独立国家的决议。5 月 29 日，美国政府对此决议表示赞同。

1918 年 5 月 15 日，布拉格举办庆祝捷克国家剧院成立 50 周年纪念活动。捷克、斯洛伐克、波兰、塞尔维亚、克罗地亚、意大利和罗马尼亚的代表们利用此机会举办了庆祝即将来临的独立的活动，于是庆祝活动演变成针对奥匈帝国的示威活动。5 月 30 日，托马斯 · 马萨里克在美国匹斯堡就成立捷克斯洛伐克国发表声明。9 月 3 日，美国政府承认捷克斯洛伐克民族委员会为其战斗同盟。9 月 6 日在巴黎成立了罗马尼亚统一民族委员会，10 月 12 日获得法国的承认。9 月 15 日，奥匈帝国少数民族的代表们在纽约召开会议，10 月 5—6 日成立了统一的斯洛文尼亚、克罗地亚和塞尔维亚民族委员会，10 月 11 日在克拉克夫成立了波兰民族委员会。

1918 年 9 月底保加利亚投降，10 月土耳其投降，1918 年 11 月 11 日德国投降。11 月 12 日奥地利共和国成立，14 日捷克共和国成立，16 日匈牙利人民共和国成立，12 月 1 日塞尔维亚、克罗地亚和斯洛文尼亚王国成立。历时四年零三个月的第一次世界大战以协约国的胜利和奥匈帝国的瓦解而告终。

战争期间奥匈帝国共有 900 万士兵上了战场，其中匈牙利和克罗地亚的士兵为 380 万，他们当中 66.1 万人牺牲，占总人数的 17.4%。受伤人员 74.3 万，占总人数的 19.6%。被俘 73.4 万，占总人数的 19.3%。

第三章　匈牙利王国的经济状况

妥协后的50年匈牙利经济得到了迅速发展，这一事实是毋庸置疑的。尽管学者们针对发展速度的看法不一，但都同意“20世纪初匈牙利已经从落后的农业国发展成为拥有发达的食品工业和密集出口活动的农业工业国家”的说法。拜伦德（Berend T.Iv á n）和兰基（R á nki György）两位历史和经济学家都认为，在奥匈帝国期间匈牙利的国民收入平均年增长率为3.7%,后来调整为3.2%。也就是说，1900年国民收入是1867年的两倍，1914年则是1867年的三倍 。而根据经济学家考图什（Katus L á szl ó ）的计算，不包括非物质服务的国内生产总值（GDP）在1867年至1913年之间年增长率只有2.4%，所以GDP没有翻三倍或四倍，只翻了两倍。但是，这也超过了欧洲平均增长速度。只有丹麦（3.2%）、挪威（3%）和德国（2.9%）超越了匈牙利。第三种是按国内生产总值（GDP）计算，奥匈帝国（1860—1910年）的年增长率为1.76%，整个欧洲的增长率为1.88%。奥匈帝国的增长速度超过了巴尔干和南欧各国，与比利时、荷兰、挪威、俄国和英国持平，落后于发展进度靠前的瑞典、丹麦、德国、瑞士、法国和芬兰。但匈牙利的经济增长速度比奥地利快。

一、金融机构

现代化的信贷体制和基础设施是经济发展重要的两个推动力。1867年以后，银行、储蓄银行和其他贷款机构雨后春笋般增加，1867年到1900年金融机构从107家增加到了2700家，到1913年增加到6000家。金融机构的本金和储蓄存款增长迅速，1867年这些款项总和仅为1700万克朗，但在1900年已达到25亿，1913年增长到了66亿克朗。与此同时，投资额也随着资本存量的增加而迅速增长。1890—1913年之间的投资额是1867—1890年之间的两倍。更重要的是，1900到1913年间外国投资所占份额平均已下降到25%，该比例在1890年仍在50%以上。也就是说，匈牙利经济已具备自筹资金的能力。当时匈牙利的信贷和投资活动由匈牙利信贷银行、佩斯匈牙利商业银行、匈牙利贴现和兑换银行、佩斯第一储蓄银行及匈牙利银行和贸易股份公司5家金融机构掌控。到1913年五大机构拥有匈牙利信贷机构58%的资金。虽然其名称和创始人都是匈牙利的，但实则被奥地利和法国的利益集团所控制。

二、交通和通信

1867 年，匈牙利拥有 2285 公里长的铁路线。1890 年已达到 1.1 万公里，1913 年增加到了 2.2 万公里。1913 年，每千平方公里的铁路密度匈牙利为 69 公里，俄罗斯为 13 公里，意大利 61 公里，奥地利 78 公里，法国 97 公里，德国 117 公里。按照人均铁轨长度计算，在欧洲国家中仅有法国领先于匈牙利。从维也纳到布达佩斯乘坐蒸汽机火车只需 9 小时，乘坐东方快车只需 5 小时，已接近 1980 年代快车的速度。20 世纪初长途货运的工具主要有铁路和汽船。1890 年火车运输占货运量的 92%，汽船占 7.4%。货运量从 2500 吨增长到了 4.6 万吨。客运量 1891 年到 1900 年年均 5200 万人次，1913 年达到了 1.66 亿人次。

通信革命化的两个重要工具分别是电报和电话。匈牙利 1847 年建立了第一个电报局。1867 年电报线路长 1.7 万公里，1914 年达到了 17 万公里。布达佩斯的第一个电话中心建于 1881 年，两年后可以同巴黎通话，3 年后可以同波士顿通话。第一次世界大战开始时，匈牙利的长途电话线路已接近 50 万公里，仅布达佩斯就有 2 万台电话。尽管如此，当时的人们仍偏好于写信，1848 年邮局仅传递了 400 万封信件，1873 年传递了 5100 万件，1914 年高达 8 亿封信件。这是由于会写字的人增多，且邮递时间大大缩短。

三、农畜牧业

农业

农业是匈牙利经济生活的基础。1867 年农业占国内生产值的四分之三，由于工业和服务行业的发展，到“一战”前夕农业占国内生产总值的比例降到了 44%。即便如此，农业仍然是匈牙利最重要的经济部门，全民的 62% 以农业为生。奥匈帝国期间，农业生产的增长速度低于工业，平均年增长率为 2.2%（也有资料显示为 1.7%）。与此同时，工业和服务业的增长速度为 4%—5%。其主要原因是土地分配不均，130 多万户小农只拥有可耕地的 5.5%，54% 的土地仍属于地主，几千户拥有 1000 霍尔特以上土地的大地主占据了全国 ⅓ 以上的耕地。

匈牙利主要的粮食作物是小麦、大麦、燕麦和玉米，半个世纪以来产量翻了一到两倍，土豆和甜菜的产量也翻了多倍。粮食作物增产主要源于三个因素：一是可耕地面积不断增加（单产实际没有增加太多）。仅由于对蒂萨河和多瑙河的整治及“拦洪造田”工程就使得耕地面积增加了⅓。从1851年到1914年耕地增长了60%，从140万霍尔特增长到220万霍尔特。二是由于农具的改进。19世纪末铁犁完全替代了木犁，机械化耕作得到了广泛推广，特别是播种机和打谷机的推广。19世纪90年代脱粒机已完全代替了手工脱粒，20世纪初开始使用拖拉机。三是上百年来沿用的每三年休耕一次的方法被淘汰，19世纪末广泛推广了轮种的耕作方法。

小麦在匈牙利拥有“植物王”的美称，19世纪90年代小麦播种面积占可耕地的62%。一方面由于国外市场需求量大，另一方面因为匈牙利食品消费的结构发生了变化。过去匈牙利人比较喜欢吃肉，到19世纪中叶肉的消费量大大减少，食用的面食尤其是面包增加了。在中耕作物中玉米最为普及，在产量上只有美国超过了匈牙利。甜菜和马铃薯的种植面积也不断增加。

匈牙利的葡萄种植业拥有上百年历史，托考伊（Tokaj）产区的葡萄酒早已是世界闻名的品牌。从美国传来的葡萄根瘤菌危害在19世纪80年代对匈牙利葡萄种植业造成了毁灭性的打击，随后匈牙利对葡萄园进行了重建，并在沙土地区新建了大量葡萄园，1913年葡萄园面积已经达到了56.3万霍尔特，接近受灾前的水平。世界著名的匈牙利酿酒师毛蒂阿斯·亚诺什（Mathi á sz J á nos）发明了在流沙中种植葡萄的技术，培育出3700个新品种，其中有五六十个品种至今仍在种植。

费工但高收益的水果和蔬菜种植在19世纪末20世纪初开始兴旺。毛克（mak ó ）的大蒜、考洛乔（Kalocsa） 和塞格德的（Szeged）辣椒、恰尼（Cs á ny）的西瓜和凯奇凯梅特（Kecskem é t）的杏上市并很快开始出口。1895年，3.2万霍尔特的土地用于种植蔬菜，1910年初增加到14万霍尔特。布达佩斯的蔬菜由小平原地区的农村供应。

畜牧业

19世纪90年代起畜牧业快速发展。从1870年到1910年猪的存栏数增长了70%，牛的存栏数增长了40%。由于澳大利亚和南美洲羊毛价格太便宜，导致羊的存栏数下降。为满足国内对牛奶和牛肉的需求，匈牙利将德国一种产奶量大的牛同匈牙利体大、长角且能适应恶劣气候的大灰牛交配后，培养出一种产奶多且容易养肥的新品种——匈牙利花牛。

四、工业发展

农业是匈牙利经济的基础，而工业则是发展最快的产业。在奥匈帝国期间，工业年增长率为4.5%（另有数据显示为6%）。1913年，工业和矿业中的就业人数占总就业人数的18%，对国民收入的贡献为25%。1980—1910年期间，工业的技术、组织和规模发生了质的变化，除传统的小企业外还建设了许多现代化的工厂。1910年雇佣20名工人的工厂就有4000多家，100人以上的有100多家，其中41家的工人人数超过了1000人。20世纪初在大工厂工作的人员占产业工人的一半，达到80万人。1884年到1914年有蒸汽机的马力翻了9倍，从6.4万马力增加到63.8万马力。尽管如此，以手工为主的传统小企业仍起着主要作用。1910年没有雇员的小企业仍然有33多万家，雇佣1人的有9.8万家，雇佣2人的有4.5万家。“一战”前，雇佣20人以上的工厂仅占所有工业企业的0.9%。20世纪初，传统结构和技术的小企业和拥有现代化设备的大企业数目都很多。

为应对共同关税区所带来的不利，匈牙利政府采取特别措施来支持工业发展。1881年制定的法律中对新建工厂实行免税政策。1890年到1899年的工业法则规定向工厂提供无息贷款，并给予价格和税收上的优惠。1907年起可以对工厂进行补贴。1868年至1880年期间，政府用于此方面的投入为年均3.2万克朗，1891至1899年期间每年投入为270万克朗，1913年达到了1000万克朗。

面粉工业

19世纪90年代匈牙利面粉工业的发展达到了顶点，产量和设备都达到了世界水平。当时拥有1.6万个水磨坊和650个畜力磨坊，1906年则拥有2200个蒸汽机磨坊和562个电动机磨坊。1870年，布达佩斯的磨坊加工了300万公担小麦，1890年为600万公担，1896年为800万公担，其中大部分用于出口。直到19世纪末布达佩斯都是世界第一大磨坊城市，19世纪末20世纪初被美国的明尼阿波利斯赶超。匈牙利磨坊工业的名气源于巴奇卡（B á cska）和巴纳特（B á ns á g）的优质小麦，还有匈牙利工程师迈奇沃尔特（Mechwart Andr á s）发明的磨面新工艺，使用这种工艺能磨出质量更好的面粉。

制糖业和啤酒业

1890—1891年匈牙利有17个糖厂，年产73万公担。1913—1914年有30个糖厂，年产550万公担，70%用于出口。当时匈牙利的酿酒业并不发达（啤酒除外），一向嗜好葡萄酒的民族开始改喝啤酒，1894—1913年啤酒产量翻了一番，从140万百升增加到了300万百升。战前匈牙利有84个啤酒厂，最大的是德莱海尔（Dreher）啤酒厂。

1898年各食品工业部门的产值占制造工业产值的44%，占工人人数的15%，到1913年分别降为39%和14.5%。

煤炭和钢铁工业

煤炭和钢铁是重工业的基础。1860—1913年煤炭的产量翻了19倍，1900—

1913年翻了一番。但可以炼焦的高热量黑煤仍需要进口。19世纪90年代诺格拉德(Nógrád)州生产的煤最多,之后是陶陶巴尼奥(Tatabánya)州。生铁的产量从1867年到战前翻了数倍,从10.5万吨增长到62.3万吨,人均生铁为30公斤。此时,德国人均为250公斤,美国人均为326公斤。1910年代初,匈牙利冶金技术采用的是欧洲最现代化的平炉炼钢法。

机械工业

1906年,匈牙利全国拥有113家机械制造厂、45家铁路维修厂和3家造船厂。这些工厂中历史最悠久和最成功的是甘兹·阿布劳哈姆(Gánz Abrahám)机械厂,该厂制造了给面粉工业带来革命性变化的滚轧机,以及1896—1898年由20多岁的匈牙利工程师孔多·卡尔曼(Kandó Kálmán)发明的世界上第一辆电动火车头。1896年,甘兹机械厂兼并了道努比乌什(Danubius)造船厂后开始生产军舰,并于1915年制造了匈牙利唯一一艘2万吨级的"圣伊斯特万"号战舰。当时最伟大的机械工程师班基·多纳特(Bánki Donát)发明了汽油发动机,1891年琼考·亚诺什(Csonka János)领导的小组发明了汽化器,1902年甘兹厂生产出第一辆双缸汽车,1905年生产出第一辆四缸汽车,1914年已有一千多辆汽车行驶在匈牙利的公路上。1912年,奎恩(Kühne)农机厂生产的第一台拖拉机正式下线。除此之外,韦伊什·曼弗雷德(Weiss Manfréd)于1884年在切佩尔(Csepel)创建了一家罐头厂,主要为部队提供供给。该厂于1893年奉命生产子弹盘,20年后发展成为一家奥匈帝国最重要的军事工业联合企业,1913年厂内有5000名工人生产枪支弹药。另外,杰尔(Győr)市还有一家斯柯达大炮厂,佩斯附近有一家飞机制造厂。

电力工业

匈牙利第一家发电厂建于1884年。1900年发展到了43家,1913年有200家。在20世纪初发电量为3600万千瓦时,1913年达到2.2亿千瓦时。甘兹厂杰出的工程师齐拜尔诺夫斯基·卡罗伊、布拉蒂·奥托和德里·米可绍以其发明将匈牙利电力工业推向了世界先进行列,他们于1885年发明了变压器,变压器的专利权使甘兹厂长期受益。另一家驰名企业是新佩斯的联合灯泡厂,所生产的现代化白炽灯在世界上有较高的地位。

纺织工业

匈牙利的纺织业一直不如奥地利和捷克发达,1898年的纺织业产值只占制造业的3.6%。在政府有意加大投资和支持的情况下,自20世纪初开始有了显著发展,纺织业企业的数量几年之内翻了两倍。1906年纺织厂生产的纱锭从原来的11万增加到25万,1913年达到35万,"一战"期间还在增加。但仍无法与奥地利和俄罗斯的400万相比,更不能与德国的1000万和英国的5400万相比。

化学工业

1898 年化学工业的产值占制造工业产值的 5.7%，1913 年上升到 7.3%。发展最快的是化肥生产，之后是制药业，奇诺因（Chinoin）制药厂成立于 1911 年。

大部分现代化工业企业集中在布达佩斯及其周围。1910 年布达佩斯的人口占全国人口的 5%，工业工人的 18% 和产业工人的 28% 都在布达佩斯。

五、商贸发展

商业

1850 年代匈牙利有 600—700 个全国性集市，300 多个定居点设有每周一次的集市。此外，一年有两个季节性集市，即春季和秋季集市。春季集市主要买卖工具和牲畜，秋季集市主要交易谷物、葡萄酒、耕畜和肥猪。20 世纪初出现了商品交易的新形式。1890 年代布达佩斯建成了 5 个大菜市场，其中包括现在游客必参观的位于自由桥佩斯桥头的中央菜市场。1911 年建成了首都第一个大百货商场——巴黎百货商场。现代化的商业活动大多集中在布达佩斯，特别是一些专业商店。

外贸

奥匈帝国期间，匈牙利外贸以每年 3% 的速度增长。1890 到 1910 年间，从事外贸的人员增长了 55%，在此期间全国人口仅增长了 20%。战前进出口总值已占国民总产量的 45%。在欧洲只有奥地利和丹麦高于此比例。如扣除同奥地利的外贸额，数据就不一样了。1880 年到 1913 年期间，匈牙利 72%—76% 的出口和 73%—86% 的进口是与奥地利之间进行的，奥地利以外国家的外贸额只占 25%。其中德国是最重要的贸易伙伴，占匈牙利进出口总额的 10%，其次是意大利和美国。

外贸商品结构及其变化反映着国家经济性质和发展方向。1980 年代匈牙利农产品占比 60%，1910 年代初降到 51%，工业和矿产品占比则从 40% 增加到了 50%。

人均国民收入是衡量国家经济发展最通用的指标。根据历史学家考图什·拉斯洛（Katus L á szl ó ）的统计，1913 年匈牙利人均国民收入为 435 克朗，相当于英国的 40%，法国的 50%，意大利的 81%。尽管半个世纪以来，匈牙利经济得到了迅速发展，但与最发达的西欧国家，以及北欧、中欧和南欧国家相比，匈牙利仍然是一个落后的穷国，但比俄罗斯、巴尔干诸国（希腊、塞尔维亚、罗马尼亚和保加利亚）及葡萄牙、西班牙要好些。

第四章　匈牙利的社会状况

国土与人口

1910年，匈牙利王国拥有325411平方公里国土，人口为20886487。如不算内政完全独立的克罗地亚－斯洛文尼亚国土和人口，匈牙利有282870平方公里国土和18264533人口。19世纪中叶，讲匈牙利语的人只占总人口的40%，1850年占到41.5%，1880年也未超过45%。20世纪初全民的45%为匈牙利人。1867年左右出生的匈牙利人的预期寿命为30岁，1910年代出生的人预期寿命为40岁。20世纪初全民的平均年龄很年轻，只有27岁。19世纪80年代初死亡率开始下降，1867年到1914年死亡率从35‰降到了23‰，出生率也从43‰降到了34‰。匈牙利没有发生“人口大爆炸”，妥协后的30年内人口自然增长率保持在11‰左右。1910年出生的每1000名婴儿中有206人活不到1岁，5岁之前又有104人夭折，即每1000名婴儿中31%的婴儿会在5周岁之前夭折。在欧洲只有俄罗斯的情况不如匈牙利。匈牙利儿童主要被白喉、麻疹、猩红热和百日咳等传染病夺去生命。1913年，匈牙利没有人因天花而死亡，天花疫苗的注射预防了天花病。随后肺结核开始在欧洲传播，由于无药可治，当时匈牙利每年有4万—5万人死于肺结核，是欧洲肺结核死亡率最高的国家。

宗教信仰

匈牙利49%的人信仰罗马天主教，11%的人信仰匈牙利希腊礼天主教，东正教教徒占12.8%，新教教徒占21%（其中卡尔文教徒占14%，路德教徒占7%），犹太教徒占5%。从1869年到1910年，布达佩斯的犹太人从4.4万增加到了20.3万人，占布达佩斯人口的23%。

20世纪初，全国41%的小学及51%的中学为罗马天主教学校，11%的小学和20%的中学是基督教卡尔文派学校，7.5%的小学和17%的中学为路德教所有，希腊东正教拥有8%的小学和2.5%的中学。

阶级和阶层

20 世纪初，经济的工业化导致就业结构发生巨变。1860 年代末农业人口为 75%，1910 年降到了 62%-53%。从事工业、商业、交通和信贷的人占 23%—24%。此时诞生了新的阶级和阶层：城市资产阶级、产业工人、公务员和知识分子。

位于社会金字塔顶端的两个阶级——大地主和大资产阶级分享着财产和权力。拥有 1000 霍尔特以上土地的大地主只有 2000 多户，却占据了全国土地的五分之一。19 世纪末，拥有土地最多的是埃斯泰尔哈齐·米克洛什公爵，其拥有的土地面积达到 50 万霍尔特，位居第 46 位的卡罗伊·米哈伊伯爵拥有 5 万霍尔特土地。18 世纪是贵族们的黄金时代，到了奥匈帝国时期其权力和影响仍然很大，占据了国会上议院五分之四的议席和众议院 11%—16% 的议席。奥匈帝国期间的 16 位总理中 10 位是贵族（包括 7 位伯爵和 3 位男爵），111 位部长中 38 位是贵族，50% 的外交官也是贵族。20 世纪初，⅓ 的州长是贵族。

社会金字塔的中层是中产阶级、城市市民和富裕农民。中产阶级一般都雇佣仆人并拥有至少三间一套的住房，平均受教育水平为中学毕业，因此被人称为“先生”。约 6000 到 7000 个中产阶级家庭拥有 1000 霍尔特左右的耕地。1890 年，总理办公室、内务部、财政部、商业部工作人员中的中产阶级占比为 57%，到 1910 年占比为 46%。这期间，中产阶级在众议院拥有 48% 的议席，58% 的州长和 77% 的副州长都是中产阶级出身。

1885 年开始对高级知识分子和公务员发放退休金，退休年龄一般为 60—65 岁，大学老师和高级法官的退休年龄为 70 岁。工龄为 5—10 年的退休人员的退休金为工资的 40%，工龄 10 年以上者每年递增 2%。1913 年享受国家退休金的人数为 6.3 万人，随后每年都在增加。

农民和城市小资产阶级位于中产阶级的最下层。1910 年，农民占全国人口的 60%，他们并不是一个统一的社会阶层，其状况取决于各自拥有的土地面积。其中富农占 2%，拥有 50 多霍尔特土地，他们一般雇佣用人或长短工耕种土地，自己只负责生产的组织工作及销售。其次是中农，通常和家人一起耕种土地，能够自给自足，且有节余。然后是小农，小农一般拥有 5—10 霍尔特的土地，大部分家庭可以自给自足，不用给人打工。最后是贫农，贫农占全国人口的 24%，只有 1—5 霍尔特土地，需要给富裕农户打工才能维持生活。他们的子女上学机会很少，中学生中贫农子弟占2%，大学生中只占1%。20世纪初期，大专院校的在校生中10%—11%来自农民家庭。而神学院中30%的学生来自农民家庭，一方面因为神学院为免费教育，另一方面当时在农村当神父是个体面的职业。

小资产阶级及其家属总共有250万人，占人口的12%—13%。其中小手工业者和商贩占⅔，他们在作坊和商店里进行生产和经营，在有钱的中产阶级眼中是下等人，在农民眼中则是令人羡慕的职业。他们千方百计地想把儿女培养成高级知识分子，1888—1889和1908—1909学年大专院校在校生的21%是小资产阶级子女。

城市无产阶级的一半是产业工人，在世纪之交是匈牙利社会中最年轻、最活跃和最有觉悟的阶级。这是一个在奥匈帝国期间同资产阶级一起出生的特殊社会阶级。城市无产阶级的高层约为产业工人的一半，生活水平相对不错，住一间一套带厨房或者两间一套带厨房的房子。他们的平均工资是德国的一半，俄罗斯的137%，日本的182%。1900—1910年他们的工资一直在小幅度增长。半熟练工人、辅助工人及家庭用人占工人阶级的⅓，他们的生活最苦。20世纪初，产业工人工资是农业工人工资的1.5倍。

犹太人问题

奥匈帝国成立后，大批犹太人纷纷来匈牙利投资，并很快致富。1883年，国会两院只有5位犹太议员，各部的公务员中总共也只有10个犹太人。20世纪初发生了变化，1905年犹太人在众议院中突然达到了102人，占比25%。1910年大选后众议院中有84名犹太人，占比20%。从没有犹太员工的国家行政机关中，在“一战”期间犹太人占到5%。1913年，犹太人海尔陶伊·费伦茨（Heltai Ferenc）当选为布达佩斯市长，当时许多部长和9位国务秘书均为犹太人。全国人口中犹太人不超过10%，但他们的子女在1898—1899学年占全国大专院校学生的57%，1908—1909学年降到51%。中学的状况也基本如此：19世纪60年代中期，信仰犹太教的中学生占比10%；19世纪80年代中期为20%，1913—1914年为22.5%。大专院校中这个比例分别为10%、28%和29%。

民族之间的差异

在匈牙利王国内各民族发展水平也不一样。领先的是德国民族和匈牙利民族。1910年，德国居民中从事农业的人占50%，从事工业和商业的人占37%。

匈牙利居民中从事农业的人口为55%，从事工业和商业的占30%。而在斯洛伐克和罗马尼亚的居民中，从事工业和商业的人只占12.5%，而从事农业的人口则占80%。发展水平最落后的民族是鲁塞尼亚人（Ruten），他们中89%从事农业。从阶级地位、文化水平和社会地位来看，各民族之间也有很大差异。少数民族占全国人口的50%，其中务农者占全国农民人数的60%。拥有超过100霍尔特土地的大地主占全国大地主的27%，占宗教界人士的36%，小学教师的28%，城市和乡村官员的13%，州级官员的7%，国家级官员的5%。匈牙利人中83%的男性和76%的女性能读写，而在鲁塞尼亚民族中该比例分别为41%和25%。斯洛伐克民族的文化水平最接近匈牙利人，1910年76%的男性和64%的女性能读写。匈牙利人中学毕业生占人口的3.6%，而少数民族则低于1%，只有克罗地亚人占比超过1%，为1.2%。德国人则是例外，他们当中大地主、宗教界人士、小学教师数量及各级的官员人数大大超过了其他所有少数民族的总和，其文化水平比匈牙利人还高，德国人86%的男性和79%的女性能读写。

第五章　匈牙利的教育状况

小学

小学是匈牙利教育机制的基础。1868 年的《教育法》规定，儿童从 6 岁开始上学，12 岁或 15 岁之前完成义务教育。小学一般为 4 年制，也有 5 年和 6 年制。儿童最晚应在 12 岁读完小学。小学毕业后不再读书的儿童，满 15 周岁之前需完成冬季每周 5 个课时和夏季每周 2 个课时的补习课程。法律还规定，如果农村内没有学校，但有 30 名需要入校的儿童，则该农村必须建立一所小学。学校数量在 1869 年到 1914 年间从 1.4 万所增加到了 1.7 万所，小学老师从 1.8 万人增加到了 3.4 万人，学生人数从 72.9 万人增加到了 200 万人。有 1751 个农村的学生需要到其他农村学校上学。1870 年 50% 的 6—12 岁适龄儿童入学，1913 年这一比例达到 85%。在世纪之交时，教室的数目几乎同学校的数目相等，也就是说，农村的小学不分班级，基本上都是一间教室和一位老师的学校，有的地方 100 多个学生挤在一间教室上课。1913—1914 学年平均一位老师教 64 个学生。1914 年 58% 的小学只有一位老师，21% 的学校有两位教师，7% 的学校有三位老师。1869—1905 年的教学大纲中规定，小学的任务是教会学生写字、朗读和计算。1908 年，小学开始实行免费教育，从而减少了文盲的人数。1869 年，6 岁以上居民中文盲人数占比 65%，1890 年降低到 47%，1910 年降到了 33%。小学毕业后大部分学生不再继续上学，10 岁就可以开始工作。

中学

匈牙利的中学为 8 年制，在校生的年龄就为 10—18 岁。中学分为普通中学和实科中学（Re ά liskola）。普通中学偏重人文科学，重视古典语言（如希腊语）；实科中学则偏重自然科学和现代语言，不教希腊语。普通中学毕业生可以报考所有高等院校，而实科中学只能报考工业大学、自然科学、经济及技术类学院。在 19 世纪末，两类中学差异逐步缩小。从 1890 年起普通中学中希腊语不再是必修课，而实科中学则把拉丁语作为特殊语言放入课程。1870 年—1913

年，中学的数量从 170 所增加到了 257 所，在校学生人数从 3.5 万—3.6 万增加到了 8.1 万。第一次世界大战前，10—18 岁的青年人中 2.5%—3% 为中学毕业生。1910 年 8 年制中学毕业的人数为 25.1 万，占全国人口的 1.4%。达到西欧水平，位居德国之后。从 1883 年起，女孩子可以作为自修生参加中学毕业考试。从 1895 年开始，允许女孩子上中学。从此诞生了第三类中学，即女子中学。后来又出现了高等女子学校。

除上述三类中学外，还有一种四年制的公民中学（polgári iskola）。在校生为 10—14 岁的小学毕业生，每周 24 个课时。与普通中学和实科中学相比，公民中学教授基础知识少些，没有拉丁文和希腊文课，但设有德语课。在课程设置上实践课较多，如百分数、利率计算、速记、打字以及如何书写商业函件等。为适应不断现代化的经济需要，世纪之交起四年制中学迅速发展。1892 年只有 186 所，到 1913 年增加到 498 所，在校生达 10 万之多，其中女生有 5.7 万。此外，还成立了许多初级和高级的专科学校，如学徒学校、农业学校、商业学校等。1880 年起要求学徒必须进入学徒学校学习，学徒学校接收 12 岁以上的儿童入学，学年为 3 年。学生大部分时间不是在学校而是在车间实践，每周教学时间只有 4 个课时，教授数学、会计、作文及绘画。1910 年有 645 所工业学徒工学校，其中 22 所为女子学校，93 所为商业学徒工学校，83 所为农业学校。

大学

20 世纪初，匈牙利共有 5 所综合性大学。一所是布达佩斯大学，还有 1872 年建立的考洛日瓦尔（即现在罗马尼亚的克卢日）大学，该校在《特里亚农条约》签订后迁到了塞格德。1871 年又创建了布达佩斯工业大学。为满足不断增长的报考人数的需求，1912 年在德布勒森和波若尼（即现在的布拉迪斯拉瓦）分别建立了综合大学，《特里亚农条约》签订后波若尼大学迁到了佩奇。除了这 5 所综合性大学外，还建立了许多专门培养高级专业人才的学院，在毛焦尔欧瓦尔（Magyaróvár）、凯斯特海伊（Keszthely）、德布勒森、考绍（Kassa）和考洛日瓦尔（Kolozsvár）分别建立了 3 年制的农学院。此外，还创建了布达佩斯兽医学院（1899）、李斯特音乐学院（1875）、谢尔迈茨矿业学院、卢多韦考军事学院（1872），以及 8 所不颁发法学博士证书的法学科学院，东方外贸学院、工艺美术学院、造型美术学院、戏剧艺术学院和 42 所神学院。这些大学和学院中最有吸引力的是布达佩斯大学，学生占全国大学生的一半，1913—1914 学年共有 8000 名学生。考洛日瓦尔大学和佩斯工业大学有 2000—3000 名学生，而其他学院的学生人数都不太多。全国大专院校生中攻读法学的学生最多，19 世纪末到“二战”前读法律的学生占全国大学生的 ⅓。这时大专院校的在校生人数大增，19 世纪 50 年代只有 1000 人，获得大专文凭的不到 4 万人，而到了 20 世纪初翻了一番。1913—1914 年大专院校在校生已达到 1.8 万人，60% 集中在布达佩斯。

大学教学以最大教学自由原则进行。教授们尤其是文科的教授们根据自己的意愿决定教学内容和方法，学生们则在规定的课时内自行决定听哪位教授的课。一般情况下政治不干预教学的内容。匈牙利的大专院校由国家负担经费和管理，而小学和中学几百年来一直都是由教会维护。1867 年，奥匈帝国成立时，所有小学和中学都归属教会。但在奥匈帝国存在的半个世纪中发生了变化，新建学校都由国家管理。到第一次世界大战爆发时，20% 的小学、36% 的中学和 41% 的四年制中学都属于国有。

第六章　匈牙利的文化和艺术

由于社会的资产阶级化和市场环境的影响，人们的生活方式、情趣和鉴赏力发生了变化，艺术也随之商品化，分为高雅艺术和娱乐业两类，各自拥有不同的受众。欣赏艺术戏剧、歌剧、音乐会和展览会的人是有文化的资产阶级和知识分子，他们热衷于阅读文学作品。而文化水平不高的资产阶级则热衷于观看轻歌剧和音乐戏剧，阅读各种消遣读物。文化水平不高但生活有保障的城市市民们则喜欢去有音乐的娱乐场所，观看杂耍等节目，并阅读含有笑话和讽刺内容的报刊。城市贫民则喜欢看杂技、逛游乐园和阅读低级趣味的小说。

一、戏剧

1835 年，“国家剧院”投入使用，既上演话剧、歌剧、芭蕾，又演出娱乐性的剧目。1875 年，“人民剧院”开始营业，上演娱乐消遣性剧目。1884 年，“国家歌剧院”开放，专门演出歌剧和芭蕾舞。1896 年，“喜剧院”投入使用，专门演出喜剧题材的剧目，一年之后又建成了一座演出类似剧目的“匈牙利剧院”。这两座剧院出于商业目的而建造，不同于国家支持的“国家剧院”和“歌剧院”。1903 年，匈牙利轻歌剧院——“国王剧院”投入使用。到世纪之交，布达佩斯的剧院已经能够满足各类观众的需求。贵族和大资产阶级是歌剧院的常客，而保守的中产阶级则钟爱国家剧院。资产阶级的中间阶层喜爱喜剧院和轻歌剧院。小资产阶级除了去喜剧院和轻歌剧院外，还喜欢观看布达和城市公园内圆形剧场的演出。20 世纪初出现了各种集合喜剧、歌舞、话剧等元素的娱乐表演卡巴莱（kabar é），其中水平最高的是以纳吉·恩德雷（Nagy Endre）政治题材为主的卡巴莱，新建的“现代剧场”为他们提供了演出场地。戏剧文化不仅在首都布达佩斯得到了迅速发展，而且战前匈牙利还在 38 个城市都建立了剧院。

二、文学

奥匈帝国期间的文学和艺术派别犹如当时的经济、社会和政治生活一样具有双重或过渡性。维护传统的古典和浪漫主义作家（即通常所说的民粹派作家），及以现代手法细腻描写城市资产阶级生活的作家（即城市派作家）共同生活在一起。

约卡伊·莫尔（Jókai Mór，1825—1904）

约卡伊是匈牙利文学中浪漫主义流派的重要代表。1825 年 2 月 18 日生于中产阶级家庭，父亲是律师。约卡伊先后在出生地科马罗姆和凯奇凯梅特等地上学。1845 年同裴多菲等人组成进步的作家团体“十人协会”。1848 年 3 月 15 日，佩斯举行起义，约卡伊参与起草了著名的《十二点纲领》，提出实现民族独立、建立民族政府、实行出版自由等要求。1861 年当选国会议员。由于他在小说创作上的成就，1894 年全国为他举行创作 50 周年纪念活动，出版了他的百卷作品集。约卡伊是一位非常勤奋的作家，到 1904 年 5 月 5 日去世为止，共出版了 202 本著作。他的作品描述了从土耳其时代直到 19 世纪末匈牙利历史上的所有重大事件。在 20 世纪 50 年代初，他以隐喻手法描写 1848 年自由斗争时期的战斗故事，这些作品后来被汇编成短篇小说集《战斗场景》（1850）。此外，他还写了《埃尔代伊的黄金时代》（1852）、《匈牙利的土耳其世界》（1853）、《傀儡兵的末日》（1854）等几部长篇历史小说，借古喻今，表达了对巴赫专制制度的不满。这个时期他的另一类题材的小说，如《一个匈牙利富豪》（1853）和《卡尔帕蒂·佐尔坦》（1854），以 19 世纪初叶匈牙利民族复兴时期为背景，描写中小贵族的觉醒和为民族独立而进行的斗争，赞扬了民族的革命精神。19 世纪 60 年代末到 19 世纪 70 年代中，他创作了《铁石心肠人的儿子》（1869）、《黑钻石》（1870）和《金人》（1872）等长篇小说，展现了匈牙利人民所经历的 19 世纪 20 年代改革时期、19 世纪 40 年代自由革命斗争时期，以及 60 年代和 70 年代资本主义发展初期的广阔社会画面。《铁石心肠人的儿子》描写了 1848 年革命中人民反对侵略、争取独立的许多动人的情节和壮烈的斗争，表现了强烈的爱国主义思想。《黑钻石》的主人翁是一位商人，但由于奥地利的外资大量涌入匈牙利，他无力竞争而破产。当奥地利资本家在一场大火中失掉所有财产后，他勇敢地领导当地的人们重整家园，这表明作者在对外国资本家痛恨的同时寄希望于民族工业的发展。《金人》叙述了一位富商的发家史，他靠发不义之财一夜致富，尽管很有钱却怎么也得不到妻子的爱情，最后他决定抛弃一切逃到一个荒岛上，在那里他才得到了幸福。作家以此揭露资本主义社会的肮脏和不义。1875 年后，约卡伊对统治阶级采取妥协态度，其作品的思想性也相应减弱。这一时期除了一些历史题材的小说外，他还写了《小皇帝们》（1886）、《黄玫瑰》（1893）等几部具有现实意义的小说，但乌托邦的思想色彩较为浓厚。

据不完全统计，他的作品被译成中文出版的有：《黄玫瑰》（1998 年，四川人民出版社）、《中短篇小说》（1994年，人民文学出版社）、《黑钻石》（1980年，人民文学出版社）、《金人》（1981年，人民文学出版社）、《一个匈牙利富豪》（1980年，上海译文）、《铁石心肠人的儿子》（1983年，人民文学出版社）、《一桌十三人》（1982年，花城出版社）、《信誉之债》（1985年，上海译文出版社）和《黑面罩》（1998年，长春出版社）。

米克沙特·卡尔曼（Mikszáth Kálmán，1847—1910）

米克沙特是匈牙利19世纪末20世纪初最著名的散文作家和批判现实主义小说家，其作品在匈牙利文学史上占有重要的地位。他一生创作了70多部作品，以锐利的目光洞察社会上的各种弊端，在其作品中运用幽默、讽刺的笔调揭露矛盾，抨击封建贵族阶级的黑暗统治。他的小说创造在19世纪八九十年代得到了充分的发展，他发表了一系列重要长篇小说：《圣彼得的伞》（1895）、《在匈牙利的两次选举》《围攻别斯捷尔采城：一个古怪人的故事》（1895）、《新兹里尼阿斯》（1898）。中篇小说中比较有名的有《笼中鸽》《绅士们》及《聋铁匠柏拉科夫斯基》。《圣彼得的伞》描写的是一个家庭的遗产争夺战，作者对主人翁的哥哥和姐姐的贪婪、狠毒和愚蠢的丑恶行为进行了揭露，锋芒直指那个完全以金钱为准绳的资本主义社会。《在匈牙利的两次选举》中把贵族社会里种种虚伪、争夺以及不法行为做了淋漓尽致的揭露。《绅士们》描写的是19世纪失去了财产和土地，只能在政权机构里谋取差事而糊口的没落贵族们在聚会时上演的一场闹剧。他们仍然不想放下架子，一有机会便相互攀比、讲排场、自我夸耀，结果他们的行为举止成了社会的笑料。《笼中鸽》中有两篇故事，一篇描写的是忠贞不渝的爱情故事，另一篇是金钱支配一切，绅士们公然欺骗朋友、出卖妻子、另觅新欢的故事。

米克沙特的如下作品已被翻译成中文出版：《米克沙特短篇小说选》（1981年，上海译文出版社）、《圣彼得的伞》（1983年，山西人民出版社）、《奇婚记》（2001年，内蒙古少年儿童出版社）、《笼中鸽》（2000年，四川人民出版社）、《王后的裙子》（1981年，江西人民出版社）和《围攻别斯捷尔采城：一个古怪人的故事》（1985年，外国文学）。

卡尔多尼·盖佐（Gárdonyi Géza，1863—1922）

卡尔多尼是匈牙利的经典作家，他的创作深受约考伊·莫尔和米克沙特·卡尔曼的影响。他的代表作、长篇历史小说《艾格尔之星》于1899—1900年首先在《佩斯新闻》上连载，一举获得成功。后来，他还写过一些历史小说，如《看不见的人》《上帝的奴隶》等。《艾格尔之星》描写了历史上的真实事件——1552年艾格尔（Eger）城堡保卫战，展示了匈牙利人民不畏强暴、不怕牺牲、英勇奋战的英雄主义和爱国主义精神，谱写了一曲集体英雄主义和爱国主义精神相结合的赞歌。《艾格尔之星》的出版给作者带来了极高的声誉，从此奠定了他在文学史上的地位。这是一部在匈牙利家喻户晓的小说，至今仍深受各阶层读者的喜爱，已被翻译成多种文字在国外发行。2007 年上海书店以《爱盖尔之星》为书名出版了这本小说，译者为旅匈华人冒寿福教授。

文学杂志《一周》

1890 年由基什·约瑟夫（Kis J ó zsef）主编的《一周》杂志是匈牙利资产阶级作家们最主要的论坛和艺术革命的先驱。杂志的作者们放弃了过时的民粹派-民族派方针，希望跟随欧洲的步伐，把现实主义和自然主义作为追随的榜样，但也深受象征主义的影响。杂志把提高资产阶级的审美观、宣扬资产阶级的生活方式、发扬自由和主张社会正义作为主要任务。国家的落后状况是杂志的中心议题，另外在描写方法上也有标新立异的追求，以快节奏的散文取代了习以为常的长篇小说的连载。

文学杂志《西方》

20 世纪初，随着资本主义的发展形成了一个新的资产阶级——知识分子阶层，他们首先要求摆脱保守的官方文学的控制，企图以新思想和新方式去描写和反映资本主义的社会生活，他们认为创办新的杂志就可以做到这一点。1908 年由伊格诺图什·胡戈（Ignotus Hug ó ）主编的文学杂志《西方》（1903-1935）的出版发行带来了一场真正的文学革命，促进了匈牙利文学的现代化。当时最有名的作家、诗人和美学家都是该杂志的撰稿人。《西方》的第一代撰稿人中就有著名诗人奥迪·安德烈（Ady Endre）、考夫考·玛尔吉特（Kaffka Margit）、鲍比奇·米哈伊（Babits Mih á ly ）、科斯托拉尼·戴热（Kosztol á nyi Dezs ő）、尤哈斯·久洛（Juh á sz Gyula）和著名抒情诗人托特·阿尔巴德 （T ó th á rp á d）以及菲什特·米兰 （F ü st Mil á n ）。当《西方》遭到了保守的官方势力的攻击，尤其当富有战斗性的奥迪的诗歌遭到猛烈攻击时，《西方》杂志及为其撰稿的作家们都站在进步文学和诗人奥迪一边，他们把保守势力的观点驳得体无完肤。

奥迪·安德烈（Ady Endre，1877—1919）

奥迪是《西方》第一代杰出的作家代表，虽然只活了 42 岁，却是匈牙利一位杰出的诗歌和散文作家。他是民主主义革命诗人裴多菲的继承人，又是后来无产阶级革命诗人尤若夫的先驱。

奥迪出生在一个没落的小地主家庭，他的家乡是个匈牙利族和罗马尼亚族混居的小村庄。中学毕业后他考入德布勒森大学法律系，不久放弃了学业当上了新闻记者，与此同时走上了诗歌创作的道路。后因不喜欢这座“落后城市”，应聘到纳吉瓦罗德的《自由报》当记者。纳吉瓦罗德这座大城市开阔了奥迪的眼界，很快他转到反对派报纸《纳吉瓦罗德日志》报社工作。他撰写的报道立场鲜明，富有战斗力。这时他还出版了自己的诗歌集《再一次》。

后来他认识了旅居巴黎的一位富商的妻子丽达，同丽达的友情对奥迪的人生产生了巨大影响。在丽达的资助下，奥迪 1904 年初来到并喜欢上了巴黎。当时法国资产阶级激进派正在开展对反动教会的斗争，奥迪对此很关注，因为这也是匈牙利尚待解决的问题。同时，奥迪在巴黎也看到资产阶级世界的腐败与道德沦丧。

1905 年 1 月，奥迪返匈后在激进派报纸《布达佩斯日志报》任职。1905 年俄国爆发的革命对他产生了巨大影响，奥迪深知匈牙利人民的命运同世界进步事业息息相关。奥迪的诗歌《地震》为莫斯科 12 月的起义欢呼，“人民发动了革命。革命开始了，那就是地震。只有人民才能发动革命”。

1906 年《新诗集》问世，这是奥迪第一部真正具有历史意义的诗集。他在诗集中自称是 1514 年农民起义领袖多热·久尔吉的子孙。《新诗集》问世后，进步作家们把奥迪视为自己的领袖，而官方保守文学报刊则对其作品大肆攻击。实际上，这是进步力量与反动力量之间的一场较量。

1907 年奥迪出版了诗集《血与黄金》，这本诗集无论是从思想上还是从美学上来说都包含着革命的内容。他的诗歌深受 19 世纪法国象征派诗人夏尔·波德莱尔和保尔·魏尔伦的影响。据说，匈牙利社会学家、大学教授亚西·欧斯卡尔（Jászi Oszkár）在读了他的诗集后大喊“小伙子们！他是我们的诗人”。这是因为奥迪对匈牙利农村的落后，特别是对贵族阶级的保守、乡土观念和落后无知的批判比亚西·欧斯卡尔更加严厉。在诗集《血与黄金》出版后，他又于 1908 年出版了《在伊利什的马车上》，1909 年出版了《我爱，倘若你们也爱》，1910 年还出版了《逃亡的生活》等。奥迪在佩斯没有固定住所，或回故乡或去巴黎小住。1910 年开始长期住院疗养，疾病逐渐消耗着他的精力。

反映和表达人民愿望与要求的奥迪从登上诗坛的第一天起，便大胆激烈地批判落后的匈牙利社会，他在《匈牙利荒原上》诗篇中写道：“我穿过一片变荒芜了的土地，古老的荒漠处处杂草丛生，我认识这片原野，它就是匈牙利荒原。”这里说的荒原象征着匈牙利的封建社会。人民生活在落后、愚昧的封建社会里。奥迪深刻地认识到匈牙利的落后面貌，对给人民造成灾难的封建社会无比仇恨。在他的诗篇中出现的“匈牙利沼泽”“灵魂的坟墓”“无垠的沙漠”和“匈牙利的霍尔陶巴吉”等都成了匈牙利封建社会的代名词。

奥迪还猛烈抨击封建社会黑势力的支柱教会，他讽刺反动教会的头面人物是“老爷豢养的鞑靼人”“野蛮的牛群”等。他还预见到未来的胜利将属于被压迫的工人阶级，例如1908年在《在查克·马蒂的土地上》中的一篇诗歌中写道：“你们，是今天；你们，是明天。前进，匈牙利无产者！”

象征主义是奥迪诗歌的特点。奥迪独创性的语言应用、新风格的丰富想象力使他成为难以读懂的诗人，但其感情的蛮力冲破了表现方法的复杂性。他经常使用特殊的词汇创造出特殊的想象，创造了许多象征体系，如秋天代表死亡，春天代表革命，冬天代表封建的匈牙利，荒漠代表落后，把资本家地主比作猪头大老爷等。

遗憾的是，1918年10月民主革命胜利时他已重病缠身，但他还是支撑着病体出席了在国会大厦举办的共和国成立大典，于1919年1月27日逝世。

莫里兹·日格蒙德（Móricz Zsigmond，1879—1942）

莫里兹是一位杰出的现实主义作家，1908年在《西方》杂志上发表短篇小说《七个铜板》后出名。他是一名非常勤奋的作家，一生出版了54本书，其中短篇小说13部，剧本3部。迄今为止他的19部作品被搬上了银幕。

莫里兹出生在农村，匈牙利农村生活和农民题材在他的作品中占有重要地位和分量，但他又不是一般的农民作家，其作品所反映的社会生活是多方面的，各阶级的典型人物都出现在其作品里，因此他的作品真实地再现了社会生活。他一方面对生活在社会底层的被剥削、受侮辱的劳动农民给予深厚的同情，并通过他们的遭遇对没落的半封建匈牙利社会提出严正的谴责。另一方面，对于上层统治阶级人物的阴险、毒辣、胡作非为、愚蠢傲慢以及生活道德上的腐败堕落他也给予无情的揭露和嘲弄。对于那些思想动摇且行动怯懦的中小知识分子也加以鞭策。因此，他的作品具有强大的生命力和斗争精神。他先后在《西方》和《东方人民》杂志做过主编。小说《七个铜板》以别开生面的形式描写了穷人的“哭”和“笑”，因内容和形式的创新而轰动文坛。第一次世界大战期间他到前线采访，并于1916年发表了小说《穷人》。中篇小说《火炬》描写了一个有志于社会改革的青年牧师被旧势力同化的过程。20世纪20年代的中篇小说《一生做好人》、长篇三部曲《埃尔代伊》、长篇小说《通宵达旦》《老爷的狂欢》和《亲戚》，多以揭露封建社会的腐朽堕落和探索治国道路为主题。30年代写出《幸福的人》《强盗》《罗饶·山多尔》等小说，反映农民的悲惨遭遇和反抗斗争。

对中国读者来说莫里兹并不是一位陌生的外国作家。他的许多作品相继被翻译成中文出版，被译成中文的有《火炬》《莫里兹短篇小说集》《孤儿院的孩子》《亲戚》《七个铜板》《在上帝背后》和《强盗》等。

三、音乐

18 世纪后期，匈牙利出现了招募新兵时的舞蹈伴奏音乐——韦尔本科什舞曲（Verbunkos），这是一种由吉卜赛人演奏的舞曲，在演奏手法上深受西欧音乐的影响，同时也包含着吉卜赛音乐的因素，在演奏时分慢板和快板两个部分。19 世纪初叶，在韦尔本科什舞曲基础上形成了恰尔达什（Csárdás）舞曲。这种舞曲保持了韦尔本科什舞曲的基本结构特征，但快板部分被大大发展。前半部分为慢板，四二拍或四八拍，速度缓慢并略带忧伤格调。后半部分为快板，四二拍，速度迅疾、气氛热烈、情绪激昂，用以伴奏男女双人舞。经过改编的恰尔达什曾是 19 世纪在上流社会流行的一种舞会舞蹈。它也被改编为性格舞，出现在芭蕾或歌剧作品中。作曲家李斯特、舒伯特均作有恰尔达什舞曲。

李斯特·费伦茨（Liszt Ferenc）和埃尔凯尔·费伦茨（Erkel Ferenc）

19 世纪中叶匈牙利民族运动兴起。在它的推动下，民族音乐文化有了重要发展，最重要的两个代表人物是李斯特（1811—1886）和埃尔凯尔（1910-1893）。李斯特不仅创建了布达佩斯音乐学院，在国内从事演奏活动，而且还在韦尔本科什舞曲、匈牙利民歌和茨冈音乐的基础上创造了匈牙利交响乐。他的 20 首《匈牙利狂想曲》成为匈牙利民族音乐的重要文献。埃尔凯尔则是匈牙利民族歌剧的真正奠基人。他的创作、演出、教育活动对 19 世纪后半叶匈牙利音乐生活产生了重要影响。他是国家剧院的第一任乐队指挥，在国家剧院工作了三十年之久。1840 年完成了他的第一部歌剧《勇敢的马利亚》（Bátori Mária）的创作。他是匈牙利国歌的曲作者，1853 年在他的领导下成立了交响乐团，他是 1861 年正式上演的歌剧《班克总督》的曲作者，也是歌剧《胡尼奥迪·拉斯洛》歌剧的曲作者。布达佩斯音乐学院 1875 年成立后他担任了 10 年院长和钢琴教授。1884 年歌剧院落成，他担任歌剧院的音乐院长。匈牙利歌剧同埃尔凯尔的名字分不开。

巴尔托克·贝拉（Bartók Béla）和柯达伊·佐尔坦（Kodály Zoltán）

1904 年，巴尔托克（1881—1945）（中国通常译为巴托克）在埃尔代伊无意中听到一位妇女演唱的一首《红苹果》歌曲，从此他对民间音乐产生了浓厚的兴趣，开始收集匈牙利民歌。两年后，巴尔托克结识了作曲家柯达伊（1882—1967），不久两人便成为亲密的朋友，并开始一起研究匈牙利和东欧各国的乡村音乐。他们的主要目的是收集、分析和整理这些国家的民间音乐，收集了三万多首民歌。对于收集来的数量众多的民间音乐，巴尔托克作了科学的比较，分析它们的结构来源以及变迁，并写了三部论著和数篇文章。这些研究对他们后来的音乐创作有着很深的影响，他们俩20世纪初在民歌基础上创作了具有欧洲水平的匈牙利音乐。之后，巴尔托克写了大量以民歌曲调为基础的钢琴曲，其中包括钢琴曲集《献给孩子们》（1909）、《匈牙利地区的罗马尼亚舞曲》（1915）、《十五首匈牙利农民歌曲》（1918）。巴尔托克的主要作品有歌剧《蓝胡子公爵的城堡》、舞剧《奇异的满大人》、乐队曲《舞蹈组曲》《弦乐、打击乐与钢片琴音乐》《乐队协奏曲》和三部钢琴协奏曲、六部弦乐四重奏，以及许多乐曲、钢琴曲。

柯达伊曾编辑出版《匈牙利歌曲》四册。柯达伊的主要作品有民谣歌剧《哈里·亚诺什》《塞凯利家的纺纱房》、合唱《匈牙利诗篇》、组曲《哈里·亚诺什》《组合》《孔雀变奏曲》和《加兰特舞曲》。他著有《匈牙利民间音乐中的五声音阶》《论匈牙利民间音乐》等书。1925年后，柯达伊开始注意青少年音乐教育事业。在他的努力下，音乐课成为学校课程的有机组成部分。同时，他积极倡导歌唱运动并进行教材改革，著名的柯达伊音乐教学法享誉全球。

四、轻歌剧

18和19世纪之交轻歌剧开始在匈牙利流行，到19世纪中叶轻歌剧在匈牙利已经成了时髦。1884年，波兰国籍匈牙利作家孔蒂·约瑟夫（Konti József）写了一部非常有名的轻歌剧《活泼的魔鬼》，轰动了布达佩斯。1902年，胡斯考·耶诺（Huszka Jenő）的《博布公爵》及1903年《金色的花朵》的上演获得巨大成功。1904年，由海尔陶伊（Heltai）作词、考丘赫（Kacsóh）作曲的歌唱剧《勇敢的约翰》上演，取得了惊人的成绩，连续演出了500场。

莱哈尔·费伦茨（Lehár Ferenc，1870—1949）

莱哈尔的创作领域主要是轻歌剧，一生共创作了近40部这类体裁的作品，其中以1906年的《风流寡妇》最为著名。歌剧通过年轻美貌而又富有的寡妇汉娜的风流韵事，展现了20世纪初期欧洲上层社会的生活风貌。这部剧是根据法国梅雅克的戏剧《大使馆随员》，由雷翁（Victor Léon）和史坦恩（Leo Stein）改写成剧本，由莱哈尔谱曲，在维也纳连续上演了500场，使莱哈尔一举成名，成为继施特劳斯之后最受人欢迎的轻歌剧作曲家。莱哈尔的歌剧在艺术风格上以乐队部分的交响乐处理、音乐同戏剧动作的协调、通俗流畅的旋律而著称于世。他的作品还有《维也纳的妇女》（1902）、《卢森堡伯爵》（1909）、《吉卜赛的爱情》（1910）、《蓝色的马祖卡》（1920）、《帕格尼尼》（1925）、《俄国皇太子》（1927）以及《弗里德里克》（1928）等。

卡尔曼·伊姆雷（Kálmán Imre，1882—1953）

卡尔曼是作曲家，尤其擅长轻歌剧。1908 年的轻歌剧《鞑靼人在匈牙利》是他的第一部成功之作，随后的几部作品使他成为世界名人。他先后在维也纳、巴黎和美国居住。他的最后一部歌剧《奥丽佐娜女士》（Arizona Lady）是在他逝世后于 1954 年在瑞士首都伯尔尼首演的。他的作品除了充满生活乐趣外，匈牙利式的音乐特色也是他成功的重要因素。他的主要作品有《茨冈人的第一把小提琴手》（1912）、《公主》（1915）、《狂欢节的仙女》（1919）、《歌妓》（1921）、《玛丽萨女伯爵》（1924）、《马戏团的公主》（1926）、《芝加哥的女公爵》（1928）等。《吉卜赛公主》是他最成功的作品，1915 年 11 月 17 日在维也纳首演。这部歌剧一问世就风靡世界，在第一次世界大战激战正酣的时期上演，仅凭这一点就能看出这部歌剧的魅力。在俄罗斯也非常受欢迎，被改名为《希尔维亚》，这部歌剧被翻拍过很多次电影。

五、绘画

18 世纪的绘画主要是教堂里的耶稣画像，18 世纪中叶最漂亮的教堂在埃格尔和埃斯泰尔戈姆。阿达姆·马纽基是这时最著名的画家，他给拉科齐·费伦茨二世画的画像使他名声远扬。这时绘画仍保持着 17 世纪早期的巴洛克艺术风格。直到 19 世纪末，画家都是按照自己的方式进行创作，缺乏一种专业训练。基什法卢迪·卡罗伊（Kisfaludy K á roly，1788—1830）的肖像表明阿达姆·马纽基是一个很有天分的画家。鲍劳巴什·米克洛什（Barab á s Mikl ó s，1810—1896）尝试了各种画派技巧，在肖像画上取得了最终成就。1874 年的《比托夫人像》技法娴熟细腻。他给匈牙利独立战争中的英雄们画的肖像非常著名，最著名的一幅作品是《罗马尼亚一家人去市场》。毛尔科·卡罗伊（Mark ó K á roly）是维谢格拉德著名的风景画画家。基什·巴林特（Kiss B á lint,1802—1868）是一名肖像画家，他的作品成为匈牙利国家博物馆的镇馆之宝。同代的画家还有鲍尔肖什·约瑟夫（Borsos J ó zsef），他是一位印象主义风格的风景画家。

劳茨·卡罗伊（Lotz K á roly，1883—1904）是一名著名的壁画家和肖像画家。国家博物馆、佩斯文化宫（Vigad ó ）、匈牙利科学院、国家歌剧院、圣伊斯特万大教堂及国会大厦的墙壁上都有他的作品。国家歌剧院的壁画《天堂》（1884）是他最著名的作品。其他作品有《暴风雨中的马群》（1862）、《黄昏》（1870）、农村风景画《桔槔》《爱神丘比特和普绪喀》（1902）、《洗澡之后的女人们》（1880）、《洗澡的女人》（1901）等。

毛道拉斯·维克托尔(Madarász viktor,1830—1917)有两幅名画，一幅名为《哀悼胡尼奥迪·拉斯洛》，曾获得巴黎沙龙的大奖，另外一幅是《兹里尼和弗兰盖潘在狱中会晤》，描写了两名烈士最后告别的瞬间。塞凯伊·拜尔陶隆(Székely Bertalan,1835—1910)的名画是一幅历史题材的画作《埃格尔的妇女》。陶恩·莫尔(Than Mór)的绘画装饰了国家博物馆的四壁。本楚尔·久洛(Benczúr Gyula)的代表作是《征服布达城堡》。

蒙卡奇·米哈伊(Munkácsz Mihály，1844—1900)

蒙卡奇是19世纪饮誉欧洲画坛的“匈牙利民族绘画的领袖”。6岁时父母双亡，寄居舅舅家。童年学木工，后病中学习绘画。21岁进入维也纳美术学院，22岁在慕尼黑美术学院深造。他深受法国绘画家居斯塔夫·库贝尔的影响，立志艺术变革，要使艺术与社会时代相结合。从他的作品《死囚牢房》问世后，便走上新的现实主义创作道路。他创作的许多现代生活题材的作品，不少取材于社会底层劳动者的生活，由于其艺术作品真实质朴、道德力量动人，蒙卡奇堪称欧洲最突出、最坚决的现实主义者。他在巴黎创作的《当铺》引起资产阶级批评家的惊讶，说他的艺术有政治倾向，这使他感到不安。他为了保全名誉、地位、金钱，向上流社会妥协了。此后的艺术创作苍白无力，远离了时代和社会现实。19世纪末在工人运动潮流影响下再次走上反映进步时代的新现实主义创作，画出了《罢工》这样的革命倾向鲜明的作品。他本想回国领导美术学院，却因病未能如愿。1900年去世，匈牙利为他举行了国葬。

《死囚牢房》(1869)是一幅划时代的杰作，这幅画在巴黎展出，获得了金质奖章。这幅画描绘了一位为反抗暴政而被判死刑的农民英雄，在卫兵的看管下与来看望他的乡亲们诀别。画中描绘了拥护他的男女老少，人们对他很崇敬，为将要失去他而伤心。这是一种生离死别的悲壮场面，给人留下深刻的印象。在这幅画中有悲、有思、有愤怒、有谴责，也有无能为力的沉默，真实地反映了19世纪60年代匈牙利社会的现实。《基督在彼拉多面前》是一幅宗教画，画中表现的是基督布道时被犹大出卖而被捕，士兵们将他捆绑到当时的罗马行政长官彼拉多面前受审。祭司、文士和法利赛等贵族上层人物都到彼拉多那里去控告基督，说他诱惑人民，不让人民纳税给恺撒大帝，在犹太传道并煽动百姓反对罗马帝国的统治等，后来基督被判处死刑。蒙卡奇在这幅画中以鲜明的造型形象地描绘了彼拉多和基督的对峙。在这幅画中基督是作为人类的英雄，为民请命的救世主，真理正义的化身，在一定程度上隐射了当时的社会现实。1887年，美国百万富翁约翰·沃纳梅克以16万美元的价格购买了《基督在彼拉多面前》，1888年又耗资17.5万美元购买了蒙卡奇的作品《上十字架》。从此，蒙卡奇一跃成了欧洲身价最高的画家。蒙卡奇的许多精品，如《弥尔顿》和《莫扎特之死》等现在还留在美国。他的作品《打哈欠的学徒》《亚麻切割机》《拿嫩枝的妇女》及《基督三部曲》在匈牙利美术史上具有里程碑的地位和意义。

迈尔谢·西涅伊·帕尔（Merse Szinyei P á l,1845—1920）和蒙卡奇是同时代的画家，色调朴素是其作品的特点。他的代表作品有《五月的野餐》《穿淡紫色睡袍的女人》及《一对情侣》等。

琼特瓦里·科斯特考·蒂沃道尔（Csontváry Kosztka Tivadar,1853—1919）

琼特瓦里是20世纪表现主义和后印象主义画派第一人。他出生在匈牙利一个普通的家庭，他的父母都是波兰人，之后移民到匈牙利定居下来。他很小就开始学习斯洛伐克语和德语，后来成了一名药剂师。27岁时一件神奇的事情彻底改变了他的生活。那一年，他好像受到了神的指示——“你一定会成为一名举世闻名的伟大画家”的鼓舞。之后，他参观了世界很多地方的美术展览馆，感受到了艺术的魅力。回国之后便毅然决然地走上了艺术这条道路。周游世界时他靠药剂师这个职业养活自己，先后到过巴黎、意大利、希腊、埃及和巴勒斯坦等国家和地区。他的许多作品是在中东创作的。他是一个孤独的画家。1905年、1908年和1910年都举办过他的画展，但观众看不懂他的幻想画作。观众的不理解及他的孤僻使他失去了精神的平衡，创造力日益减弱。在他去世10年后的1930年举办的画展上人们才发现了其作品的价值。他最著名的作品《孤独的雪松》，在1963年的画展上才开始受到观众的欢迎。随后还在匈牙利民族画廊举办了他的画展。1958年他的画参加过布鲁塞尔世界展览会，1963年在贝尔格莱德展出。他的作品不多，有120幅左右。去世后，他的继承人要将他的画卷作为垃圾处理掉，最后时刻年轻的建筑工程师盖尔洛齐（Gerl ó czy Gedeon）将他的画全部买了下来，才使得其画作得以保留下来。他的作品现在保存在佩奇市的琼特瓦里博物馆。

六、雕塑

奥匈帝国期间有三位雕塑家给后人留下了重要的作品。

佐洛·久尔吉（Zala György，1858—1937）

佐洛是世纪之交官方艺术的主要代表，也是纪念牌雕刻艺术新巴洛克流派的最主要代表。他一生雕刻了23尊广场塑像，主要有《玛丽亚和从良妓女大理石雕像》（1884）、《安德拉希·久洛的骑马雕像》（1889年，现坐落在科苏特广场）、《伊丽莎白王后半身雕像》（1901，维斯普雷姆市）、《伊丽莎白王后全身雕像》（1926，埃斯泰尔戈姆）、《伊丽莎白王后坐像》（1932，现坐落在布达佩斯伊丽莎白桥下）、《戴阿克·费伦茨的雕像》（1928，塞格德）、英雄广场上《7 个骑马的部落长的雕像组》、站立在千年纪念碑顶上的《加百利大天使雕像》《战争与和平的雕像组》，以及四位国王的雕像和英雄广场纪念碑上的所有浮雕都是他的作品。

福德鲁斯·亚诺什（Fadrusz Jάnos，1858—1903）

福德鲁斯反对虚假和夸张外形的雕塑作品，主张创造雄伟壮观的，具有古典传统的作品。他在奥地利的最后一位老师是奥地利雕塑家埃德蒙·里特·冯·赫尔默（Hellmer Edmund）。1891 年的毕业作品他选择了被钉在十字架上的耶稣，为了把作品制作得更逼真，他先把自己捆绑在十字架上去亲身体会了一次，他的这一作品使他在维也纳出了名。在 1892—1893 年美术展览会上，这件作品被放在了大门的入口处，之后不仅国内许多城市制作了其仿制品，英国的埃克塞特市也制作了其仿制品，这件作品现保存在匈牙利民族画廊。1896 年，他创作了玛丽亚·泰雷齐奥女王（1741—1780）骑在马上的雕像组（现在坐落在布拉迪斯拉瓦），女王两旁各有一位卫士，这组作品使他一举成名，随后他搬到布达佩斯。他为科洛日瓦尔（即现在罗马尼亚的克卢日）雕刻的马加什国王的纪念碑于 1902 年落成，国王威武地骑在马上，底座两边是著名的黑军的四名将领，这是他最著名的一件作品。为此，费伦茨亲王为他颁发了铁质王冠勋章。1893 年，他为匈牙利民族画廊的建筑物上增添了两个寓言性的雕像。其他作品还有文克海伊姆·贝拉（Wenckheim Bé la）总理的骑马雕像（1901）、韦谢雷尼雕像（1902）、蒂萨·拉约什雕像（1904）。

施特罗布尔·奥拉约什（Stró bl alajos,1856—1926）

施特罗布尔是世纪之交匈牙利雕塑艺术的领军人物，在雕塑艺术上他主张敏感的现实主义的手法。1882 年，他的作品《珀尔修斯》（Perseus）引起了人们的关注。在国家歌剧院的正面墙上有他的两尊雕像，剧院入口处埃尔凯尔和李斯特的坐像是他的作品。从此他成了最受欢迎的纪念碑雕塑家。其作品《我们的母亲》于 1900 年获得巴黎展览会的大奖。国家博物馆院内的《奥劳尼·亚诺什雕像》（1893）、城堡山上的《马加什国王的喷泉》（1904）和渔人堡上的《圣伊斯特万骑马雕像》（1906）、塑造反抗土耳其占领英雄的《多博·伊斯特万的雕像》（1907 年，位于埃格尔市主广场）以及塑造著名作家的《约卡伊·莫尔雕像》都是他的作品。

七、电影

匈牙利电影始于1896年，同年5月10日法国卢米埃尔兄弟的电影在布达佩斯皇家旅馆咖啡厅上演。匈牙利人西克洛伊和日格蒙德于当年6月在安德拉希大街41号开了一家电影院，利用法国的电影机专门放映卢米埃尔兄弟的电影。由于居民们不认同这种新娱乐媒体，影院只好关门。此后，布达佩斯很多咖啡馆开始放映电影，咖啡馆变成了电影院，生意非常火爆。1896年，匈牙利制作了第一部纪录片，电影记录了费伦茨国王参加匈牙利庆祝定居1000周年的活动。匈牙利人称电影院为MOZI，MOZI这个词是海尔陶伊·耶诺（Heltai Jenő）第一次使用，后被社会认可。匈牙利第一家电影制片厂于1898年成立，1899年第一家电影院正式开业。1901年4月30日，匈牙利第一部电影《舞蹈》正式在影院上映，制片人是日特科夫斯基·贝拉（Zsitkovszky Béla）。1911年1月洪尼奥（Hunnia）制片厂正式成立。1913年匈牙利拍摄了10部电影，1914年18部，1915年26部，1916年47部，1917年75部，1918年达到了102部。1916年12月30日，卡罗伊四世国王加冕仪式的纪录片当天就在乡下影院放映。因为大战期间禁止放映敌对国家的电影，影院除了放映一些滑稽戏和科普片外，把作家约卡伊、米克沙特、卡尔多尼和布罗迪的一些作品都搬上了银幕，其中第一部大影片是《勇敢的约翰》。1912年全国注册的电影院有270家，其中布达佩斯有92家，可容纳2.6万观众，1918年布达佩斯拥有电影院114家。

第二篇

革命与反革命和特里亚农条约

（1918—1920）

第一章 资产阶级革命(秋菊革命)

1918年8月14日，奥匈帝国政府通知德国，坚持立即签订和约。9月底，同盟国保加利亚被迫投降，接着土耳其也放下了武器。10月16日，卡罗伊·米哈伊（Károly Mihály）伯爵在议会上说“清算的丧钟已经敲响”。他的讲话结束后，蒂萨·伊斯特万也承认战争已经失败。当天奥匈帝国皇帝卡罗伊四世发表声明，宣称奥匈帝国将“改建成联盟国家，各民族都可以在自己的居住区建立独立国家”，并呼吁各民族成立民族委员会。10月20日，匈牙利宣布独立。10月23日，匈牙利总理韦凯尔莱辞职。卡罗伊领导的“独立和48年党”（Függetlenségi és Negyvennyolcas Párt），与“资产阶级激进党”、匈牙利“社会民主党”于10月23日夜间成立了以卡罗伊·米哈伊为主席的“匈牙利民族委员会”（Magyar Nemzeti Tanács），与此同时还成立了军人、工人和学生委员会。

“民族委员会”于26日发表了包含12条内容的声明，要求立刻结束战争，实现国家的完全独立，立即单独签订和约，解散反动政府，解散国会并进行普选，进行土地改革，保证匈牙利非匈族人民的民族自决权。韦凯尔莱总理辞职后，国王任命约瑟夫亲王为国王的特别代表处理匈牙利事务。而民族委员会和多数群众都希望任命当时最受人民欢迎的卡罗伊伯爵为总理。国王表示愿意由卡罗伊组阁，并在26日回维也纳时带上了卡罗伊。但让卡罗伊伯爵担任总理一事遭到宫廷反动势力的坚决反对，最终未能实现，卡罗伊不得不在次日返匈。这使得局势火上浇油，匈牙利舆论表示这是对卡罗伊伯爵的侮辱，对卡罗伊伯爵的侮辱就是对匈牙利民族的侮辱，事实证明只有通过暴力才能使民族的意愿得到尊重。10月28日，大批群众前往城堡，要求约瑟夫亲王任命卡罗伊为总理，他们手举国旗，唱着科苏特的歌曲，但在链子桥上被警察设置的警戒线拦住去路，人们并没有停止前进，因此警察开了枪，造成5人死亡50多人受伤。这一事件引起了全国的愤怒，人民群众将民族委员会视为唯一的政权，各机构和组织的代表都表示支持民族委员会。29日，匈牙利警察局发表声明宣布加入民族委员会。但约瑟夫亲王不顾事态发展，任命安德拉希·久拉的追随者、保守派的代表人物国家食品局局长豪迪克·亚诺什（Hadik János）为总理。为了表示对此任命的不满，当天，布达佩斯工厂罢工半个小时，德布勒森、塞格德和米什科尔也举行了游行示威。同时，布达佩斯的几千名士兵和市民在民族委员会总部奥什托利亚（Astoria）旅馆前欢呼，以示对卡罗伊和民族委员会的拥护。

10月25日，士兵委员会（苏维埃）在布达佩斯成立了，其影响很快波及首都卫戍区的大部分部队。士兵委员会是由一些具有社会主义思想的预备役军官组成的，他们把武力推翻主张战争的政府视为己任，并有意识地做着准备。士兵委员会的主席是切尔尼阿克·伊姆雷大尉（Cserny ák Imre）。民族委员会主席卡罗伊不信任士兵委员会，也不主张动用武力。30日早晨，切尔尼阿克告知卡罗伊，士兵们想占领各机关，建立独立的军队，要求任命卡罗伊为总理。而卡罗伊则极力说服他放弃这一计划。卡罗伊在回忆录中写道："（士兵委员会的）水兵们要从快艇上炮击亲王住所和政府各部。为了说服他们，民族委员会做了超乎想象的工作。"这时，布达佩斯兵工厂的工人们已经接管了工厂，并自行武装起来。

30日晚，示威群众听说布达佩斯卫戍区司令要把他们不信任的部队派往前线，便冲进火车站阻拦运送士兵的火车发车，他们在列车上发现了大批武器和弹药。接着，士兵委员会的战士们和被他们从火车上营救下来的战士们几乎没有遇到抵抗就占领了首都卫戍区司令部，控制了各个兵营，占领了邮政总局和电话局，释放了关在孔蒂街上的所有政治犯，拆下了公共建筑物上的帝国国徽。布达佩斯卫戍区司令瓦尔科尼将军被俘虏并送至民族委员会总部。

1918年10月31日清晨，布达佩斯各中心街道挤满了群众。士兵们从军帽上撕下了帝国的帽徽，在原来帽徽的位置上别上了秋菊花，这就是秋菊革命。

布达佩斯爆发了革命！但约瑟夫亲王害怕而不敢下令开枪。31日，在征得卡罗伊四世国王的同意下免去了豪迪克的总理职务，任命卡罗伊·米哈伊为总理。当天卡罗伊就在国王面前宣誓就职。就这样，民族委员会没有经过武装斗争就取得了政权。10月31日，即秋菊革命的最后一天，前总理蒂萨·伊斯特万被一小股武装力量杀害。蒂萨作为总理和自由党党魁，代表着二元制和战争政策，其死亡具有象征性意义。蒂萨同时也是卡罗伊·米哈伊最大的政治对手。卡罗伊在回忆10月30日事件时写道："我们深感震惊，当时还没来得及去想接管政权问题，只想把自己的力量组织起来。但在这期间整个革命已经成熟。革命是人民自己搞起来的，是人民接管了政权并交给了民族委员会。"

1918年10月31日，卡罗伊组建了由独立和48年党、资产阶级激进党及匈牙利社会民主党三党组成的人民政府并发表了政府纲领，纲领与民族委员会10月26日的宣言大致相同，要建立一个独立自主的人民共和国，在这个国家里非匈牙利民族的公民也可以平等地参与建设国家的活动等。但新政府仍然保留了国王制，卡罗伊仍在国王面前宣誓就职。消息传出后引起全国人民的愤怒，11 月 1 日，布达佩斯及很多城市举行了大规模群众集会，要求成立人民共和国，在群众的压力下政府最终让步，当天又请求国王撤销政府的誓言，并许诺 6 周内由宪法会议决定国家政体。1918 年 11 月 11 日，民族委员会表示国家政体问题不能再拖延了，因此议会上院派出代表团前往维也纳劝说卡罗伊四世国王退位。经过长时间争辩后，卡罗伊四世国王哭泣着签署了如下声明：“自我登基以来一直努力尽快把人民从战争的恐惧中解救出来，这场战争的爆发与我没有任何关系。我不愿成为自己一贯衷心热爱的匈牙利民族自由发展的阻力，因此我将辞去一切国家事务，并决定承认关于匈牙利未来国家形式的决定。”但他并没有明确宣布放弃匈牙利王位。就此，王后齐陶（Zita）解释说“一个统治者是不会辞职的，只能被废黜”。于是，当天下午匈牙利政府郑重宣布“哈布斯堡·卡罗伊不再是国家的统治者”。

第二章　匈牙利人民共和国成立

1918年11月16日，民族委员会在国会大厦前十几万人的欢呼声中正式宣布匈牙利人民共和国成立，这是匈牙利历史上建立的第一个人民共和国。1919年1月11日，选举卡罗伊·米哈伊为匈牙利人民共和国总统，选举司法部长拜林凯伊·德奈什（Berinkey Dénes）为新总理。新政府成员大部分为卡罗伊独立党的成员，实际上仍然是独立党、资产阶级激进党和社会民主党三党的联合政府。

卡罗伊政府面临着非常不利的国际环境。虽然匈牙利改变了制度更换了政府，但获胜的协约国仍把匈牙利视为战败国，并遵循“败者要听胜者”的原则行事。在国内，战争期间积累的社会问题和民族问题也是新政府不得不面对的难题。

签订《贝尔格莱德协议》

新政府做的第一件重大事情是11月13日同巴尔干法国军队司令员路易·弗朗谢·德斯佩雷签订了军事协议。奥匈帝国曾与法国在意大利帕多瓦签订了停战协议，由于奥匈帝国解体，法国不再承认该协议。该协议虽然默认了战前国界为军事分界线，但同时也规定，进攻德国的协约国军队可以占领匈牙利的任何战略要地，也就是说法国军队有权自由占领匈牙利领土。根据此协议，法国于11月5日越过萨瓦河（Szava）直奔匈牙利。因此，匈牙利也希望另外与之签署协议。

11月13日，卡罗伊总统亲自率领代表团前往贝尔格莱德会见法军司令路易斯·弗朗彻·德斯佩雷。法国将军态度非常傲慢，他甚至连卡罗伊的陈述都没有听完。此行签订了含有18个条款的协议，即《贝尔格莱德协议》。协议中规定，新的军事分界线以拜斯泰尔采（Beszterce）–毛洛什河（Maros）–绍鲍特考（Szabadka）–鲍亚（Baja）–佩奇（Pécs）和德拉瓦河（Dráva）为界，此界限以南领土将归属协约国。此外，协议只允许匈牙利拥有6个步兵师和2个骑兵师，协约国还可以根据需要使用匈牙利全部的交通及役畜。匈牙利的铁路、新闻报道及邮政全部置于协约国的管制之下。卡罗伊政权天真地认为这只是临时解决方案，最后签订和平条约时一定会保证匈牙利的主权和领土完整。

条约签订后，塞尔维亚、法国和罗马尼亚的军队迅速占领了军事分界线以东和以南的领土。12月2日，罗马尼亚军队占领了《布加勒斯特条约》中划给它的匈牙利领土。12月初，捷克部队占领了匈牙利北部地区。12月3日，协约国驻布达佩斯的军事代表团团长维克斯中校以函件形式要求匈牙利政府割让包括波若尼在内的更多领土给捷克。匈牙利政府也只能听命，1919年1月1日，斯洛伐克人进驻了波若尼。在没有进行谈判的情况下，塞尔维亚于11月25日在诺威萨特会议上单方面宣布，将所占领的南匈牙利各州立刻划入塞尔维亚的领土。

和谈给卡罗伊政权带来沉重的打击，卡罗伊对协约国的幻想彻底破灭。协约国并不考虑匈牙利的利益，而是站在邻国正在成立的民族国家利益的基础上。匈牙利新政府既不能对这些国家施加影响，也不能阻止国内的少数民族和其同族的民族国家合并。

卡罗伊担任总统后，受美国总统伍德罗·威尔逊和平主义的影响解散了全国的军队，匈牙利成为完全没有武装力量保护的国家。第一任国防部长林代尔·贝拉在军人大会上公开宣布“再也不需要军队了，我永远都不想再看到军人”。林代尔之后的国防部长伯姆开始重新组建部队，但进展很慢。据法国观察员说，从军事角度看，截至12月底匈牙利新组建的部队没有任何价值。卡罗伊逐渐转变了对协约国的态度。1918年12月24日，罗马尼亚占领克卢日（Kalozsv á r）后，卡罗伊声称“如果不能依靠法律和正义，那就手持武器夺回我们的生存条件”。1919年3月2日，卡罗伊说“必要时我们也会利用武器收回国土，如果和约意味着瓜分我们领土的话，我是不会在上面签字的”。

军队裁员加重了国内的失业状况。与此同时，大批匈牙利人从捷克、罗马尼亚和塞尔维亚占领的地区纷纷逃回匈牙利，他们无依无靠地期待政府的帮助。大批战争孤儿和寡妇也需要救济。政府面对这些问题显得心有余而力不足。

推行土地改革法和新选举法

政府于1919年2月制定并通过了土地改革法。法律规定，私人占有的土地不得超过500霍尔特，教会拥有的土地不得超过200霍尔特。超出的部分政府将给予一定赔偿后收归国有。政府把耕地以每份5—20霍尔特，葡萄园以每份0.5—3霍尔特的分割方式，永久性租给农民。另从没收的土地中拿出10%，以每份20霍尔特分给雇农和农业工人，以期培养一批中产阶级。2月23日，卡罗伊总统率先把他自己在卡波尔瑙（K á polna）的土地分给了农民。

1919年3月3日通过了选举法。法律规定，凡能读会写的、拥有6年匈牙利国籍的21岁男子和24岁女子都拥有选举权。根据这一规定，全国900万人有了选举权，占总人口的50%。

匈牙利全国武装力量联合会的成立

新政府实行了很多民主政治改革，如颁发失业补贴、禁止14岁以下儿童就业、提高工资、减免小商贩的部分欠税、给从战场上回来的士兵发放补贴等。但这些措施在经济十分困难、几十万人失业的情况下几乎没有任何效果。此时，战时经济的运转也很艰难，国内物资短缺。由于战胜国对匈牙利的经济封锁，无法从国外进口，日用消费品十分短缺。农村连煤油、食盐、烟叶和火柴都买不到，城市里短缺煤和木柴。因此，布达佩斯对煤气和电限量供应，规定商店下午关门，饭店和咖啡馆晚上10点停业。战争期间实行的凭票供应制度也难以维持，1918年年底和1919年年初成千上万的人挨饿、受冻，没有暖和的衣服和可以栖身的处所。

从1918年11月底起，要求恢复历史边界和武装保卫匈牙利人居住地的呼声大起。这些人大都曾是军官、后备役军官以及从被占领的领土逃难回来的行政官员、教师及国家公务员，不仅在心理和感情上受到了重创，更是失去了生计。他们于1918年11月成立了“匈牙利全国武装力量联合会”（Országos Védero Egyelet），1919年1月又成立了“匈牙利人觉醒社”（Ébredő Magyarok Egyesület）。推选教师家庭出身的原总参谋部大尉格姆伯什·久拉（Gömbös Gyula）为领导。到1919年2月他们同广大农村建立了联系，设想是以农村包围布达佩斯，然后逼迫政府辞职。

第三章　匈牙利共产党成立

卡罗伊政府的左翼反对派是社会民主党和共产党。1918 年 3 月 24 日，在库恩·贝拉（Kun Béla）的领导下，俄国共产党匈牙利小组在莫斯科成立。根据 1918 年 11 月 4 日会议的决定，11 月 6 日起小组成员陆续返回匈牙利。库恩·贝拉和万图什·卡罗伊（Vántus Károly）于 11 月 17 日回到布达佩斯，前后共有 24 名小组成员回到祖国。库恩回到匈牙利后，紧急会见了社会民主党左派人士鲁道什（Rudas László）、瓦戈（Vágo Béla）、桑托（Szantó Béla）、拉斯洛（László Jenő）、科尔文（Korven Ottó）和希罗希科（Hirossik János），并很快说服他们同意成立共产党。11 月 24 日，匈牙利共产党（Kommunisták Magyarországi Pártja）正式在布达佩斯成立，宣传共产党纲领的《红色报》（Vörös Ujság）于 12 月 7 日出版发行。

匈牙利共产党成立时宣布，其目的是打倒以私有制为基础的资本主义，以苏俄政权的苏维埃制度取缔议会制度。匈牙利共产党主张以群众罢工、武装起义的方式获得政权；在工厂里实行工人监督，主张成立农业合作社，不主张分土地；在外交政策方面，强烈抨击亲协约国的政策，主张加入以俄国和德国为首的国际革命行列。“如果社会主义革命取得胜利，就同苏俄结盟，全世界将展现在我们面前”“红色革命将会取消分界线”。共产党的主张首先在最贫穷的人群中、失业者、残疾军人及青年人中受到欢迎。1919 年 3 月，布达佩斯的共产党员达到 1 万—1.5 万人，农村中有 2 万—2.5 万人。

卡罗伊政权对来自左右两方面的威胁感到不知所措，1919 年 2 月决定采取措施。先对右派组织“匈牙利全国武装力量联合会”办公地进行了搜查，随后宣布将其解散。其领导人格姆伯什事先得知消息而逃到了维也纳，其他领导人如邦豪·贝拉等人被列入警察监视名单中。

在对待共产党问题上，政府面临选择。如果坚持资产阶级自由和民主，那么左翼就会轻易推翻国家政权；如放弃原则而把巩固政权作为主要任务，就需要以武力制止左翼的企图。政府选择了后者。1919 年 2 月 20 日，失业工人举行大会要求政府发放失业补贴，会后一部分工人前往《人民之声》报社，抗议其发表的攻击失业工人的文章。而突发的枪击事件造成多人死伤，事后也未能查出是谁开的枪。20 日到 21 日黎明，警察逮捕了几乎所有的 32 名共产党领导人，捣毁并查封了党机关所在地和《红色报》的编辑部。共产党被迫转入地下。

这时的国际局势也越来越糟糕。协约国代表团对匈牙利政府越来越不信任，巴黎和平会议的外长委员会做出决议，要在匈牙利和罗马尼亚军队之间建立一个中立带，并计划撤销被罗马尼亚占领地区的匈牙利行政管理权。面对这一形势，3月2日，卡罗伊总统对外宣布“如果巴黎和会做出违背威尔逊原则、违反各国人民自决权及和平协商权的决定，我们也会在最必要的情况下使用武力解放这个国家”。

第四章　匈牙利苏维埃共和国

苏维埃共和国的成立

1919年3月20日，协约国驻布达佩斯代表团团长、法国中校威克斯（Vyx）把巴黎和会决议的照会交给了卡罗伊总统。根据该决议，罗马尼亚军队可以挺进到绍特马尔内梅特（Szatmárnémet）– 纳吉卡罗伊（Nagykároly）– 纳吉瓦罗德（Nagyvárod）– 奥劳德（Arad）一线，并在这条线西侧设立40—50公里宽的中立带，中立带将由协约国部队占领。也就是说，匈牙利要从《贝尔格莱德协议》规定的德布勒森（Debrecen）– 代沃瓦尼奥（Dévaványa）– 焦毛（Gyoma）– 欧罗什哈佐（Orosháza）– 霍德梅泽瓦沙尔海伊（Hódmezővásárhely）和塞格德（Szeged）一线后退50公里。卡罗伊阅后当即表示不能接受，并召来总理和国防部长，两人也都认为绝对不可接受。威克斯表示其任务只是递交照会，而不是进行争论并气愤地将原本规定的48小时内改为30小时内做出答复，即21日下午6点前答复。

21日召开的部长会议上，卡罗伊总统表示，唯一的解决办法是解散联合政府，建立一个纯社会民主党政府。经短暂辩论后，会上一致决定把政权移交社会民主党政府。

21日上午，社会民主党召开领导层扩大会议，就国内事态进行了深入和激烈的讨论。商务部长高劳米（Garami Ernő）既反对同共产党合作，也反对社会民主党单独组建政府，他主张把政权交给共产党。他认为该形势下共产党也维持不了多久，届时社会民主党再来收拾残局。社会民主党中央书记布钦盖尔（Buchinger Manó）则主张维持现在的以社会民主党为主的联合政府。多数出席会议者主张同共产党合作。在社会民主党召开高层会议的同时，隆德莱尔·耶诺（Landler Jenő）到监狱同库恩·贝拉进行了谈判，库恩表示原则上不排除两党合作的可能性。社会民主党领导得知此消息后，立刻派出5人小组到监狱同共产党详谈，谈判中接受了共产党提出的所有要求。在卡罗伊总统毫不知情的情况下，社会民主党接受了库恩的条件，并为卡罗伊起草了辞职声明，宣布把政权交给“匈牙利人民的无产阶级”。之后电话通知了卡罗伊总统。卡罗伊总统既没抗议也没表示反对，默认并退出了政界。

1919年3月22日，各报纸都刊登了匈牙利共产党和社会民主党合并为匈牙利社会党、卡罗伊总统辞职和“匈牙利苏维埃共和国”（Magyar Tanácsköztársaság）成立的声明。

两党合并和联合接管政权的协议

“匈牙利社会民主党和共产党今天在双方领导联席会议上决定实行两党合并。合并的新政党在革命的共产国际尚未为其最后命名之前，暂称为匈牙利社会党。合并的基础是两党共同领导党和政府。党以无产阶级的名义立即接管政权，通过工农兵苏维埃实现无产阶级专政。因此，原定的国民议会选举自行作废。必须立即建立无产阶级的军队，并从资产阶级手中夺取全部武装。为了确保无产阶级的政权，必须同俄国苏维埃政府缔结最亲密、真诚的军事和思想联盟。”

布达佩斯，1919年3月21日

匈牙利社会民主党的代表：

隆德莱尔·耶诺（Landler Jenő）、韦尔特奈尔·姚考布（WeltnerJakab）、孔菲·日格蒙德（Kunfi Zsigmond）、波加尼·约瑟夫（Pogány József）、豪乌布里奇·约瑟夫（Haubrich József）。

匈牙利共产党的代表：

库恩·贝拉（Kun Béla）、桑托·贝拉（Szántó Béla）、瓦戈·贝拉（Vágó Béla）、扬奇克·费伦茨（Jancsik Ferenc）、万图什·卡罗伊（Vántus Károly）、奇莱普科·埃戴（Chlepkó Ede）、谢伊德莱尔·埃尔诺（Seidler Ernö）、劳比诺韦奇·约瑟夫（Rabinovics József）。

卡罗伊总统的辞职信

“政府已经辞职。那些迄今为止根据人民的意愿并在匈牙利无产阶级的支持下治理国家的人们已经看到，环境在逼迫我们实行新的方针路线。只有把政权交给无产阶级才能保证生产秩序。除了危害无穷的生产无政府状态外，外交也处在危机之中。巴黎和平会议秘密决定，军事占领匈牙利的几乎全部领土。协约国的代表团宣布，今后将把临时军事停火线视为正式国界线。他们占领我国领土的目的是把匈牙利作为正在罗马尼亚边界作战的苏联军队的军队集结地和战场。从我们手中夺走的领土将作为犒劳企图把俄罗斯－苏联军队打垮的罗马尼亚军队的军饷。我作为匈牙利人民共和国的临时总统，为了反对巴黎和会的这个决议，为了正义和求援而转向世界无产阶级，我辞职并把政权交给匈牙利人民的无产阶级”。

（见匈牙利语维基百科中《匈牙利苏维埃共和国》篇）

革命政府苏维埃

革命政府苏维埃受党的委托执掌政权，它的任务是在全国建立工农兵苏维埃。各地工农兵苏维埃行使立法、行政和司法权。革命政府苏维埃以高尔鲍伊·山多尔（Garbai Sándor）为首，而真正掌握实权的是军事和外交人民委员库恩·贝拉，他不仅通晓列宁主义，还颇受列宁的欣赏，1917年，列宁曾在圣彼得堡会见过他。库恩工作坚定果断，能言善辩且擅于组织工作。革命政府苏维埃由14名原共产党员、17名原社会民主党党员和2名民主人士组成。他们一律称为人民委员。人民委员中的正职由原来的社会民主党党员担任，而共产党员一般只担任副职。

1919年3月25日，革命政府建立了红军、红色警卫队和革命法庭。此外，在布达佩斯还有一支由切尔尼·约瑟夫领导的200人的全副武装突击队，他们自称为“列宁的男孩们”，身着黑色皮夹克，头戴平顶制服帽，他们会及时出现在发生危害革命事件的地方。

在3月21日的《告全国人民书》中宣告，“革命政府苏维埃将立即着手进行一系列旨在准备和实现社会主义和共产主义的重大建设工作”。

3月26日对银行、金融机构、矿山、交通企业及20人以上的工厂实行了国有化，工厂的新领导称作生产委员，通常由一位或几位工程师协助其工作，并由3—7人组成的工人苏维埃组织和监督生产。

4月2日公布了《苏维埃共和国宪法》，宪法规定苏维埃共和国的任务是“消灭资本主义的生产和社会制度，建立社会主义的生产和社会制度，实行这一办法目的是确保劳动人民对剥削者的统治。在工农兵苏维埃中由人民制定和执行法律，对犯法者进行判决”。

4月3日通过了土地国有化法令，法令的第一条中写明“匈牙利土地属于劳动人民的社会所有。不劳动者不得拥有土地。一切大中地产连同其所有的动产和不动产，包括农业和工业工厂在内，一律无偿收归无产阶级国家所有”。但法令没有明确规定中产的界限，有的地方超过50霍尔特为中产，有的地方超过200霍尔特为中产，大部分地区掌握在75—100霍尔特之间。根据这个法令，政府总共无偿没收了700万霍尔特土地，但并没有分给农民，而是交给了农业生产合作社。这种不顾国情的做法使广大农民感到失望，挫伤了农民们的积极性。被国有化的还有百货商场、电影院、剧院、图书馆、药店和一些豪华住宅等。学校被国有化后马上下令编写新的教科书，立即停止了学校中每天两次的祷告，撤掉了十字架，虽然没有国家的命令，但很多学校都取消了神学课。教士会和修女会被取缔。学校国有化后，将义务教育的年龄从 10 岁提高到 14 岁。负责教育的人民委员孔菲对教师队伍进行了清洗，解除了一批老教授的职务，任命了一批新教授。孔菲认为科学院是反动的，因此停止了科学院的活动，把科学院大楼让给红色警卫队使用。

4 月 7 日进行了苏维埃选举。选举法规定年满 18 周岁的从事有益于社会的劳动者，不分性别都有选举权和被选举权。红军战士、曾从事过有益于苏维埃共和国的工作、目前已完全或部分丧失工作能力的工人和士兵也有选举权和被选举权。以营利为目的而雇佣人员者、不劳而获者、商人、牧师、精神病患者以及因刑事犯罪行为被剥夺政治权受管制者除外。农村每 100 人、城市每 500 人中产生一名委员，但只有社会民主党和共产党合并后的社会党才有权提候选人。布达佩斯和大城市是秘密选举，农村则采取公开选举。全国人口的一半约 400 万——450 万人拥有选举权，但只有 50% 的选民参加了选举。农村和农业城镇未参选的人比较多，一方面他们对此不感兴趣，另一方面因为没有分到土地而对新政权反感。新选举的苏维埃成员大部分是工人和贫农，也有小手工业者、小农和知识分子（教师和小学教师）。

4 月 17 日全面调整了工资，工人的名义工资提高了 10%—80%，最高工资与最低工资之间的差距缩小到了 6—7 倍。对全体劳动者实行疾病和工伤保险、免费医疗，生病可领取 60%—70% 的工资。法令规定“国家有义务赡养丧失工作能力的人，以及有意愿工作但国家一时无法给予工作的人”。

苏维埃政府成立后立刻实行了 8 小时工作制，这是工人运动很早就提出的一项要求；继续提供失业补贴，房租降低 20%，让无产阶级家庭搬进有多个房间的住宅，仅布达佩斯就有 32410 无房户和少房户搬进了新居；另外，还组织孩子们到巴拉顿湖休假，免费发放或减价出售衣服和鞋子，仅首都就有 25.5 万贫苦孩子得到了新鞋。

领导层的内部矛盾

苏维埃政权机构内一开始就存在着尖锐的矛盾，没有形成在一个思想上团结一致的强有力的领导核心。共产党坚决主张实现无产阶级专政，社会民主党则主张在匈牙利实现资产阶级民主革命，两党的革命目的并不一致。合并前社会民主党积极奉行反共政策，谈判合并时共产党的主要领导人都还在监狱里。只有社会民主党的左派隆德莱尔（Landler）、沃尔高（Varga）、豪乌布里奇（Haubrich）、豪姆布尔盖尔（Hamburger）和尼斯托尔（Nysztor）等人才是真心想与共产党联合并合并的。大部分社会民主党领导人是中间派及参加到中间派行列的右派，如伯姆（Böhm）、高尔鲍伊（Garbai）、罗瑙伊 （R ó nai）和韦尔特耐尔（Weltner），他们认为接受共产党的纲领是被迫无奈和投降。这些人动摇不定，且随着形势而改变立场。一些工会领导人，如派耶尔（Peyer）、米阿基奇（Mi á kits）和万恰克（Vancz á k）等人仍坚守岗位的目的是待机会成熟时，利用职权推翻苏维埃政权。

两党合并本应是两党都解散，从而成立新的匈牙利社会党。但实际上，社会党继承了社会民主党的组织结构。社会民主党是个老党，机构庞大且党员人数多，而共产党是1918年12月24日才成立的新党，人数少且组织结构不健全。相当于共产党员加入了社会民主党的支部，寥寥无几的共产党员根本起不到作用。两党之间的矛盾主要体现在如下几个方面：

合并后的两党在很多方面无法达成共识。首先，关于党和工会关系的争论，即党和工会在无产阶级专政中所扮演的角色。在社会民主党内部，党组织和工会组织交织在一起，工会也行使党的职能。无产阶级专政中工会的作用应当仅局限于经济领域，而右翼社会民主党人已经习惯于工会在政治和经济生活中都起到重大作用的做法，故对此十分不满。他们认为“匈牙利工人阶级之所以能处于今天的地位，完全应当归功于工会”，因此坚决要求“抛弃怀疑，让工会工作吧！”库恩则认为：“必须把工会和党组织分开，建立纯净的无产阶级组织。必须纯洁党的队伍，必须加强党，使它更加坚强、团结和守纪律。”

其次，在无产阶级专政方法上存在严重分歧。右翼社会民主党指控共产党是恐怖分子，因为共产党想用强硬的手段对待无产阶级的敌人。负责教育的人民委员孔菲主张“缓和”无产阶级专政的方法，他于6月5日在《人》杂志上发表文章写道：“有些人认为在具备实现彻底专政条件的世界革命到来之前，应当执行比现在温和和缓慢的政策，我本人也是其中之一。”孔菲在6月12日召开的党的全国代表大会上再次阐明了他的观点，“我认为在世界革命没有成为现实之前，专政需要有一个过渡性的纲领。这个纲领在保留旧法规的实质性部分的同时，宜实行较有节制的政策，实行更能考虑实际情况的政策。要用聪明的法规，而不是恐怖手段阻止反革命的蔓延”。但他的观点遭到许多人的反对，一些社会民主党前领导人也批评了孔菲的妥协思想。库恩则强调“专政无疑是压迫，是一种必不可少的过渡状态，如果有人想以人道主义理想的口号消除这种压迫，这就不是什么专政方法问题上的分歧，而是对专政的攻击”。

接着，在6月12日社会党召开党代会时，社会民主党右翼搞突然袭击，他们没有接受事先拟好的党的领导机构候选人名单，而是在投票前通过了一项反建议，把许多共产党人和积极支持共产党的左翼社民党人排除在领导机构之外。于是，库恩和其他当选的共产党人向大会主席提交书面声明，表示不能接受这种选举。如果不改变，共产党人将保留在党内和苏维埃政府内的行动自由，并向工人群众公布此事。伯姆和孔菲认为这是同共产党决裂的好时机，但又清楚，如果得不到布达佩斯卫戍部队的支持，将无法成功。于是，他们决定吸纳布达佩斯武装力量司令豪乌布里奇·约瑟夫（Haubrich J ó zsef）加入讨论，没想到豪马布里奇表示支持共产党的一切行动。这时，伯姆等人不得不让步，两党领导人重新坐下来开会。最终达成协议，废除选举结果，大会以欢呼的方式通过了原先拟定的党的领导成员名单。

国外的反革命组织

4月初，过去的经济、社会和政治精英们中有人开始消极对抗、消失或跑到国外。在维也纳最积极的一部分人于4月12日成立了匈牙利民族委员会，“反布尔什维克委员会”，他们最主要的任务是推翻苏维埃共和国。其领导人是拜特伦·伊斯特万（Bethlen Istv á n），几乎所有匈牙利从前的党派都参加了这个组织，其中包括1919年从卡罗伊党分裂出来的独立党。

由于没有担保金，无法从奥地利银行获得贷款，他们于5月2日洗劫了匈牙利驻奥地利大使馆，抢走1.6亿克朗，还将大使博尔加尔（Bolg á r Elek）作为人质。后来，奥地利警察局为匈牙利政府追回了6900万克朗。抢劫大使馆以后，30—40名军官于5月6日从匈奥界河莱塔河畔布鲁克附近的布鲁克诺伊多夫（Bruckneudorf）进入了匈牙利领土，企图接管整个外多瑙河地区。但由于整个活动准备不足，以及匈牙利边防军的反抗而失败。武装入侵失败后，他们内部产生了矛盾。由于匈牙利苏维埃政府的抗议，奥地利政府也加紧了对他们的控制。5月5日，贵族家庭出身的埃尔代伊的大地主卡罗伊·久洛（K á roly Gyula）在奥劳德（Arad，即现在罗马尼亚的阿拉德）成立了与苏维埃政府抗衡的政府，于是这些人便加入了这个政府。

国内的抗衡政府

卡罗伊·久洛的抗衡政府成立后不久，罗马尼亚就占领了阿拉德。大部分抗衡政府成员被入侵的罗马尼亚军队俘虏，以卡罗伊·久洛为首的一部分成员逃到了法军占领的塞格德。5月31日成立了以卡罗伊·久洛为总理的第一届塞格德抗衡政府。这时，在维也纳和阿拉德的两支立志反对和推翻苏维埃政府的力量联合了起来。拜特伦将泰来基·帕尔（Teleki Pál）伯爵从维也纳派到塞格德任外交部长，国防部长是奥匈帝国舰队的最后一任舰长霍尔蒂·米克洛什（Horthy Miklós）海军中将。6月6日政府改组，成立了第二届塞格德政府。7月12日再改组的第三届政府总理为阿布劳哈姆（Ábrahám Dezső）。霍尔蒂再没有在政府任职。1919年6月6日，赛格德政府下令组建民族军，任务是消灭苏维埃政府的红军和维护社会秩序。这时，新总理任命霍尔蒂为民族军的“最高统帅”。霍尔蒂是军队中军衔最高的军人，他曾担任费伦茨老国王的副官及奥匈帝国军舰的舰长、塞格德政府的国防部长及民族军的最高统帅。因此，他是塞格德抗衡政府、维也纳反布尔什维克委员会以及协约国都可以接受的人物。

布达佩斯的反革命政变

维也纳和塞格德的反革命分子为了证明拥有群众影响，并提高他们在协约国面前的威望，6月24日在布达佩斯发动了一场企图推翻无产阶级专政的政变。组织者是奥匈帝国的旧军官们，参加者为卢多维卡军事学院、恩克斯军营和多瑙河舰队的士兵。其计划是以恩克斯军营开炮作为行动开始的信号，随后卢多维卡军事学院的部分学生占领约瑟夫城区的电话中心和拉道伊街（Ráday）的汽车库，然后乘抢来的汽车前往市内。与此同时，多瑙舰队出现在多瑙河。他们希翼得到布达佩斯武装力量司令豪乌布里奇·约瑟夫的支持，还打出组织“单纯的社会民主党政府”的口号，期望广大群众的加入。最终，一切按计划进行，但并没有群众加入其中，他们被孤立了。布达佩斯武装力量司令在权衡利弊后，下令镇压了这场反革命。在布达佩斯工人民兵、红色警卫队和红军的共同打击下，政变很快被镇压。

协约国对匈牙利的进攻

匈牙利建立苏维埃政权的消息，在世界资产阶级阵营中引发惊慌。他们认为布尔什维克主义不会仅局限于匈牙利，将会向西欧蔓延。巴黎和会的与会者们都表示必须铲除苏维埃共和国，但无人愿意亲自出面动武。于是，他们把这个任务交给了与匈牙利有领土争议的几个邻国，其中最适合的就是罗马尼亚。

3月24日，外交人民委员库恩·贝拉致电协约国，阐明了苏维埃共和国的和平意愿，电文中表示匈牙利承认《贝尔格莱德协议》的条件，但拒绝接受威克斯照会。为了弄清匈牙利苏维埃政府的立场和迫使其接受威克斯的条件，协约国派遣以南非总理史末资（Jan Christian Smuts）将军为首的"和平"使团前往布达佩斯。史末资于4月4日抵达，4日和5日同库恩·贝拉进行了谈判，史末资提出如果匈牙利接受威克斯照会中提出的条款，协约国将会放松对匈牙利的经济封锁，邀请政府参加和谈，并在罗马尼亚、捷克斯洛伐克和南斯拉夫对匈牙利的领土要求上做出对匈牙利有利的决定。而库恩提出如果罗马尼亚军队后退到毛洛什河（罗马尼亚称作穆列什河）以外，并在塞格德和奥劳德恢复无产阶级专政，匈牙利就接受新的临时军事停火分界线。于是史末资中断了谈判，不辞而别。

当英美试图用和平的方式颠覆匈牙利苏维埃共和国的时候，法国却策动罗马尼亚军队对几乎没有军队力量的匈牙利发动了武装干涉。1919年4月16日，罗马尼亚军队以三倍优势的兵力越过军事分界线，20日占领了纳吉瓦劳德，23日占领了德布勒森，5月1日占领了索尔诺克。随后捷克斯洛伐克、南斯拉夫和法国的军队也相继发起对匈牙利的进攻。法国军队占领了马科和霍德梅泽瓦沙海伊，捷克军队占领了米什科尔茨。匈牙利和协约国的兵力相差悬殊。匈牙利只有5万人的武装力量，其中一半在维持国内秩序，另有2.5万人守卫长达1500公里的边疆。而法国、罗马尼亚、捷克斯洛伐克和南斯拉夫有15万军人。匈牙利苏维埃共和国危在旦夕。

这时，革命苏维埃号召布达佩斯和外地的工人们拿起武器保卫祖国，并在全国招兵。苏维埃政府4月18日的会议决定，各人民委员会和工人苏维埃人员的一半，以及全体工人的一半都要上前线。红军的数量两周内翻了一番，到5月末已超过20万人。无论人数还是装备上都具备了抵抗的能力。当时红军总司令是伯姆·维尔莫什（Böhm Vilmos），总参谋长是斯特罗姆费尔德·奥乌雷尔（Stromfeld Aurél）。

5月18日，副国防人民委员萨姆埃伊·蒂博尔（Számuely Tibor）经乌克兰前往莫斯科，并于5月25日抵达。他与列宁多次谈判后于5月31日回到匈牙利，带回的消息是苏维埃俄国（苏俄）也正处于困难时期，不能指望从那里得到有效帮助。

匈牙利的成功反攻

总参谋长斯特罗姆费尔德·奥乌雷尔上校制订了作战计划，对捷克和罗马尼亚实行各个击破的战略。先通过北线战役打败捷克，然后通过东线战役赶走罗马尼亚军队。首先要把捷克和罗马尼亚的军队分开，占领米什科尔茨和考绍（今斯洛伐克的科希策），继而靠近外喀尔巴阡州，为与苏俄红军日后的合作提供可能。之后，米什科尔茨成功被收回，北线战役也很顺利，三周内就占领了斯洛伐克匈牙利人居住区（Felvid é k），并一直打到波兰的边界城市巴尔特福（B á rtfa，即波兰的巴尔代约夫）。5月31日收复了洛桑茨（Losonc）、里毛桑博特（Rimaszombat）和埃代雷尼（Edel é ny），6月4日收回了托考伊（Tokaj），6月6日收复了考绍，9日占领了埃派尔耶什（Eperjes，今斯洛伐克的普雷肖夫），并于6月16日在埃派尔耶什成立了斯洛伐克苏维埃共和国，10日占领了巴尔特福（今斯洛伐克的巴尔代约夫），直逼外喀尔巴阡州。

在匈牙利红军节节胜利的关键时刻，6月13日法国总理、巴黎和会主席克雷孟梭向匈牙利苏维埃共和国政府发来照会。照会确定了匈牙利和捷克、匈牙利和罗马尼亚的最终边界线，同时要求北方战线的红军立即停止进攻并撤回原地。作为回报，协约国许诺罗马尼亚军队从蒂萨河以东的匈牙利领土撤离。革命总参谋部为此争论了多日，多数人反对撤回红军，最后库恩·贝拉的观点占了上风，6月30日，红军开始从斯洛伐克匈牙利人居住区撤军。

红军撤军后军队开始瓦解，总参谋长斯特罗姆费尔德宣布辞职以示抗议。7月11日，库恩致电巴黎和会主席克雷孟梭，要求他实现罗马尼亚军队撤出蒂萨河以东地区的诺言，14日巴黎和会答复说：“只要匈牙利不遵守停战协议，就没有谈判的可能。”显然，协约国的许诺是在欺骗苏维埃共和国。

苏维埃共和国的失败

鉴于罗马尼亚军队没有履行从蒂萨河以东地区撤军的诺言，这时，库恩·贝拉设想，如果能再打一次胜仗，也许可以拉回一些人。7月20日，匈牙利红军发起进攻，各地军队顺利渡过蒂萨河，并夺回了一些城镇。24日，罗马尼亚军队开始反攻，动用了119个步兵营，8.4万人；99个炮队，392门大炮；60个骑兵连，1.2万人。由于罗马尼亚人数多且装备精良，匈牙利军队难以抵抗，从26日开始，大批匈牙利军人丢掉武器仓皇逃命。7月30日，罗马尼亚军队在索尔诺克渡过蒂萨河，打开了前往布达佩斯的大门。

从斯洛伐克匈牙利人居住区撤军是错误的，主动发起对罗马尼亚的进攻更是错误的，被削弱的军队已经没有能力完成此任务，同时这也给协约国再次攻打匈牙利提供了借口和机会。更糟糕的是进攻方案早已泄密，罗马尼亚军队开始反攻之前已掌握了匈牙利的作战计划，匈牙利军队几天内就溃败了。

国防部长伯姆在他的回忆录中写道，他于7月5日与部分社会民主党领导人召开了小范围会议，建议动用武力推翻苏维埃政权，但他的建议没有被采纳。随后，他于7月10日辞去了红军总司令的职务。在与孔菲（Kunfi）和韦尔特奈尔（Weltner）协商后，他决定担任苏维埃政府驻维亚纳使馆的公使，其要求得到了批准。他于7月23日走马上任。随后，伯姆在苏维埃共和国领导人不知情和匈牙利社会民主党前领导人的同意下，立刻同那里的协约国代表团制订了推翻匈牙利苏维埃共和国的详细计划，协约国代表团将计划直接送给巴黎和会。巴黎和会第五委员会于7月25日和26日讨论了匈牙利问题，并根据伯姆的建议发表了一个声明，匈牙利《人民之声》报30日全文刊载了这个声明。声明中表示，只有协约国认为合适的政府替换当前政府后，才会向匈牙利提供食品、停止封锁和签订和约。

30日，库恩·贝拉直接给列宁发电报，希望莫斯科向罗马尼亚发动一次进攻，以减轻匈牙利的压力。31日得到的回电中说，鉴于乌克兰境内的困难形势，在罗马尼亚战场立刻发动进攻是没有指望的。列宁又通过匈牙利驻莫斯科大使馆回答："为了帮助我们的匈牙利朋友，已经尽了一切可能，但我们力量有限。"31日，库恩和其他领导人到前线亲自视察了情况，晚上在采格莱德（Cegl é d）召开了军事委员会会议。在军队崩溃和形势无望的情况下，会议上还是做出了进行反攻的决议。接着在布达佩斯举行的苏维埃会议上，共产党人要求重新发动工人，继续进行战斗，但这时首都的武装力量已经处于右翼社会民主党人和反动军官们的控制下。

在这种形势下，8月1日上午举行的党和政府苏维埃联席会议上做出了苏维埃政府辞职的决定，按照前国防部长伯姆在维也纳同协约国代表团共同制订的计划，把政权交给了坚决反对两党合并且在苏维埃政府中没有担任过任何职务的社会民主党人派德尔·久洛（Peidl Gyula）。为了防止报复，共产党人民委员及家属们当天乘坐专列逃往维也纳，奥地利政府为他们提供了政治避难。8月2日，罗马尼亚军队到达布达佩斯郊区，两天后占领了布达佩斯，并立刻解除了首都地方警卫队、工人营和红色警卫队的武装。

这时共产国际执行委员会向全世界发布了令人震惊的匈牙利苏维埃共和国失败的消息："同志们！发生了可怕的叛变事件。由于帝国主义强盗和社会民主党叛徒们的可怕出卖，匈牙利苏维埃政府垮台了。"实际上，苏维埃政权是被力量大很多倍的外国武装所击败。

第五章 反革命统治时期

从1919年8月1日匈牙利苏维埃政权被颠覆到1920年3月1日推选霍尔蒂为摄政期间，国家没有元首，国家政体没有确定，政府像走马灯一样换来换去，7个月换了四届政府，最短的只有6天，最长的也才4个月。

派德尔政府（Peidl）

1919年8月1日，派德尔·久洛领导的社会民主党政府正式上台。派德尔上任第一天就下令缉捕共产党人；8月2日，把苏维埃共和国重新改为人民共和国，解散革命法庭，释放所有被俘的反革命分子。8月3日恢复了资产阶级的法庭、警察局和宪兵队；8月4日撤销公寓公有化和减租的法令；8月5日削减公务员3月21日提高的工资；8月6日把公有化的地产归还原主，接着又把工商企业交还原主。但由于社会民主党是苏维埃共和国的主要参与者，社会对他的信任度和支持率很低。另外，政府没有军事力量，无力恢复法律秩序。全国各地被白色恐怖所笼罩，到1920年秋季被处决的人达到数千，引起了巨大的国际公愤，并对政府的合法性产生了影响。白色恐怖主要针对犹太人，无产阶级专政的领导机构中有许多犹太政治家，社会上一些人把这些政治家以莫须有的罪责转嫁到整个犹太民族身上，指责犹太人对战争的失败和布尔什维克上台，甚至对大匈牙利的解体负有责任。得不到人民支持的派德尔政府在6天的统治之后就垮台了。

三个权力中心

8月6日，弗里德里希（Friedrich）以反革命组织“白宫伙伴协会”领导人的名义，在哈布斯堡王朝约瑟夫亲王和罗马尼亚占领者的同意下推翻了派德尔政府。弗里德里希组建了新政府，但也只维持了两个月。派德尔政府倒台后不久，在匈牙利就形成了三个政权中心。第一个就是弗里德里希政府。政府成立于8月6日，8月31日恢复了原来的行政机关权利、1914年制定的战时新闻法和对报刊的新闻检查制度，限制革命时期成立的团体活动，取消社会福利救济金，降低了公务员工资。同时，追究苏维埃共和国参与者的责任，一两周内拘留所里关满了工人、贫农和知识分子。1920年100人被判处死刑，74人被执行，其中大部分是“列宁的男孩们”和红色警卫队的队员，有的只是因为支持或者同情革命而被捕。纪律委员会将许多教师、小学教师、机关工作人员或公务员开除公职。1919年下半年和1920年年初，大批知名的知识分子临时或者永远离开了祖国。

第二个政权中心是罗马尼亚军队。8月，罗马尼亚军队除了外蒂萨（蒂萨河以东）地区以外，还占据了外多瑙河（多瑙河以西）北部地区。外蒂萨由罗马尼亚军事摄政领导，罗马尼亚军队对政府、乡村的行政机关、邮政和新闻等都进行着监督。

第三个政权中心是塞格德的抗衡政府。该政府在1919年6月6日任命霍尔蒂为民族军的“最高司令”。8月9日，霍尔蒂通知塞格德政府，军队的最高指挥部将脱离国防部，成为独立司令部。这个决定反映了霍尔蒂的独立意图和政治抱负，他也不隶属布达佩斯政府。1919年8月18日，霍尔蒂在协约国军事代表团面前声称，如果取得授权将在4天内组建一支真正的军队，用以恢复匈牙利的秩序。接着，在协约国的同意下，他把军队指挥部搬迁到了巴拉顿湖的希欧福克（Si ó fok）。到8月24日霍尔蒂已经拥有8000名冲锋枪战士和19门野战炮。随后几周内就发展到了3万人。除行政区外，在他占领的地域还设有军队的区司令部，虽然这些机构的建立没有法律依据，但他们可以监督和指挥弗里德里希政府的外地机关。霍尔蒂的国民军是一支从未参加过战斗的军队，他们首先在多瑙河以西地区制造了一系列暴行，对原苏维埃委员会的成员、红军战士以及与苏维埃共和国没有任何关系的犹太人进行折磨乃至残杀，受害者过千。苏维埃共和国的两位领导人科尔文·奥托和拉斯洛·耶诺都牺牲在白色恐怖中。这些血腥的报复和惩罚行动多半由霍尔蒂的属下普罗瑙伊·帕尔领导下的军官突击队和欧什腾鲍别动队所为。

布达佩斯的弗里德里希政府是由约瑟夫亲王任命，此事令协约国及匈牙利邻国极为不安，认为这有可能导致哈布斯堡王朝的复辟，直接威胁着他们的生存。虽然弗里德里希于秋季多次改组政府，希望取得协约国和邻国的信任，但并没有成功。弗里德里希政府既没有同霍尔蒂达成一致，也没有同罗马尼亚达成一致。

协约国扶持霍尔蒂上台

为了结束匈牙利国内的无政府状况，让罗马尼亚军队撤出匈牙利，并让匈牙利政府在协约国眼里成为一个有谈判能力的政府，巴黎和会于1919年10月派遣一名英国外交家乔治·克勒克（Sir George Russel Clerk）伯爵到布达佩斯，目的是同匈牙利政治生活中所有有影响的人士就建立资产阶级民主的联合政府进行谈判。联合政府的任务是进行全国大选、召开国民议会、选举国家元首和签订和约。克勒克同霍尔蒂达成协议，霍尔蒂许诺将在匈牙利建立合法政府，成立国会及派代表团到巴黎签署和约，而克勒克则以协约国的名义答应霍尔蒂让罗马尼亚军队从匈牙利撤军，让霍尔蒂当国家的一号人物。双方都没有失信，11 月中旬，罗马尼亚军队开始从多瑙河以西、首都及多瑙 – 蒂萨之间撤军，但仍然占领着蒂萨河以东地区，直至 1920 年 4 月才撤走。罗马尼亚军队撤走的地区由霍尔蒂的国民军占领。一开始社会民主党坚决反对，并要求解除专横的国民军武装，由协约国派一支几千人的部队来匈牙利维持秩序。协约国不愿意派出自己的武装力量，认为霍尔蒂是一位刚毅果断的军人，不像是潜在的血腥独裁者。而除了他的军队外，匈牙利再没有其他武装力量了，左派代表们也只能容忍霍尔蒂及国民军力量的扩大。当克勒克于 11 月 5 日同各党派领导人就最主要的原则达成共识后，在大国的压力下捷克军队也撤出了非法占领的匈牙利北部地区。这时，协约国让霍尔蒂前往布达佩斯维持秩序。1919 年 11 月 16 日，霍尔蒂头戴插有鹤羽毛的博奇考伊帽子，骑着他赫赫有名的白马进入布达佩斯。在盖莱尔特广场上向市长及立法机构显赫人物发表讲话时威吓说，首都“否认我们一千年的历史”“践踏我们的王冠和国旗，给他穿上红色的破旧衣服”“把民族的最优秀者关进监牢或驱逐出境”。他宣布“军队做好了兄弟般的握手准备”，但也做了“惩罚性猛击”的准备，这要看“堕入罪恶深渊的城市”如何表现了。刚刚还是革命中心的城市只好默默地臣服于霍尔蒂。

胡萨尔政府（Huszár）

霍尔蒂进入布达佩斯后，社会民主党和自由阵营的力量被削弱，他们本来希望在未来联合政府中获得有决定性影响的地位。开始时，乔治·克勒克伯爵也是这样想的，但后来改变了想法，转而支持倾向于基督教社会主义的胡萨尔（Huszár Károly）组阁，以胡萨尔为总理的联合政府于 1919 年 11 月 24 日成立，12 位内阁成员中基督教民族统一党占 5 位，全国小农党占 4 位，其他党占 4 位。这个政府得到了各个大国的承认。12 月 5 日，协约国撤回了为了监督 1918 年停战协定执行情况而设在布达佩斯的协约国将军委员会。25 日，卡勒克以巴黎和会的名义正式承认了胡萨尔政府。12 月 1 日，巴黎和会主席克雷孟梭书面通知胡萨尔总理，向巴黎派遣匈牙利和平谈判代表团。匈牙利政府 13 个月以来一直等待着这个邀请。没有和平条约匈牙利就无法融入新的欧洲，巴黎和会也无法结束工作。在此之前，需要举行国民议会选举临时的国家首脑。

根据协约国的要求，新政府于1920年1月24日到25日举行了普遍、平等和秘密的选举。年满24岁拥有6年匈牙利国籍和在居住地住满半年的男性都有选举权，女性选民要求能读写。共有选民342.3万，占24岁以上居民的74.6%，占全民的40%。最终，88.8%的选民参加了选举。小农党获得91个席位，基督教民族联盟党获得76个席位。

希莫尼政府（Simonyi）

大选结束后，1920年3月15日成立了以希莫尼（Simonyi-Semadam Sándor Jenő）为总理的小农党和基督教民族联盟党联合政府。该政府最主要的任务是签订《巴黎和约》，和约于6月4日签订。希莫尼为了抗议《巴黎和约》的不公，于7月19日宣布辞职，联合政府只存在了4个月零4天。

新国民议会

根据1920年1月24—25日的大选结果，2月16日匈牙利召开了新国民议会，主要任务是确定国家政体和选举临时国家元首。国会一致决定，匈牙利国体仍为“匈牙利王国”，但在国王的推选上出现了分歧，正统主义派主张由哈布斯堡家族的大公来担任，另外一派则主张彻底与哈布斯堡决裂，自由选举一位国王。协约国和匈牙利的邻国们也都反对哈布斯堡家族再当匈牙利国王。霍尔蒂也不愿意当国王，原则上承认卡罗伊四世复位要求的合法性。但霍尔蒂很喜欢临时国家元首这个职位。这样既表明了他对卡罗伊四世的忠诚，也可以获得正统派部分人对他的支持。

国会选举霍尔蒂为摄政

经过几天的辩论后，国会通过了一个行使国家主要权力的临时解决方案，这是一个正统主义者与自由选举国王派之间的折中方案，把继承王位的问题推迟到签订巴黎合约后解决，国家元首的职责由国会秘密选举产生的摄政临时担任。在1920年3月1日的国会议会上，霍尔蒂获得了141张选票中的131张，被选为摄政。实际上，候选人只有霍尔蒂一人，选举时他的武装力量一直在场。虽然法律规定摄政是临时的，但也没有规定期限，就这样他担任这个官职长达24年，直到1944年10月15日。

第六章　特里亚农条约

匈牙利政府1919年12月1日接到巴黎和会邀请，代表团一行5人于1920年1月7日抵达巴黎。团长是奥波尼（Appony Albert）伯爵，他在匈牙利各党派中都享有威望。此外，还有两名埃尔代伊的贵族泰来基（Teleki Pál）伯爵和拜特兰（Bethlen István）伯爵。巴黎和会最高委员会15日接见了匈牙利代表团并转交了和约条款，要求15天内做出答复。匈牙利要求延长期限，巴黎和会根本不听取匈牙利就条款所提出的意见。16日，奥波尼在口头发言中表示，如果和约条款不做重大修改的话，匈牙利无法接受。他建议，依据美国总统威尔逊的原则对有争议的地区进行全民公决。

匈牙利的照会、奥波尼的发言及发言的英文和意大利文的译本起到了一定的作用。在2月25日和3月3日的最高委员会会议上，意大利总理弗朗西斯科·尼蒂和英国总理大卫·劳合·乔治都建议，有必要根据现有统计资料对匈牙利边界问题重新考量。英国总理乔治表示，根据最新的准确资料，和约要将相当于“匈牙利人口⅓”的275万人置于外国统治之下。他预言中欧不会有和平，“假如日后真相大白，匈牙利的要求是合理的，而和会则拒绝重新商讨匈牙利事务，就把匈牙利人像牛群一样交给了斯洛伐克和埃尔代伊”“对此进行解释不是一件容易的事”。虽然法国总理亚历山大·米勒兰和外长拒绝了匈牙利的要求，但在外长和大使委员会1920年3月8日的会议上还是重新讨论了匈牙利边界问题。因为和会多次违背美国提出的原则，美国于1919年底退出巴黎和会，没有参加上述会议。在会议上，意大利代表坚决主张讨论匈牙利的反对意见，法国代表认为任何重新讨论都是没有用的，这个问题已经处理完了。而起关键作用的英国外交部长乔治·寇松没有站在自己总理一边，反而站在了法国总理一边。最后，法国总理亚历山大·米勒兰宣读了妥协方案，拒绝在签署和约之前再讨论匈牙利的边界问题，但如果在对边界进行实地考察过程中发现确实有不公正之处，边界划定委员会可以提出对边界做小幅度变更的建议。同时决定，之后修改边界的可能性问题不会明文写在条约中，会在一个特别附信中告知匈牙利。这封特别的信件确实作为条约附件发给了匈牙利，该信在英国的建议下诞生，由和平会议主席法国总理签署。这封信日后引发了许多幻想和误解，让人感觉还有修正条约的可能。

匈牙利代表团5月6日收到巴黎和会的最后文本后启程回国。5月19日，希莫尼政府宣布辞职，虽然条约非常不公平，但希莫尼仍建议政府在条约上签字，因为匈牙利过于弱小，不签字会受到孤立。条约于 6 月 4 日在巴黎凡尔赛大特里亚农宫签署，由代表团团长、政府人民福利和劳动部长拜纳尔德·阿戈什特（Ben á rd Ágost）和政府国务秘书、匈牙利驻巴黎大使德拉舍 – 拉扎尔·奥尔夫雷德（Drasche–L á z á r · Alfr é d）代表匈牙利政府签字，两人均站着签字，以此抗议条约不公。在巴黎签字的同时，匈牙利举行全国哀悼，全国的教堂持续敲钟一个小时，商店歇业，学校停课，当天各报在头版都加上了致哀的黑框，布达佩斯举行了大规模的游行示威，当日国旗降半旗。1920 年 11 月 13 日，国会通过条约，以及 1921 年 7 月 26 日条约公布于众并将条约列入法律库时，全国都举行了这样的活动。

《特里亚农条约》规定：

◎整个埃尔代伊、蒂萨河以东的东部地区和巴纳特（B á ns á g）划给罗马尼亚。罗马尼亚得到 10.3 万平方公里土地， 525.7 万人口，其中匈牙利人 166.4 万（占 31.6%）。

◎塞尔维亚 – 克罗地亚 – 斯拉沃尼亚王国得到克罗地亚、斯拉沃尼亚和巴纳特的西部地区及巴奇考（B á cska）的大部分。塞尔维亚 – 克罗地亚 – 斯拉沃尼亚王国得到了 2.05 万平方公里土地， 150.9 万人口，其中匈牙利人 46.1 万（占 30.3%）。

◎捷克斯洛伐克得到外喀尔巴阡州及斯洛伐克匈牙利人居住区，6.16 万平方公里土地， 351.7 万人口，其中匈牙利人 107 万（占 30.3%）。

◎奥地利得到了 4020 平方公里的领土，29.2 万人口，其中匈牙利人 2.6 万（占 8.9%）。

◎波兰得到了塔特劳山（T á tra）以北的塞派谢格（Szepess é g）的 589 平方公里土地，2.36 万人口，其中匈牙利人占 1.0%。

◎匈牙利的唯一出海口菲乌迈划给了意大利，面积 21 平方公里，5 万人口。

◎匈牙利王国的领土面积由 28.3 万平方公里减少到 9.29 万平方公里，仅剩原有面积的 ⅓。匈牙利王国人口由 1820 万减少到 761.5 万，仅剩原有人口的 43%，322 万匈牙利人被划入邻国。这大大伤害了匈牙利人民的民族自尊心，这种愤慨刺激了沙文主义情感的发作，当时流行的口号是“残缺不全的匈牙利不算一个国家，完整的匈牙利才是伊甸园”，对条约的态度是“不，永远不接受”。

条约还规定，匈牙利不得以任何形式再次与奥地利合并；匈牙利只能拥有 3.5 万雇佣军；不得生产和购买装甲车、坦克、军舰和战斗机；多瑙河舰队要移交给协约国。从 1921 年起 30 年内要向其他国家赔偿战争损失，但没有赔偿的具体数目。只规定到1926年9月底，匈牙利每年向南斯拉夫运送880吨煤，给意大利、南斯拉夫和希腊2.8万头屠宰牲畜。为确保赔偿的顺利进行，匈牙利所有国家财产和财政资金都被冻结，由新建的赔偿委员会进行监督。虽然匈牙利政府和全国上下都反对和约条款，但还是在1921年7月21日把条约正式载入了法律库中。《特里亚农条约》划定的边界线至今有效。

1921年12月14—16日，在协约国委员会的监督下，就肖普朗（Sopron）留在匈牙利还是划给奥地利进行了人民公决。肖普朗人口中奥地利人口略占多数，公决结果显示市内公民的72.8%和郊区人口的54.6%愿意继续留在匈牙利。后来匈牙利政府授予肖普朗“最忠实城市”的称号。

第三篇

霍尔蒂时代

（1920—1944）

第一章　霍尔蒂及政治体系

霍尔蒂（Horthy Mikl ó s），1868 年 6 月 18 日出生于贵族家庭，其父霍尔蒂·伊斯特万曾是匈牙利上议院的议员，拥有 1500 霍尔特土地。他会讲德语、英语、法语、意大利语及克罗地亚语。1908–1909 年担任“金牛座”（Taurus）号军舰的少校级司令员。1909—1914 年任费伦茨国王的侍从武官，1918 年 11 月 1 日被老国王提升为海军少将。1920 年 1 月 24—25 日大选中霍尔蒂被推选为摄政，虽然法律规定摄政是临时的，但也没有规定期限，就这样他担任这个官职长达 24 年，直到 1944 年 10 月 15 日。

尽管摄政的权力比国王小，但其权限也在逐年增加。法律规定，摄政兼任军队总司令，如违宪或违法，国会有权追究其责任，但到 1937 年免去了国会这一权力。国会通过的法律，摄政可以“再考虑考虑”而退回，如果国会仍坚持，摄政必须在 15 天之内宣布法律生效。根据 1937 年的法律规定，摄政有权两次将法律退回国会，如果国会仍坚持，摄政有权一年之后宣布该法生效。摄政有权勒令国会停止工作 30 天，到 1933 年的法律进而规定，摄政有权无限期地停止国会的工作，甚至有权解散国会，解散国会后必须立刻进行大选。之后，更有法律授权摄政可以向国外派遣军队，但需要立法机构的事后批准。1942 年 2 月 19 日，国会上下两院选举曾任匈牙利国家铁路有限公司总经理的霍尔蒂的大儿子伊斯特万为副摄政，当摄政不在或生病时，副摄政可以行使摄政的职权，但伊斯特万于 1942 年 8 月 20 日因飞机坠落身亡。

第二章　霍尔蒂时代的各届政府

一、泰莱基政府（Teleki Pál，1920—1921）

1920 年 3 月 1 日上任的第一任总理泰莱基・帕尔（Teleki Pál）把稳定国内局势视为首要任务，为此，制定和实施了一部土地改革法，虽然仍旧保留了大地主制度，但土地改革使 200 万农民每人得到了 1—5 霍尔特的土地，还分给了霍尔蒂组建的“勇士等级”的 6 万名成员（裁减下来的士兵、残疾军人、军人寡妇、军人孤儿）土地。土地改革进一步巩固了政府的社会基础。此外，制定了一部大专院校的招生法律，也被称为犹太人法。该法规定：一个民族（实指犹太人）录取人数的比例需根据该民族在全国人口中的比例来确定。该法导致匈牙利的犹太子女难以进入大学。

卡罗伊四世两次试图复辟

1920 年 1 月 24 日，国会一致决定匈牙利国体仍为“匈牙利王国”，卡罗伊四世认为这是最好的复辟时机。3 月 26 日，卡罗伊四世突然乘飞机回到匈牙利，受到了索姆博特海伊州（Szombathely）主教米凯什・亚诺什（Mikes János）的欢迎和接待。之后前往布达佩斯会见了霍尔蒂摄政，霍尔蒂表示目前匈牙利的外交形势不允许他重新复位，并命令军队司令将其驱逐出境。这时的卡罗伊不主张动用武力，4 月 5 日协约国的军人将他送回瑞士。

1921 年 10 月 20 日，卡罗伊四世乘飞机再次回到匈牙利，并在匈牙利西部的齐拉克（Cirák）成立了以年轻的安德拉什・久拉（即奥匈帝国第一任总理安德拉什・久拉的儿子）为首的影子内阁。莫劳韦克・久拉（Ostenburg-Moravek Gyula）领导的反革命支队成为支持他的军事力量，莫劳韦克被提升为上校。随后，卡罗伊同反革命支队乘火车前往布达佩斯，10 月 23 日在布达厄尔什（Budaörs）与霍尔蒂的军队交火，但很快被击败，卡罗伊夫妇被俘。10 月 26 日到 31 日，霍尔蒂将卡罗伊夫妇关押在巴拉顿蒂豪尼（Tihany）教堂的地下室，31 日用火车送至鲍姚（Baja），11 月 1 日移交给协约国，协约国立刻把他们流放到葡萄牙马德拉群岛。半年之后，34 岁的匈牙利末代国王卡罗伊四世逝世。

小协约国的成立

存有争议的邻国及协约国一直以怀疑的态度观察匈牙利，害怕和反对哈布斯堡复辟，并谨防匈牙利修改边界。1920 年 8 月 14 日，捷克斯洛伐克斯洛伐克和南斯拉夫签订了第一份针对匈牙利的条约，条约中写到“如一方遭到匈牙利的攻击，另一方则视为是对自己的攻击”。1921 年 4 月 23 日，罗马尼亚分别同捷克和南斯拉夫签订了同样的条约。双边协议把三国联系在一起，小协约国正式成立。其目的是以军事合作手段阻止修改边界，并在经济和外交上孤立匈牙利。

加入国际联盟受阻

1921 年 5 月 23 日，匈牙利申请加入 1919 年 4 月 28 日成立的国际联盟（即联合国的前身），国内极右势力认为这意味着要放弃修改边界，因此坚决反对。小协约国三国（捷克斯洛伐克、南斯拉夫和罗马尼亚）认为，如果匈牙利加入就解除了其在国际上的孤立处境，所以也坚决反对。申请没有被通过的另一个原因是南斯拉夫 - 匈牙利和奥地利 - 匈牙利的边界划分问题还没有完全解决。

1921 年 11 月 6 日，匈牙利宣布废除卡罗伊四世的王位，12 月 14 日匈牙利就肖普朗的归属进行公决后，于 1922 年 9 月 18 日被批准加入国际联盟。这时，匈牙利终于成为欧洲国家中“合格的”一员。

二、拜特伦政府（Bethlen Istv á n，1921—1931）

1921 年 4 月 14 日，霍尔蒂任命拜特伦·伊斯特万（Bethlen Istv á n）为总理。在拜特伦的领导下，政治制度得到巩固，摆脱了外交的孤立，经济恢复并超过了战前水平。

稳定国内局势

在国内政策上，拜特伦继续奉行稳定国内局势的政策。他努力同社会民主党的关系实现正常化，把小农党改变成为保守的团结党，使用法令手段限制选举权并举行了新的大选。

当时欧洲许多国家的社会民主党都参与到本国国会或政府的工作中，作为欧洲一员的匈牙利不可能长期把工人党排除在外。而匈牙利社会民主党也有妥协的愿望，他们把德国社会民主党视为榜样，主张积极参与国家的政治生活。1921

年 12 月 22 日，政府同社会民主党签订了《拜特伦 – 派耶尔（Bethlen–Peyer）协议》。社会民主党承诺支持政府的对外政策，不再宣传共和国的国体，断绝同激进的资产阶级反对派的联系，放弃对公共服务行业的人员、铁路工人和邮政人员的组织工作，不在农业工人中建立新的组织，不再倡导政治罢工。政府则承诺，不再阻挠社会民主党和工会的活动及其报刊的发行，归还被没收的场所，逐步停止战争年代实行的特殊措施（例如新闻检查），进一步发展工人的保险，停止对社会民主党人士的拘留，但对共产党的拘留政策继续有效。这个协议建立在相互许诺和让步的基础上，政府方面承认社会民主党是政治参与者并确保其活动条件，而社会民主党则放弃了对社会制度的激进的反对态度。

霍尔蒂时代实行的是多党议会制，当时的政党很多。拜特伦认为要想顺利执政，必须要有一个团结强大的政府党做后盾。1920 年，基督教民族统一党和小农党建立了联盟，1921 年因两党矛盾而解散。1922 年 2 月 2 日，基督教民族统一党的 20 名国会议员呼吁基督教民族统一党和小农党共同建立一个团结党。最终两党合并更名为“基督教小农党、农民和市民党”，简称为“团结党”。1938 年又把团结党改名为“匈牙利生活党”。这个党虽然一再改名，但一直是政府的后盾，从 1922 年到 1938 年一直在国会中占多数，因此政府的决策总能顺利通过。

拜特伦的目的是加强过去的统治阶级在政权中的力量，其政策能否实现取决于团结党在新议会中的席位。在霍尔蒂的支持下，在 1922 年大选前，拜特伦以法令的形式公布了新的选举权法。有选举权的人数从 300 万减少到 225 万，1920 年，24 岁以上居民参选比例为 74%，1922 年减少到 58%。减少的 75 万人中约 55 万为妇女。另外，除布达佩斯等四个大城市外的中小城市及农村都实行公开选举，这是当时欧洲最落后的选举制度，全国只有 20% 的选民享受秘密选举。选举于 5 月末 6 月初进行，最终团结党获得 245 个席位中的 140 个，占议席的 57.38%。

《拜特伦 – 派耶尔协议》签订后，社会民主党重新回到社会生活中。1922 年大选获得了 25 个席位，占 10%。但这个协议同时也捆绑了社会民主党的手脚，其影响力持续下降，1931 年的大选仅获得 6% 席位，1935 年降到了 4%，1939 年两人当选，获得 2% 的席位。而团结党在 1926 年大选中获得 170 个席位，占议席的 69.38%；1931 年大选获得 158 个席位，占议席的 64.48%；1935 年大选获得 171 个席位，占议席的 69.79%。

拜特伦和格姆伯什治国理念之争

1922 年底在团结党内部，拜特伦同右翼激进派首领格姆伯什（Gömbös）产生了严重分歧。拜特伦的治国理念是资产阶级的议会制度，而格姆伯什奉行的是独裁的军事专政。拜特伦临时接受了新的欧洲秩序和特里亚农边界，而格姆伯什则主张迅速修改边界，为此要与德国军界合作。经济上拜特伦主张支持工业，而格姆伯什则主张支持农业。格姆伯什要求拜特伦下台，但霍尔蒂摄政明确表示支持拜特伦。拜特伦于 1923 年 8 月将以格姆伯什为首的极右派从团结党中开除，格姆伯什伙同社会民主党另起炉灶，成立了“全国民主联盟”，他们在议会上以冗长的演说阻挠议事。拜特伦用武力将他们赶出国会，格姆伯什则宣布消极抵抗，半年内 44 名议员都没有出席议会会议。拜特伦则利用反对派不在场的机会，于 1924 年 12 月 11 日成功修改了国会议事程序，限定了议员在议会上的发言时间。

恢复国会上议院

1920—1922 年和 1922—1926 年的国民议会是临时的国民议会，而上议院在奥匈帝国时期主要是由正统主义的教会高层人士和贵族们组成，但现在这既不符合由中产阶级组成的国民议会的利益，也不符合成分复杂主张自由选举国王的阵营的利益。1926 年，政府恢复了上议院，目的在于要在立法过程中多设一道安全阀。1926 年的法律条款大大削减了教会高层和贵族们在上议院的地位，增强了大资本家和中产阶级的地位。法律规定，上议院议员可以继承，如家中老辈当过议员，则子女享有继承权，在匈牙利生活的哈布斯堡家族 24 岁以上的男性拥有继承权。教会的 31 名高层领导及 16 名国家级领导人，如王冠看守者、最高法官、军队参谋长、宪兵和警察局局长等都进入了上议院。40 名议员由摄政本人任命，150 名议员由立法机构和各种利益代表机构选举产生。上议院享有立法权，并对下议院送来的法案有两次退回的权力，但不享受否决权。在国会通过恢复上议院法律后的第 4 天，即 1926 年 11 月 15 日，霍尔蒂宣布解散第二届议会，并根据 1925 年通过的选举法举行了大选。

1926 年的国会选举

1925 年 4 月才成立的匈牙利社会主义工人党也参加了大选，它是由社会民主党的左翼反对派和非法的共产党人组成的。党的领导人瓦季·伊斯特万（V á gi

István）是一个木工，在 1919 年的苏维埃共和国期间曾是军队一个营的人民委员。他从 1922 年开始批评社会民主党只把活动局限在国会中，不组织群众运动，还批评社会民主党领导人只同资产阶级反对派合作，不重视对农业无产者的组织工作和争取小农的工作。匈牙利社会主义工人党同匈牙利地下的和流亡国外的匈牙利共产党建立了密切的联系。1925 年夏秋及 1926 年夏季，警察局抓了很多社会主义工人党和匈牙利共产党领导人，判处瓦季及其同伙几个月监禁，而共产党的领导人拉克西（Rákosi）、沃什（Vas）等被判处多年监禁。

在这种环境中，匈牙利于 1926 年 12 月 14—15 日举行了大选。匈牙利社会主义工人党在 8 个选区有候选人，这个年轻的党没有强大的组织基础，只有布达佩斯的一个选区可能获胜，但也由于政府设置的重重障碍，一个席位也没得到。社会民主党得到的席位从上届的 25 个降到 16 个，资产阶级左派的席位从 12 个降到 10 个，种族主义党从 7 个降到 4 个。团结党的盟友，基督教民族统一党获得了 35 个席位。团结党的席位仍占多数。

1926 年的选举与 1922 年选举相比，选民需拥有匈牙利国籍的时间增加到了 10 年，在选区居住的时间增加到 2 年，男性的文化程度必须达到小学 6 年毕业水平，女性参选年龄提高到了 30 岁，而且只有已婚的女性才能参选，大专毕业的女性 30 岁以下就可以参选。与 1922 年相比拥有选举权的人数减少了 70 万。除布达佩斯、米什科尔茨、杰尔、佩奇、塞格德和德布勒森实行秘密选举外，其他地方一律实行公开选举，这在当时的欧洲是独一无二的。政府却宣传“匈牙利人不习惯保密”，但大家都知道在行政人员和警察的压力下，公开投票对政府党的候选人有利。1922 年在秘密投票区中，匈牙利社会民主党获得了 20.8 万张票，而 1926 年仅获得 10.5 万张。拜特伦政府在 1921—1926 年间政治上的成绩和人民生活的改善，提高了政府党的威望。

积极开启外交政策

1922 年加入国际联盟及 1923 年取得国际联盟的贷款，无疑都是外交政策的胜利，但直到 20 世纪 20 年代末期匈牙利对外政策的活动余地仍然有限，国家的财政和军事仍在国际联盟的监督之下，小协约国的巩固也是阻碍匈牙利外交活动的因素之一。1924—1927 年之间，法国先后同捷克斯洛伐克、南斯拉夫和罗马尼亚签订了友好和联盟条约，这些条约同样是为了保证巴黎和约确定的形势。当时匈牙利的头号盟友是英国，但英国给予匈牙利的只是经济上的支持，在边界问题上并不积极支持匈牙利。

这时匈牙利把希望转向奥地利，两国几百年毕竟有过千丝万缕的联系，而且奥地利也没有加入小协约国的行列。但匈牙利还是失算了，奥地利执政的社会民主党和基督教社会主义党出于内政、经济和语言的考虑，宁愿同当时民主的德国亲近，也不与保守的东方邻居合作。

打破外交孤立的另外一条道路便是解决匈牙利和苏俄的关系。首先，苏俄是唯一不承认巴黎和约的欧洲国家，苏俄同罗马尼亚有边界问题，因此小协约国也不承认苏俄。如果匈牙利同苏俄建立外交关系，政治上将加强匈牙利对抗小协约国的势力。除此之外，匈牙利的机械和面粉工业的行家们早就注意到苏俄市场的巨大购买力。两国之间确实存在着巨大的意识形态的分歧，尽管如此，仍于1924年开始了建交谈判，当年9月5日签订了建交协议，12日又签订了商贸协议，并规定双方3个月内批准协议。但这个协议始终没被批准，原因是1924年10月英国和苏俄的关系破裂，国内反对改善匈苏关系的一派力量壮大，更重要的是摄政霍尔蒂也持反对意见。

匈牙利和苏俄关系搁浅后，南斯拉夫找上了门。南斯拉夫同所有邻国都有边界问题，为了确保其北部边界的安全而靠近匈牙利。双方都需要为建立密切关系做出妥协，但却都缺乏妥协意愿。最后匈牙利开始向意大利靠近。

战后意大利对外政策的最主要目的是将中欧和东南欧变成自己的势力范围。法国在1924年后同罗马尼亚、南斯拉夫、捷克和波兰签订的条约打破了意大利的如意算盘，而小协约国显然不可能成为其可以依赖的盟友。意大利一直是匈牙利指望的国家，同英国一样，意大利在各种国际场合都在努力削减法国、中欧和东南欧国家反对匈牙利的气焰。1927年，意大利瓦解小协约国的计划与匈牙利的想法不谋而合。1926年夏，国际联盟取消了对匈牙利严厉的财政监督，1927年3月取消了长期的军事监督。

1927年3月5日，意大利－匈牙利条约在罗马签订，宣告了两国的长期和平与永久友谊。条约为期10年，到期后如无人宣布失效，则将自动延长10年。在谈判中，墨索里尼和拜特伦达成一致，认为抑制法国的影响和瓦解小协约国是两国共同的利益。墨索里尼还许诺将战争末期奥匈帝国留在意大利的武器归还匈牙利。

1927年夏，英国贵族、新闻大亨罗瑟默（Lord Rothermere）为了修改条约，在《每日邮报》上发表了题为“当下的匈牙利形势”的文章，主张把200万居民的新边界沿线一带领土归还匈牙利。在他的建议下成立了“匈牙利修改边界社团”，目的是建立各种社会联系，利用各种宣传出版物制造舆论，让欧洲公民明白《特里亚农条约》规定的状态是不可持久的，并间接地影响各个大国的外交部。作为意大利和匈牙利合作的第一个成果，1928 年 1 月 1 日，5 车皮的机关枪及其零部件冒充农机零件运往匈牙利，但在匈奥边界被奥地利边防战士发现，酿成了一场国际丑闻。小协约国因此要求进行周密细致的调查并给予严厉的谴责，但在英国的压力下，国际联盟只对匈牙利进行了轻微的谴责。

1828 年，拜特伦总理认为公开阐明他最重要的外交目的（即修改边界）的时机到了。他在德布勒森的讲话中明确说："我们不仅失掉了省份，他们把我们瓜分了。我们不能永远放弃属于我们的 ⅓ 领土，我们不能把它当成正确的事情来接受。假如一个人坎肩的纽扣没有扣好，要想把衣服穿整齐，只能把纽扣解开，然后再好好地扣好。"

拜特伦很清楚单靠与意大利的联盟无法实现计划。因此在意大利和匈牙利条约签订后，立刻开始与德国建立关系。其最终目的是建立意大利－匈牙利－德国联盟，但目前还不能实现。所以，德国在这几个月内的主要任务是结束法国对莱茵河地区的占领，减轻其战争赔款的义务。意德关系的接近必然会导致法德关系的恶化，当时意大利和法国在巴尔干和多瑙河盆地已是公开的竞争对手。德国在 1928 年不愿意与意大利靠近，因此也不想加深与匈牙利的关系。

拜特伦与波兰的接近取得了成效，在与波兰总理约瑟夫·毕苏斯基的谈判中，波兰表示现在没有可能改变巴黎和约的决定，但他支持把修改的必要性列入议程中，并支持日后对和平条约的修改。两国于 1928 年底签订了波兰－匈牙利条约。

将奥地利从法国和捷克的影响下拉出来，有助于加强意大利在中欧的影响以及匈牙利修改边界计划的实现。墨索里尼和拜特伦于 1928 年 4 月制订了以军事政变推翻奥地利现政府的计划，但还没动手之前，1929 年秋，奥地利的内政开始右转，改组了政府，新首相愿意修改对外政策路线。1930 年 2 月奥地利与意大利，1931 年 1 月 25 日奥地利与匈牙利签订了友好合作条约。在匈牙利－奥地利条约中还附加了秘密协议书，规定两国"在一切政治问题上，特别是涉及共同邻国时，通过公使的途径保持经常性联系"。在拜特伦积极拓展外交关系的努力下，20 世纪 20 年代末匈牙利终于摆脱了孤立的困境。

世界经济危机对匈牙利的影响

20 世纪 20 年代后期起步的稳定和繁荣被 1929 年秋现代世界历史上最严重的经济危机打断。由于市场供需不平衡造成的供给过剩引起价格和生产下降，失业者增多。1929 年 10 月 24 日，纽约证券交易所爆发了大恐慌，股票暴跌，一天内低价抛出了1200万份股票。危机也影响到匈牙利，匈牙利的农业、工业均遭受严重损失，轻工业生产基本保持稳定。

1931年夏季后，所有外国贷款者暂停发放已许诺的贷款。1931年5月1日到7月13日之间，匈牙利国家银行耗尽了价值2亿本戈的黄金和外汇储备。为了防止破产，1931年7月13日，政府颁布了关闭银行三日的法令，随后实行限制取款和外汇管制等措施。查封了黄金和外汇储备，外币兑换需国家银行的批准。1931年12月22日，政府颁布法令禁止一切对外国债务的偿还。这些措施使匈牙利许多资本家企业免遭破产。

经济危机导致匈牙利人均国民收入下降，占居民多数的底层阶级生活环境更加恶化，失业率增高。民众生活水平的普遍下降也影响到政治生活，危害了安定繁荣的局面。工人和贫苦农民的情绪更加激进，他们以罢工、停工和游行示威表达不满。1929年秋，绍尔戈陶尔扬（Sarg ó tarj á n）5000名煤矿工人举行了四周的罢工。1930年9月1日，布达佩斯十多万群众上街游行，要求提高工资和发放面包。这两次罢工是两次世界大战期间最大的工人运动，尽管警察开枪进行干预，但游行仍旧持续了数小时。

大部分工业工人历来都站在匈牙利社会民主党一边，经济危机期间众多穷苦农民开始向匈牙利社会主义工人党靠拢，其主要原因是从1929年起政府同意社会主义工人党在农村建立党支部，社会主义工人党在农村的影响扩大了。第二个原因是社会民主党于1930年秋制定了详细的农业纲领，放弃了仅仅依靠农业工人和产业工人的联盟战略，开始重视和争取农村和城市小所有者的工作。但社会主义工人党并没有放弃做农民的工作，1930年出版了党的农民报《土地和自由》，随后农村党组织和党员人数大增。1931年末有169个农村党组织，一年以后达到了330个。1930年，农业工人工会总共1700个会员，两年半后达到了4000人，社会民主党的势力主要在蒂萨河以东地区。

失业工人中最激进者都集中在匈牙利共产党内。1930年1月，共产党建立了“失业者全国统一委员会”，此外，还建立了“红色救济会”，负责对被逮捕人员及其家属的救济工作。1928年，哲学家卢卡奇（Luk á cs György）提出，匈牙利的社会主义革命及其他中等发展和落后的南欧和东欧国家的社会主义革命之前，很可能先需要一场资产阶级民主革命。提出这一理论的初期符合共产国际的意向。匈牙利共产党于1930年2月27日到3月5日在莫斯科举行了第二次代表大会，会上否定了过渡期（即民主革命阶段）在建立无产阶级专政道路上尝试的必要性。此外，共产党还谴责社会民主党争取民主改革的政策和积极建立独立红色工会的做法，极力破坏社会民主党的工会运动。

经济危机期间，小农和中农对收缴欠税的方式极为不满。最突出的是保乔（Pacsa）事件，当局因农户交不起税款而把牲口赶走抵债，被当地农民夺回。宪兵开枪造成两人死亡多人受伤。有土地的农民的动荡不安导致很多农民党的建立，其中最大的是 1930 年 12 月成立的“独立小农、农民及平民农业党”，它是由一批反对发展工业的中等地主及前小农党追随者组成的，民间称之为“独立小农党”，他们在农村中拥有很大的影响力。

由于经济危机引起的社会和政治的不满，助长了共产主义和社会民主派别的势力，同时也为极右派势力的重现奠定了基础。极右派以意大利和德国为榜样，他们称自己为法西斯或纳粹主义者。起初，中产阶级各种派别是他们的依靠对象，之后贫苦农民和城市工人中文化水平最低的阶层也成为他们的群众基础。

后来，团结党各个派别之间的矛盾也逐渐激化。经济危机期间，拜特伦极力维护其安定繁荣的局面，不偏右也不偏向左。他强调危机是世界现象，造成消极不良的社会后果不能追究政府的责任。为调和矛盾，政府制定了《卡特尔法》，对现有的卡特尔提供国家保护，但却对新建的卡特尔设置了障碍，最终导致政策的失败。统治集团的矛盾依然存在，团结党面临崩溃的危险。随后，政府又出台了支持工业发展法和减轻土地负担法，以期恢复统治阶级原有的团结。

1931 年，霍尔蒂提出特别政治建议，建议拜特伦修改国家财政政策，并在国内实行戒严和新闻检查，被拜特伦拒绝。霍尔蒂企图对政府政策施加更大影响，使得他同总理的关系变得紧张。在这种形势下，霍尔蒂于 1931 年 6 月 6 日解散了国会，1931 年 6 月 28—30 日举行了大选。大选结果也反映出了经济危机的影响。与上次大选相比，政府左翼反对派的力量壮大了些。团结党失掉了 14 个席位，匈牙利社会民主党和团结民主党保住了原有的席位，独立小农党获得 10 个席位，关注工农疾苦的以鲍伊奇（Bajcsy–Zsilinszky Endre）为首的民族激进党只获得了 1 个席位。

1931 年 7 月 20 日，新国会组建了 33 人的委员会，其中团结党 11 人、上议院 11 人、反对党 11 人，社会民主党和小农党都拒绝参与。委员会决定，用法令执政，并大幅提高税收，降低职工工资。拜特伦总理拒绝执行这一不得人心的强制性措施，他对朋友表示必须辞职了，否则不仅自己会被唾弃，整个制度都会垮掉。在这种情况下，霍尔蒂于 8 月 19 日免除了拜特伦的总理职务。

三、卡罗伊政府（K á roly Gyula，1931—1932）

几日后，霍尔蒂任命他的女婿卡罗伊·久洛（K á roly Gyula）伯爵为总理。

卡罗伊采用传统方式克服危机。在经济领域，减少国家开销、减少投资、大幅降低工资。在政治上，对破坏秩序的人动用武力。上台后，卡罗伊立刻开始执行33人委员会的决议。1931年8月31日起减少国家公务员（铁路职工、邮政员、国家公务员、军队、警察、海关人员）的工资，减少社会福利补贴和退休金。取消他本人及部长们的公用车，他每天从佩斯的住地步行穿过链子桥，然后乘缆车至城堡山的总理府上班。然而，穿胶皮鞋套和手持雨伞的总理形象没有多大影响力，这种举动只能起到一时的节约效果，无法改变制度运转中出现的混乱及经济和财政结构中的问题。

由于卡罗伊政府无力缓解农业危机，团结党的农业说客们主张卡罗伊下台，辞去总理后仍担任党领袖的拜特伦于9月初在公开信中要求其下台。此时，霍尔蒂也认为卡罗伊已成为他的绊脚石。力不从心的卡罗伊于9月21日宣布辞职，格姆伯什接任了总理职务。

四、格姆伯什政府（Gömbös Gyula，1932–1936）

格姆伯什·久劳（Gömbös Gyula）曾是拜特伦政府的国防部长，也是霍尔蒂可以依靠的“铁腕人物”。虽然格姆伯什掌权后并未进行制度变更，但保守－民主的制度开始向右转，甚至向极右方向转变。

法西斯组织的出现

1932年7月16日，匈牙利成立了第一个纳粹党。小农党的政治家迈什科（Mesk ó Zolt á n）退出团结党，建立了“匈牙利纳粹农民和工人党”。早在1931年，伯瑟尔梅尼（Böszörm é ny Zolt á n）在地方上就成立了“匈牙利纳粹工人党”，该党的名称直接从德国党名翻译而来。这是一个法西斯党，后来自称为“镰刀十字党”，农村的贫苦农民是他们的后盾，尤其是大平原东部地区的农民。上述两个党都是农民党，也就是说匈牙利的纳粹主义首先在农业法西斯党内出现。

与德国签订贸易协定

1931年签订了匈牙利－德国贸易协定，1933年和1934年又签订补充协定，德国对匈牙利开放了农产品市场。1934年，匈牙利以高于国际市场的价格向德国出口了4.8万头牛、3000吨猪肉、1.5万吨腊肉、3000吨猪油、50万公担小麦和玉米以及 25 万公担大麦。

与此同时，匈牙利降低了 20%—30% 的德国商品进口关税。为节省外汇，两国银行以汇划方式结算。一年内出口德国的匈牙利产品占匈牙利全部出口的比例翻了一番，1933 年占 11.2%，1934 年增长到 22.2%。20 世纪 30 年代末，匈牙利农产品的 ¾ 出口德国。德国向匈牙利的出口增长幅度大致相同。德国向匈牙利主要出口机械、仪表、汽车、药品和染料。德国是匈牙利最主要的贸易伙伴，奥地利退居第二。1941 年，这两个国家之间的贸易占匈牙利出口额的 74%，进口额的 79%。

格姆伯什访问意大利

格姆伯什第一次出访的国家便是意大利，并争取到了墨索里尼的同情，还会见了教皇庇护十一世。应墨索里尼的请求，格姆伯什于 1933 年 6 月向其出示了一张边界方案图，对整个外喀尔巴阡山州、东斯洛伐克、南斯洛伐克一部分纯粹斯洛伐克人居住的地区、埃尔代伊西部和匈牙利南部领土（D é lvid é k, 即今塞尔维亚的伏伊伏丁那地区）都提出了领土要求。如实现该计划，匈牙利王国的领土将增加到 19.5 万平方公里。

格姆伯什访问希特勒

希特勒获得政权后，格姆伯什立刻向其表示祝贺。1933 年 6 月，格姆伯什前往德国，他是当时欧洲第一个拜访希特勒的政治家。希特勒和格姆伯什都明白，铲除巴黎和平体系和维护民族利益是匈德民族的利益所在，但希特勒对匈牙利修改边界的诉求表现冷淡，并表示只支持匈牙利对捷克斯洛伐克的领土要求。格姆伯什很失望，回国后对此闭口不谈。但这次访问最大的成果是为匈牙利农产品打开了德国市场。

匈牙利与苏联建交

在 20 世纪 30 年代，经济和贸易利益比意识形态的对抗更重要，同苏联改善关系不会损害匈牙利的利益，苏联市场对匈牙利工农业出口拥有无限可能。1934 年 4 月 12 日，匈牙利在中欧地区带头与苏联建立了外交关系。

匈奥意签订三国同盟

1934 年 3 月 17 日，匈牙利、奥地利和意大利三国签订了“三国同盟”，至此，匈牙利农产品销售问题得以解决，农业生产逐渐繁荣起来。外交上取得的成绩缓解了《特里亚农条约》给匈牙利人带来的失败感。

团结党改名为民族团结党

1932 年 10 月，格姆伯什把团结党改名为民族团结党。党主席是斯特劳尼奥夫斯基（Sztranyavszky），秘书长是马尔通（M ά rton）。1933 年 6 月在马尔通的领导下，民族团结党开始被建设成为一个民粹党，要在所有地方建立党的组织，并把拜特伦及保守主义者排挤出党。格姆伯什把组织工作委托给地方行政官员和州长，其任务是在所有村镇建立民族团结党的基层组织并展开经常性活动，而且不要求参与者必须加入民族团结党。除小农党外，国会内各党都以怀疑的态度审视这个巨大的组建工作。

同小农党的秘密协议

1932 年末，艾希哈尔特（Echhard）当选为小农党领袖。1934 年 5 月初，格姆伯什同小农党签订秘密协议，小农党答应支持格姆伯什，而格姆伯什则答应大选时实行秘密投票，并许诺把匈牙利在国际联盟代表的位置给艾希哈尔特。小农党当时的战略目的是实现自由的农民资产阶级民主，经济目标是实现民主的土地改革，而这些基本目标要在现行制度的框架下来实现。

格姆伯什的法西斯专政

1935 年 3 月初，格姆伯什改组了政府，把拜特伦的追随者们统统赶出了政府，并把亲信们安置在内务部、商业部和土地部等重要部门。格姆伯什以总理和国防部长的身份对军队进行改组，勒令 22 名将军退休，任命了新的总参谋长和总司令。1935 年 3 月初，在格姆伯什的策划下，在拜特伦毫不知情的情况下霍尔蒂宣布解散国会，并于 3 月 5 日宣布举行新的大选。拜特伦及其亲信们（13 名议员）第二天就宣布退出民族团结党。

在格姆伯什多次许诺的秘密选举还没有宣布执行之前，于 1935 年 3 月 31 日到 4 月 1 日在闻所未闻的恐怖气氛中举行了大选。欺诈贿赂无所不用，政府投入大量经费宣传，垄断了电台的使用权等，在恩德勒德（Endröd）警察还开了枪，在陶尔潘（Tarp ά n）为了不让政治家、记者鲍伊奇－日林斯基当选，竟然让一个没有参选资格的人，使用假名参选并获胜。格姆伯什的民族团结党获得 171 个席位，其他所有党获得的席位都减少了。大选后，又回到了拜特伦时期的状况，总理兼任党的一把手，大权在握，不可一世，格姆伯什的所作所为得罪了所有政党，大家都希望他下台。

在大选中最失望的是小农党，格姆伯什答应的60个席位只得到了25个，凡有小农党候选人的选区，政府党都推出了自己的候选人。因此，日后的小农党便成了格姆伯什的主要反对者。小农党于1936年制定了新的纲领，并积极参加“维宪阵线”活动。这一阵线中既有正统主义者、自由主义者，也有社会民主主义者。

五、道拉尼政府（Dar á ny K á lm á n,，1936—1938）

1936年10月6日格姆伯什的死亡，挽救了他的垮台。随后，道拉尼·卡尔曼（Dar á ny K á lm á n）接任总理职位。

匈牙利纳粹党正式成立

道拉尼总理刚上台时坚决反对右倾，1937年，他取缔了萨洛希（Sz á l á si Ferenc）的“国家意志党”及“长柄镰刀十字架运动”这两个极端组织，并将其领导人萨洛希关进了监狱。

1937年11月，道拉尼访问德国并会见了希特勒，但会谈没有达成任何结果。1938年3月12日，德国占领并吞并了奥地利。道拉尼政府对此不知所措，许多人指控他不作为，摄政霍尔蒂也督促他组织群众游行和集会以示抗议。

奥地利被德国占领后，德国成了匈牙利的邻国，纳粹的宣传铺天盖地而来。在这种压力下，道拉尼反而把亲德派政治家吸纳入政府，并到处强调匈德关系的重要性。1938年3月21日，道拉尼同萨洛希的副手、箭十字党领导人胡鲍伊（Hubay）秘密达成协议，许诺如果箭十字党放弃推翻现行制度的活动，就给箭十字党10个国会席位。在3月27日洛沃什拜雷尼（lovasber é nyi）的中期选举中，政府党－民族团结党没有推荐候选人，故意让箭十字党领导人胡鲍伊当选。胡鲍伊当选为议员后，立刻宣布成立“匈牙利纳粹党”，口号是“1938年是我们的”。1938年新年的早晨，布达佩斯街道上撒满了箭十字党的传单，传单上写着“1938，萨洛希”“1938年是我们的”“我们来了”等内容的大量传单被发放到全国各地。小资产阶级、半无产者和无产者是箭十字党的群众基础。该党在矿工、产业工人和农业无产者中也有较大的影响力。

由于摄政霍尔蒂对道拉尼同箭十字党达成的秘密协议非常不满，因此让道拉尼以健康原因辞去了总理职务。

六、伊姆雷蒂政府（Imr é dy B é la，1938—1939）

20世纪30年代的下半期，匈牙利经济正处于繁荣阶段，居民生活水平提高，社会福利状况也在改善，现代化加速推进，军事工业步入发展的快车道。由于对极右势力的让步，致使德国的影响以不可阻挡的势头增长。在此期间，修改边界是德国和匈牙利两国外交的中心任务。从1938年秋天起，匈牙利在德国和意大利的帮助下实现了愿望，匈牙利的领土扩大了，但也因此被拖入战争的泥坑。

伊姆雷蒂·贝拉（Imr é dy B é la）上任时的国内局势并不乐观。箭十字党人数猛增，已经达到25万人，政府党的右翼也很同情他们。小农党的6名议员退党后另外成立了一个党，并日益向箭十字党靠近。匈牙利的德国少数民族状态也很令人烦恼，德国政府对他们的命运十分关心。1920—1930年期间，在匈牙利的德国人占比从6.9%减少到5.5%。以此为借口，德国指责匈牙利对德国人实行同化政策，并声称德国坚决反对任何同化政策，这样一来匈牙利的德国少数民族也倒向德国纳粹一方。

伊姆雷蒂在政治上既反右也反左，政府的第一个措施便是限制箭十字党，再次抓捕萨洛希并判其3年监禁。除此之外，还下令国家公务员既不得加入箭十字党，也不得加入社会民主党。

秩序法和犹太人法

伊姆雷蒂政府以防范极右势力为借口，进一步限制公民的自由。国会通过了《秩序法》，禁止未经内务部长批准的所有党派和团体的活动。根据1938年XVII号法律条款，重新审查报刊的准发证，1300份报刊中有410份被停刊。1938年，国会通过了第15号法令，即第一部《犹太人法》。法令规定，为了确保社会和经济生活的平衡，凡有10个以上知识分子工作的商业、金融和工业企业中，犹太人只能占20%的比例。6月公布了《秘密选举法》，为了防止右翼和左翼激进主义在大选中加强势力，而在法律中加进了许多保护条款。例如，通过提高参选条件使参选人数减少了30万，并通过复杂的制度让政府党和大党在选举中占据优势。

霍尔蒂访问德国

1938年8月20—26日，霍尔蒂和伊姆雷蒂访问了德国。希特勒告诉霍尔蒂，德国将进攻捷克，希望匈牙利近期进攻北方邻国捷克，为德国占领整个捷克打下基础。作为交换，匈牙利将得到斯洛伐克南部的匈牙利人居住区（Felvidék）。霍尔蒂和伊姆雷蒂都认为在当时的国际形势下不宜采取该行动，担心会引起全欧大战，届时匈牙利将承担侵略者的角色。于是，他们无奈地回避了希特勒的建议。1938年8月29日，小协约国与匈牙利在斯洛文尼亚的布莱德（Bled）签订了《布莱德协议》。该协议规定，如果匈牙利放弃武力收复《特里亚农条约》令其失去的领土，小协约国就承认匈牙利军备的平等权。实际上，小协约国明白根本无法阻止匈牙利加强军备的行为。《布莱德协议》的签订进一步恶化了匈牙利同德国的关系，德国外长里宾特洛甫因此表示“不参与的人，也别想从中得到好处”。9月份，德国纳粹又提出要匈牙利进攻捷克的要求，伊姆雷蒂再次拒绝。

《慕尼黑协定》

1938年4月，以康拉德·汉莱因为首领的德意志人举行代表大会，提出将德意志人为主体的苏台德地区从捷克斯洛伐克分裂出去的“自治”纲领。希特勒以此为由在德捷边境集结兵力，准备攻打捷克。这时，法国总理达拉第决定请英国首相张伯伦出面调解。9月15日，希特勒与张伯伦在德国会谈后表示暂时不会对捷克动武。随后，英法一起向捷克斯洛伐克政府施压，要求当局根据民族自决原则解决苏台德地区问题。9月22日，张伯伦再次飞往德国哥德斯堡与希特勒会谈。希特勒提出将捷境内其他讲德语的地区统统划归德国，并实行军事占领，限定10月1日之前解决。9月29日，张伯伦第三次飞往德国，同达拉第、希特勒和墨索里尼一起在慕尼黑举行了英、法、德、意四国首脑会议。会议从12时45分开始至次日凌晨1时半，四国正式签署了将苏台德地区割让给德国的《慕尼黑协议》，迫于英法两国的压力，捷克斯洛伐克政府在限定的6小时内接受了该协议。《慕尼黑协议》规定，捷政府必须在10月1日起的10天内，将苏台德区和德意志人占多数的其他边境地区割让给德国，并将所涉及区域内的军事设施、工矿企业、铁路及一切建筑无偿交付给德国。《慕尼黑协定》是英、法“祸水东引”政策的顶点。

关于匈牙利和波兰对捷克的领土要求，四国建议他们同捷克直接谈判。如3个月内仍达不成协议，再由他们进行仲裁。10月9日，匈牙利和捷克在科马罗姆（Kom á rom）开始谈判，捷克只同意就匈牙利人居住区实行自治问题进行讨论，因此谈判于 13 日中断。

第一次《维也纳仲裁》

匈牙利和捷克谈判无果，原定应通过四国会议解决，但英法两国对此并不感兴趣。因此，1938 年 11 月 2 日由德国和意大利的外长在维也纳对匈捷的领土争议作出了裁决，即第一次《维也纳仲裁》。《维也纳仲裁》规定，捷克斯洛伐克要将南部的匈牙利人居住区割让给匈牙利，共计 11927 平方公里土地和 105 万居民（其中匈牙利人占 85.5%）。但匈牙利统治集团对此并不满意，还希望将波若尼归还匈牙利。

从 1938 年开始，伊姆雷蒂迅速转向法西斯。1938 年 9 月改组了政府，更换了三位部长，新部长都是亲德派。10 月 4 日，伊姆雷蒂宣布今后将以法令来领导政府。10 月 23 日他又宣布将对体制和议会议事程序进行彻底改造。1938 年 11 月 22 日，62 名议员退出了民族团结党。在讨论修改议会程序上，国会以 115 票反对 94 票赞成给予了否决。之后，伊姆雷蒂提交了辞呈。霍尔蒂考虑到同德国的关系而拒绝他辞职。伊姆雷蒂明白，其政治生涯不会太长了。因此，加大靠近法西斯的步伐。11 月，他允许"匈牙利德国人人民联盟"开始活动。12 月，议会讨论国防法，规定未来政府有权在国内颁布紧急状态。

1939 年 1 月 6 日，伊姆雷蒂总理发起了贵族法西斯运动——"匈牙利生活运动"。其徽章图案是神鹿，标志是颅骨骷髅像，口号是"在古老匈牙利土地上新的匈牙利生活"。伊姆雷蒂想把所有极右派别团结在"匈牙利生活运动"中，并以此取代"民族团结党"。泰莱基上任后，于 1939 年 2 月 2 日取消了"匈牙利生活运动"，并把"民族团结党"改名成"匈牙利生活党"。

1939 年 1 月，"维宪阵线"以备忘录的形式上书霍尔蒂，要求立即罢免伊姆雷蒂的职务。为找到合理的借口，前总理拜特伦发动人脉寻找伊姆雷蒂的破绽，最终发现他的曾祖父辈一方是犹太人。霍尔蒂将此告知德国，德国只好同意伊姆雷蒂下台。

七、第二任泰莱基政府（Teleki P á l，1939—1941）

泰莱基曾在 1920—1921 年担任过总理，重新执政后在国内坚决反对纳粹类的极右势力和箭十字党。在对外政策上则单方面靠近德国，与此同时继续同英国保持友好关系，继续要求修改边界，要求国际上对《特里亚农条约》的不公正进行纠正。

在德国的压力下，1939年2月24日，匈牙利加入了《反共产国际联盟》，同苏联断绝了外交关系，并于4月11日退出了国际联盟。匈牙利已经完全服从德意志联盟，而丧失了独立自主的外交政策。

第二部《犹太人法》

第一次《维也纳仲裁》划给匈牙利的地区中犹太人口众多，这时新闻报刊及公众生活中反犹太情绪高涨。上届伊姆雷蒂总理于1938年12月23日提交了第二部《犹太人法》草案，泰莱基上任后的1939年5月5日得到国会通过。这部1939年第Ⅳ号法令的完整称谓是《限制犹太人社会和经济生活的领域》，完全以种族为基础。法令规定，只要父母中一人或祖父母中两人为犹太人，即被视为犹太人出身。犹太人出身者不能在国家和公共机构工作，不能担任报刊编辑和刊物出版人。律师所、医疗单位、有工程师的单位、新闻单位、喜剧和电影机构中的犹太人比例不得超过6%（第一部《犹太人法》规定为20%）。犹太人出事后不能得到国家专卖许可证以及需当局批准的许可证，已取得的许可证5年内收回。公共运输单位中犹太人所占比例要大幅减少，私人企业雇佣的犹太人比例控制在12%以内，在报刊和戏剧领域工作的犹太人占比不得超过12%。犹太人不能再加入匈牙利国籍。如在1914年7月1日后加入的，内务部长有权撤销其国籍。该法令除使得60万人失去工作，还让许多知识分子和经济领域领导人沦为权利受限者。

当时的匈牙利公民被分为三类：匈牙利公民、享有特权的德国人和权利受限的犹太人。在这种情况下，出现了很多挂名负责人，他们名义上购买了犹太人的公司，实际上无须做任何事情就可以拿很多钱，从而助长了社会的腐败。

吞并外喀尔巴阡州

外喀尔巴阡州（Kárpátalja），旧称外喀尔巴阡—鲁塞尼亚，1000年以来一直是匈牙利王国的领土，《特里亚农条约》将这一地区划给了捷克斯洛伐克。1939年3月14日，斯洛伐克宣布独立，并获得了德国的承认。外喀尔巴阡州也宣布独立，但德国不予承认。在德国的支持下，匈牙利军队于3月15日越过边界，几日内即占领了外喀尔巴阡州。匈牙利和波兰成了邻国，其战略意义显而易见。匈牙利获得了12171平方公里的领土和60万居民。根据1910年的统计，外喀尔巴阡州有60.6万人口，其中匈牙利人18.6万，占30.6%。乌克兰和俄罗斯人33万，占54.5%。而大城市中，在乌日霍罗德（Ungv á r）匈牙利人占80.3%，在穆卡切沃（ Munk á cs）占73.4%，在别列戈沃 （Beregsz á sz）匈牙利人占96.1%。

匈牙利占领外喀尔巴阡州以后，派遣政府代表进行管理。1939年6月28日派遣雷尼（Per é ny Zsigmond）伯爵为外喀尔巴阡州的匈牙利摄政代表，实际上是为日后设置外喀尔巴阡州自治区做准备。

匈斯小规模战争

1939年3月23日到4月4日，匈牙利和斯洛伐克发生了一场小规模战争。匈牙利对第一次《维也纳仲裁》并不满意，要求将所划边界再向西移动，也就是说让斯洛伐克再多给些领土。以约瑟夫·蒂索为总统的斯洛伐克对这场武装冲突毫无准备，被匈牙利打败，斯洛伐克又割让给匈牙利1.7平方公里的领土和7万人口。

1939年大选

泰莱基总理想要确保执政党在国会中的绝对多数，为此再次启用了老办法，组建一个新的政府党。1939年1月6日，泰莱基把“民族团结党”改名为“匈牙利生活党”。在首都把“匈牙利生活党”同“基督教居民小区党”合并，并由地方自治政府领导。政府党为秘密选举建立了庞大的机构，以对付其主要对手“箭十字党”。在5月25—26日举行的大选中，政府党“匈牙利生活党”获得了181个议席，占260个国会议席的69.62%。左派和保守派的势力进一步削弱，社会民主党只获得5个议席，基督教党获得4个。虽然结成统一战线的极右派势力没有获得政权，但获得了49个议席（其中箭十字党29个，占11.5%。第一次入国会的独立小农党获得14个议席，占5.38%）。箭十字党进入国会将对议会的运转产生不可低估的影响。

第二次世界大战爆发

希特勒计划于9月1日攻打波兰，希特勒指示外长里宾特洛甫前往苏联，并接受苏联的所有条件，以避免在进攻时两面受敌。经过谈判，双方在8月23日签订了《苏德互不侵犯条约》，也被称为《莫洛托夫—里宾特洛甫条约》。与此同时，还签订了一份秘密附加协议书，即《苏德秘密条约》。1939年9月1日，身着波兰军装的德国军人占领了当时属于德国的边界小镇格利维采，并用波兰语广播反对德国的宣传。德国假借波兰入侵德国而进攻波兰，由此爆发了第二次世界大战。

起初，德国要求匈牙利同时发起对波兰的进攻。泰莱基以匈牙利和波兰的传统友谊为由拒绝了该要求。随后，德国又提出利用匈牙利铁路线运送在波兰受伤的士兵回国，并向波兰运送作战所需物资，也遭到匈牙利政府的拒绝。

虽然英国和法国都已宣布同德国开战，却都迟迟不肯出兵，波兰只能凭自身力量顽强抵抗。当斯大林看到波兰即将垮台时，立刻出兵占领了《苏德秘密条约》中划给苏联的波兰东部地区。波兰难民无路可走，约有 13 万—14 万难民（其中大部分是军人）逃至匈牙利避难。匈牙利向他们提供了一切可能的援助。

第二次《维也纳仲裁》

当时的匈牙利和罗马尼亚关系已经相当紧张，随时都有爆发战争的可能。两国交战不符合德国利益，德国同时又担心苏联出面干涉。因此，1940 年 8 月 29 日，德国外长里宾特洛甫和意大利外长齐亚诺将匈牙利和罗马尼亚的政府代表团召到维也纳，以裁决方式解决两国领土争端。次日就公布了仲裁结果，罗马尼亚外长听到后当场晕倒。

根据两国外长的仲裁，北埃尔代伊划归给了匈牙利，共 43.104 平方公里领土，239.4 万人口，其中匈牙利人占 51.4%，罗马尼亚人占 42.1%。之后两国的矛盾更加尖锐，希特勒利用这次仲裁将匈牙利和罗马尼亚更牢靠地拴在了轴心国的战车上，时而以重新修改边界来威胁两国。

国家领土扩大和人口增加进一步稳定了国内形势，霍尔蒂和泰莱基的威信不断增长，但德国人的要价也越来越高。在德国人的施压下，匈牙利不得不释放箭十字党的头目萨洛希。1940 年 10 月，匈牙利被迫允许德国军队经过匈牙利开往罗马尼亚。1940 年 11 月 20 日，匈牙利政府加入德意日三国同盟条约，承认了法西斯意大利和德国纳粹在欧洲的霸权，致使匈牙利的活动余地进一步缩小。同盟条约中规定，如果一个尚未参战的国家进攻轴心国，匈牙利必须支持被进攻的国家。

泰莱基总理自杀身亡

1940 年秋，泰莱基想以密切匈牙利和南斯拉夫的关系来平衡压得喘不过气的德国的影响。在匈牙利的倡导下，1940 年 12 月 12 日，两国在贝尔格莱德签订了永恒友谊条约。1941 年 3 月 25 日，当亲纳粹的南斯拉夫政府决定参加三国同盟条约时，愤怒的人民一举将政府推翻。希特勒当即决定进攻南斯拉夫，要求霍尔蒂参与战争，并暗示匈牙利可乘机再度扩展疆域。3 月 30 日，匈牙利致电英国和美国，请求两国同意匈牙利的介入。在未得到答复前，4 月 1 日，匈牙利最高国防委员会在泰莱基总理与会的情况下，通过了作战计划。4 月 2 日晚得到英国政府的回复，称如果允许德国军队从匈牙利领土向南斯拉夫发起进攻，英国将与匈牙利断绝外交关系。如果匈牙利军队积极参与进攻，必将成为英国“向匈牙利宣战的理由”。在这一灾难面前，泰莱基总理或许意识到无法承担的严重后果，又或许感到无能为力，于 1941 年 4 月 3 日清晨自杀身亡。他在遗书中写道：“我们站到了坏人一边，所谓的暴行既不针对匈牙利人，甚至也不针对德国人，而是纯属捏造。我们乘人之危，是一个最丑恶的民族。”

八、巴尔多希政府（Bárdossy László，1941—1942）

泰莱基总理自杀身亡后，时任外交部长巴尔多希·拉斯洛（Bárdossy László）接任总理。他上任后的任务就是进攻南斯拉夫。

希特勒瓜分南斯拉夫

4 月 6 日，德国开始攻打南斯拉夫。4 月 7 日，英国与匈牙利断交。10 日，克罗地亚宣布独立。匈牙利 4 月 11 日开始进攻南斯拉夫，为此背上了背信弃义的恶名。一些匈牙利历史学家认为，匈牙利并没有违背与南斯拉夫签订的永恒友谊条约，因为克罗地亚宣布独立后南斯拉夫已经不复存在。根据 4 月 12 日希特勒签署的“临时”分配方案，除匈牙利外，意大利和保加利亚也分到了南斯拉夫的领土。匈牙利得到了巴奇考（Bácska）、巴兰尼亚三角地带（Baranyai háromszög）和普雷克穆列（Muravidék），获得了 1.16 万平方公里的领土和 114.5 万人口，其中匈牙利人 30.1 万，塞尔维亚人 24.3 万，克罗地亚人 22 万，德国人 19.7 万，斯洛文尼亚人 8 万，俄罗斯人 1.5 万，犹太人 1.5 万。随后，德国在 3 周内占领了巴尔干。

诺威萨德大屠杀

匈牙利占领的南斯拉夫领土上的塞尔维亚人不服，常以游击战方式抵抗匈牙利军队。1942 年 1 月 20—23 日，匈牙利军队在诺威萨德地区展开大搜捕，几日内屠杀了数千人。据匈牙利统计共屠杀了3309人，大部分是塞尔维亚人，而据塞尔维亚统计，匈牙利屠杀了3808人，其中塞尔维亚人2578人，犹太人1068人。屠杀令由匈牙利军队总参谋长索姆鲍特海伊·费伦茨（Szombathelyi Ferenc）下达，1946年匈牙利人民法院判处其无期徒刑，并交给南斯拉夫当局处置，南斯拉夫以战争罪将其枪决。1994年3月16日，匈牙利最高法院为其平反，宣布当年人民法院的判决无效。

第三部《犹太人法》

第三部《犹太人法》以1941年第XV号法令通过，法令禁止犹太人和非犹太人结婚及发生婚外的性接触，犹太人结婚时必须进行婚前体检。

匈牙利向苏联宣战

1941年6月22日，希特勒背信弃义，撕毁了《苏德互不侵犯条约》，向苏联发动进攻。意大利、罗马尼亚、捷克斯洛伐克和芬兰都参加了对苏战争，匈牙利领导人担心如不参加将给未来修改《维也纳仲裁》带来不利影响。6月22日，霍尔蒂收到了希特勒的信，要求匈牙利对苏宣战。当天，霍尔蒂召开政府会议讨论对策。部分政府成员赞成立即宣战，另一些人则主张再等等，看形势如何发展。在次日再次召开的会议上，巴尔多希总理提议先与苏联断交，然后等待时机进攻苏联。6月23日，匈牙利驻莫斯科公使向苏联外交人民委员会递交了断绝外交关系的决定书。6月26日，一些不明国籍的飞机轰炸了匈牙利的考绍市（Kassa，即今斯洛伐克的科希策），匈牙利领导终于找到了借口，断定是苏联飞机空袭。1941年6月27日，匈牙利空军袭击了苏联的斯塔尼斯拉夫城。同日，在巴尔多希总理的建议下对苏宣战。匈牙利先组建了一支4000人组成的快速反应部队，7月1日开始进攻苏联。不久惨遭失败，1200辆装甲车全部被摧毁。经与德国人的艰难谈判后，才把这支部队的残余人员撤回国内。

希特勒本来期望以闪电战取得反苏战争的胜利，但未能成功，不得不在苏德战线的战斗中投入更大的力量。1941年10月，希特勒要求匈牙利增兵，并宣称战后才能彻底解决东南欧诸国的领土问题。他还暗示在苏德战线上提供兵力最多的国家将得到更多的好处。

卡缅涅茨－波多利斯基大屠杀（Kamenyec-podolszkiji）

1939年—1941年之间，有10万—20万犹太人从德国、奥地利、捷克斯洛伐克和波兰逃难来到匈牙利，匈牙利当局对这些犹太人倍感头痛。1940 年秋，内务部长兼国防部长科兹毛·米克洛什（Kozma Miklós）提议将犹太人迁出匈牙利。1941 年 7 月 1 日的部长会议，决定将匈牙利的非匈族公民（即避难的犹太人）迁移到被匈牙利占领的卡缅涅茨－波多利斯基地区（今属于乌克兰）。1941 年夏，匈牙利当局在极恶劣的环境下将 2 万犹太人押送到该地区的集中营，并于 8 月 27—28 日全部处决。这是首次受害者超过 5 位数的灭绝人性的大屠杀。

匈牙利向美国宣战

1941 年 12 月 11 日，在霍尔蒂摄政不在的情况下，未经部长会议同意，巴尔多希总理宣布同美国进入战争状态。1942 年 1 月，巴尔多希总理又在没有授权的情况下，应德国人的请求擅自组建匈牙利第二军团，并同意把第二军团派往东部战场。此外，还允许 2 万名匈牙利的德国人加入武装亲卫队。

九、卡洛伊政府（Kállay Miklós，1942—1944）

1942 年 3 月 10 日，在霍尔蒂摄政的要求下巴尔多希辞去了总理职务，当日即任命卡洛伊·米克洛什（Kállay Miklós）为总理。卡洛伊上任后不得不为他的前任收拾烂摊子。

顿河河曲惨败

匈牙利第二集团军于 1942 年 4 月开往前线，包括 9 个陆军师、一个装甲师和一个空军师，共计 20 多万人，占匈牙利军队人数的 ⅓。1942 年夏，希特勒邀请卡洛伊总理访德时，再次向匈牙利提出增兵的要求。不久，匈牙利向第二集团军增派了 5 万人。

7 月 7 日，匈牙利第二集团军抵达顿河，德军下令炸毁顿河西岸桥头堡，匈牙利军队牺牲了 3 万人仍未能完成任务。11 月，德国从顿河流域调走了大批德军攻打列宁格勒，并让匈牙利保卫从沃罗涅什至巴甫洛夫斯克之间 208 公里长的防线。1943 年 1 月 12 日，苏联红军在 –30℃—–40℃寒冷的气温下突破了防线，德军不但没有动用后备力量支援匈牙利军队，反而下达了不许后退的命令。成千上万名身穿夏装的匈牙利士兵被冻死，匈牙利在此战役中牺牲了 7.5 万—8 万人，4 万人被俘，8 万人受伤。同时丧失了 80% 的武器装备，造成了永远无法弥补的损失。

尽管匈牙利积极参加了法西斯联盟，但西方大国却没有立即对匈牙利宣战。美英两国都在坐等苏德在战争中两败俱伤。经苏联政府多次坚决要求之后，英国才于1941年12月对匈牙利宣战。其最后通牒中指出，几个月来匈牙利在苏德战线上帮助了德国，要求匈牙利从苏联领土上撤军。而美国对匈牙利宣战拖得更久，直到1942年7月才宣布同匈牙利进入战争状态。

卡洛伊上台后改变了其前任的亲轴心国方针，认为战争的胜利将属于英国及其盟国，因此于1942年夏天同英国开始接触和秘密谈判。起先在土耳其，后来在斯德哥尔摩、柏林和里斯本，后来又同美国谈判。1943年，匈牙利军队在苏德战线的惨败迫使其加速寻找出路。1943年4月，卡洛伊访问墨索里尼时，坦言他此次到访的目的是讨论匈牙利退出战争的可能性，但最终并没有同意大利达成共识。由于未能说服墨索里尼同匈牙利采取联合行动，卡洛伊转而求助梵蒂冈，表示愿意同英美单独媾和。梵蒂冈国务卿红衣主教表示对任何求和试探都将立即做出反应，这种表态令卡洛伊十分满意。

匈牙利同英国签订投降协议

在意大利投降的同一天，1943年9月9日，匈牙利和英国签订了投降协议。协议规定，匈牙利将减少对德国的经济和军事支持，并从苏联撤军。当盟国的军队抵达匈牙利边界时，要立即转身反对德国。英国还要求对此协议保密，只有当盟国军队抵达匈牙利边境时方可公布。此外，匈牙利还承担义务，保证向英美军事当局提供情报。卡洛伊总理沉默片刻后接受了这些要求，从原则上说停战协议即可生效。但实际上，还要取决于从巴尔干和意大利登陆的盟国军队是否能抵达匈牙利边界，是在苏联红军抵达之前还是之后。实际上，英国同匈牙利签订的协议只是盟国的一个策略，丘吉尔和罗斯福已经否决了在巴尔干登陆的方案，也知道德国的情报机构完全掌握该协议的内容，他们只想借此在登陆地点上误导希特勒。除此之外，如果希特勒占领了匈牙利，势必将在匈牙利驻军，必然会减少派往意大利和诺曼底的军力。

意大利投降后，1944年3月，德国制订了占领匈牙利的雏菊（Margar é ta）计划，如在匈牙利遇到反抗就立刻武装镇压并占领匈牙利，要把卡洛伊总理拉下台，切断匈牙利同盟国的秘密外交关系。

德国军事占领匈牙利

1944年3月15日，希特勒邀请霍尔蒂到德国去谈判，希特勒要求匈牙利把军队集中到外喀尔巴阡州地区，这实际上是一个调虎离山的策略，以避免他占领匈牙利时会遭到匈牙利军队的反抗。霍尔蒂和卡洛伊都知道此行凶多吉少。霍尔蒂在外交部长纪奇（Ghyczy Jenő）等人的陪同下前往德国，大家都知道纪奇患有严重的胃病。出发前卡洛伊总理和霍尔蒂谈妥，如得知德国确实要军事占领匈牙利的话，就让外交部长给国内发“请转告我夫人，我很好”的电报。结果，果真发来了电报，外交部长的儿子克里什托夫立刻向亲英国的朋友们发出警示。随后，总理府、政府各部及反对派政治家们立即销毁了那些落到德国人手中会导致生命危险的文件。

3月18日，希特勒同霍尔蒂在戏剧性的环境中举行了谈判，谈判多次中断，最后达成一致：德国建议霍尔蒂继续留任摄政，霍尔蒂不同意德国对匈牙利的占领，但匈牙利部队不做抵抗，德国部队友好地抵达匈牙利。德国仍然把匈牙利视为盟国，而不是被占领国。霍尔蒂同意重新任命一个新政府并对国内政策做出调整。

3月19日，德军畅通无阻地越过德国－匈牙利边界。进驻的德军共有11个师，约25万人。匈牙利残存的独立地位也丧失了，完全沦入希特勒占领军的统治之中。军队和民间武装都没有抵抗。全国只有一个人进行了武装抵抗，他就是记者、政治家鲍伊奇·日林斯基（Bajcsy－Zsilinszky Endre）。1944年3月19日，当盖世太保抓捕他时，他向盖世太保开了枪。鲍伊奇受伤后被捕，于12月24日在肖普朗（Sopron）监狱里被处以绞刑。一批亲近霍尔蒂的将军被撤职或被捕，社会民主党主席、国家银行行长被捕，拜特伦和卡洛伊逃跑，被捕人数达1万多。4名国会议员退了党，26名辞了职。左翼党派被解散，100多家报纸杂志被停刊，5月末通过法令禁止收听外国电台。

十、斯托姚伊政府（Sztójay Dőme，1944.3—1944.8）

3月20日，德国人前往总理府抓捕卡洛伊时，他已从通往霍尔蒂官邸的通道逃走，并躲到土耳其大使馆避难。霍尔蒂于4月22日任命斯托姚伊·德迈（Sztójay Döme）为总理。

斯托姚伊原是匈牙利驻德国大使，新政府的内阁成员全是极右翼政治家。当时国家的指挥权完全掌握在德国任命的德国驻匈牙利大使魏森美尔（Edmund Veesenmayer）手中。

斯托姚伊在任总共只有5个月，但做了德国人和极右派一直想做而没能做的事：3月29日，解散了左派和资产阶级反对派的党团，如独立小农党和社会民主党；3月和4月，盖世太保及匈牙利警察和宪兵队拘留了3000多人；除极右翼报刊外，禁止一切日报发行；销毁了所有左翼人士及犹太作家的作品。

与盖世太保一同来到匈牙利的还有以埃希曼为首的“最后解决犹太人问题”的特派小组。他们的到来使得匈牙利80万犹太人的命运发生了根本性的变化。从3月29日起，要求所有犹太人必须佩戴黄色六角星，封存了他们的财产，没收了他们的工厂和车间，将犹太人集中到隔离区之后送往死亡集中营。第一列火车于1944年5月15日从匈牙利开往波兰的奥斯威辛集中营。到1944年6月底，外地近50万匈牙利国籍的犹太人，不论妇女、儿童、老人一律被驱逐出境，强行运走，他们中的大部分被杀害。在国内外的抗议、德国在战场上新的失败和协约国诺曼底登陆的影响下，1944年7月初，霍尔蒂下令停止驱逐出境的举动，首都20万犹太人才得以保住性命。

德国占领匈牙利后，英国空军开始轰炸匈牙利的重要目标，主要是工厂和交通枢纽。从4月3日到9月3日，匈牙利共遭到19次空袭，2万多人被炸死，到10月底10万多人不得不离开首都。

匈牙利政府每个月要支付一个亿的本戈给德国军人，免费提供大量的食品、原料及部分工业产品。德国的汇划结算款项1943年12月为10亿马克，到年底已高达25亿。斯托姚伊为了表明对德国的忠诚，1944年4月把一直负责保卫边界的第一集团军也派上战场。随后又根据德国的要求，将霍尔蒂的精锐部队第一骑兵师也派往前线。

1944年8月26日，苏军在埃尔代伊东部哈尔吉塔县的乌兹赫尔杰（ú zhölgye）踏入匈牙利领土。9月7日，罗马尼亚向匈牙利宣战。从此，匈牙利变为战场。

十一、洛考托什政府（Lakatos G é za，1944.8—1944.10）

1944年8月29日，霍尔蒂免去了德国人强加给他的斯托姚伊的总理职务，任命亲信洛考托什·盖佐（Lakatos G é za）为总理，秘密委托他进行退出战争的准备工作。

匈牙利同苏联签订停战协议

1944年8月23日，苏军踏入罗马尼亚边界。当日，罗马尼亚与德国决裂，并为解放祖国而站到了苏军一边。罗马尼亚的转变改变了德国在东南战场上的形势，也促使霍尔蒂下决心跳出战争和脱离德国。1944年9月下旬，匈牙利在埃尔代伊南部的进攻遭到失败后，霍尔蒂委托洛考托什政府与协约国签订临时停战协议，通过秘密渠道再次同西方大国进行谈判。这时，英国通过瑞士告诉匈牙利直接同苏联签订停战协定。另外，诺曼底第二战线已表明第一个抵达匈牙利边界的国家将是苏联。罗马尼亚战线的开辟使得计划在喀尔巴阡山建设防线阻挡苏军的行动已破灭。这时，霍尔蒂及其亲信们决定同苏联进行谈判，为此还成立了“跳出战争委员会”，由霍尔蒂的儿子领导。

1944年9月28日，以福劳戈·加博尔（Faragho Gábor）中将为首的匈牙利停战谈判代表团秘密抵达莫斯科。10月10日，苏联外长莫洛托夫向代表团通报了停战的条件。此时，苏联红军已在德布勒森的坦克大战中取得胜利。在南部，苏军已越过蒂萨河。鉴于此，霍尔蒂立刻同意了停战协议的内容，并于10月11日签署。协议规定，匈牙利撤出自1937年12月31日之后获得的领土，停止与苏军作战，并向德国宣战。然而，德国人事先获取了情报，对协议内容一清二楚，并准备好了一切必要的反制措施。

霍尔蒂时代结束

1944年10月14日，苏联要求霍尔蒂48小时内与德国决裂，并向德国开战。10月15日中午，电台广播了霍尔蒂关于停战和退出战争的声明。但此时的匈牙利未做任何准备，也没有足够的军事力量保障这一声明的实施。霍尔蒂在声明中说：“当前，所有头脑清醒的人都知道，这场战争中德国已经失败了。我要根据对历史负责的精神，采取一切措施避免没有必要的流血牺牲。我决定，在曾经的盟友面前也要维护匈牙利民族的尊严，当我们期待得到已经答应的军事援助时，他们却想彻底地剥夺匈牙利民族最大的财富——自由和独立。因此，我通知德意志国驻这里的代表，我们同迄今为止的对抗者签订了停战协定，将停止同他们的一切敌对行动。相信他们的正义感及达成的谅解，我希望确保民族未来生活的连续性以及和平目标的实现。”霍尔蒂还宣布“我作为武装力量的最高统帅，命令你们忠诚和无条件地执行我通过你们的长官下达的命令”。霍尔蒂计划在苏联前线的第一和第二集团军得到暗号后，立刻转站到苏联红军一边。然而，同两个集团军司令密谈时，第二集团军司令韦赖什·拉约什（Véres Lászó）并没有出席，而是派他的下属盖雷布·拉斯洛（Geréb László）中校参加的。但这位中校已被德国人收买，他把匈牙利与德国决裂的整个计划都告诉了德国。与此同时，总参谋部的亲德派居然没把霍尔蒂的军事命令发给在苏联前线的部队，军团司令得到的电报中甚至还指示不要把摄政的声明理解为停战。结果，第一军团司令米克洛什·贝拉（Miklós Béla）和参谋长凯里·卡拉曼（Kéri Kálmán）没能指挥全部军队离开前线，只带着一部分队伍投奔了苏军。第二军团司令韦赖什·拉约什（Veres Lajós）被德军逮捕。霍尔蒂立刻陷入孤立的境地，只有他的卫队还在支持他，布达佩斯的军官们也已不再听从这位军队“最高长官”的命令了。

与此同时，10月6日，德国武装党卫队军官奥托·斯科尔兹内（Otto Skorzeny）来到匈牙利，他曾在1943年把墨索里尼从监狱里抢走，他这次的任务是绑架霍尔蒂的儿子。他于15日上午逮捕了霍尔蒂的儿子，下午就以此要挟霍尔蒂。15日下午，箭十字党被武装起来，德国军队当晚占领了布达城堡和布达佩斯的重要战略据点。

在这种情况下，霍尔蒂当天被迫签署了退位诏书，于16日在电台发表声明撤回前一天的声明，并被逼宣告“自愿”把政权移交给箭十字党头目萨洛希·费伦茨（Szálasi Ferenc）。随后，霍尔蒂被押送至德国。至此，霍尔蒂时代结束了。

十二、萨洛希政府（Szálasi Ferenc，1944.10—1945.3）

1944年10月15日中午，电台广播霍尔蒂停战声明后，被德国人武装起来的箭十字党立刻占领了布达佩斯各战略据点，在线人的策反下武装力量也站在了萨洛希一边。当晚，萨洛希在抢占的电台宣布他已接管政权。

箭十字党的恐怖统治

萨洛希政府自称为民族团结政府，箭十字党在政府中有7个部长，匈牙利生活党有3个，纳粹党和匈牙利革新党各有1个，军队有2个。10月17日召开了政府会议，通过了1945年1月之前的国家建设计划，其中包括行政改革及全力投入战争的计划。

10月27日，由国会上议院和下议院议长及大主教等人组成的国家委员会决定，选举摄政的时机以后再议，先授予萨洛希临时“国家领导”的称号。国家委员会的决定需经国会批准。1944年11月3日，下议院召开会议的372位议员中只有55位议员出席，同日召开的上议院会议也只有很少议员出席，但两院均通过了确保萨洛希的全权地位和享誉国家领导人称号的1944年第X号法令。11月

4 日，国家委员会在圣伊什特万王冠前为萨洛希举行了隆重的就职仪式。11 月 16 日，箭十字党同联合执政党“匈牙利生活党”、纳粹党及匈牙利革新党合并，真正建立了一党制，全国党政大权都集中在萨洛希一人手中。

这时，萨洛希及其亲信们仍相信最后的胜利属于德国，拼命把国家财力、物力和人力投入到“共同的战争”中。他们发布总动员令，强迫 14 岁到 60 岁的男人、妇女和儿童从事劳动服务或进行武装战斗，答应给希特勒增派 150 万军人。为了鼓动战士们的战斗力，许诺：凡打毁一辆敌军坦克的人奖励 5 霍尔特土地，如是布达佩斯的居民则赠送一套玫瑰山上的住房。他们疯子般地帮助德国人破坏和掠夺自己的祖国，拆毁工厂，把机器、国家贵重的金属储备、无法估量的艺术珍品和有历史意义的文物都运往德国。

设立犹太人隔离区

1944 年 6 月 6 日，布达佩斯市长发布法令，犹太人必须住在门口挂有黄色六角星的房子里，一个家庭只能住一间房。凡住门口没有挂黄色六角星房间的犹太家庭都必须搬到指定驻地，原来房子将被充公。1944 年 11 月 29 日，在布达佩斯第七区的烟草街（Doh á ny）和国王街（Kir á ly）周围划定了一个 0.3 平方公里的犹太人居住区，封闭的居民区内只有四个大门，门口设有警卫，没有许可任何犹太人不得随意出入。开始时这里住着 6.3 万人，到 12 月 1 日只剩下 3.3 万人。根据 10 月 17 日颁布的法令，将过去享受法律赦免权的犹太人从 8000 缩减为 800 人，被取消赦免权的犹太人都被送到了烧砖厂的收容所。

向德国出借犹太人

萨洛希上台后，苏联红军已经威胁到了布达佩斯和维也纳，德军在战场上人员损失严重，劳动力十分缺乏。这时，德国想出了一个办法，要向匈牙利借用犹太人。而当时萨洛希的梦想就是要建设一个没有犹太人的匈牙利。1944 年 10 月 17 日，匈牙利和德国达成协议，把 5 万犹太人“借给”德国使用，实际上借出了近 8 万人。

10 月 21 日，萨洛希下令，凡住在挂有黄色六角星房子里的及佩戴黄色六角星的 16—60 岁男子、16—40 岁的女子都要去参加国防服务。这些犹太人要从布达佩斯步行到奥地利的边界海捷什豪洛姆（Hegyeshalom），途中的七八天内只喝了 3—4 份菜汤，生病、死亡、自杀的不计其数。根据匈牙利宪兵上校费伦齐（Ferenczy L á szl ó ）事后提交的资料，11 月 6 日到 12 月 1 日匈牙利共向德国武装亲卫队交接了76209名犹太人，他们的身份证都被没收，当局根本没打算让他们活着回来。这些人都被安排在边界修筑“东南墙壁”防线，事后幸存者被送到了德国的集中营。

1944年11月17日萨洛希制订了“最后的犹太人事务计划”，把匈牙利的犹太人分为5类：第一类是拥有外国安全通行证的人；第二类是要借给德国的人；第三类是即将离开匈牙利的犹太人，这类人中又分为已借出但尚未出发的犹太人、无法出行的老人和病人、受国际红十字会保护的儿童和皈依基督教的犹太人四种人；第四类是犹太人出身的基督教神职人员；第五类是具有外国公民身份的犹太人。根据萨洛希的计划，第一、四和第五类的犹太人在一定期限内可以自由离开匈牙利。第二类犹太人要送往德国。第三类犹太人人离开匈牙利前将被关进犹太人居住区。

萨洛希最后的挣扎

1944年11月7日，政府以法令的形式公布了政府纲领，要把匈牙利建设成为社团主义的国家，解散工会等权益代表组织，把国民分为14个等级，如农民、工人、军人等。萨洛希任命自己为工人的领导人。公民管理完全隶属于军队，他将州长和重要的国家机关的领导人都换成了自己人。11月1日任命加尔·乔鲍（Gál Csaba）为全国人事事务的政府代表，宣布职工要向国家领导人宣誓，禁止使用具有封建色彩的“尊贵的”和“高贵的”称谓，禁止称呼“先生”，要相互称呼“兄弟”。

11月9日，在鲍伊奇·日林斯基的领导下成立了匈牙利民族起义解放委员会。但由于叛徒的出卖，11月22日，委员会的领导均被逮捕并判处死刑。基什·雅诺什中将、纳吉·耶诺、陶尔乔伊·维尔莫什和一起被捕的共产党人于12月8日在布达佩斯被处决。鲍伊奇·日林斯基于1944年12月24日在肖普朗被处以绞刑。

12月11日，萨洛希放弃了首都，先逃到鲍科尼（Bakony），后来逃到克塞格（Kőszeg）。圣诞节时苏联红军包围了布达佩斯，萨洛希分子还要求留下来的人同德国人合作，竭尽全力反抗苏联红军，保卫布达佩斯。这时，几位著名的宗教界人士上书萨洛希，希望他宣布布达佩斯为开放的城市，放下武器交出城市，但遭到了萨洛希的拒绝。

萨洛希政府最终于1945年3月28日宣布解散，29日集体逃往德国。

苏联红军解放匈牙利

1944 年 8 月 23 日，罗马尼亚跳出战争站在苏联红军一边，加速了对匈牙利的解放进程。苏联红军于 8 月 30 日在罗马尼亚的乌兹（Uz）山谷抵达匈牙利边界。随后，由马利诺夫斯基（Malinovszkij）元帅率领的乌克兰第二方面军（其中包括罗马尼亚军队）从东南塞格德（Szeged）- 纳吉瓦劳德（Nagyv á rad）- 科洛日瓦尔（Kolozsv á r）方向，由彼得罗夫（ Petrov）将军率领的乌克兰第四方面军从东北温格瓦尔（Ungv á r）- 蒙卡奇（Munk á cs）- 玛劳毛罗什西盖特（M á ramarossziget）方向，由托尔布欣（Tolbuhin）元帅率领的乌克兰第三方面军（包括南斯拉夫和保加利亚的军队）从南部巴奇考（B á cska）– 巴纳特（B á n á t）方面向布达佩斯挺进。

10 月 9 日—20 日，乌克兰第二方面军在德布勒森（Debrecen）地区与德军展开了一场坦克大战，苏军打败了匈牙利和德国联军。根据匈牙利资料，苏联 – 罗马尼亚联军损失了 637 辆坦克和 11.7 万战士，而德国 – 匈牙利联军损失了 270 辆坦克和 3.5 万名战士。苏军于 1944 年 11 月占领贝尔格莱德后在阿帕丁渡过多瑙河，向布达佩斯和巴拉顿湖方向挺进。在外多瑙南部从佩奇（P é cs）起经考波什瓦尔（Kaposv á r）到巴拉顿（Balaton）这一线的战役中，保加利亚军队也参与了战斗，但遭受重大伤亡。

1944 年 12 月 12 日，苏军最高统帅部发出包围布达佩斯的指令。苏军于 12 月 25 日完成了对布达佩斯的包围。与此同时，希特勒则要求德军死守布达佩斯。29 日，苏军向德军发出投降的最后通牒，但遭到了德军司令部的拒绝，苏军派去的四名谈判代表中两人被德军杀害。

在德军拒绝投降之后，苏军于 1944 年 12 月 29 日开始攻城，经过 50 天的巷战才解放了布达佩斯。苏军从包围到解放布达佩斯长达 102 天。为了保护城市和人民的生命财产，苏军未动用重炮，与德国和匈牙利军队展开了巷战。德军为了阻止苏军渡过多瑙河，于 1945 年 1 月 14—18 日将布达佩斯多瑙河上的 5 座桥全部炸毁。苏军于 1 月 18 日解放了佩斯，然后开始攻打布达及布达城堡，1945 年 2 月 13 日解放了布达。至此，苏军完全解放了布达佩斯。

布达佩斯解放后，德军为了重新占领多瑙河沿线和获得佐洛（Zala）石油产区，于 3 月 6 日以 30 个师的兵力发动了最后一次大规模的攻势，在德军取得一些胜利后，苏军开始大规模反攻，同时发起了占领维也纳的战役。期间，于 4 月 4 日解放了位于匈牙利和奥地利边界的匈牙利农村奈迈什迈德韦什（Nemesmedves）。在匈牙利还是社会主义国家时（1945—1989），公认这个农村是从德国占领下最后解放的一个匈牙利领地，因此确定4月4日为匈牙利解放日。现有资料证明，德军最后离开匈牙利的日期为4月13日，地点为平考明德圣（Pinkamindszent）。据说，4月4日是斯大林原定的日期，但因为遇到了顽强的反抗，红军没能在预定的时间和地点把德军赶出匈牙利。

1945年到1989年，匈牙利官方一直认为是苏联红军解放了匈牙利。1989年，匈牙利社会制度改变后，对这个问题的认识发生了变化，说法不一，争论很大。有人仍坚持是解放，也有人认为是“侵占”“占领”或“解救”。历史正义委员会创始人温格瓦里·鲁道尔夫（Unv á ry Rudolf）认为，应当把1945年4月4日发生的历史事件定义为“解救”。然而在苏联的有关这次行动的军事文献中，一贯使用的是“占领”，而不用“解放”一词。在苏联颁发给第二次世界大战英雄战士的奖章中，只对参加攻打华沙、贝尔格莱德和布拉格的战士奖章中使用了“解放华沙”“解放贝尔格莱德”和“解放布拉格”的字眼，而在发给参加攻打柏林和布达佩斯战士们的奖章中使用的则是“占领柏林”和“占领布达佩斯”英雄奖章。

梅地亚研究所在2005年曾进行了一次民意测验，被提问的⅓的人认为4月4日应当为“解放日”。同时，在对前匈牙利社会主义工人党党员的问卷中，⅔的党员认为是“解放”。而现在出版的历史书中，大多数使用的是“占领”一词。

第二次世界大战的后果

第一次世界大战匈牙利本土不是战场，而第二次世界大战的最后8个月匈牙利国土变成了战场。第一次大战时匈牙利有2100万人口，死亡人数占全国人口的2.5%。第二次世界大战时匈牙利有1450万人口，死亡人数约为90万，占全国人口的6.2%，其中军人占24万—36万，犹太人占50万。这个比例在波兰为15%，苏联为8.4%，德国为6.4%。60万人被苏联红军俘虏，大多数为军人，平民为10万—12万。另外，根据苏联红军1944年12月22日发出的0060号命令，将大批17—45岁的匈牙利男子和18—30岁的女子抓到苏联做苦役，根据截至2002年发现的文献统计，红军从1862处抓走了10.16万男子和2.92万女子。到2005年，俄国战争纪念委员会的专家在集中营共发现了66277名匈牙利死亡者名单。

“二战”中，40%的国民财富被毁或遭到偷窃。布达佩斯3万套住房被炸毁，4.8万套受损。多瑙河和蒂萨河上的所有桥梁均被炸毁。40%的铁路轨道和

90% 的工厂受到不同程度的破坏。牛存栏数的 44%、马存栏数的 56%、猪存栏数的 59% 被盗或被征用。外贸额 1944 年为 17.53 亿，1945 年下降到 3.7 亿。国民收入 1943—1944 年为 52.14 亿，1945—1946 年则下降到 25.25 亿。

但匈牙利罗兰大学历史教授珀勒什凯伊 · 费伦茨（Pölöskei Ferenc）主编的《1918 到 1990 年的匈牙利历史》中写道，由于匈牙利实行了战时经济政策，以及匈牙利和德国在经济上的互补性很强，所以“直到 1944 年之前，匈牙利社会都没有感受到战争的真实后果，只尝到了一点苦头。在战争开始后的前几年，匈牙利的生产还在增长，消灭了失业，战时经济在匈牙利得到了实现，生活环境也没有恶化到“一战”结束后的那种程度。虽然在 1940—1941 年间实行过凭票供给制，由于 1944 年是个丰收年，所以直到 1944 年秋季商品供应还基本正常”。

第三章　霍尔蒂时代的经济状况

战前，匈牙利经济以奥匈帝国市场和原料为基础。奥匈帝国本身是个自给自足的大经济实体，商品交流在共同的货币和价格体制下进行，既没有关税也不需要外汇。1918 年秋，奥匈帝国分裂为 7 个国家。新匈牙利只继承了奥匈帝国时期匈牙利社会财富的 38%，匈牙利境内既没有盐矿，也没有银、铜、锌和锰矿。黑色冶金业生产能力的 31% 和铁矿石生产能力的 11% 留在了匈牙利。年产 6.5 万公担的石油井都落到其他国家手中，但大部分石油加工厂还在匈牙利境内。生产铁路交通设备的工厂几乎都在匈牙利，但匈牙利境内的铁路线只占奥匈帝国总长度的 38%。《特里亚农条约》签订后匈牙利的面积缩小了，但耕地所占比例从 45.5% 增加到 60%，草地和牧场所占的比例则减少了，最大的损失是森林面积的减少，匈牙利一夜之间从木材出口国变成了进口国。1920 年，农业产值只有战前的 50%-60%，工业产值是战前的 35%—40%。战争、革命和《特里亚农条约》使国家财政陷入严重危机状态。苏维埃共和国失败后的反革命政府发行了大量没有保险金的纸币，以弥补财政赤字，却更加助长了通货膨胀。1919 年 8 月，100 个克朗可以兑换 11.6 瑞士法郎，1920 年 6 月能兑换 3.1 瑞士法郎，到年底只能兑换 1.4 瑞士法郎。经济的瘫痪、生产效率的低下及通货膨胀带来工人失业增多和工薪阶层生活水平的进一步下降。统计材料表明，1919 年年底，短工的生活水平只相当于 1913—1914 年的 70%，工业工人的生活水平相当于那时的 61%—74%，军官和公务员相当于 82%—87%。1919—1920 年千百万人生活在饥寒交迫的环境中，没有鞋穿，没有衣服，没有住房。最惨的是那些匈牙利难民（约 50 万人），他们由于害怕变成统治民族的少数民族后遭到报复，纷纷从埃尔代伊、斯洛伐克和外喀尔巴阡州涌入匈牙利，他们当中 20 万人是国家职员及家属，约 2 万人是中等地主、大地主及其家属。他们抛弃了那里的地产和官职，来到匈牙利后要依靠亲戚和朋友的接济生活，长期居住在火车站的车厢或临时搭起的窝棚里。对这些难民的供给和安置给政府带来了巨大困难，同时也成了社会不安定的因素之一。

重组经济的措施

1920 年春，通过在老纸币上加盖匈牙利标签发行了匈牙利的独立货币。

1921 年采取了进一步控制通货膨胀的措施，禁止发行没有保险金的货币并制定了严厉的节俭措施。此外还提高了税收并增添了新的税种，其中重要的是征收一次性财产税，税率在 5%—20% 之间。然而，拜特伦政府的财政重组措施并没有达到目的，预估的 240 亿克朗收入没有到位。其政策受到利益相关方的抵制。另外，政府本身也没有很好执行压缩预算的政策，而征得的财产税收入并没有用来偿还国家债务，繁荣经济，而是用在了弥补财政支出的缺口上。重组经济的计划最终失败，财长于 9 月 16 日宣布辞职。印刷钞票的机器再次开动，通货膨胀继续加速。1922 年夏，通货膨胀率达到两位数，100 个匈牙利克朗兑换 0.47 瑞士法郎，到 1923 年底只能兑换 0.03 瑞士法郎。1923 年还新发行了面值为 5 万、10 万和 50 万克朗的纸票。新任财长也没有什么灵丹妙药，1922 年仍旧采取改革税收和增加税种的办法。低收入者的个人所得税为 1%，2000 金克朗以上收入者需缴纳 7.5% 的税。与此同时，裁减了 1.1 万公务员。这些措施取得了部分或暂时的效果，但并没有彻底解决问题。这时，政府认为可以通过从外国借债来稳定经济和平衡国家预算。当时的奥地利、罗马尼亚、波兰和保加利亚都采取过这样的做法。

向国际联盟贷款

1923 年春，拜特伦政府向国际联盟申请 6 亿—7 亿金克朗的贷款，几经波折后，国际联盟最终批准了 3.07 亿。政府利用贷款恢复了预算平衡，并成立了匈牙利国家银行，1927 年 1 月 1 日还发行了新币本戈（Pengő）。按当时的汇率计算，1 英镑折合 27.8 本戈，1 美元折合 5.7 本戈，1 马克折合 1.4 本戈。为了偿还债务，政府制订了增加收入和裁减公务员的计划。1922—1925 年解雇了 6 万公务员 ,1924—1925 年又解雇了 3.5 万公务员。

20 世纪 20 年代后期的经济繁荣

1923—1924 年的预算还是赤字，1924—1925 年是自“一战”爆发以来首次出现预算结余的年度，并一直持续到了 20 世纪 20 年代末。1926 年，财务重组正式完成，国际联盟也结束了对匈牙利预算的监督。在 20 世纪 20 年代中期在欧洲经济繁荣的影响下，1929 年匈牙利所有经济指标都已超过和平年代最后一年的水平。

国际联盟的贷款和国内的稳定使得西方金融界对匈牙利建立了信任，对其打开了私人贷款的大门。到 1929 年，即世界经济危机爆发前，匈牙利私人、教会、地方政府以及政府本身吸收了总计19亿本戈的中长短期贷款。1929年夏，全国债务为35亿，1931年达到了43亿本戈，人均债务达到本地区最高。

1925年，匈牙利制定并开始实行新的关税制度，涉及4万件商品。奥匈帝国时期关税为物价的10%—20%，如今的关税为30%。新关税制度保护了拥有原料但并不发达的轻工业，主要是纺织工业、皮革工业、造纸和食品工业。对219种商品，如羊毛、生皮、木材、焦炭、石油和有色金属的进口免税。1925年以后的经济复苏和发展主要体现在工业领域。1913年，工业和矿业的产值占国民收入的25%，1924—1925年这个比例上升为29%，1928—1929年上升到31%。工业产值从1924—1929年增长了70%，1929—1933年的世界经济危机前夕，工业产值已超过战前水平的12%。1921年，发电量为2.76亿度，人均值为战前的2倍。10年后又翻了2番。1925—1929年建造了9座火力发电站，除了原有的1000公里远距离输电线以外，又增加了2500公里。

在工业生产中，农业机械和车辆机械等传统部门仍不景气，但电子技术等新兴工业和产品得到了发展。联合灯泡厂生产的白炽灯在世界市场上站住了脚。甘兹厂生产的220马力的柴油发动机火车头畅销国外，切佩尔的摩托车和自行车在国内成为抢手货。

纺织工业的发展尤其令人瞩目，从1921年到1929年纺织业的产值翻了9倍。1913年占工业产值的4.8%，1929年升到14.2%。到20世纪20年代末，满足了国内需求的⅔。失掉原料基地和市场的食品工业不太景气，1913年占工业产值的44%，1929年下降到了36%。

经济繁荣对社会结构带来了影响，1920—1930年间农业人口比例从55.7 %下降到51.8%。工业和流通领域的人口从30.1% 增长到32.3%。从人口就业结构和人均国民收入来看，这时的匈牙利是一个中等发展水平的农业-工业国家。拥有5到20霍尔特土地的小农和中农从25.5万增加到29万，完全没有土地的零工从70万减少到50万，这种变化要归功于土地改革。

农业劳动机械化始于20世纪初期，拖拉机产量1925—1929年间从1189辆增长到6800辆。首先是脱粒技术的现代化，手摇式和蒸汽脱粒机开始被淘汰。蒸汽脱粒机到20世纪20年代末从10000减少到6000台，而电动脱粒机从4700台增加到1万台，但运输、收割和耕地仍靠人工或畜力。

农作物中，小麦、玉米和大麦的单产量基本没有提高。这时的匈牙利，农业还处于粗放生产和低产的模式，与农业发达国家丹麦、比利时和德国的差距不断拉大。20世纪初，农业的单产量只相当于上述三国的50%—70%，到1930—1932年降低到了40%—60%，甚至比捷克斯洛伐克低30%。

第一次世界大战以来，匈牙利农业的相对发展水平降低了。20世纪30年代初，东南欧国家每公顷产值在17和19之间，波兰18，匈牙利21，法国26，捷克31，德国41，丹麦57，荷兰为91。畜牧业的状况还不如农业。大部分畜产区丧失，单位面积的牲畜数量比1911年还低。马、牛、猪和羊四大牲畜1929年在《特里亚农条约》后的国土面积上的数量仅相当于1911年的87%。但牲畜的质量提高了。产量少的奶牛被淘汰，19世纪90年代匈牙利一头奶牛年产1000公升奶，20世纪30年代产2000公升。1911年瘦肉猪的比例占8%，1935年上升到19%。匈牙利饲养最多的还是肥猪。

匈牙利仍是农产品出口大户。20世纪20年代后半期农产品和食品占总出口量的50%—57%，活牲畜占12%—15%，工业产品占30%左右。最主要的贸易伙伴是奥地利，初期占40%，1929年降到30%。第二大贸易伙伴是捷克斯洛伐克。1923年，奥地利、捷克斯洛伐克、罗马尼亚和南斯拉夫占匈牙利出口额的71%，1929年降到57%，1931年降到43%。

匈牙利每千平方公里有93公里铁路线，在欧洲属于中等水平，已不再需要修建新线。机动车辆也在发展，1923年有4400辆，1928年增加到2.3万辆。1932年，全国有1.6万辆汽车和1.1万辆摩托车。但当时主要的运输工具仍然是铁路。

1925年12月，一个小功率的电台在切佩尔开始广播，1928年，一个20千瓦的电台投入使用。20世纪20年代末，将4万部电话机线路的手控电话中心改装成7万部电话线路的自动电话中心。

世界经济危机的影响

1929年秋天爆发了世界经济危机，匈牙利也未能幸免，其中受损最严重的是农业。1928年出现农产品过剩的苗头，1929—1933年间价格暴跌。小麦的大宗贸易价格与20世纪20年代后期相比下跌了70%，农产品和畜产品价格均下降了50%。工业和农业价格的剪刀差在20世纪20年代已经显现，1929—1933年之间翻了好几番。由于剪刀差和税收的提高，农业在危机期间持续负债。为了应对危机，政府于1930年7月1日实行小麦券（Boletta）制度以补贴农民。每卖掉一公担（合100公斤）小麦，生产者将从买方获得一张高于交易价格的小麦券。1930年，每公担获补贴3本戈，1931年升到6本戈，1932年降到4本戈，1933年降到3本戈，1934年取消了该补贴。小麦券可以作为支票去交税，剩下的可以兑换为现金。这一制度大大帮助了小麦生产企业，但也导致面包价格的增长。

为了避免更多的农业经济倒闭，1931—1935年间政府采取了许多保护性经济措施，例如降低债务利息、免除部分债务以及对200万霍尔特土地给予国家补贴，受保护土地的61%属于100霍尔特以下的土地所有者，39%属于100霍尔特以上的土地所有者。截至1941年，国家为此支出了6.5亿—7亿本戈。

1930年，危机开始波及工业，首先是制造生产工具的工业部门。1932年，钢铁、金属工业、机械工业、建材工业和木材工业的产量与1929年相比下降了48%，整个工业产量下降24%。投资的停滞导致重工业部门大幅度减产。食品和部分消费工业部门的减产幅度比较小，为23%。经济危机基本没有影响到纺织业、皮革业、造纸业和化学等工业部门，与1929年相比，1931—1933年产量仅降低了1%—2%。危机前，需要进口部分轻工业产品满足国内需求。危机期间，国内内需减少，刚好抵掉了停止进口的缺口。因此，危机期间匈牙利轻工业生产几乎没有受到影响。

据估算，经济危机使匈牙利人均国民收入减少了30美元，比其他水平相当的国家好些。捷克减少了85美元，南斯拉夫减少了49美元，罗马尼亚减少了35美元。危机对社会各个阶层的影响不一，大资产阶级、大地主及中产阶级上层的生活水平没有受到任何影响，而占居民多数的农民、工人、小手工业者、小商贩以及公务员、知识分子的生活环境严重恶化。制造工业工人的生活指数从1929年的121降到1930年的107，1930—1931年降到了85。1930—1931年，占人口0.6%的5万处于社会顶层人士的平均年收入为17800本戈，占人口18%的150万城市和农村中产阶层的平均年收入为1050本戈，而占人口81%的700万社会底层人员的平均年收入仅为289本戈。与当时很多欧洲国家相比，这种收入差距非常不相称和不公平。

有土地的农民中，小块土地所有者和出租者以及在土改中分到小块土地的人生活很苦。他们无力支付租金、农业税和贷款。中农和富农为了减少损失而减少了雇工，改为自己动手。

工业产业中的最大问题是失业率的增高。1928—1929年的失业率为10%，1932年增加到35%。政府无力正常发放失业补贴，失业工人们靠乞讨、免费午餐和不定期的补贴生活来维持生计。1929—1933年，产业工人的名义工资减少了25%。危机期间工厂实行了计件工资制，完不成定额的工人将被解雇。

经济再次开始繁荣

1932年在洛桑召开了所谓的战争赔偿会议，会上免除了匈牙利和德国的战争赔款。在 1931 年和 1933—1934 年签订的匈牙利 - 德国贸易协定和补充协定中，德国向匈牙利开放了农产品市场，而匈牙利则降低了德国商品的进口关税。德国向匈牙利的出口增长幅度与匈牙利向德国的大致相同。1934 年 3 月，与意大利签订了协议，匈牙利每年向意大利出口 100 万公担小麦、5.5 万头牛、3000 匹马和 1 万公担猪肉。

20 世纪 30 年代初，匈牙利发现了天然气，1937—1938 年又在多地发现油田，随后，成立了匈牙利 - 美国石油工业股份有限公司。1937 年开采出 2.2 万公担石油，1938 年增长到 42.7 万公担，满足了匈牙利石油需求量的 50%。1931 年开采了 160 万立方米天然气，1937 年增长到 340 万立方米，1939 年增长到 770 万立方米。1935 年重建了匈牙利化肥厂，1934 年建成第一家氧化铝厂。1935 年在切佩尔岛建成第一家拥有 48 个炉子的炼铝厂，年产 1500 吨铝锭。匈牙利大部分铝矾土都运到德国加工，大部分德国战斗机都是用匈牙利的铝制造。

政府调整种植结构，大力增加水果和蔬菜的种植面积，向农民们发放果树苗或蔬菜种子。1935 年，全国新增 460 万棵果树，比世纪初增加了 50%。20 世纪 20 年代水果产量平均在 10 万公担，20 世纪 30 年代增加到 26 万—50 万公担。凯奇凯梅特及其周围出产杏，布达山山麓出产桃，绍莫吉州出产核桃，绍博尔奇州出产苹果，绍特马尔出产李子，全国各地都出产樱桃和酸樱桃。1934 年出口的新鲜蔬果中凯奇凯梅特及其周围占 43%。匈牙利成为继法国、西班牙和意大利之后的欧洲第四大葡萄酒出口国，年产葡萄酒 300 万—500 万百公升，大部分被本国人消费，只有 10% 用于出口。从 20 世纪 20 年代后半期起，匈牙利人均饮用 40 公升葡萄酒，比战前翻了一倍。同期德国的人均葡萄酒消费量仅为 5 公升，奥地利为 10 公升，捷克 3 公升。与此同时，匈牙利啤酒产量大幅度下降，战前人均消费 15.6 公升，1925 年降到 8.25 公升，20 世纪 30 年代降到了 3 公升以下。

1937 年，匈牙利的工业产值超过了 1929 年的水平。农业播种面积、产量及牲畜的存栏数也恢复到经济危机前的水平。

有观点认为，匈牙利经济的落后状况在两次世界大战期间没有得到改善，反而加剧了。就此匈牙利专家们认为，与战胜国法国或与飞速发展的德国相比，匈牙利是落后了，但与奥地利、西班牙、捷克斯洛伐克、南斯拉夫甚至大英帝国相比，匈牙利保持了原有状况或有所好转。

1913 年，匈牙利人均国民收入 372 美元，1925 年 365 美元。1929 年人均达到 424 美元，与邻国的收入水平相近，1929 年捷克的人均国民收入为 586 美元，波兰为 350 美元，南斯拉夫为 341 美元，罗马尼亚为 331 美元，保加利亚为 306 美元。与欧洲平均水平相比，1913 年匈牙利达到了欧洲平均水平的 69%，1929

年达到 74%，1938 年为 67%。1938 年与 1928—1929 年相比，匈牙利人均收入增长了 6%，比“一战”前增长了 21%，相当于英国的 38%，德国的 40%，法国的 48%，奥地利的 70%，捷克的 82%，波兰的 121%，葡萄牙的 128%，罗马尼亚的 131%。由此可见，匈牙利经济仍然保持着巴尔干国家和捷克 - 摩尔多瓦地区之间的历史上形成的过渡水平，没有跃进，也没有倒退，保持了一个平均水平。

第四章　霍尔蒂时代的社会生活

一、人口及构成

20世纪20年代，匈牙利拥有790万人口，20世纪30年代增加到860万，1941年达到930万，20年内人口增长了17%。人口增长的主要原因是平均寿命的延长。第一次世界大战前，匈牙利人预期寿命为40岁，20世纪30年代50岁，1941年达到了57岁。与此同时死亡率下降了，战前死亡率是20‰，1930年为17‰,1940年降到了14‰。人口自然增长速度放缓，战前的自然增长率为1%，而1931—1941年间降到了0.7%。

《特里亚农条约》签订之后，匈牙利人口减少且人口构成也发生了变化。匈牙利不再是个多民族的国家，语言和文化的单一性加强了。不讲匈牙利语的人口比例从1910年的45%降到了1920年的10%。少数民族人口降到了8%，1941年降到7%。匈牙利最大的少数民族是斯洛伐克人，有100多万人。德国人有50万，克罗地亚人3.6万—3.2万人，罗马尼亚人1.4万—2.3万，塞尔维亚人0.5万—1.7万，茨冈人6万—6.3万。

居民的宗教信仰占比发生了变化。基督教信徒的比例1910年占49%，1920年占64%，1941年增加到了66%。（基督教）加尔文派的比例从14%增加到了21%，路德教的比例从7%降到了6%； 犹太教仍保持5%的比例；东正教占0.5%。

农业人口的比例由1910年的62%降低到1920年的55.8%，1930年降到51.8%，1941年降到了48.7%。从事矿产业和工业的人口1920年为30.1%，1930年增加到32.3%，1941年又增到34.9%。知识分子的数量也有类似的增长。根据就业结构和其他经济的发展指标，两次世界大战之间匈牙利已经是一个中等发展水平的农业－工业国家，与葡萄牙、西班牙、意大利和波兰的发展水平相当。

二、社会结构和生活环境

《特里亚农条约》签订之后，匈牙利拥有1000霍尔特以上土地的大地主减少了。20世纪初有2000户大地主和800户贵族，1930年只剩下745户大地主和350户贵族，但他们拥有的土地数量却有所增加。1895年，拥有1000霍尔特土地以上的大地主的土地占全国土地面积的24%，1935年增加到30%。

基督教会拥有的土地从220万霍尔特减少到了86万霍尔特，其收入除维持教会活动外，足够满足大主教和主教们贵族老爷式的生活方式。贵族手中则掌握着国家最高权力、军队、宪兵队和国家行政机关等重要职务，有几千家贵族。1927年，他们占据了总理府52%的领导岗位，外交部的45%，内务部的43%，财政部的33%以及24个州长中的13个。贵族们使命感很强，自以为是民族的脊梁，认为本应享受各种特权。例如，他们把短而灵活的工作时间视为"老爷式的生活方式"，通常上午9—10点开始工作到下午1点，然后是一个很长的午休，再从下午2—3点开始工作到4—5点。夏天则享有2—6周的带薪假期。

城市中等资产阶级指雇佣10到100个工人的工厂主、拥有5—10名伙计的商行主人以及大公寓的主人们，大约6000—7000人。尽管他们的社会地位没有提高，却过着无忧无虑的富裕生活。

大地主和资本家们在霍尔蒂时期仍然过着如第一次世界大战前一样的特别富裕的生活。他们占全国人口的0.6%，约5.2万人。在1930—1931年经济危机，他们的年平均收入为1.79万本戈，是全国平均收入的33倍。该群体的总收入则占全国的20%。德国的富人占总人口的0.7%，其收入占全国总收入9.8%。美国3%的富人，总收入占全国的22%。

在20世纪初，对中产阶级还没有确切定义，包含很多不同的社会阶层。当时把拥有200到1000霍尔特土地的人视为中产阶级，在全国共有2200个家庭。中等地主、中等资产阶级只是其中很小的一部分，国家的高级公务员、私人企业中的职员及专业知识分子才是中产阶级的主体。1920年接近30万，1930年时远远超过30万，1941年达到42.9万，他们具有中学毕业的文化水平。他们之中的自由职业者，如医生、律师、著名作家、艺术家和大学教授们过着中产阶级最高层的生活，居住在拥有4—6个房间的住宅里，有用人、家庭教师，有的还有厨师，夏天则去海边休假。

小资产阶级1930年时有50多万人，占有收入人口的12%-13%。加上家属共130万人，占全民的15%。他们多数为小手工业者和小商人。1930—1931年，一个小手工业者家庭人均年收入只有320本戈，相当于全国平均水平的60%。一个没有军衔的新警察1941年月收入为80本戈。

农民仍占国家居民的多数。1920—1941年期间农民人数没有大的变动，在440万—450万之间。由于20世纪20年代的土地改革，拥有1-5霍尔特土地的小农户在1920年到20世纪30年代之间占34%，拥有5—10霍尔特土地的农户占18%，拥有10—20霍尔特土地的农户占11%。没有土地的农业无产者减少了20万。1930年，拥有1—5霍尔特土地的小农户占全部农户的24%，拥有5霍尔特以上的占30%。完全没有土地的家庭占46%，这其中100万人为农业短工，他们只拥有1霍尔特以下的菜园。长工雇农及其家属有59.7万，占全部农民的13%。1910年农业短工和雇农占全民的24%，1930年减少到21.5%。罗马尼亚、捷克斯洛伐克和南斯拉夫的无地农民占全民的7%—9%，匈牙利比之高很多。

有20霍尔特以上土地的农户全国共有30万人，占总人口的7%，无论战前还是战后，他们的生活都还不错，可以送儿子上中学，女儿能读四年制中学。1930—1931年，有10霍尔特土地的农户人均年收入为432本戈，是全国平均收入的81%。拥有1—10霍尔特土地的农户人均年收入为227本戈，为全国平均收入的43%。只有1—5霍尔特土地的农户生活非常困难，人均年收入只有100—150本戈。

做长工的被称作雇农，1930年共有21.6万人，家属42万人。在世纪之交，已婚雇农的工资为20—25本戈、10—16公担粮食及1428—5712平方米的土地。1925—1930年间，工资为40本戈，1930年涨到205本戈（相当于全国平均值的38%）、18公担粮食及5355—6783平方米土地。他们通常住在与牛棚和猪圈连在一起的黄色的长方形房子里，有公用厨房。

农业短工是无地农民的另外一个阶层，其处境不如雇农。20世纪30年代有50万人，家属50万人。20世纪20年代土地改革时，分给了农村贫民26万份土地。因此，20世纪30年代短工的人数比20世纪20年代减少了20万户。1920—1930年间在农村建造了26.6万新住房。四分之一的农业工人得到政府支持。在霍尔蒂统治的20多年中，短工得到的帮助是最少的。1929—1940年短工的日工资为1.25—2.79本戈，即年收入183本戈，相当于全国平均水平的34%，还不如庄园里的用人多。

为了防止社会动乱，20世纪30年代下半期制订了改善贫农状况的计划，要在25年之内向贫农们有偿分配3.4完—3.5万份8到10霍尔特的农田。1939年通过了第二个《犹太人法》，强迫5000个犹太家庭让出了40万霍尔特土地，到1941年总共分配给贫农23万霍尔特的土地。1940年的法律规定，之后10—15年内每年分发10万霍尔特土地，总共要分配150万霍尔特土地，但该计划由于世界大战爆发而搁浅。

1920年，城市无产阶级有90万人，占匈牙利有收入人口的24%。工业工人的实际工资相当于1913年的80%—90%。1929年工资提高最快，之后速度放慢，1939年的工资水平仅为1929年的97%。不同的工业部门工资水平并不一样。例如，1938年，制造业工人的平均年收入为1200本戈，印刷工人为2300本戈，在冶金工业、机械工业和金属工业中的工人年收入为2000本戈，而在建材、纺织和木材工业中工作的年收入仅1000本戈。据统计，1930年，矿业工人的年收入相当于全国平均收入533本戈的80%，工业工人收入相当于全国平均水平的71%。

三、福利制度和生活保障

在霍尔蒂时期，城市工人的劳动环境得到很大改善。从1919年起，义务的疾病和工伤事故保险扩展到工人的家属。生病的工人在“二战”前可以享受20周免费治疗和20周伤病补助金，补贴为工资的60%—70%。从1928年起，实行老年保险、残疾保险、寡妇和鳏夫保险及孤儿保险。65岁以后可以享受老年补贴，雇主至少要在7年半之内向其发放日工资的3.5%作为补贴，而农业工人们不享受该待遇。

20世纪初，工业行业实行11–12小时工作制，20世纪20年代为9—10小时。1937年，开始实行最低工资制、8小时工作制和每年6天带薪假日，这是非常重大的变化和进步。1937年前，只有国家公务员可以享受这种待遇。从1937年起，公务员实行每周44小时工作制。1938年起，雇主必须向职工子女每月每人发放5个本戈的补贴。有15年工龄的农业工人也可以享受老年保险，年满65岁后所享受的退休金年限不是7年半而是15年。1941年享受退休保险的农业劳动者达到了55.6万人，雇农和短工中仅有¼的人能享受退休保险。

霍尔蒂时期，社会保险领域还没有失业保险。当时，工业中有10%—20%的失业者，农业领域的失业率更高。企业和国家预算都无法承受不加条件的长期补贴。为了帮助穷人，社会上成立了各种慈善机构。20世纪30年代，城市中有278个慈善机构。1940年，成立了全国人民和家庭保护基金，其最主要的任务是为多子女家庭提供住房。1940—1944年，向1.2万个多子女家庭提供了一间一套或两间一套的住房，其中农村占⅔，城市占⅓。

从房子的高度来看，匈牙利仍然是一个“平房国家”。1930年，98%的房子为平房。楼房多集中在布达佩斯，1935年，布达佩斯的平房占56%，三层以上的楼占7%。1930年，布达佩斯83%的住房通了电，85%有自来水，50%通了煤气。乡下的住房52%通了电，25%有自来水，只有1%的房子通了煤气。

匈牙利的卫生事业发展很快。1913年，每1万居民中拥有31位医生，1921

年上升到56位，1938年达到117位。医院床位也快速增长，1920年，每1万居民拥有33个床位，1930年47个，1937年增长到54个。医生和医院床位大都集中在布达佩斯和其他城市中，医生的⅓集中在布达佩斯，另外⅓在其他城市，许多农村没有医生。城市中平均382位居民中拥有1位医生，73位居民拥有1个床位。而农村中1位医生要负责2138人的健康。

布达佩斯的交通和通信业属于世界一流水平。出租马车数量逐渐减少，取而代之的是有轨电车、公共汽车、出租汽车和私人轿车。1938年，有轨电车路线长191公里，有1780节车厢。全国700辆公共汽车中布达佩斯占有223辆。20世纪30年代末，除首都外，还有22个城市通了公共汽车。1928年，布达佩斯安装了第一个红绿灯。

第五章 霍尔蒂时代的教育状况

霍尔蒂时代的教育事业仍由教会和公共教育部领导，这期间最主要的两位部长是克莱伯尔斯伯格·库诺（Klebelsberg Kun ó ,1922—1931）和霍曼·巴林特（H ó man B á lint ,1931—1942）。前者学的是法律和政治学，后者是历史学家、大学教授，先后担任过塞切尼图书馆馆长和国家博物馆馆长。这两位部长都把教育、科学和文化视为国家政策的战略部门，给予特别的支持。克莱伯尔斯伯格·库诺在被任命为部长后撰文称："我们不要忘记，当下要使匈牙利国家再次强大，首先不是用剑而是用文化。"在这种思想指导下，1925—1930年间匈牙利将国家预算的9%—10%用于教育，与1900—1913年的2%—5.5%相比翻了一番。从占预算比例来看，霍曼·巴林特当政期间不但没有下降反而有所提高，1932—1933年教育经费占预算的13%，1934—1935年占12%，1937—1938年占11%。

小学

两位部长都把发展小学教育作为最主要的任务之一。在最后一个和平年，1913年全国有1.7万所小学，3.5万名老师，220万名学生。平均一个学校130名学生，2名老师，平均一位老师带65名学生。《特里亚农条约》签订后全国共有5584所学校。20世纪20年代一个学校平均有147名学生，2.9名老师，一位老师带49名学生。1910年6岁以上人口的33%为文盲，1920年降低到了15%，该比例在西欧和中欧国家为10%左右。15%的适龄儿童没有上学。另外，只有城市和大城镇中才进行分班教学，农村的学校中一般只有一到两位老师，拥有一到两间教室。1925—1926年49%的学校只有一位老师，学生上课不分班。24%的学校有两位老师。这种环境下很难提高教学质量。

小学教育的真正发展是在1924—1925年完成财政重组并实现预算平衡后开始的。1926年，宗教和公共教育部长向国会提交了全面发展小学教育的纲领，提出要在那些没有小学的独家村地区、没有小学的村庄、城郊小学学生人数过多的地区，建设3500间新教室和1750套小学老师住房。经济危机爆发前，计划建造的5000个建筑工程如期完工。1926—1931年兴建了1096座小学，而1922—

1925年之间建了150座小学，从1890—1913年的20多年只建了30座小学。20世纪20年代后半期，国家把预算费用的9%—10%拨给了教会和公共教育部，其中50%用在了发展小学教育上。

两次世界大战之间匈牙利的小学教育情况表

学年	小学数量	学生总人数	老师总人数	小学的平均就学人数	小学的平均老师人数	平均一名老师负责的学生人数
1919/20	5584	824 454	16 556	147	2.9	49.7
1929/30	6680	986 830	18 990	147	2.8	51.9
1937/38	6899	963 087	20 149	139	2.9	47.7

见 Kubinszky Lajos 1953年所著《两次战争之间的匈牙利公共教育政策》匈文版

发展小学教育的成果之一是文盲人数减少了。6岁以上居民的文盲人数从15%降到了7%。1930年，南斯拉夫的文盲人数占45%，罗马尼亚占42%，保加利亚占39%，波兰占23%。而匈牙利西边的奥地利、捷克斯洛伐克、德国及西欧国家文盲人数都在5%以下。

匈牙利的小学是9年制（6+3）。如果6年小学毕业后不再读中学的话，需要再上三年的进修学校。1919—1920年全国共有3300个进修学校，1937—1938年4400个。这种补习学校一般一周上7节课，夏季只上5节，只有25%—30%的人参加补习，学生们学不到太多知识。因此，克莱伯尔斯伯格部长于20世纪20年代末提出了10年制小学（8+2）的设想。1928年决定于10年内逐步过渡到8+2制度。20世纪30年代开始试验，1935年在120个学校进行试验。1940年，国会正式通过了实行8+2小学制的法律。前4年为初级阶段，后4年为高级阶段。8+2的小学制度自1941年开始实施，后由于第二次世界大战而中止。

当时，教育部门对工业、商业和农业的专业教育不够重视，因为在小学6年中有2—3年的专业培训，很多学生仅凭在小学所获得的专业知识就能很快找到工作。1937—1938学年全国共有376所工匠学校、20所商业学徒工学校及农业学校。

中等教育

中等教育领域中四年制的中学最多。1927年的法律规定，居民达到5000人的居住点必须建立四年制的中学。“一战”前，匈牙利全国有500所四年制中学，《特里亚农条约》签订后只剩253所，1938年增加到397所。四年制中学毕业后可以入高等商业学校继续学习。1920年起，高等商业学校从3年制改为4

年制。工业专科学校和高级工匠学校仍为三年制，毕业后将取得工业营业执照，可以开工厂和商店。

1924 年通过了中学改革法，中学由两类增加为三类，都必须教授民族课程。除原有的普通中学、科学与当代语言中学（re á liskola）外，另外开设了实科中学（re á lgimn á zium），重点教授自然科学课程，外语中希腊语和德语是必修课，除此之外学校还可以从英语、法语和意大利语中再选一种语言教授。

1934 年，霍曼部长对中学教育结构进行了大变动，将三类中学合为一类，统称为“中学”。拉丁语和德语是必修课，另外由学校从希腊语、法语、英语和意大利语中再选一种语言作为必修课。1938 年新设立了中等技术学校，即高级女子学校和经济中学，学制四年，外语课程只设一种语言。高级女子学校培养的是小学老师，经济中学取代了原来的高级商业学校、高级农业学校和高级工业专科学校。

《特里亚农条约》后匈牙利共有 129 所中学，1929—1930 学年增加到 156 所，到 1937—1938 学年增加到了 173 所，增长 34%。1923—1924 学年学生人数为 5.8 万，1937—1938 学年增加到 7 万，增长 21%。10% 的 10—18 岁学龄儿童在中学就读，这一比例“一战”前仅为 3%。1920 年，匈牙利中学毕业生占全民的 2%，1930 年为 3.6%，1938 年增长到 6%。这一比例略低于德国，略高于法国。

大学

霍尔蒂时代，政府对大学的发展非常重视。20 世纪 20 年代初，教育部将预算的 25% 用于大专院校的发展，后来降至 18%—20%。重点是对战前建设完成的德布勒森大学的支持，其次是从罗马尼亚考洛日瓦尔迁至塞格德的约瑟夫·费伦茨综合大学以及从布拉迪斯拉瓦迁至佩奇的伊丽莎白综合大学。1926—1930 年，又建造了塞格德大学附属医院以及坐落在教堂广场的连接 9 座大楼的建筑群。同期还建造了现代化的德布勒森大学校园、肖普朗的矿业和林业学院。1920 年，建造了布达佩斯经济学院。1925 年，建造了布达佩斯体育学院。

截至 20 世纪 30 年代初，大学生人数持续增长。之后由于就业困难，上大学人数开始下降。1919—1920 学年在校人数为 10005 人，1920—1921 学年为 14258 人，1937—1938 学年为 13228 人，与 1919—1920 学年相比增长了 32%，但低于 1920—1921 学年。“一战”前，每 1234 个居民中就有一位大专毕业生，20 世纪 20 年代初每 785 个居民中就有一位大专毕业生，20 世纪 30 年代末，每

759个居民中就有一位大专毕业生。20世纪30年，大专毕业生占6岁以上居民的1.1%，1940年上升到1.2%。大学生主要集中在布达佩斯、佩奇、塞格德和德布勒森四个城市。其中攻读法律的学生占30%，工程师专业的学生比例并没有超过1913—1914学年16%的比例。

1927年建立了奖学金制度，优秀学生或年轻研究人员可申请到国外学习，或研究几个月到一两年。奖学金由全国奖学金委员会发放，匈牙利设在国外的文化馆也加入了这一项目。在国外的匈牙利文化馆除了宣传匈牙利文化以外，还要帮助赴该国学习语言或研究文化的留学生，有时还要帮助他们解决住房及办公地点问题。当时匈牙利在维也纳、柏林和罗马都设有文化馆。在巴黎设有匈牙利研究中心，在华沙设有匈牙利历史图书馆，在华盛顿设有参考书阅览室。

由于国家领土的变化，学校的归属也发生了变化，教会维持的学校增多了，国家管理的学校减少了。1917—1918学年，小学的23%归国家管理，1920学年减少到14%。随着国家大力投资兴建学校，国家管理的学校比例逐渐增加，但仍没有恢复到战前水平。1937—1938学年，属于国家管理的小学也只占19%，中学占5%（四年制中学占40%）。

在四年制中学就读的学生基本上是农民、小市民和工人家庭的子女。在六年制中学就读学生的50%以上是中产阶级家庭子女，独立小手工业者和小商人的子女占10%—11%，工人子女占3%—4%，贫农子女只占1%。

就读大学的学生多数为大资本家、大地主和高级知识分子的子女，“一战”前占57%，1930年增长到65%。

1930年和1941年匈牙利6岁以上居民的文化水平占比

单位：%

学历	1930年	1941年
大专毕业	1.1	1.2
八年制中学毕业	3.6	5.9
六年制中学毕业	4.7	4.9
四年制中学毕业	10.8	12.0
六年制小学毕业	48.5	55.4
四年制小学毕业	73.9	78.8
会读又会写	90.4	92.4
只会读，不会写	0.8	0.3
不会读，也不会写	8.8	7.3
第7-9行共计	100.0	100.0

见Pet Iván和Szakács Sándor合著《我国40年经济史1945-1985》，1985年

第六章　霍尔蒂时代的文化状况

一、文学

霍尔蒂时代的文化生活仍然是丰富多彩的。奥迪已经逝世，许多著名文艺界人士在反革命、反犹太主义和暴力盛行的形势下逃到了国外，20 世纪初的机构和重要的文学刊物都安全渡过了 1918—1920 年的社会大变动。这时文学界新的一代成长起来了，他们是内梅特（Németh László）、伊耶什（Illyés Gyula）、马劳伊（Márai Sándor）、尤瑟夫·奥蒂洛（József Attila，也译作尤若夫·阿蒂拉）和劳德诺蒂·米克洛什（Radnóti Miklós）。音乐界的新人有巴尔多什（Bárdos Lajos）、考多绍（Kadosa Pál）和福尔考什（Farkas Ferenc）。造型艺术界的后起之秀有麦杰希（Medgyessy Ferenc）、奥鲍·诺瓦克·维尔莫什（Aba Novák Vilmos）、戴尔科韦奇（Derkovits Gyula）和鲍尔乔伊（Barcsay Jenő）。他们在 20 世纪 20 年代末和 20 世纪 30 年代初先后步入匈牙利文坛，到 20 世纪 30 年代末已经成为匈牙利文化生活中的重要角色。从意识形态的角度来看当时的两个流派，一个是基于民族主义传统的保守派，另一个是基于资产阶级民主和人道主义的改革派。

在 20 世纪 20 年代，海尔采格·费伦茨（Herczeg Ferenc）登上保守主义文学无冕之王的地位。身为国会上议院议员的他还兼任《新时代》文学杂志的主编，《新时代》是一本图文并茂、符合中产阶级贵族老爷们欣赏趣味的杂志，当时的发行量为 3 万份，比所有文学刊物发行量的总数还多。海尔采格在《新时代》上发表了许多传奇性的理想化的历史小说和剧本，有描写土耳其时代的，有描写拉科齐和塞切尼的，还有描写现代社会颓废分子道德的喜剧。1925 年，在庆祝他从事写作 40 周年之际，把其作品分作 40 集重新出版发行，国家剧院也重新上演他的剧作。1933 年为他庆祝了 70 大寿，并将其 63 部作品翻译成外文出版，主要是德文。同年，霍尔蒂摄政向其颁发了匈牙利一级十字荣誉勋章，这是匈牙利最高级别的勋章，得主可以享受阁下的称呼。

除了《新时代》和海尔采格所代表的“温和的”极端保守主义流派外，19 世纪 20 年代初形成了一个从艺术手段来看更现代化，而从政治上来看更有战斗性和更激进的新保守主义的知识分子派别。他们的刊物《日出》是在文化部长克莱伯尔斯伯格倡议下于1923年开始发行的，该刊物一直发行到1940年。从刊物的名字就可以看出，他们故意要和《西方》杂志相对立。《日出》的主编是一位原来不怎么出名的女作家托尔毛伊（Tormay Cecile），代表作品和令其出名的著作是《流亡者》，是一本日记体小说，记录了从1918年10月31日到1919年8月8日，即从匈牙利秋菊革命—资产阶级革命开始到匈牙利苏维埃共和国被推翻的所见所闻。该书被翻译成德文、英文和法文出版，在国内外均获得巨大成功。尽管有许多著名作家为《日出》投稿，但它仍做不到像《西方》那样将更多作家团结在杂志周围。《西方》杂志的意识形态和政治面目也在慢慢地改变，逐渐适应新的形势和环境。从先前的民主主义慢慢地转向自由主义，逐渐成了欧洲式的民族思想的代表。

20世纪初，消遣作家中以海尔陶伊·耶诺（Heltai Jenő）最有名望。他的代表作是诗歌喜剧《聋哑武士》，故事发生在马加什国王时代，一个匈牙利武士爱上了一位意大利年轻貌美的寡妇，但寡妇拒绝了他。这个武士则根据皮埃蒙特地区的古老传统，要求亲一下这个寡妇，寡妇的条件是亲吻后武士3年内不许开口说话。该剧1936年首演，之后连续上演多年。1926年出版了海尔陶伊的作品全集。

在霍尔蒂时代，匈牙利最有名的剧作家是莫尔纳尔·费伦茨（Molnár Ferenc），他一共写了26个剧本，其中11部被拍成电影，最有名的剧作是《别墅中的表演》。故事讲的是一对年轻的剧作家夫妇和他们的朋友作曲家阿达姆，一起前往意大利海边的别墅看望阿达姆的未婚妻，阿达姆正好得到了和他未婚妻安尼埃隔壁的房间。当他们三人正要去敲安尼埃的房门时，清楚地听到了安尼埃同前恋人的对话。这使阿达姆很失望，怀疑还要不要结婚。这时年轻的剧作家夫妇为了挽救他们的婚姻，编造了很多故事，以便解除阿达姆的怀疑。“故事告诉人们应当撒谎，相信谎言后我们才可以安宁生活”。该剧1926年第一次上演就获得了巨大成功。

民粹派和都市派之争

在霍尔蒂时代，民粹派作家运动是一个新的文学现象。一批农民出身的作家们认为，最急迫的任务是以揭示农民的尤其是贫苦农民苦难现状，以此唤醒统治阶级集团的良心，迫使他们去改变贫农的现状。民粹派作家中有倾向社会主义的，如韦莱什（Veres Péter）、道尔沃什（Darvas József）、萨博（Szabó

Pál）、伊耶什（Illyés Gyula）和埃尔代伊·费伦茨（Erdei Ferenc）；有反犹太主义的，如埃尔代伊·约瑟夫（Erdélyi József）、申考（Sinka István）和毛托尔奇（Matolcsy Mátyás）；有中间派，如科瓦奇（Kovács Imre）和比博（Bibó István）；也有主张走第三条道路的，如内梅特（Németh László）。

1936—1937年，民粹派作家们展开了以“发现匈牙利”为题的乡村研究，一年之内许多作家都发表了作品，作品研究和反映了劳动农民的生活、社会地位和存在的问题。如萨博（Szabó Zoltán）写的《华丽的贫困》，科多拉尼（Kodolányi János）写的《堕落的世界》，费姚（Féja Géza）写的《风暴之角》，埃尔代伊（Erdei Ferenc）写的《流沙》等。1936年，伊耶什（Illyés Gyula）发表了他的巨作《草原人民》，这是一部自传性的散文集，描写庄园长工的生活。虽然这本书不属于乡村研究的系列，但具有很高的社会调查价值和意义。

《特里亚农条约》签订后匈牙利在国际上陷入孤立。民粹派作家们认为，在没有外来帮助的情况下，匈牙利只能依靠国内的力量去复兴。他们把社会中人口最多的农民视为民族的脊梁和民族复兴的保证。而有点“西化”的都市派作家们则认为，匈牙利的民族复兴要靠资产阶级，走城市化和现代化及社会改革的道路。

民粹派作家们要求改善贫农的生活环境，进行激进的土地改革。为此，他们宁愿与右翼和左翼激进主义进行合作。1935年4月16日，戈姆伯什总理接见了一部分民粹派作家，试图拉拢民粹派作家支持其政策，虽然会晤没有取得任何成果，但都市派作家们对此提出了严厉批判，进而加深了两派之间的矛盾。后来，民粹派作家们又通过新创建的文学刊物《三月阵线》与处于非法地位的共产党进行合作。

在1932年爆发的两派争论中，民粹派最坚定的代表人物是内梅特（Németh László）、费姚（Féja Géza）和伊耶什（Illyés Gyula）。都市派最坚定的代表是伊格诺图什（Ignotus Pál）、若尔特（Zsolt Béla）和费伊特（Fejtő Ferenc）。这场争论的政治色彩越来越浓，民粹派和都市派的争论本来是文学家们在各种文学刊物和日报上发表文章讨论文学问题的，但所有文章中“对文学的讨论占的篇幅是最少的”。实际上，两派的分歧是对匈牙利如何实现现代化有不同见解。

民粹派作家的第一份刊物是鲍伊奇－日林斯基·安德烈于1928年主编发行的《前哨》，第二份刊物是由沙尔科齐（Sárközi György）于1934—1938年主编的《回答》，第三份刊物是由著名作家莫里兹注册和担任主编的《东方人》，1932 年开始发行，1942 年停刊。《证人》（1932—1936）是剧作家内梅特（Németh László）一个人撰写和编辑的杂志。

过去有一种说法，现在也还在流行，说都市派作家都是犹太人，历史学家劳姆希奇幽默地回答了这个问题，他说，民粹派作家中不只有一个犹太人，而都市派作家中也有许多人不是犹太人。

先锋派

先锋派可以说是匈牙利文学界的第三个派别，属于左翼革命派别。其代表性人物是考沙克·拉约什（Kassák Lajos）。他 1926 年以前生活在维也纳，回国后从 1928—1939 年担任文学杂志《劳动》的主编，宣传“马克思主义的社会主义”必然会胜利。他坚信经济和社会中发生的革命变化必然会带来艺术形式和表达手段的革命性的创新。刊物对所有现代主义持开放态度，刊物的投稿人很广泛，从沃什·伊斯特万（Vas István）、劳德诺蒂·米克洛什（Radnóti Miklós）到戴里·蒂博尔（Déry Tibor）和伊耶什·久洛（Illyés Gyula）。匈牙利最伟大的社会主义诗人约瑟夫·奥蒂拉（也译为尤若夫·阿蒂拉）也常给《劳动》杂志投稿。考沙克的老友科姆亚特（Komját Aladár）生活在维也纳和柏林，鲍尔陶（Barta Sándor）生活在维也纳和莫斯科，兰杰尔（Lengyel József）生活在柏林和莫斯科。他们写的文章通过地下共产党组织都能在国内刊物中发表。

二、音乐

匈牙利音乐艺术如同匈牙利文学一样，仍然保持着 20 世纪初的高水平。

胡鲍伊·耶诺（Hubay Jenő）

著名的小提琴演奏家、作曲家和教育家，毕业于布鲁塞尔音乐学院小提琴系，是保守主义民族流派的伟大代表。从 19 世纪 80 年代初起的 10 年内，他在欧洲许多地方取得了辉煌的成就，先是同布鲁塞尔四重奏，后同布达佩斯四重奏及奏鸣曲的同事们合作演出，从布鲁塞尔回国后担任匈牙利音乐学院小提琴系系主任。他共谱写了 400 多部作品，其中一半以上为小提琴曲。他谱写和创作了两部不朽的歌剧《克雷莫纳的小提琴手》和《安娜·卡列尼娜》。1919—1937 年，他担任匈牙利音乐学院院长。

多赫纳尼・埃尔诺(Dohnányi Ernö)

作曲家、钢琴家和指挥家，毕业于匈牙利音乐学院作曲和钢琴系，先后在维也纳和柏林音乐学院当客座教授，1915年回国，曾任布达佩斯爱乐乐团指挥。他最有名的作品是埃尔代伊题材的歌剧《沃伊道塔》(1922)和1926年创作的器乐作品《Ruralia Hungarica》(拉丁文，中文翻译为《匈牙利农村景象》)以及1937年为塞格德许愿教堂落成谱写的《节日弥撒》。1937年，胡鲍伊去世后他担任匈牙利音乐学院院长。"二战"后他移居美国，在佛罗里达州立大学任教，并留下了许多珍贵的录音资料。

巴尔托克和柯达伊(Bartók和Kodály)

1930年，两人均获得当时第二个文化大奖——科尔文花环奖。他们的成功作品相继在国内外上演。柯达伊偏爱匈牙利民歌和人民－民族流派，而巴尔托克更感兴趣的是现代音乐流派和早期的音乐。

1923年，柯达伊为布达佩斯成立50周年而创作的《赞美诗》(Psalmus Hungaricus)的首次上演获得了巨大成功。1924年创作了《塞凯利家的纺纱房》，描写的是一个小农村居民们的生活。1926年第一次公演的歌唱剧《哈里・亚诺什》描写的是征兵的故事，显示了匈牙利农民及匈牙利人的力量、侠义精神和对祖国的热爱。1930年他创作了《毛罗什塞基舞蹈》，1933年创作了《高兰陶伊舞蹈》，1936年在布达从土耳其占领下解放250周年纪念日之际，柯达伊创作了他的第二部大作品《感恩赞美诗》，感谢上帝的关照，感谢上帝在匈牙利度过危机求生存的斗争中给予的帮助。在20世纪30年代柯达伊的一批弟子在民歌演唱、合唱和青年音乐运动中开始普及柯达伊以声乐为基础的教学原则——柯达伊音乐教学法。

巴尔托克在20世纪20年代写了许多钢琴曲和合唱曲。1923年创作了舞蹈组曲，这是他对各种民间音乐研究的结晶；1930年为男高音、男中音、乐队和钢琴演奏谱写了一部合唱曲《世俗康塔塔》(Cantata Profana)，又叫作《九头神鹿》。他是根据一个神话创作的，说一位老人有9个儿子，老人天天去打猎，孩子们长大以后也同他一起去打猎，有一天在他们追赶猎物到桥头时，老人惊奇地发现，他的9个孩子都变成了鹿。这时老人要求他们和他一起回家，但变成鹿的9个孩子再也回不了家了。从1926年夏开始，巴尔托克再次进入新的创作期，

1927 年完成《第三号弦乐四重奏》，1928 年完成《第四号弦乐四重奏》，1929 年，在苏联为 20 首匈牙利民歌谱曲，1931 年完成了《第二号钢琴曲》，1934 年完成了《第五号弦乐四重奏》，1936 年完成了《弦乐、打击乐与钟琴的音乐》，1939 年完成了《第六号弦乐四重奏》，1938 年完成了《第二号小提琴协奏曲》，1945 年完成最后一首作品《第三号钢琴协奏曲》。1945 年 9 月 26 日，巴尔托克在纽约医院因白血病逝世，安葬于纽约公墓。1988 年，巴尔托克的儿子将他父亲的骨灰运回布达佩斯安葬。

轻歌剧

在大众音乐体裁中轻歌剧仍然是受欢迎的。从 1923 年起轻歌剧终于有了自己的剧院——首都轻歌剧院，但缺少有票房价值的剧目。这时上演的剧目主要有卡尔曼·伊姆雷的《毛丽曹 Marica 女伯爵》（1924）、莱哈尔·费伦茨的《微笑的国家》（1930）、卡尔曼·伊姆雷的《蒙马特的紫罗兰》（1935）、胡斯考·耶诺的《莉莉女伯爵》（1919）和《玛利亚上尉》（1942）。其他老歌剧作家有的已去世，有的去了外国。新作家有阿布劳哈姆（Ábrah á m P á l），他的作品有《夏威夷玫瑰花》（1931）和《萨沃伊的舞会》（1933）。阿布劳哈姆也于 1933 年定居伦敦，从此轻歌剧开始走下坡路。

匈牙利民歌

这时民歌正处于复兴阶段。据估计“一战”前有 5000—10000 首民歌。在霍尔蒂时代又新创作了 2 万首。其中大部分是爱情歌曲，除库鲁茨歌曲和 1948 年歌曲外，第一次世界大战的歌曲时髦起来了，如《在里耶卡港口》《我要上多贝尔多德拉戈战场》《冷风在吹》和《亲爱的母亲》等，此外，领土收复主义者的哀歌也很盛行，如《在泥鳅国的松林里 》《在考绍市的上空》以及《在基什马尔科上空》（基什马尔科即现在斯洛伐克的凯日马罗克）等。

三、艺术

建筑艺术

此时，在建筑艺术中保守派、学院派和折中主义又时髦起来。塞格德大教堂广场的建筑群中既有罗马风格，也有哥特式和文艺复兴的建筑风格。德布勒森市戴里博物馆是古典式的巴洛克风格，布达佩斯城市公园内的赛切尼游泳池在20世纪20年代末改建为新巴洛克风格，1932年建造的莱海尔（Lehel）广场上的教堂是对扎姆贝克（Zsámbék）早期哥特式教堂的模仿作品。20世纪20年代末，德国包豪斯（Bauhaus）最现代化的建筑学派出现在匈牙利，其代表人物有莫尔纳尔（Molnár Farkas），布达山上的许多别墅是他设计的。第二位是科兹毛（Kozma Lajos），多瑙河卢保（Lupa）岛上的疗养院，建造于1935—1936年的布达佩斯马尔吉特弯路上的中庭大楼（Átrium）都是他的杰作。

大平原画派

大平原画派是指20世纪上半叶在霍德迈泽瓦沙尔海伊(Hadmezövásárhely)、森泰什（Szentes）、鲍姚（Baja）、德布勒森（Debrencen）和索尔诺克（Szolnok）等地的大平原上工作的一批画家，尊崇蒙卡奇的现实主义和纳吉巴尼奥学派的外光风格。他们想为祖国做点什么，要把自己看到的大平原再现于画卷上。他们把大平原当年的风景、文明程度、气氛和当地人们的生活方式活生生地再现于画卷上，作品中有现实主义、象征主义、表现主义等形式。这一批画家有安德烈（Endre Béla）、托尔瑙伊（Tornyai János）、纳吉（Nagy István）、科斯陶（Koszta József）、鲁德瑙伊（Ludnay Gyula）和霍洛（Holló László）等人。所有大平原画家和雕塑家的作品都展览在位于霍德迈泽瓦沙尔海伊的大平原画廊内。

电影

1920年，匈牙利全国有347座电影院，1929年有496座，1935年有599座，1948年有922座，其中30%在布达佩斯。1935年，全国影院的收入为2500万本戈，与全国所有报刊与书籍的收入相等，可见电影非常受欢迎。所放映的电影多半是外国的，50%是美国的。1938年，匈牙利放映了1000部美国、500部德国、200部法国和150部英国电影。20世纪20年代匈牙利电影产业很不景气，直到30年代才开始好转。1919—1922年匈牙利制作了86部影片，1922—1930年才制作35部，也就是说，这期间匈牙利一年只拍摄了4部影片。1931—1938年匈牙利制作了132部大故事片，平均每年20部，随后的战争年代平均每年40—50部，到1944年匈牙利共拍摄了352部影片。国内电影业的发展是由国家管控的，从1930年起放映的外国电影要缴纳特别税，还规定每20部外国电影后必须放映一部国产电影。除此之外，在发明有声电影后，不懂外语的匈牙利人更喜欢看国产电影，不喜欢看带字幕的外国电影。匈牙利 1929 年拍摄了第一部有声电影，1931 年拍摄了两部有声电影，其中一部是喜剧片《Hyppolit 是走狗》，另一部很成功的电影《拉科齐进行曲》拍摄于 1933 年，是根据海尔采格·费伦茨（Herczeg Ferenc）小说改编的爱情故事片，这两部电影都是塞凯伊（Székely István）导演的。到 1938 年，所拍摄的 132 部影片中大部分是好莱坞风格，主人翁都是大地主、大贵族、大军官或基督教中产阶级（工程师、教师和律师），没有工人和农民，就连大银行家、大工厂主都很难上电影片。1942 年拍摄了一部艺术价值很高的影片《雪地上的人们》，导演是瑟特（Szöts István），描写的是牧羊人和伐木工人在冰天雪地里干活的故事，该片在 1942 年威尼斯电影节上获得了一等奖。20 世纪 30 年代，由于匈牙利实行了《犹太人法》，多名犹太导演离开了匈牙利。匈牙利最优秀的幽默家考博什（Kabos Gyula）也于 1939 年离开祖国，到美国“百老汇”去演出，并于 1941 年在美国去世。

出版事业

“一战”前，有钱和受过教育的人也很少阅读文学作品。两次大战期间，大部分小资产阶级及有组织的工人成为文学作品的读者。1921 年出版了 2318 种书，1930 年出版了 3403 种，1934 年出版了 3920 种，1941 年出版了 5000 种书。1938 年出版了 700 万册书，但爱情、冒险和侦探小说占 70%。也就是说，一通俗趣味的惊险小说平均印刷 1.7 万本，而一本文学作品只印刷 3000—4000 千册。同时也翻译出版了不少外国文学作品，首先是英国的，其次是法国和德国的。根据塞切尼国家图书馆的统计，最受欢迎的匈牙利作家是约考伊（Jókai Mór），其次依序是加尔多尼（Gárdonyi Géza）、齐洛希（Zilahy Lajos）、海尔采格（Herczeg Ferenc）和米克萨特（Mikszáth Kálmán）。

报纸杂志

1910 年匈牙利有 1882 份报纸和杂志，1938 年增加到了 1934 种，其中政治性的日报和周报 376 种，文学杂志和周刊 138 种，笑话 7 种，科学和专业性学术刊物 1043 种。1910 年，上述报刊的 48% 集中在布达佩斯，1938 年上升到了 70%。读者最多的是以奇异新闻为主要内容的《晚报》，发行量为 15 万份。20 世纪 20 年代的《佩斯新闻报》发行量有 10 万份，20 世纪 30 年代初发行的《新一代》发行量也在 10 万份左右，这是一份反犹太和极右翼的报纸。《佩斯日记》是一份水平很高但发行量很小的报纸。1939 年初，由于缺乏纸张和第一部《犹太人法》的实施，报刊减少了430种。首先被削减的是左翼和犹太人的报刊以及社会党人的刊物《我们的世纪》以及《晚报》和《佩斯日记》等。

无线电台

无线电台是通信、知识传播和娱乐领域的第二个革命性的新发明，1921年始于美国的匹兹堡。1924年，匈牙利进行试播，1925年12月1日正式广播。当时有1.6万台收音机，1934年达到了34万台，1938年41.9万台，1943年增加到89.1万台。1925年每1万居民拥有63台收音机，1943年提高到600台。1938年，全国平均每22个人就有一台缴费的收音机，乡下30人一台，布达佩斯每7人就有一台。匈牙利的平均水平高于南欧和东欧，但低于西欧也低于奥地利和捷克的水平。匈牙利每千人拥有43台收音机，波兰25台，罗马尼亚12台，南斯拉夫11台，而保加利亚每千人才仅拥有3台收音机。收音机像书籍一样，首先享受它的是中产阶级，而工人和农民在20世纪30年代末便宜的“人民收音机”上市后才大量拥有。

体育

20世纪初参加体育锻炼的人很少，但在霍尔蒂时代已经成了群众运动。由于劳动时间的调整和自由时间的增加，群众体育成为世界现象。此外，匈牙利政府支持体育运动也有其军事目的。1918年，匈牙利有700个体育设施。1935年，全国共有6822个体育设施，其中2000个射击场、883个网球场、550个体操馆和192个游泳馆。改建后的塞切尼游泳池于1927年开放。莫尔吉特（Margit）岛上的国家游泳馆于1930年投入使用，泳池33.3米长，是当时欧洲最现代化的室内游泳馆。

第一次世界大战前，匈牙利在奥运会上通常只能夺取1—3枚奖牌。1928年，阿姆斯特丹奥运会上匈牙利得到了5块金牌，1932年洛杉矶奥运会上得到6块金牌，1936年柏林奥运会上得到了10块金牌。其中击剑项目取得的金牌最多，之后是摔跤、拳击和田径项目。

第四篇

第二次世界大战后的匈牙利

（1944—1956）

第一章 人民民主时期(1944—1947)

1944年10月11日，苏联红军解放了塞格德，19日解放了德布勒森。10月从莫斯科回国的拉科西·马加什、福尔高什·米哈伊、格罗·埃尔诺、纳吉·伊姆雷和雷沃伊·约瑟夫等共产党员们于11月5日在塞格德重组匈牙利共产党。总书记由拉科西担任，并制定了“在民主基础上重建和振兴匈牙利的纲领”，由于纲领突出了反法西斯和追求民主，获得了正在重建的几个民主党的认可和支持。接着，共产党积极展开筹备临时国民议会和成立新政府的工作。

在匈牙利共产党的倡议下，1944年12月2日在赛格德成立了匈牙利民族独立阵线。参加阵线的除共产党外，还有社会民主党、民族农民党、独立小农–农民–公民党（简称小农党）、资产阶级民主党和工会。民族独立阵线接受了共产党提出的国家民主发展纲领。纲领要点是：立即行动起来反对法西斯德国；确保独立的民族外交政策；惩罚战犯和卖国贼；解散法西斯政党和团体；把法西斯分子和反人民分子清除出国家机构、军队和法院；消灭大地主土地所有制、进行彻底的土地改革和实行8小时工作制等。

临时国民议会和政府

1944年12月14日，在协约国大国的同意下，参加民族独立阵线的各党成立了临时国民议会筹备委员会。小农党主席瓦沙尔里（Vásáry István）担任委员会主席。筹委会向全民发出宣言，并于12月15—20日举行了临时国民议会的选举。原定在38个选区，后发展到50个选区进行选举。选举按照古老的公开投票方式进行，共选出230名临时议会代表，其中共产党占90名，小农党占56名，社民党43名，民族农民党占16名，资产阶级民主党占13名，无党派人士占12名，工会代表占26名。1945年4月和6月，分别在布达佩斯和外多瑙地区举行了选举。这时，临时国民议会代表人数增加到了498人。增幅最大的是小农党，从56名增加到了122名。

1944年12月21日，临时议会在德布勒森（Debrecen）举行。22日选举出临时政府，前匈牙利第一军团司令米克洛什·贝拉（Miklós Béla）上将担任临时政府总理。作家、农民党的埃尔代伊·费伦茨担任内务部长，书商真哲希·亚诺什任外交部长，前总理泰莱基·帕尔的儿子泰莱基·盖佐任文化部长，纳吉·伊姆雷任农业部长，国防部长是沃勒什·亚诺什，经济学家加博尔·约瑟夫担任贸易部长，社会民主党的律师沃伦蒂尼·阿戈什任司法部长，泥瓦匠陶卡奇·费伦茨担任工业部长，福老戈·加博尔担任食品部长，共产党学者莫尔纳尔·埃里克担任福利部长。在政府中共产党占3人，社民党2人，农民党1人，小农党2人，无党派人士4人。在内阁中有三名霍尔蒂的将军（总理、国防部长和食品部长）。在各党事先协商的基础上，临时议会选举了23人组成的政治委员会。在临时议会闭幕期间，政治委员会行使监督政府的权力。

1944年12月28日，临时政府宣布与德国签订的所有条约无效，并向德国宣战。这意味着匈牙利加入了反法西斯阵营，并可以就签订停战协定事宜进行协商。

签订停战协定

1945年1月20日，在莫斯科签订了停战协定。伏罗希洛夫将军代表协约国，而匈牙利由外交部长真哲希·亚诺什（Gyöngyösi J á nos）和国防部长沃勒什·亚诺什（Vörös J á nos）代表政府签字。停战协定规定，匈牙利军队撤回到1938年前的边境以内；组建8个师并立刻参加对德战争；向苏联、捷克斯洛伐克和南斯拉夫赔款3亿美元；解散所有亲德的法西斯组织，停止反对协约国的一切宣传活动；在签订和平条约前，由协约国美国、英国和苏联的代表组成的“协约国监督委员会”监督协定的执行情况，苏联伏罗希洛夫将军担任委员会主席。监督委员会的权力很大，不仅掌管着匈牙利的外交，还可以禁止党派活动，行使逮捕权，对新闻和电影进行审查。到1945年4月组建了2个师，但苏联没有要求他们参战，而自愿组织起来的“布达志愿团”反而参加了对德的武装战斗。

国家最高委员会

1945年1月26日，匈牙利成立了国家最高委员会，由国民议会议长热代尼·贝拉（Zsed é nyi B é la）、总理米克洛什和共产党员格罗·埃尔诺（Ger ő Ern ő）三人组成，后来又补选雷沃伊·约瑟夫（R é vai J ó zsef）和拉科西·马加什（R á kosi M á ty á s）为成员。最高委员会临时行使国家元首的职责。

逮捕和审判战犯

1945年2月26日，临时政府通过决议，下令解散了25个法西斯性质的组织，其中包括箭十字党、匈牙利生活党及青年联盟等。临时政府还废除了所谓的《犹太人法》，解散了王国宪兵队和警察局，由新建立的匈牙利国家警察局替代。1945年2月建立了人民法院，其任务是审判战犯。从1945年3月3日到1950年4月1日，人民法院共受理了59429人的案件，其中26997人被判有罪，477人被判死刑，189人被执行，其中包括霍尔蒂时期的三位总理：伊姆雷迪（Imrédy Béla）、巴尔多希（Bárdossy László）和斯托姚伊（Sztójay Döme），以及箭十字党领导人萨洛希。鉴于霍尔蒂摄政营救过布达佩斯的犹太人并且尝试过退出战争，因此免于追究其责任。卡罗伊和洛考托什两位前总理因奉行过反对德国的政策，也被免责。新政府对旧的国家行政机关进行了清洗，由政审委员会评判先前工作人员是否符合新制度的要求，其评定的标准是当事人1939年后的行为是否损害过匈牙利人民的利益，最终只有2%—3%的人被解雇。

土地改革

1945年3月17日，临时政府通过了土地改革的方案。根据该方案，国家征收了地主手中超过100霍尔特的土地、农民手中超过200霍尔特以及其他人手中超过1000霍尔特的土地。只有参加过反法西斯抵抗运动的人，才可以保留300霍尔特的土地。被定为卖国贼的法西斯分子的土地全部被没收。随后全国成立了3200个土地分配委员会，共有成员3.5万人。在蒂萨河以东地区、北部匈牙利和多瑙河及蒂萨河之间地区的土改工作几周后就结束了，外多瑙地区8月底结束。土地改革总共没收了560万霍尔特土地，其中58%（即325.8万霍尔特）的土地分给了64.2万农户，平均每户分得5.1霍尔特土地；28%留作森林或示范农业经济体使用；14%为公共牧场或建筑用地。经过土地改革，11万雇农每户取得8.4霍尔特土地，26.1万农业工人每户分到4.9霍尔特土地，不足5霍尔特土地的21.4万家农户每户分到4.4霍尔特土地，拥有小块土地的3.2万户自耕农也分得4.4霍尔特土地，2.2万户小手工业者每户分得2.4霍尔特土地，1256户有毕业文凭的专业农业人员每户分得11.6霍尔特土地，1164户林区职工每户分得6霍尔特土地。土地改革前，全国土地的30%掌握在拥有1000霍尔特以上的大地主手中。罗马基督教教会拥有82.5万霍尔特，埃斯泰尔哈齐（Esterházy）公爵占有22.3万霍尔特，费什泰蒂奇（Festetics）公爵占有6.9万霍尔特，保洛韦齐尼（Pallavicini）侯爵占有5.1万霍尔特土地。土地改革给大土地所有制以毁灭性的打击。

1945年夏季各党派的状况

共产党

1945年2月，共产党有党员3万人，3月为15万人，10月已达50万人。

共产党主要依靠产业工人、矿工和农村里的贫农。总书记是从莫斯科回来的拉科西·马加什（Rákosi Mátyás），从莫斯科回来的还有福尔考什（Farkas Mihály）、雷沃伊（Révai József）、纳吉（Nagy Imre）和沃什（Vas Zoltán）等。国内的领导人有拉伊克（Rajk László）、卡达尔（Kádár János）、霍尔瓦特（Horváth Márton）、奥普罗（Apró Antal）和卡洛伊（Kállai Gyula）等人。表面上莫斯科派、国内派和社民党之间都在努力进行合作，但实际上分歧严重。莫斯科派看不上国内派，对于1943年将党解散一事耿耿于怀；更看不上社民党，因为他们曾在1921年同拜特伦政府同流合污，背叛了工人阶级。共产党的报纸是《自由人民》。

社会民主党

社会民主党依靠的也是产业工人和城市劳动阶层，但在农村的影响力很小。1945年夏季有35万—40万党员。战略目标是在匈牙利实现社会主义，并提出“今天为民主，明天为社会主义”的口号，党的总书记是绍考希奇（Szakasits Árpád）。该党以社会民主派人士为主，此外还有保守派及亲共派。亲共派人士主要有绍考希奇、马罗山·久尔吉（Marosán György）、罗瑙伊（Rónai Sándor）。党的刊物是《人民之声》。

民族农民党

左派激进的民族农民党主要成员是贫农和小农，但也有不少农村的知识分子，如教师、医生和新教的牧师。1945年8月，全国有1400个基层组织，党员17万人。许多著名的民粹派作家都是民族农民党员，如韦莱什（Veres Péter）、道尔沃什（Darvas József）、埃尔代伊（Erdei Ferenc）、伊雷什（Illés Gyula）和比博（Bibó István）等。党的刊物是《自由言论》。

小农党

小农党和社会民主党都是老党派，在1945年是党员最多的党，有90万人。主要代表中农和富裕农民的利益，此外商人、工匠和部分知识分子也是该党的拥护者。主席是新教牧师蒂尔迪（Tildy Zoltán）。党内最强大和最有组织性的是“中心派”，以纳吉（Nagy Ferenc）、科瓦奇（Kovács Béla）、沃尔高（Varga Béla）为首。其支持者不仅有富裕农民，还有大部分中农。他们还同城市资产阶级及大资本家有联系，另外沃尔高还同基督教会有联系。另一派是以欧尔图陶伊（Ortutay Gyula）、米哈伊（Mihály Ernő）为首的左派，左派最亲近共产党。道比（Dobi István）也属于这一派。党的刊物是《小报》。

资产阶级民主党

资产阶级民主党成立于1944年年底，有5万—6万党员。它只在首都和州府活动，主要代表城市小资产阶级的利益。1945 年 4 月，泰莱基·盖佐被推举为该党的主席。他是前总理泰莱基的儿子，因参加了同苏联进行的停战协定谈判而有名。党的刊物是《世界》。

1944 年 11 月还成立了匈牙利激进党，1945 年初又成立了基督教民主人民党。

1945 年的国民议会的选举

1945 年 11 月 4 日举行了国民议会的选举，目的在于搞清国内各党派力量的情况，并去掉国民议会和政府的临时性。根据 1945 年第 VIII 号法令，年满 20 周岁的匈牙利公民都有选举权和被选举权。选举法把匈牙利划分为 16 个选区，每 1.2 万张有效选票产生一位代表。前法西斯政党和团体的领导人以及前法西斯部队的军官和战犯没有选举权。

土地改革后，共产党党员人数剧增，共产党以为肯定会在大选中获胜，雷沃伊预计能获得 70% 的选票。结果，共产党在布达佩斯和全国的选举中都失利了。布达佩斯 10 月 7 日举行了选举，90% 的选民参选。小农党获得绝对多数（57%），社会民主党获得 17.41%。共产党仅获得 16.95%，得票数比社会民主党还少，在参选的 6 个党中位居第三。民族农民党获得 6.87%，资产阶级民主党 1.62%，匈牙利激进党 0.12%。根据得票数决定了各党在议会中的议席，其中小农党获得 245 个议席，社会民主党 70 个，共产党 69 个，民族农民党 23 个，资产阶级民主党 2 个。

议员的社会成分也发生了变化。知识分子和公务员从 36% 增加到了 40%，农民和从事农业者从 23% 增加到了 30%，工人所占比例从 27% 降低到了 15%。

根据选举结果，小农党完全可以同在战争中的盟友社民党以及在农业上观点一致的民族农民党组成联合政府。而盟国监督委员会主席苏联将军伏罗希洛夫明确告诉小农党，必须组成“大联合政府”，而且内务部及下属警察局也要由共产党的政治家领导。此时，小农党必须在公开对抗和继续合作之间作出选择。他们相信很快将签订和平协定，苏联军队就会撤出匈牙利，因此选择了继续合作的道路。

大选后由小农党主席蒂尔迪·佐尔坦组成了联合政府。政府中小农党占 7 个部长，共产党和社会民主党各占 3 个，民族农民党占 1 个。道比·伊斯特万、拉科西·马加什和绍考希奇·阿巴德作为国务部长加入了政府内阁。

联合政府成立后，外国政府的反应比较好。美国、英国、南斯拉夫、瑞士和土耳其都表示愿意承认蒂尔迪政府。苏联于1945年10月15日在国民议会召开之前就承认了匈牙利政府。但其他国家中只有美国实现了其承诺。

1945年冬，饥饿威胁着匈牙利。政府只拥有居民所需食品的40%，面包小麦缺口为100万吨。战前每年消费120万公担食糖，1945—1946年只有20万公担。肉类的需求为380万公担，实际上只有90万公担。而动物油需要120万公担，实际上只有30万公担。食品配给卡上每人每天15克的面包也无法得到保障，面粉、猪油、黄油和其他食品却在黑市高价出售。

货币贬值使经济生活无法正常化运转，工资远远赶不上物价的暴涨。于是人们以物物交换取代了货币流通，收入微薄的人不得不将自己的有用之物拿出去换东西。

成立最高经济委员会

匈牙利共产党从1945年秋季强调加强国家对经济的干预。1945年12月成立了最高的经济组织“最高经济委员会”。委员会主席由政府总理蒂尔迪担任，成员有共产党的交通部长格罗·埃尔诺、社民党的工业部长班·安道尔，秘书长是共产党的沃什·佐尔坦。1946年1月，政府授权最高经济委员会颁布命令的权力，权力范围涉及金融、物资管理、价格和工资调整等经济生活的各个领域。经济的领导权实际上从政府转移到最高经济委员会手中。

匈牙利共和国的建立

1945年冬至1946年，匈牙利国内就政体问题发生激烈的斗争。从法律上来说匈牙利仍然是王国。霍尔蒂在位的20多年中，匈牙利是一个没有国王的王国。共产党和社民党左翼支持共和国制，而成分复杂的小农党立场摇摆不定。资产阶级民主党和匈牙利激进党态度也比较积极。明曾蒂大主教反对，他建议蒂尔迪总理不要催办国家政体一事，或者通过民意测试由全民决定。而明曾蒂对国王制的坚持是徒劳的，国内外的政治形势都不予支持。美国和英国的外交使团表示：“如果匈牙利宣布为共和国，他们没有异议。”与此同时，各党派就共和国总统人选展开了讨论。社会民主党推荐卡罗伊·米哈伊（K á roly Mih á ly），匈牙利激进党表示同意。但小农党不接受与共产党和社会民主党关系好的政治家，他们提出了两个候选人，一个是小农党主席蒂尔迪·佐尔坦，另一个是纳吉·费伦茨。小农党内多数支持纳吉，但左翼政党坚决支持蒂尔迪。这时纳吉也站出来支持蒂尔迪。于是蒂尔迪成了唯一人选。

共和国总统

1946 年 1 月 31 日，国民议会通过了建立共和国的 1946 年第一号法令。第二天，议会以欢呼声选举现任总理蒂尔迪・佐尔坦（Tildy Zolt á n）为匈牙利共和国总统，为期 4 年。总统的权力比较小，在立法领域只拥有象征性的权力。总统只能在听取国会政治委员会的意见之后才能任命和罢免总理。只能在政府的建议下，或者在 40% 的国会议员的倡议下才能解散国会。总统有权驳回国会通过的法令一次，但国会第二次呈上时必须在 15 天之内签发公布。总统发布的命令需要总理或主管部长连署后才能公布。总统对外代表国家，有权派出和接见外国使节、对外宣战、宣布战争状态和签订合约，但向国外派兵需要征得国会的同意。总统可以颁发国会认可的勋章和奖章。政体改变之后做了国家机构的人事调整。国会政治委员会于 1946 年 1 月 4 日提出建议，由 43 岁的小农党总书记纳吉・费伦茨担任总理，沃尔高・贝拉（Varga B é la）担任议会议长。

纳吉・费伦茨政府仍是联合政府，共产党员拉科西担任副总理，共产党员拉伊克担任内务部长。纳吉的长远目标是建立一个与苏联不敌对的，基本上依靠美国和西欧国家的农民 – 资产阶级的民主国家。对纳吉的任命暴露和加深了联合政府党派之间的矛盾。纳吉认为，工人党向社会主义发展的激进主义是不可接受的。他要求国家各级行政机关按照大选得票比例分配权力。此外，还要求纠正在土改中滥用职权的行为，重新审查土地改革。就此，共产党的答复是“我们不交出土地 ”“工人的铁拳，哪里需要就砸向哪里”。左翼党派则要求制定保护新土地所有者利益的法规。1946 年 2 月，左翼党领导人决定采取“群众斗争”的方式，保卫土地改革成果，清除行政机构中的反动分子，反对小农党的右翼分子，坚决贯彻独立阵线的国有化纲领。民族农民党也加入了左翼党的行列。2 月 3 日，首都及郊区的工人派出代表团在 1 万工人的陪同下去见纳吉总理。代表们要求立即采取措施清洗政府机关，并吸收工会代表参加这一重要工作。同时，全国各地纷纷举行集会，强烈谴责小农党右翼反人民的行为。

成立左翼联盟

为了孤立小农党，1946 年 3 月 5 日成立了“左翼联盟”，其成员有匈牙利共产党、社会民主党、民族农民党及工会委员会。联合政府中出现党派的两极分化，一边是纠正社会 – 政治改革的小农党，获得了各种保守、自由和民主派别的支持。另一边则是渴望继续进行社会革命的共产党 – 社会民主党和农民党。左翼联盟把“保卫土地改革成果、清除行政机构中的反动分子、反对小农党的右翼分子、坚决贯彻独立阵线的国有化纲领”作为共同声明公布于众。3 月 7 日在英雄广场举行了 30 万人参加的群众大会和群众示威，高举“打倒人民公敌”“人民公敌从联合政府中滚出去”等标语。左翼联盟的成立表明共产党的政策进入新阶段，要对小农党动手，开始实施所谓的 “萨拉米香肠战术”（“萨拉米香肠战术”是 20 世纪 40 年代末期由拉科西・马加什提出，用来描述匈牙利共产党的战略，意思是要像切萨拉米香肠一样将右派势力逐步分化、瓦解乃至消灭）。

小农党迫于同盟国监督委员会的压力而后退，答应了左翼联盟最主要的要求。1946 年 3 月 12 日宣布开除 20 名反动的国会议员的党籍，其中 16 名议员立刻成立了以舒约克・德热（Sulyok Dezs ő）为首的匈牙利自由党。

1946 年年底到 1947 年年初，小农党认为向左翼联盟提要求的时候到了，他们要求各党按大选中的得票比例，在公共生活各个领域中行使权力。小农党总书记科瓦奇公开宣称“共产党或者承担 17% 的权责，或者解散联合政府，成立一个多数派的政府”。到 6 月底，政府不仅无法在全国开展工作，其政治生活也受到“爆炸性”的威胁。

这时，同盟国监督委员会发来照会说，鉴于苏联军人屡遭暗杀，要求匈牙利政府解散天主教农民青年讲习所运动（KALOT）及其他组织，开除和公审“反动的”公务员，制止神父们的挑拨离间。据此，内务部长拉伊克・拉斯洛于 7 月初解散了 1500 个社会组织和青年组织，其中包括天主教农民青年讲习所运动。此时小农党也安静下来。

最严重的通货膨胀

匈牙利于 1945—1946 年间经历了近代史上最严重的通货膨胀。本戈已贬值到无法作为交换工具的地步。1945 年前货币最高面额为 1000 本戈。1945 年年底最高面额为 1000 万本戈。1946 年最高面额达到了 1 亿兆，成为历史上发行的最高面值的纸币。这时，政府推出了名为“税本戈”（ad ó peng ő）的特别货币，用来缴税和支付邮资。收音机每日公布税本戈的当日价格。1946 年 1 月 1 日，一税本戈等于 1 本戈，到 7 月底 1 税本戈已经等于 20 亿兆本戈。这时的货币流通总量已为天文数字，即 3480 万亿亿本戈，实际上一个本戈的币值几乎为零。1946 年 7 月，物价每 15 个小时翻一番。因此，匈牙利于 1946 年 8 月 1 日发行了新货币“福林”（1 福林 =0.0757575 克黄金，1 公斤黄金 =13210 福林）。

这时，最高经济委员会制定了稳定经济的措施，但恢复国家财政的平衡需要足够的外汇和商品。恰好这时，美国归还了匈牙利国家银行的部分黄金储备

（“二战”后期，萨洛希政府把匈牙利的黄金储备运往德国，“黄金列车”被美国军队扣押，期间大部分黄金不翼而飞），并向匈牙利提供了 2000 万美元的贷款。西方国家则给了匈牙利 1000 万美元的经济援助，苏联把战争赔款期限从 6 年延缓到 8 年。最高经济委员会决定，为了稳定经济实行新的价格和工资制度，将工资水平提高到战前水平的 50%，工人工资略高（60%），工程师、公务员及教师的工资相当于战前的 ⅓。外贸完全由国家机构进行，市场价格由物资和价格局统一规范。

巴黎和平会议

1945 年 12 月 16—26 日，莫斯科外长委员会会议决定，要为战争期间同德国结盟的国家起草和平条约。但在此之前，匈牙利需要解决两个问题，一是在匈牙利的德国人问题，二是生活在捷克斯洛伐克的匈牙利人回国的问题。根据波茨坦会议的决议和同盟国监督委员会的决定，匈牙利将 50 万德国人送回德国，但当时在匈牙利没有那么多德国人，最终 20 万德国人返回德国。

1946 年 2 月 27 日，匈牙利和捷克斯洛伐克签订了一对一的居民交换协议，有多少在匈牙利的斯洛伐克人愿意回斯洛伐克，就有多少在斯洛伐克的匈牙利人可以回匈牙利。协议之后，两国关系不但没有改善反而更糟了。根据 1946 年 6 月 17 日斯洛伐克内务部的命令，在斯洛伐克的匈牙利人只要承认自己是斯洛伐克人，立刻恢复国籍。如果不承认则被驱除出捷克斯洛伐克。40 万匈牙利人被迫宣布自己是斯洛伐克人。但仍有不少人进行反抗，1946 年 9 月末到 10 月初，共 1 万多匈牙利人因不承认是捷克斯洛伐克人，而被强制迁到过去德国人居住的捷克地区。由于两国的意见分歧，居民交换工作于 1947 年 4 月才开始。到 1948 年 4 月，共有 73273 名斯洛伐克人自愿离开匈牙利，68407 匈牙利人离开了捷克斯洛伐克，该工作于 1949 年结束。

在同捷克斯洛伐克的关系上，还有另外两个遗留问题。一是布拉迪斯拉发桥头堡问题，二是协议规定人数之外的 20 万生活在捷克斯洛伐克的匈牙利人迁回匈牙利的问题。就此，巴黎和会领土和政治委员会对 1937 年 12 月 31 日的匈牙利－捷克斯洛伐克边界进行了修定，把多瑙河右岸的三个匈牙利乡村（Dunacs ú n、Horvthj á rfalu 和 Oroszv á r）43 平方公里的土地划给了捷克斯洛伐克。关于 20 万匈牙利人的问题，决定让两国政府通过双边会谈解决。如果和平条约签订后 6 个月内仍达不成协议，捷克斯洛伐克有权将此问题提交外长委员会，并在其协助下决定最终解决方案。

巴黎和约内容

1947 年 2 月 10 日，战胜国与匈牙利在巴黎签署了和平条约，废除了 1938 年 11 月 2 日和 1940 年 8 月 30 日维也纳仲裁的决定。和约规定，匈牙利要从占领的捷克斯洛伐克、南斯拉夫、罗马尼亚领土撤出所有军队；废除一切有关匈牙利吞并捷克斯洛伐克、南斯拉夫、罗马尼亚领土的立法和行政条文，恢复 1937 年 12 月 31 日的匈牙利边界；立即释放所有盟国战俘和被拘留人员。匈牙利要在 6 年内提供价值 3 亿美元的货物作为赔偿。赔偿苏联 2 亿美元，赔偿捷克和南斯拉夫各 5000 万。条款的附件中规定了应提供商品的详细名目和品种，以及每年的交货日期。除此之外，要把从苏联、捷克斯洛伐克、南斯拉夫运到匈牙利的全部财产完整无损地归还给这些国家。在军事上，匈牙利军队人数不得超过 6.5 万人，飞机不得超过 90 架，战斗机不得超过 70 架，空军人数不得超过 5000 人。和平条约中还规定，条约生效后 90 天内，除了为维持苏联同奥地利苏联占领区的交通线所需的一定数量的苏联军事人员外，全部盟国部队都要从匈牙利撤出。同盟国监督委员会也同时撤销。

匈牙利共产党第三次代表大会

1946 年 9 月 28 日至 10 月 1 日，匈牙利共产党举行了第三次代表大会。大会总结了 1930 年第二次代表大会以来所走过的道路。1946 年 9 月，共产党已经拥有 4800 个基层组织，超过 65.3 万的党员。

代表大会的目标是把资产阶级势力从政权和经济领域排挤出去，口号是“不为资本家，而是为人民建设国家”“人民公敌从联合政府中滚出去”。根据大会决议，1946 年 11 月成功地把匈牙利最重要的工业企业收归国有（此前矿山和大发电站已经完成国有化），国有企业已占全部工厂的 43.2%。除此之外，还制定了发展国民经济的三年计划，小农党则公开反对该计划。

第二章　拉科西时代（1947—1956）

从广义上来说，拉科西时代指1947—1956年之间。从狭义上说，是指1948—1953年之间。拉科西于1944年11月到1948年6月担任匈牙利共产党总书记，1948—1956年担任匈牙利劳动人民党第一书记，1952年起又兼任总理，集党政军大权于一身。他及其同伙不顾本国具体情况，盲目照搬苏联经验，犯了严重的教条主义、宗派主义和官僚主义错误。拉科西是“左倾”错误路线的总代表，使得匈牙利在社会主义建设全面开展时走上扭曲发展的歧途。

拉科西 · 马加什简历（Rákosi Mátyás，1892年3月9日—1971年2月5日）

拉科西·马加什于1892年3月9日出生在奥匈帝国巴奇考地区奥道乡（Ada，今塞尔维亚共和国伏伊伏丁那自治省北巴纳特州）的一个零售商家庭。在索普隆（Sopron）读小学，1910年以优异成绩毕业于塞格德（Szeged）中学，此后就读于东方外贸商业学院，1912年留学德国汉堡，1913年留学英国伦敦。

1910年加入匈牙利社民党，积极参加反对军国主义的左翼进步学生运动。第一次世界大战期间服兵役，被俄军俘虏，1915—1918年一直被关押在远东集中营，1918年逃脱后前往圣彼得堡，参加匈牙利战俘的革命组织工作，并加入布尔什维克党，1918年5月回国。1918年11月，匈牙利共产党成立时拉科西是创始人之一，任匈共地方组织工作书记。1919年2月与其他党员一起被捕。

苏维埃共和国时期，先后担任商业副人民委员、社会生产人民委员及赤卫队全国司令。苏维埃共和国被颠覆后流亡奥地利，被关押一年后驱逐出境。1920年在共产国际执行委员会工作。1921—1924年任共产国际执行委员会书记处书记。1924年12月秘密回国参加党的重建工作。1925年8月，在匈共第一次全国代表大会上当选为中央委员、书记处书记。1925年9月被霍尔蒂政府逮捕。1926年8月被判处八年半苦役。1934年4月服刑期满后并未获释，1935年2月以曾任职苏维埃共和国人民委员为罪名被判处终生苦役。1940年10月经苏联与匈牙利交涉，以交换囚犯的方式被释放后赴苏联。1941—1944年任匈共国外中央委员会领导人并担任莫斯科科苏特电台的编辑工作。

1945年1月30日回到匈牙利，2月当选为匈共德布勒森和布达佩斯地区

的总书记 。1945 年 9 月 27 日—12 月 7 日任临时承担国家元首工作的国家最高苏维埃三委员之一。1945 年 12 月—1947 年 5 月任政府国务部长（相当于副总理），1947 年大选后任副总理。1948 年 6 月，共产党与社民党合并后任劳动人民党中央委员会总书记，从 1952 年 8 月 14 日起任共和国部长会议主席（政府总理）。1953 年 7 月匈党中央全会解除了拉科西的总理职务。匈牙利事件爆发后，拉科西夫妇离开布达佩斯前往苏联，之后一直侨居苏联直至去世。

1956 年匈牙利事件后，拉科西被停止行使党员的权利。1962 年 8 月，匈社会主义工人党中央全会通过了《关于结束个人崇拜时期对工运人士的违法案件的决议》，决议完全恢复被无辜处决者和 190 名受诬陷者的名誉，并以“要为基于诬告的违法案件承担最大的政治责任”为由将拉科西“永远开除出党”。

1971 年 2 月 5 日，拉科西・马加什在苏联高尔基市去世，享年 79 岁，葬于布达佩斯的法尔卡什雷蒂公墓。

纳吉・费伦茨总理被迫辞职

1947 年 1 月，内务部报告，由原霍尔蒂分子的政治家、军官和公务员组成的集团从事秘密活动，企图推翻共和国。这个集团就是“匈牙利兄弟共同体”。纳吉总理的好友、国会议员、小农党外事委员会主席绍拉陶（Saláta Kálmán）与这个共同体来往密切。因此，政治警察局也将其列入了阴谋集团。在拘留他之前，他被小农党总书记科瓦奇和圣方济会的修道士们藏了起来。1947 年 2 月 26 日逃到捷克斯洛伐克，4 月 4 日逃到德国的美国占领区。1947 年 1 月 21 日，国会取消了他的议员资格。

政治警察局在侦查时，发现小农党总书记科瓦奇・贝拉（Kovács Béla）也有重大嫌疑。警察局要求解除科瓦奇的豁免权，但国会对此存有怀疑而没有同意。1947 年 2 月 25 日，科瓦奇亲自到政治警察局澄清此事。当天，苏军以“积极参与组建反苏武装团体和针对苏军的间谍组织”为由，将他逮捕并直接押送到苏联，在那里被监禁了 8 年，直到 1955 年才放回匈牙利。

科瓦奇被逮捕后，以菲费尔・佐尔坦（Pfeiffer Zoltán）为首的 50 名小农党议员退出小农党。随后于 8 月份成立了匈牙利独立党。1947 年 2 月，民族农民党总书记科瓦奇・伊姆雷（Kovács Imre）因害怕被捕而逃往美国避难。11 月，社会民主党领导人派耶尔・卡罗伊逃离祖国。

5 月 28 日，同盟国监督委员会副主席斯韦里多夫（Szviridov）将军将一份证明纳吉总理参与阴谋案的供词交给了匈牙利政府。这时，在拉科西主持下召开的部长会议要求在瑞士的纳吉总理立刻结束休假，回国把问题说清楚（另有资料说，拉科西给纳吉打电话谎称其5岁的儿子被绑架，还说他也参与了企图推翻共和国的阴谋活动。并表示如果宣布辞职的话，就放其家人出国）。在这种情况下，纳吉·费伦茨于1947年5月30日在日内瓦宣布辞去总理职务，并在瑞士避难。匈牙利驻外8个国家的大使宣布辞职以示抗议。3天之后，国会小农党主席沃尔高·贝拉（Varga B é la）在被逮捕前逃离匈牙利，前往美国避难。纳吉总理辞职后，在共产党的支持下，小农党的迪涅什（Dinnyes Lajos）当选总理。

发展国民经济的三年计划

政府各党于1947年6月9日通过了发展国民经济的三年计划。迪涅什政府成立后把实现三年计划当作中心任务，并于1947年8月1日开始执行。该计划规定，三年后农业要达到“二战”前水平，工业要超过战前水平的27%。实际上，到1949年底只用了两年半的时间就完成了计划。在此期间，苏美关系恶化，为了备战对计划做了调整，加快了工业的发展，放慢了农业的发展。如原计划总投资中分配给农业30%，后改为18%。即便如此，农业对国民收入的贡献仍大于40%，可达到42%。虽然工业的贡献也是42%，但它占了总投资额的35%。1949年，工业不止超过战前1938年水平的27%，而是近40%。由于备战需要，重工业增长了66%，而轻工业只增长了20%。 农业没有达到1938年的水平，一些农作物的单产和总产都低于战前水平。如1949年小麦总产量只达到了战前的83%的水平，玉米达到了76%。畜牧业情况较好，牛和马的存栏数1949年超过了1938年的水平。羊和猪的存栏数只达到了1938年的⅔的水平。1949年农业的总产值只达到了1938年85%的水平。在食品中，只有食糖、鸡蛋和葡萄酒的人均消费水平超过了战前水平，而肉、动物油和牛奶的人均消费水平比战前还低10%—20%。交通也是经济的战略部门，占总投资额的27%。1949年，火车头的产量就超过了1938年产量的10%，车皮数量也超过了1938年的数量。铁路每公里运送货物吨数比战前增长了50%。

1947年的国民议会选举

共产党提前大选是为了在国会获得多数，并把反对党的比例减少到15%以下。为此修改了选举法，新选举法剥夺了霍尔蒂时期右翼党派和组织中下层领导的选举权，有意定居德国的人及从捷克斯洛伐克刚返回匈牙利的人没有选举权。这一政策使选民人数与1945年相比减少了10%（50万人）。选举法还规定，正在休假的人可以在任何选区投票。利用这个规定，内务部印制了20万张假选票，即所谓的“蓝色选票”。并成立了选举队，开汽车前往一个接一个的村镇去投票，有的车接连在十几个或二十个投票站投票。据国家保安处处长彼得·加博尔后来透露，总共使用了6.2万张蓝色选票。也有资料说，使用了10万—20万张。除此之外，政府鼓励更多的党派参加选举。参加选举的党派越多，选票就越分散，这对共产党有利。此次选举共有10个党派参加，其中民主人民党、匈牙利独立党、独立匈牙利民主党和基督教妇女营这四个党是第一次参选。

选举于8月31日举行，共有503.1万人参加了投票，其中有效票数499.83万张。联合政府各党在新的议会中获得了271个议席，反对党获得140个议席。选举结果表明，虽然共产党进行了精心策划，还是没有达到预期目的。成为国会第一大党的共产党获得了22%的选票，100个议席，比1945年只增加了5个百分点，多出30万张票。社会民主党获得14.95%的选票，67个议席，比1945年的17.41%减少了2.46%。民族农民党只获得8.3%的选票，36个议席。也就是说左翼联盟三党加起来只占45%，没有超过半数。反对党的票也没有减到15%以下，仍高达37%。其中第一次参选的民主人民党获得16.4%，匈牙利独立党获得13.4%的选票。最惨的要数小农党，只获得68个议席，从1945年的57.03%锐减到15.1%。

大选后，拉科西·马加什于9月2日声称，“我们应该而且一定会挫败匈牙利独立党的反民主的破坏活动”。1947年9月22—27日，在共产党和工人党情报局成立大会上，匈牙利代表雷沃伊在发言中说：“匈牙利的民主是人民民主还是资产阶级民主的问题还没有最终得到解决。”

共产党在大选期间第一次公开声称，共产党的最终目的是社会主义，但要采取渐进的方式获得政权。9月23日，共产党再次请愿意合作的小农党政治家迪涅什组阁，新内阁中共产党占5个部长，小农党和社会民主党各4个部长，民族农民党占2个部长。

匈牙利独立党被取缔

匈牙利独立党在大选中获得60个议席，是反对党中的第一大党。大选后，独立党向选举法庭提起申诉，控告共产党在大选中有欺诈行为。共产党则表示独立党是法西斯党，并将控告状交到了监督选举的全国民族委员会。1947年9月，国安局对独立党的选举过程进行了调查，通过对9000个卷宗的检查，发现候选人的推荐信中存在很多假姓名。在共产党的倡议下，联合政府各党及匈牙利激进党于10月在选举法院对匈牙利独立党提起申诉，与此同时，全国各地举行抗议大会，要求取缔独立党。在这种情况下，独立党仍不收敛，在政府纲领的讨论会上，独立党的发言人莫尔·久洛仍然反对实行三年计划，反对银行的国有化，并对迪涅什总理表示“完全彻底的不信任”。10月 20 日，申诉案开庭，独立党的领袖菲费尔·佐尔坦（Pfeiffer Zolt á n）出庭，他说，“如果独立党在议会的席议被取消的话，将是对民主的严重践踏。70 万选民在议会中没有代表人，那是不能允许的。”但是，布达佩斯人民总检察长发文给国会主席，要求免除菲费尔·佐尔坦的豁免权并施行拘留。此事公布后，菲费尔在美国外交官的协助下于 11 月 4 日逃到美国，抵达美国后立刻发表声明，强烈谴责苏联和匈牙利共产党，并要求西方干涉。1947 年 11 月 20 日，选举委员会决定取消独立党 49 名国会议员的资格，内务部长拉伊克则宣布解散匈牙利独立党。

共产党和社民党合并

1947 年，共产党宣布实现工人阶级在政治上和组织上的完全统一，实现两大工人政党合并的问题已经提上议事日程。社会民主党的左翼主张同共产党合并，右翼则主张走“第三条道路”，既不跟美国也不跟苏联，要走自己的“匈牙利道路”，起到东西方之间的桥梁作用。秋季，共产党决定改变社会民主党的现状，为此成立了专门委员会，先后在新闻界和社民党内部对党内“右翼”发起攻势，12 月末社民党首都执行委员会以决议形式批评了党的右翼势力，并宣布对塞利格·伊姆雷（Sz é lig Imre）等几位右翼领导人的不信任。在 1948 年 2 月 18 日的全体领导人会议上，马罗山·久尔吉（Maros á n György）斥责右翼领导人“破坏统一和出卖工人阶级的政策”后，解除了凯特利·安娜（K é thly Anna）、塞代尔·费伦茨（Szeder Ferenc）、塞利格·伊姆雷（Sz é lig Imre）和班克·安道尔（B á n Antal）等人在党内的领导职务。

从 1948 年 1 月起，大批社民党员开始退党，几周内几万人要求加入共产党。共产党中央政治局不得不宣布暂时停止发展新党员。1948 年 3 月 6 日至 8 日，社会民主党召开第 36 次特别代表大会。大会上作出了关于清除右派分子出党和实现社会民主党同共产党合并的决定。社民党新领导在清洗过程中开除了几万名党员。与此同时，两党为了准备合并和协调政策成立了“政策委员会”和“组织委员会”。共同政策委员会于 3 月 19 日决定成立特别委员会来制定合并后党的党纲和党章草案。1948 年 5 月，公布了新的党纲和党章草案。这两个草案表明，新党将建立在马克思列宁主义思想原则和组织原则的基础上。合并大会于 1948 年 6 月 12 日—14 日召开。新党名称为“匈牙利劳动人民党”，主席是绍考希奇 · 阿尔帕德（Szakasits Árp á d），总书记是拉科西 · 马加什，副总书记是福尔考什 · 米哈伊（Farkas Mih á ly）、卡达尔 · 亚诺什和马罗山 · 久尔吉 。

匈牙利劳动人民党的经济纲领是发展生产力、提高生活水平、加强和发展计划经济。加强同苏联和其他人民民主国家的经济合作，发展农村的生产、采购和销售合作社，普及社会保险制度，加强工会的作用，发展幼儿园和托儿所，普及义务小校教育，建立 8 年一贯制的中等教育，改革中等和高等教育，教会学校国有化等。在对外政策方面，同苏联的联盟是匈牙利劳动人民党对外政策的基石。匈牙利愿意同不干涉匈牙利内政的所有国家加强和平的经济和政治关系。根据上述政策，1947 年 12 月 8 日，匈牙利首先同南斯拉夫签订了友好合作互助条约，1948 年 1 月 24 日同罗马尼亚、2 月 18 日同苏联、6 月 18 日同波兰、7 月 16 日同保加利亚、1949 年 4 月 16 日同捷克斯洛伐克分别签订了友好合作互助条约。

合并后的匈牙利劳动人民党把取消多党制定为目标，决定以“独立人民阵线”代替党派。1948 年秋，独立人民阵线以唯一的群众组织身份成立。此后，加速了对民族农民党和独立小农党的内部清洗，许多右翼党员被清除出党。

民主人民党解散

民主人民党总书记鲍龙科韦奇（Barankovics）在 1948 年 12 月的国会发言中，猛烈攻击政府的计划经济政策，1949 年 1 月，民主人民党坚决反对对明曾蒂大主教的诬陷和判决。在强大的社会压力下，在明曾蒂案件开庭的前一天，1949 年 2 月 2 日鲍龙科韦奇携家眷逃亡美国。在这种形势下，民主人民党政治局于 2 月 4 日宣布民主人民党自动解散。

基督教妇女营解散

基督教妇女营的领导人斯拉赫塔（Slachta Margit）在 1947 年 10 月 28 日强烈批评苏联和南斯拉夫，10 月 30 日被国会豁免委员会开除国会 60 天。1948 年 6 月 16 日，她又强烈批评教会学校国有化法案，国会通过法案后奏国歌时她也不起立，又被豁免委员会开除国会 120 天并撤销了她的豁免权，她在匈牙利的政治生涯就此结束。1949 年的大选，她只参加了 5 月 15 日的第一轮投票，因为害怕被逮捕于 6 月 22 日同妹妹一起逃到奥地利，随后于 9 月 16 日逃到美国，基督教妇女营自动解散了。

转折年

1947 年 3 月，美国总统杜鲁门不再把苏联当作盟友，宣布阻挡苏联的对外扩张政策。紧接着美国宣布了马歇尔计划，援助所有受到外来侵略的国家。斯大林认为，美国在以经济手段破坏苏联使用军事力量所取得的优势。因此，坚决反对在其监督下的包括匈牙利在内的国家接受美国的经济援助。同时，于 1947 年 9 月 22—27 日成立了由 9 国共产党和工人党组成的情报局，情报局要求各国共产党尽快夺取政权，建立无产阶级专政。据此，匈牙利加快了经济国有化的进程，1947 年 12 月 4 日大银行及其所属企业实行了国有化。1948 年 3 月 26 日，拥有 100 个工人以上的企业统统国有化，从而使得 85% 的工矿建立了社会主义所有制。1948 年 12 月 28 日，雇佣 10 个以上工人的小企业也被国有化。实质上，工商业的国有化已经完成，具备了对整个国民经济实行有计划有领导发展的条件。到 1948 年 6 月 16 日，所有学校都被国有化，其中包括 5032 所教会学校。

1948 年 7 月 31 日，共和国总统蒂尔迪因其女婿犯叛国罪而被捕，并被罢免了其共和国总统的职务。随后，他被软禁到 1956 年 5 月，长达 8 年之久。8 月 3 日，国会选举绍考希奇（Szakasits á rp á d）为共和国总统。

1948 年 12 月 10 日，因迪涅什的女婿、小农党的财政部长尼亚拉迪叛逃西方，迪涅什总理被解除职务。随后，国会于 12 月 10 日选举小农党的道比·伊斯特万（Dobi Istv á n）为政府总理。

小农党被搞垮，匈牙利独立党被取缔，民主人民党和基督教妇女营已自动解散，6 月社会民主党与共产党合并成立了匈牙利劳动人民党。因此，史学家们将 1948 年称为“转折年”，即完成了从人民民主制到社会主义的过渡。

拉科西时期的冤假错案

明曾蒂（Mindszenty）案件

明曾蒂是埃斯泰尔戈姆大主教、匈牙利最后一位首席主教和红衣主教。1948 年 12 月 23 日，国安局逮捕了明曾蒂，指控他组织推翻民主国体—共和国的活动、进行特务活动和倒卖外汇 。1949 年 2 月 3 日到 8 日开庭审判，明曾蒂在法庭上说：“经过沉思，在监牢里度过的漫长日子使我相信我过去的观点并不正确。”出狱后他表示，此话是当时被逼迫而说的。更有材料指出，监狱里给明曾蒂服用了东莨菪碱。1949 年 2 月 8 日，法庭判处明曾蒂无期徒刑，1955 年 7 月 14 日起改为软禁。从 1955 年 11 月 2 日起被软禁在诺格拉德州的奥尔马希（Alm á sy）别墅。

从诉讼材料中可以看出，1947年6月，明曾蒂在美国会见过前国王卡罗伊四世的妻子和儿子奥托，还同美国红衣主教斯佩尔曼举行过会谈。当时法庭认为，明曾蒂与他们达成了协议，要建立一个正统组织以推翻匈牙利共和国。明曾蒂是一个典型的正统主义者，他曾于1921年10月20日公开支持前国王卡罗伊四世复辟，霍尔蒂立即把他驱除出境。

1956年10月，匈牙利爆发革命，10月30日新佩斯民族委员会的武装力量解救了明曾蒂，31日他回到布达佩斯，11月1日举行记者招待会并讲话，11月3日，自由科苏特电台向全国播放了他的讲话。11月4日，他逃到美国驻匈牙利大使馆避难。1971年9月28日，匈牙利和梵蒂冈达成协议，允许明曾蒂前往奥地利，后移居美国，于1975年5月6日去世。

拉科西时代的宗教政策是罢免或逮捕不听话的主教和牧师。截至1948年7月底，共有225个天主教神父被逮捕并遭到审判。基督教加尔文派也遭到攻击，劳沃斯·拉斯洛（Ravasz László）和雷韦斯·伊姆雷（Révész Imre）主教被罢免，新上任的主教拜莱茨基·奥尔拜尔特（Bereczky Albert）和彼得·亚诺什（Péter János）接受了国家规定的条件。福音派的凯肯·安德拉什（Keken András）和肯代·久尔吉（Kende György）牧师被捕，后来新牧师同国家达成协议。1951年，考洛乔主教格勒斯·约瑟夫（Grösz József）被告上法庭，在严刑拷打下被迫供认其谋划在美国帮助下推翻共和国，并要回自己的财产。

拉伊克案件

拉伊克在20世纪30年代作为国际支队的成员参加过西班牙内战，1941年匈牙利共产党把他调回匈牙利。1944年被箭十字党逮捕，押送到德国。1945年5月13日回国后任党中央政治局委员、书记处书记。从1946年3月20日起，任内务部长。拉伊克的下属、内务部政治警察处处长彼得·加博尔暗地里收集了一份关于拉伊克正在从事“特洛茨基组织活动”的诬陷材料，拉科西一伙认为现在还不是时候，把材料退回并指示重新整理和核实。1948年8月，拉伊克被调离内务部，担任外交部部长，不再是彼得·加博尔的上司，于是彼得便更大胆地跟踪和调查拉伊克。

1949年5月30日，拉伊克因帝国主义间谍和在霍尔蒂时期同秘密警察合作的罪名被逮捕。实际上是因为拉科西害怕这个竞争对手，与此同时，从莫斯科回国的共产党员同国内共产党员之间的矛盾不断加剧。除此之外，国防部长福尔考什·米哈伊（Farkas Mihály）和国安局局长彼得·加博尔（Péter Gábor）也对拉伊克反感。

1949年6月16日，党中央发布消息说：“将帝国主义势力的特务和托洛茨基的代言人拉伊克·拉斯洛开除了匈牙利劳动人民党。”党的决议指出混入党内的敌人是最危险的，应当同沙文主义、民族主义和托洛茨基主义进行斗争，应当提高警惕，严格监督党政工作人员。

入狱后对拉伊克进行了心理战、疲劳战和肉体折磨，但他拒不认罪，并要求会见拉科西。拉科西一直未见他，而是派内务部长卡达尔和国防部长福尔考什去见了拉伊克，并告之：“这个案件仅仅是为了恐吓阶级敌人，不会判他死刑，以后会给他彻底平反。”拉伊克相信了他们的话（见 Romsics Ignác 的《20 世纪的匈牙利历史》第 342 页）。随后在彼得·加博尔审判他时，拉伊克承认了对他的所有指控。后来，电台播放了审判的实况。

控诉书是由匈牙利劳动人民党第一书记拉科西起草，最后由斯大林拍板定案的。人民法院对拉伊克的审判于 1949 年 9 月 16 日开始，24 日以“反人民和叛国罪”判处拉伊克、瑟尼·蒂博尔（Szönyi Tibor）和绍洛伊·安德拉什（Szalai András）死刑，并于 10 月 15 日执行。拉伊克的夫人被判处 5 年监禁。帕尔费·久尔吉（Pálffy György）、科龙迪·贝拉（Korondy Béla）、内梅特·戴热（Németh Dezső）和霍尔瓦特·奥托（Harváth Ottó）于 10 月 24 日被枪决。在拉伊克案件的 31 个后续案件中还有 15 人被判处死刑，11 人被判无期徒刑，50 多人被判 5 年以上徒刑。

随后，拉科西向全党全民发出呼吁：“我们党的各级组织要提高警惕，各级干部要提高警惕，每个党员以及全体劳动人民都要提高警惕。”

拉伊克事件后，匈牙利和南斯拉夫两国关系立刻恶化。1949 年 9 月 30 日，匈牙利废除了同南斯拉夫的友好条约。当年 11 月共产党和工人党情报局在布达佩斯召开会议，发表声明称“南斯拉夫共产党掌握在刽子手和特务手中”，认定南斯拉夫是法西斯国家，是帝国主义的仆从和战争贩子。鉴于此，将南斯拉夫开除出情报局。

将军案件

国安局从 1947 年春天起，加强对高级军官们的监视。1950 年 5 月和 6 月在将军案中有 48 人被捕 4 人被拘留。被判刑的 40 人中 10 人被判死刑，13 人被判无期，很多人被判 5—15 年的有期徒刑。国防军总参谋长肖约姆·伊姆雷（Solyom Imre）也被判处死刑。因此“将军案件”也被称为“肖约姆案件”。其罪行均是卖国罪，为南斯拉夫和法国提供情报。军事法庭在 1949—1952 年间共宣判 2.4 万军人有罪。

此案件的真实目的是把两次世界大战期间在匈牙利王国卢多维考（Ludovika）军事学院毕业的军官们从国防军的领导岗位上赶走，把对党忠实的年轻军人提上来。1950 年上半年，256 人被开除出国防军，下半年又开除了 1000 人。经过清洗和人员更换，到 1954 年军队里的党员占到了 65%。60% 的军官入伍前为工人，只有 15% 的人上过 8 年制小学。

这只是几宗典型的大案件。实际上 1950—1953 年间，监察机关在全国共受理了 100 万个刑事诉讼案件。法院审理了 65 万个起诉书，作出了 39 万个有罪判决，被处罚的人一部分进了监狱，另一部分被送进了劳改营。1953 年的 100 个劳改营里关押着 4.4 万犯人。

对劳动人民党进行清洗

不信任的浪潮首先冲击了劳动人民党中的前社会民主党党员。1950 年 4 月，在两党合并中起到重要作用的绍考希奇·阿尔帕德（Szakosith Árp á d）以战争罪、间谍罪、企图推翻民主国家罪被捕入狱，被判处无期徒刑，1956 年 3 月提前获释。轻工业部长马罗山·久尔吉 1950 年 7 月 7 日被捕入狱，12 月 11 日被判死刑，后改为无期徒刑，1956 年 3 月 29 日被提前释放。共有 431 名前社民党党员受到法庭审判，276 人被拘留，154 人被判刑。

1951 年，拉科西开始整治匈牙利国内派的共产党员，共有 21 人被捕入狱，其中包括时任中央组织委员会委员、党群部部长的卡达尔·亚诺什，1951 年 5 月被捕，理由是导致地方议会中混进许多社会制度的敌人。他于 1952 年 12 月被判终生监禁，1954 年 7 月平反。另外，时任外交部长的卡洛伊·久洛（K á llai Gyula）于 1951 年 4 月 20 日被判终身监禁，1954 年 7 月平反。

匈牙利独立人民阵线的建立

1949 年 2 月 1 日将独立阵线改组为独立人民阵线，拉科西任主席，拉伊克任书记。独立人民阵线仍是政党的联盟，其成员除匈牙利劳动人民党外，还有幸存下来的独立小农党、民族农民党 、独立匈牙利民主党和匈牙利激进党。

1949 年大选

1949 年 5 月 15 日，举行了国会选举。这时的社会民主党已与匈牙利共产党合并。匈牙利独立党已被取缔，民主人民党和基督教妇女营也已被迫解散。和共产党联合执政的小农党和民族农民党都掌握在左派领导人手中，并已加入“匈牙利独立人民阵线”。这次国会及之后地方议会的选举都已不再是各党独立参加选举，参选人名单由独立人民阵线同各党派和人民团体协商后提出。选民如果不愿意选某个候选人，就在其名字后打“X”。如果都同意，就原封不动地投入票箱。

全国共有选民 610 万人，570 万人参加了选举。最终，匈牙利劳动人民党获得 285 个议席，占总议席的 70.89%。独立小农党获得 62 个议席，占 15.42%。民族农民党获得 39 个议席，占 9.7%。独立匈牙利民主党获得 10 个议席，占 2.49%。匈牙利激进党获得 4 个议席，占 1%。党外人士获得 2 个议席，占 0.50%。国会议员中劳动人民党党员占 71%，工人占 43%，劳动农民占 28%，知识分子占 23%。

大选后，于 6 月 11 日组建的新政府的总理仍是道比·伊斯特万（Dobi István），政府部长中共产党人 11 位，小农党 2 位，农民党 2 位。

新宪法

1949 年 8 月 18 日，经全民讨论后国会通过了新宪法。宪法宣布匈牙利为“人民共和国”，国会是最高权力机关，决定政府的结构、方针和活动条件，即制定法律、确定预算、选举主席团和政府、决定宣战和签订合约。国会四年选举一次（1949 年拥有 402 名议员，1953 年减少到 298 名，2014 年已缩减为 199 名）。凡年满 18 周岁的公民都有选举权，神经病患者和劳动人民的敌人除外。

人民共和国内设置人民共和国主席团主席（权力相当于国家总统）的职务，主席团主席 1 人，副主席 2 人，秘书长 1 人及成员 17 名。第一任主席团主席是绍考希奇·阿尔帕德（Szakasits Árpád，1949—1950），之后是罗瑙伊·山多尔（Rónai Sándor，1950—1952），从 1952 年到 1967 年一直都是道比·伊斯特万。

宪法规定人民共和国是工人和劳动人民的国家，在这个国家中“一切权力归劳动人民”，通过地方人民代表会议和国民议会来体现。国家的职责是保卫共和国的独立、保护劳动人民的权力和自由。

宪法规定，全国生产资料的绝大部分属于社会，以全民、国家和合作社所有制的形式出现，逐步排除资本主义成分，并建设社会主义经济体系。匈牙利允许在限定范围内的私有制。

1950 年 10 月 22 日举行了地方议会选举，地方议会是立法机构和执行机构统一的政权形式。地方议会分为州议会（1923 年有 25 个州，1950 年减少到 19 个）、州级城市议会、区议会和村议会。此次地方议会选举同国会选举的方式和投票方式一样。全国共选出了 22 万地方议会委员和候补委员，其中工人 2201 人，占 10%，农民 10362 人，占 47.1%，知识分子 1100 人，占 5%。

社会主义工业和农业

匈牙利劳动人民党经济政策确定了两个目标，即实现工业化和农业合作化。1945—1948 年期间，匈牙利经济发展十分迅速。社会秩序也基本稳定。1949 年以后情况改变了。几乎各个领域都出现了危机的苗头，当局极力掩盖，民众只能从报道的字里行间察觉出来一些问题。

危机在经济领域尤其显著。1948 年曾拟定了 1950—1954 年的 5 年计划草案，1949 年 3 月对其进行了修改，新修改的计划过分强调重工业的发展。1949 年 4 月 4 日，北大西洋公约成立后苏美关系变得紧张，苏联特别强调“要保卫和平，反对帝国主义战争贩子”。在此情况下，10 月份对 5 年计划再次进行了修改，确定最终投资额为 500.9 亿福林，其中重工业占 35.9%，达到 180.3 亿福林。除此之外，计划提高 50% 的生产率，同时生产成本降低 25%。国防开支占国民收入的 20%。1950 年，再次提高的国防费用几乎与对公民的投资数额相等。朝鲜战争的爆发使形势进一步恶化，1951 年的国防开支再翻了一番。劳动人民党第二次代表大会再次提高了计划指标，将总投资额提高到 850 亿福林，其中工业投资额比原来翻了一番，农业投资额调低。由于大量投资，工业发展十分迅速。到 1953 年为止的年增长率为 20%，而在两次世界大战期间仅为 2%。到 1953 年，工业生产翻了 2 番。1939 年，工业产值占国民收入的 39%，1949 年占 42%，1954 年达到 54%。在此期间，先后建设了多瑙新城的斯大林钢铁厂、巴林考（Balinka）煤矿、奥尔马什（Alm á sfüzit ő）铝矾土厂、切佩尔拉科西重工业联合企业、迪奥什杰尔（Di ó sgy ő r）列宁炼钢厂。几座新兴城市在大工厂旁拔地而起，例如瓦尔保洛陶（V á rpalota）、考津茨鲍尔齐考（Kazincbarcika）、斯大林城和奥罗斯拉尼（Oroszl á ny）。

第一个五年计划的强行发展战略给匈牙利经济造成了持久的损失。其中最主要的错误是过度发展冶金业和钢铁生产，而匈牙利又缺乏可以炼焦的煤和铁矿石，需要从国外进口。匈牙利 1938 年钢产量为 64.7 万吨，1949 年为 68 万吨，1955 年达到 162.9 万吨。1955 年的产量是 1949 年的 2.3 倍。1950—1954 年生铁和轧钢的产量都增长了一倍，铝锭产量增长了两倍 。为此，每年要从国外进口 50 万吨煤。而国内拥有原材料的轻工业，尤其是在两次世界大战期间得到充分发展的纺织业急速倒退。1953 年，毛料的产量比 1938 年低 20%，比 1949 年低 30%。1938 年生产了 4400 吨针织品，1953 年降到了 2861 吨。1950 年生产了 66.6 万套男西服，1956 年降到了 44.6 万套。1938 年，匈牙利能生产 80 种样式的皮鞋，1950 年只能生产 16 种。

匈牙利原本计划建立耕种、消费和销售为一体的农村合作社，但被共产党情报局1948年的决议打乱。情报局指示要搞农业集体化，同时要打击富农。据此，匈牙利劳动人民党领导班子在1948年11月27日的会议上决定，“要在3到4年内解决该问题，届时90%的农民都要加入合作社，95%的土地归合作社所有”。从此开始组建各种形式的合作社、农机厂和国营农场，同时也展开了反对富农的斗争。

匈牙利农村中贫农占70%以上，享受着税收和交售的优惠。中农占18%，却肩负着供应全国食品的重担。拥有25霍尔特以上土地的家庭被视为富农，富农要缴纳特种税，不能获取贷款，不得进入代表机构，子女不能上大学。1949年的统计数据显示，全国共有富农7万多户，占农村人口的3.3%，拥有耕地的16.5%。他们被看作是“农村人民的危险敌人、披着羊皮的狼、吸血鬼”等。一部分富农家庭被流放到霍尔托巴吉大草原，另外一部分被下放到蒂萨河以东地区的国营农场。

由于农业集体化进展并不顺利，因此，第一个5年计划的主要任务仍是农业合作化问题，并采取了严格措施。首先，提高个体经营者的税收，1949到1953年土地税提高了两倍；其次，严厉义务交售制度，主要针对拥有5霍尔特以上土地的农户。1950年国家贮备粮的22%来自农民的交售，1952年提高到73%。与此同时，义务交售的粮食价格增长缓慢。1946—1956年自由市场的粮价翻了6倍，而交售粮的价格仅仅增长了50%。例如一公担小麦收交售价为60福林，自由市场为300福林，而生产成本却是280福林。如交不出粮食，清算委员会就上门查看和搜查。如果搜到粮食，除了扣除需缴纳的公粮外，还将进行处罚。如搜不到，就典当或拍卖农家的东西。1948—1955年间，共有40万农户（占小农户的$^1/_3$）被判处违反“公共供应罪”。避免遭掠夺和犯法的唯一出路就是加入合作社。

采取上述措施后，1948年底到1953年夏，生产合作社的数量从468个增长到5000个以上，社员人数从1.3万增长到37万，合作社的土地从7.6万霍尔特增长到250万霍尔特。国营农场的耕地从5万霍尔特增长到125万霍尔特，职工从3.3万人增长到23万人。1953年，合作社的耕地占全国耕地的21%，国营农场占13%。

但农作物的单产量增长缓慢。1949—1956年间的小麦单产与1931—1938年间相比仅增长了6%，黑麦增长了7%，玉米增长了1.6%，唯有马铃薯增长了20%。很多作物的单产没有达到20世纪30年代的水平。苜蓿的产量与20世纪30年代相比增长了8%，甜菜增长了15%。另外，生产合作社的单产与个体农户相比低20%—25%。

由于对农业投资减少等原因，农业的总产值只在1951年和1955年超过了1938年的水平，分别增长了4%和8%。尽管如此，农业对国民生产总值的贡献仍很可观，1950年到1956年间在24%—37%之间浮动。而工业对国民生产总值的贡献在逐年增加，1950年为45%，1953年为53%，1955年为55%。1950—1953年之间，人均国民生产总值增长了30%，大大超过1938年。据鲍罗·贝罗赫（Paul Bairocht）的统计，1950年，人均国民生产总值比1938年水平高出24%。由于投资过高，导致人民的生活水平降低。1950—1954年间人均消费与1934—1938年间相比，只有食糖的消费大幅度增长，面粉只增长了2%。与1938年相比，肉的消费降低了5%，牛奶和奶制品降低了8%，鸡蛋降低了15%，土豆降低了17%。由于商品总量太少，再次恢复了1949年取消的凭票供应制。凭票供应仍不能解决问题时，1952年在价格和工资上做了大幅调整，消费价格提高了40%，但名义工资提高还不到50%。体力劳动者的工资增长了21%，农业劳动者增长了15%，公务员增长了15%—18%。工人和公务员的实际工资在战后不断提高，1948年已经达到1938年水平的90%，但这一比例从1948年起开始下滑，到1952年降到了66%。1951年，职工的实际工资水平比1949年下降了12.1%，1952年比1949年又下降20.3%。除实际工资外，其他因素也影响着人民的生活水平。例如，参加社会保险人数的增长就是一个积极因素，1938年为280万人，1949年增长到了380万，1953年为570万，到1956年增长到630万人。参加社会保险的人数占全民比例从30%增长到了64%。享受社保者患病时，保险公司负担伤病补贴金的⅔，病人享受免费诊断、免费住院及药品的优惠价格。

拉科西制度的危机

1952年8月改组政府时，道比总理改任匈牙利人民共和国主席团主席后，总理一职由拉科西接手。至此，拉科西完全掌握了匈牙利党政军大权，既是党的总书记又是政府总理，还兼任国防委员会主席和国安局最高领导。

1953年，斯大林逝世后，苏共新领导人赫鲁晓夫和马利科夫都认为苏联及东欧国家的经济实力无法与西方相比，20世纪40年代开始的冷战政策不能再继续，否则将会以失败告终。从1953年起苏联改变政策，主张帝国主义和社会主义阵营的和平共处。为此，苏联停止了反对铁托，于1953年同南斯拉夫恢复了外交关系。1954年，苏美两个超级大国开始对话。既要和平共处，军队和重工业的发展便不再急迫，开始重视与人民生活水平密切相连的农业和轻工业发展。

这时，一向听话的拉科西却对苏联的政策变化反应迟钝，他认为赫鲁晓夫的想法不会持久，一切将回到之前。1953 年 3 月末，拉科西被叫到莫斯科，提醒他要改正错误。在匈牙利劳动人民党书记处 6 月 3 日的会议上，党的领导人承认了一些错误，并答应进行如下改革：提高人民生活水平；吸收年轻干部，尤其是新的知识分子参加到“党和国家的领导中”；裁减政府机构；颁布大赦令；总理和党的总书记不得由同一人担任等。苏联共产党领导认为，虽然拉科西愿意改正一些错误，但不想彻底改变。因此，6 月 13 日邀请由苏共指定人选的匈牙利劳动人民党代表团前往莫斯科谈判。代表团人员：拉科西（Rákosi Mátyás）、格罗（Gerő Ernő）、纳吉（Nagy Imre）、海盖迪什（Hegedüs András）、希道什（Hidas István）、萨洛伊（Szalai Béla）、费尔德瓦里（Földvári Rudolf）和道比（Dobi István）。而国防部长福尔考什·米哈伊（Farkas Mihály）和负责意识形态的雷沃伊·约瑟夫没有被邀请。苏共领导针对匈牙利的过度发展工业、军队人数过多、强迫加入合作社、人民生活水平降低、供应失调、冤假错案、随意拘留人和个人迷信等问题提出了严厉的批评，并指出需要改变投资和生活水平政策，解散强迫建立起来的生产合作社。两党会谈后发表了名为《6 月决议》的会议纪要，该决议的俄文版本送给了苏联共产党主席团。苏共领导严肃批评了拉科西，指示其辞去总理职务，由纳吉·伊姆雷担任总理。

1953 年 6 月 17—18 日，德意志人民共和国的东柏林及其他城市爆发了起义，起义遭到苏联军队的镇压。接着，捷克斯洛伐克发生了罢工事件。在这种情况下，匈牙利劳动人民党领导于 1953 年 6 月 27—28 日召开会议并通过了一个决议，揭示了党的领导人在政治和经济上以及执政方法上的主要错误，并确定了今后的任务，即：放低工业化的速度；调整重工业、轻工业和食品工业的发展比例，向轻工业和食品工业倾斜；加强对农业的投资，提高产量；放慢农业合作社的发展速度，但要巩固现有的合作社，并加强对个体农户的帮助；为了贯彻自愿入社的原则，社员可以退出合作社，合作社可以自行解散；允许土地自由出租；1954 年起实行新的交售公粮制度，数量长期固定下来；加速住房建设，到 1954 年建造 4 万套住房（1953 年为 2.4 万套）；裁减军队和国家机关的编制；在各领域恢复法制；向国会提交大赦和解散拘留所的法律草案。会议上，雷沃伊、福尔高什、格罗和拉科西均做了自我批评。主管意识形态的政治局委员、文化部长雷沃伊和国防部长、国家保安局政治领导人福尔高什被开除出政治局。会议决定取消总书记的职称，选举拉科西·马加什为第一书记，总理一职建议由纳吉·伊姆雷（Nagy Imre，1953—1955）担任。

纳吉的改革措施

1953 年 3 月 5 日斯大林逝世。匈牙利于 17 日举行了大选，人民阵线提名的候选人获得了 206 个席位 ，占 298 个议席的 70%。其他党派人士获得了 92 个议席，占 30% 。7 月 3 日—4 日召开了新议会的第一次会议，会议上选举了新政府。纳吉·伊姆雷被选为新总理，年轻的海盖迪什（Heged ü s Andr á s）当选为第一副总理，前副总理格罗·埃尔诺（Ger ő Ernü）再次连任。

7 月 4 日，纳吉在他的施政纲领演说中提出，希望“部长会议是一个依据法律处理国家事务的全权机构”，并表示新政府“不会制定不具备条件完成的任务”。他的演讲通过电台向全国播放，被认为开辟了社会主义制度的“新阶段”。

尽管纳吉政府只存在了一年零八个月，但在匈牙利经济、社会以及文化政策领域采取了许多纠正措施。根据党中央 6 月全会的决议，1953 年夏重新评价了投资指标，将 1954 年计划投资额从 168 亿减少到 118 亿。同时修改了投资结构，工业所占比例从 46% 降到 35%，重工业从 41% 降到了 31%，农业从 13% 增加到 24%，住房建筑从 6% 提高到 11%。

其中最大的变化是农业领域，废除了富农名单，减轻了个体农户的税收。1954 年 1 月颁布了新的为期三年的交售制度，并减少了单位面积的交售配额，个体农户减少 10%—15%，合作社减少 20%—25%。除此之外，还提高了农产品的收购价格。更为重要的是农户可以自由退出生产合作社，在 ⅔ 社员同意的情况下还可以解散合作社。从 1953 年夏到 1954 年年底，16% 的合作社解散，39% 的社员退出了合作社。生产合作社从 5100 个减少到 4381 个，社员人数从 37 万人减少到 23 万人，合作社的土地从 250 万霍尔特减少到 160 万霍尔特。合作社社员拥有的 1/2 霍尔特和 2/3 霍尔特的自留地可以增加到 1 霍尔特。

另外，对价格和工资制度进行了调整。到 1954 年春，1 万件消费品降价 5%–40%。职工工资平均增长 15%，1955 年又提高了 6%，工资水平超过了 1949 年。与此同时，养老金也有显著提高。从 1954 年 9 月 23 日起，基本养老金统一定为原工资的 50%，并追溯至 1945 年每年再补 1%。

部长会议于 1953 年 7 月 23 日取消了内务部长监督地方议会的权力， 25 日人民共和国主席团公布了具有法律效力的大赦令，30 日公布建立最高监察院，并颁布在全国建立监察机构的命令。政府解散了拘留营，解除了“阶级异己分子”必须在指定地点居住的规定，允许其搬回自己原居住地。取消了警察的审判机构。1954 年 3 月 10 日，部长会议以法令形式取消了即决裁判，大赦了判处 2

年以下监禁的政治犯。

1954 年春，在党的第三次代表大会召开前，政治局作出了对政治犯进行甄别的决议。据此，成立了以最高法院院长莫尔纳尔为首的委员会，对 300 人的案件进行甄别，当年就为多纳特·费伦茨（Don á th Ferenc）、豪劳斯蒂·山多尔（Haraszti S á ndor）、卡达尔·亚诺什、卡罗伊·久洛和洛雄齐·盖佐等人恢复了名誉。

1954 年 3 月 24 日改组了作家协会，把败坏了名声的主席道尔沃什·约瑟夫（Darvas J ó zsef）赶下了台，由韦莱什·彼得（Veres p é ter）担任作协新主席。年轻的作家毛尔纳尔·米克洛什（Moln á r Mikl ó s）担任作协刊物《文学报》的主编，《文学报》热情支持纳吉的新方针政策。劳动人民党的刊物《自由人民》编辑部中也有大批年轻编辑坚定地支持纳吉。

组建爱国人民阵线

为了改善同拉科西斗争的条件，纳吉决定改组旧的独立人民阵线，建立吸收各界社会组织参加并能够动员广大居民的群众组织，依靠这个组织去同拉科西及拉科西的支持者们进行斗争。1954 年 10 月 23—24 日“爱国人民阵线”成立，主席是作家萨博·帕尔（Szab ó P á l），总书记是纳吉的女婿亚诺什·费伦茨。在成立大会上，纳吉强调“建设社会主义”不能没有“知识分子、小资产阶级和非无产阶层”的积极参加和支持。爱国人民阵线的刊物为《匈牙利民族报》。

成立裴多菲俱乐部

“裴多菲俱乐部”应当翻译为裴多菲学习小组，是由匈牙利共青团中央于 1955 年 3 月成立的，原来的目的是，让那些信仰共产主义的青年人讨论匈牙利的改革设想，通过学习和讨论使他们与斯大林主义的制度决裂，重新回到社会主义制度的根基。讨论小组由坦佐什·加博尔（T á nczos G á bor）领导，他对小组的讨论不做任何限制，他也不发表看法，只负责组织工作。

俱乐部成立后没有搞什么活动。在苏共二十大（1956.2.14—2.25）以后，当拉克西在党内的地位发生动摇后才开始组织活动，1956 年组织了十几场讨论会。5 月 9 日的讨论会就马克思主义政治经济学的一些需要迫切解决的问题进行探讨。5 月 20 日继续讨论这个问题，在这两次研讨会上与会者对第二个五年计划的制订进行了严厉的批评。认为这个计划的制订缺乏民主，其指标不切实际，无法完成。

5月30日晚和6月1日晚，连续举办了两次关于马克思主义历史学的研讨会，与会者严厉批判当局不是把历史当作一门科学对待，而是将其变为政治宣传的工具 。6月14日晚研讨会的题目是“苏共二十大和马克思主义哲学问题”，有1200多人参加。70多岁的哲学家卢卡契·捷尔吉也出席了这次研讨会。这位曾经为1919年匈牙利苏维埃共和国的建立而奋斗过的老共产党员因与斯大林主义的哲学观点相对立，被视作“披着马克思主义外衣的老牌修正主义分子”。卢卡契·捷尔吉1928年受托起草匈共二大报告《匈牙利政治和经济形势以及匈牙利共产党任务的纲领》，卢卡契认为，当时的匈牙利不是要马上搞社会主义革命，因为从资本主义到社会主义需要有一个过渡期——无产阶级和农民的民主专政，即工农民主专政 。他的观点被共产国际和党内反对派斥为“取消主义”，他为此被迫作自我批评，从此多年受到压制和批判。 因此，与会者们强烈要求为卢卡契“彻底平反”。

最大的一次活动是1956年6月27日在瓦茨大街军官俱乐部举办的一场新闻讨论会，在院子里和街道上聚集了7000多人，发言人使用高音喇叭。刚被释放出狱的拉伊克的夫人拉伊克·尤莉奥在会上要求为她的丈夫恢复名誉，并揭露了她6年监狱生活中受到的非人待遇 。身为《匈牙利民族报》主编的洛松齐·盖佐（Losonczy Géza）最后发言，他说：“就在我们大谈党的民主、言论自由和批评与自我批评的时候，纳吉·伊姆雷却根本无权为对他的指控进行辩护。”听到纳吉的名字，听众自动站立起来，又喊又唱，要求恢复纳吉的党内外职务，同时要求解除拉科西的职务。6月30日，拉科西召开党中央委员会会议，谴责裴多菲俱乐部的“反党活动、反人民民主制度”。7月1日，内务部下令禁止裴多菲俱乐部继续活动 。本计划要逮捕活动的组织者，还没有来得及，7月18日，拉科西就被罢官了。俱乐部9月份重新恢复了活动，在10月23日，布达佩斯爆发革命的那天的晚上还在博物馆弯路6-8号的餐饮馆（Golyavár）举办了最后一次活动。这时，几百米之外的匈牙利电台已经响起了枪声。

苏共不再支持纳吉

1954年5月9日，政治局举办的匈牙利劳动人民党第三次代表大会的筹备会上已经显示出拉科西和纳吉之间不可调和的矛盾和斗争。会上，纳吉就制度的民主化提出了重要的建议，并对地方议会运转、多党制、联合政府以及重建人民阵线等问题发表了看法。拉科西在发言中则强调说：“有两件事情我们是不能允许的，一是恢复人民阵线绝对不是恢复多党制，二是匈牙利劳动人民党绝不能被排挤出人民阵线。”

1954 年秋，拉科西在莫斯科附近的疗养院住了很长一段时间，回国后于 11 月 30 日向劳动人民党领导人通报了苏共主席团的意见，其中特别强调了匈牙利的右倾危险，尤其表现在对人民阵线的错误设想和纳吉的观点中。

1955 年 1 月 8 日，苏共中央主席团再次要求匈牙利党代表团访问莫斯科，代表团成员有拉科西、纳吉、福尔考什、阿奇（Ács Lajos）和绍洛伊（Szalai B é la）。会谈中，苏联领导人强烈批评了纳吉·伊姆雷，赫鲁晓夫在总结发言中指出纳吉的观点是反党的。

从 1953 年直到 1955 年年初，苏联一直都在支持纳吉。1955 年 1 月，苏联对匈牙利的政策发生了变化，这与国际形势有关。1954 年 10 月 23 日，以美国为首的北大西洋公约邀请德意志联邦共和国加入北大西洋公约组织，苏联认为这是反苏的举动，因此又把发展军事力量和铁腕手段放在了优先地位。1955 年 5 月 5 日，德意志联邦共和国正式加入北约，随后苏联废除了 1942 年和 1944 年分别与英国和法国签订的《同盟条约》。5 月 14 日，苏联和其他社会主义国家成立了华沙条约组织。

1955 年春，拉科西利用新的国际形势成功发起了对纳吉的反攻，再次控告他犯了右倾错误和搞修正主义。中央领导于 4 月 14 日将纳吉从政治局开除，18 日解除其总理职务。纳吉下台后，拉科西不顾 1953 年的许诺而提高了农民交售粮食的定额，继续强迫农民加入合作社，合作社的数量从 1955 年年底的 4381 个增加到 5000 个，合作社社员人数从 2.3 万增加到了 3 万多。对政治犯的平反工作停止，国安局再次活跃起来。在押犯 1952 年为 3.5 万人，1954 年减少到 2.3 万，但 1955 年年底又增至 3.7 万人。大批支持纳吉的知识分子被解雇，有些还被开除党籍。纳吉本人则被解除了一切社会职务，其讲话和文集都被禁止出售。1955 年 12 月 3 日开除了纳吉的党籍。拉科西企图让纳吉作公开的自我批评，遭到纳吉的断然拒绝。

拉科西预计苏美关系会继续恶化，苏联会继续坚持强硬立场，但这次他失算了。德意志联邦共和国加入北约后，1955 年 4 月，苏联许诺年底从奥地利撤军，西方盟国作为回报承认奥地利国家的中立地位。1955 年 5 月 5 日，奥地利宣布为“独立和民主”国家，接着苏联把在奥地利的驻军撤到了匈牙利。根据和平条约，苏军也应撤出匈牙利，但苏联和匈牙利领导根本没有考虑这个问题。

1955 年 6 月 18 日至 23 日，苏联、美国和西欧国家领导人在日内瓦举行了会谈。1955 年 12 月 14 日，包括匈牙利在内的 15 个国家加入联合国。随后赫鲁晓夫访问南斯拉夫，并为斯大林的反南斯拉夫政策当面向铁托道歉。会谈中，赫鲁晓夫表示无须跟随苏联模式，各国人民有权按照最适合的方式建设社会主义。之后，赫鲁晓夫前往布加勒斯特，会见了匈牙利、捷克斯洛伐克和罗马尼亚领导人。三国党政领导人发表联合公报，表示愿意同南斯拉夫发展合作关系。1956年2月14日至25日，苏联共产党召开了第二十次代表大会，宣布两大社会体系和平共处的原则，指出多条道路可以通向社会主义，表示机械地抄袭苏联模式会导致犯错等。

苏共二十大似乎证明了1953—1954年匈牙利改革政策的正确性，共产主义改革派的知识分子再次活跃起来。全国各地迅猛展开反斯大林主义的运动，裴多菲俱乐部及其在各地举办的活动成为反对拉科西力量的大本营。俱乐部总共举办了12场讨论会，参加春季和初夏讨论会的人数不断增加。匈牙利大哲学家卢卡奇（Luk á cs György）也参加了哲学讨论会，大作家戴里·蒂博尔（D é ry Tibor）现身于6月27日举办的6000—7000人参加的新闻讨论会。讲演者们猛烈批判近几年的政策。作协刊物《文学报》的发行量从8000份猛增到3万份。讨论会上不仅涉及专业领域问题，也讨论政治问题。会上大加赞扬纳吉的观点，要求恢复其总理职务，让他重新回到革命队伍中。

针对上述形势，拉科西曾经想过镇压，但没有苏联支持，他不敢冒天下之大不韪。得到平反的一些新的领导人，例如卡达尔等也在批评他的政策。在强大的压力下，拉科西于3月份公开承认拉伊克是被无罪处死的，5月份承认他对拉伊克的死负有责任。

拉科西政治生涯的结束

鉴于匈牙利形势已经到了爆炸的边缘，苏联领导决定让拉科西下台。1956年7月18日至21日，匈牙利劳动人民党中央领导层召开会议，在苏共领导米高扬在场的情况下，罢免了拉科西的第一书记和政治局委员的职务，选举格罗·埃尔诺为第一书记。拉科西及夫人次日离开匈牙利，前往莫斯科附近著名的政府疗养所居住，从此再也没有回来。会上还将卡达尔·亚诺什、基什·卡罗伊（Kis k á roly）、马罗山·久尔吉和雷沃伊·约瑟夫补选为政治局委员。

1962年8月14日至16日，匈牙利社会主义工人党召开中央委员会会议，对拉科西的活动和态度进行了深入批判，并开除其党籍。

拉科西的主要错误

1）在党内搞宗派：1950年11月，莫斯科派拉科西、格罗和福尔考什“三人帮”组成国防委员会，连政治局都不知道它的存在。1951—1953 年，莫斯科派拉科西、福尔考什、雷沃伊和纳吉在政治局里结成“四人帮”独揽大权。表面上莫斯科派、国内派和原社民党之间都在努力进行合作，但实际上分歧严重。莫斯科派看不上国内派，对 1943 年将党解散一事耿耿于怀。他们更看不上社民党，认为社民党同拜特伦政府签订的拜特伦－派耶尔协议背叛了工人阶级。

2）搞一党制：在政治上，拉科西将匈牙利人民民主制度转向苏联式的无产阶级专政，并机械地把无产阶级专政同一党制等同起来，因此确定了取消其他政党的方针。1949 年 5 月大选后，其他政党逐步消亡，形成了一党制。

3）大清洗：在冷战和苏南冲突的国际背景下，拉科西接受了斯大林和苏共关于社会主义初期阶级斗争不断尖锐和在党内寻找敌人的错误理论。1948 年，斯大林与南斯拉夫决裂，1949 年批判铁托是帝国主义的代理人，企图复辟资本主义并对其他社会主义国家进行颠覆。这时，斯大林决定清洗东欧各人民民主国家土生土长的共产党领导人，铲除铁托的盟友。拉科西在苏联的授意下，在匈牙利掀起清洗铁托分子和帝国主义代理人的镇压运动，拉伊克是拉科西最为嫉妒的国家缔造者之一，成为这次运动的受害人。拉伊克是匈共“国内派”领导人，长期在国内坚持革命斗争，相比于拉科西等流亡苏联的“莫斯科派”，在广大党员和人民群众中更有威信。

4）经济政策上的错误：在经济政策上拉科西错误地奉行重工轻农、片面发展重工业的工业化政策，要把资源贫乏的匈牙利建成“钢铁国家”“机器国家”。在组织农业生产合作社时粗暴地违反自愿原则。另外，严厉打击富农的政策也是错误的。

5）个人崇拜：在确立一党制后，党的领导权逐渐集中到以拉科西为首的一小批人手里。他们违反列宁的集体领导原则，破坏党内民主，形成对拉科西的个人崇拜。“三人帮”组成的国防委员会建立小集团并独揽大权。1952 年 8 月，集党政军大权于一身的拉科西在斯大林个人迷信的榜样前失去理智，变得越来越妄自尊大和贪恋权力，被吹捧为“英明领袖”“匈牙利伟大的儿子”“人民的领袖”“杰出的思想家”和“斯大林最好的学生”等。党和政府的文件、新闻媒体及文艺作品对他的歌颂达到肉麻的程度，这从为他歌功颂德的两句诗中可见一斑：“风儿停止了喧哗，好让人们听清拉科西的讲话”“最好的父亲拉科西，劳动人民热爱你”。

第三章　拉科西时代的教育、文体和宗教状况

教育

自20世纪50年代起，匈牙利中小学的教学中用马克思列宁主义代替了宗教世界观和人民民主时期的民主－人道主义－民族的文化理想，要求各类学校都要把传播马列主义作为基本要求。在小学高年级和中学中课程俄语是必修课，同时取消了其他外语教学。为了培养工业、经济和农业的专业人才，从1951年起组建了中等技术学校，为各行各业培养14–18岁既有理论又有实践的中级干部队伍。中学分为自然科学类和人文类（外语和历史），教学目的是向大专院校输送人才。20世纪50年代，大批工农子弟涌进中学和中等技术学校。1948—1954年中学生的人数从7.2万增加到12.9万，差不多翻了一番（在霍尔蒂时代的25年内只增长20%），其中67%是工农家庭出身。这期间，工业和农业中等技术学校的人数增长了300%—400%，普通中学仅增长100%。1948年一位老师带11个学生，1954年增加到了16位。

1945年后和20世纪50年代的小学教育

学年	学校数量	学生人数	老师人数	每所学校的学生人数	每所学校的老师人数	老师人均学生人数
1945/1946	7 440	1 096 650	24 724	147	5.3	44.3
1948/1949	6 209	1 188 056	35 203	191	5.6	33.7
1954/1955	6 168	1 207 455	45 955	195	7.4	26.2
1958/1959	6 314	1 268 650	55 056	200	8.7	23.0

见Erdész Tiborné 所著《1945–1958年匈牙利教育环境》匈文版234页

1945年后和20世纪50年代的中学教育

学年	学校数量	学生人数	老师人数	老师人均学生人数
1946/1947	372	72 059	5 615	12.8
1948/1949	454	81 997	6 742	12.1
1954/1955	442	162 461	7 535	21.5
1958/1959	435	177 738	8 402	21.1

见Erdész Tiborné 所著《1945–1958年匈牙利教育环境》匈文版249页

1950 年对大学进行了激进的改革。1950—1952 年出版了 175 种大学教科书，其中 86 种为苏联教科书的翻译本。不可靠的资产阶级教授们大部分被解雇。如比博·伊斯特万（Bibó István）、历史学家豪伊瑙尔·伊斯特万（Hajnal István）、多毛诺夫斯基·山多尔（Domanovszky Sándor）和科沙里·多莫科什（Kosáry Domokos）、经济学家瑙夫劳蒂尔·阿科什（Navratil Ákos）和海莱尔·福尔考什（Heller Farkas）、地理学家普林兹·久洛（Prinz Gyula）、地质学家保普·希蒙（Papp Simon）等。取代他们的是一批共产党员知识分子，如莫尔纳尔·埃里科（Molnár Erik）、博格纳尔·约瑟夫（Bognár József）、豪纳科·彼得（Hanák Péter）等。1950 年和 1952 年所有大学都成立了马列主义教研室，其课程是必修课。社会学和心理学被列为非科学范畴而停止教授，留任的大学校长、院长都成了摆设，实权掌握在大学党委会和干部处手里。

1949 年共有 19 所大学，1955 年增加到 36 所。这期间创建了维斯普雷姆化工大学、塞格德交通技术大学、索尔诺克建筑工业技术大学，新建了专门培养俄语老师和翻译人才的列宁学院，1951 年成立了外国语学院。大专院校的学生人数像中学生一样迅速增长，1954 年与 1938 年相比人数翻了两番，与 1949 年相比增长了 60%，而两次世界大战之间仅仅增长了 18%。工农家庭出身的学生比例大幅提高，1949—1956 年期间在 50%—55% 之间。学生选择的专业也发生了变化，学法律的学生比例一直在 40% 以上，1948 年降到 19%，1955 年降到 5%。在技术大学就读的学生人数翻了好几倍，接近学生总数的 40%。最有名的大学都在布达佩斯，如罗兰大学、布达佩斯技术大学、布达佩斯医科大学、马克思经济大学等。外地的大学有德布勒森科苏特大学、塞格德大学和佩奇大学，外地大学的学生人数都没有达到两次世界大战期间的水平。

1937—1959 年大学和学院学生人数

学年	全日制		夜校		函授学校		总数
	人数	%	人数	%	人数	%	
1937/1938	11 846	100.0	–	–	–	–	11 846
1946/1947	24 036	95.2	1216	4.8	–	–	25 252
1948/1949	21 261	93.9	1384	6.1	–	–	22 645
1951/1952	31 852	78.8	8079	20.0	500	1.2	40 431
1954/1955	33 617	70.8	6007	12.7	7830	16.5	47 454
1958/1959	23 429	75.2	357	1.1	7392	23.7	31 178

见 Erdész Tiborné 所著《1945-1958 年匈牙利教育环境》匈文版 268 页

从上表中可以看出，20 世纪 50 年代初期上夜大的人数很多，1951—1952 学年上夜大的人数占到了大专院校总学生人数的 20%，1954—1955 学年夜大和函授大学学生占总人数的 29.2%。1958—1959 学年函授大学学生人数猛增，占比达到 23.7%。

宗教政策

学校国有化之后，为了限制宗教在教育领域的影响，1949 年 9 月 6 日把宗教课改为选修课，学生们对宗教课的兴趣大减。在小学，1951 年有 43% 的学生选修宗教课，1952 年降到 26%。在中学，1951 年只有 10.5% 的学生选修宗教课。有些宗教节日被取消，如降灵节。有的则被加上新的内容，如把圣诞老人改称为冬天的老人，把圣诞节改为松树节，把 8 月 20 日的圣伊斯特万节改为面包节或宪法节。要求牧师们对 1949 年的宪法宣誓，加尔文教派和路德教派照此执行了，而基督教主教团只允许拿国家薪水的基层牧师宣誓。1950 年，党中央颁布了加强对“担负帝国主义第五纵队作用”“试图复辟大地主大资本家统治”及“仍旧支持反对农业社会主义改造的富农分子”“教权主义反动派”的斗争。将一些牧师送进集中，并支持愿意合作的、反对冷战政策的“和平牧师运动”，国家终于逼使牧师们低下了头。1950 年 8 月 30 日，匈牙利的宗教机构同政府签订了协议，承认和支持匈牙利人民共和国国家制度，以及“不允许利用教会和信徒的宗教情绪达到反对国家的目的”，禁止宗教机构支持反对合作化的活动。根据这个协议，1950 年 9 月 7 日，共和国主席团撤回了修士会举办活动需审批的制度。但如果班尼狄克教派修道士、圣芳济会修道士想要在国有化中学教书的话，仍需要批准。为了阻止教会培养更多的后备力量，将教会州的神学院进行了合并，并将神学系从大学中划了出去。教会和牧师们非常不满，对抗情绪很大。1951 年 6 月，考洛乔（Kalocsa）的大主教、政府和教会协议的签字者格勒斯·约瑟夫（Grösz J ó zsef）被逮并判处 15 年监禁。在此情况下，1951 年 7 月，基督教主教团不得不向宪法宣誓，并接受了任命主教前需共和国主席团事先同意的规定。1951 年 9 月，国家成立了“宗教教派基金”，以解决教会开支问题。1951 年 5 月，成立了领导教会的国家机构“国家宗教局”。但 1950—1951 年的协议并没有解决国家同教会的紧张关系，大部分主教都支持被捕的明曾蒂和格勒斯·约瑟夫。神职人员们消极怠工，不信任也不支持国家任命的“和平牧师”的工作。于是，政府将塞凯什白堡（Sz é kesfeh é rv á r）的主教软禁，1952 年又逮捕了瓦茨（V á c）的主教，从此基督教教会再也不敢公开反抗了。

少先队

拉科西时代很重视对青年人的世界观教育。1946年6月2日，成立了匈牙利“先锋队联盟”。从1947年起，可以在小学成立基层组织，10—14岁的学生都可以参加，红领巾是他们的象征，口号是“向前！”小学低年级6-9岁的学生另有自己的组织“小鼓手运动”，他们的象征是蓝领巾。少先队的目的是教育队员们“热爱和忠于祖国、热爱和忠于党、坚持无产阶级国际主义”。为了使少先队运动更具有吸引力，兴建了一些适合不同年龄段并满足其浪漫需求的设施，如奇来贝尔茨（Csilleb é rc）少先队大夏令营，同时它也是举办大型活动的场所。1949年在毛尔吉特岛上（Margitsziget）建造了“少先队露天体育场”，1948年，塞切尼山上的“少先队小火车”投入使用。1946年出版发行了少年儿童阅读的《小伙伴》周刊，1947—1949年出版发行了适合小学低年级学生阅读的《大拇指马季》杂志，1952年发行了图文并茂的《小鼓手》月刊杂志。少先队发展很快，1949年有60万队员，20世纪50年代达到100万人，80%的6—14岁儿童都参加了少先队。

劳动青年联盟

“劳动青年联盟”成立于1950年6月17—18日，旨在对14岁以上的青年进行统一的共产主义道德政治教育。1955年的章程中写到“要把青年人培养成快乐、健壮和勇敢的人，愿意克服一切困难去争取社会主义的胜利”。劳动青年联盟组织主要活跃在大专院校中，其次是工厂。农村中很少。刊物是《自由青年》。

文学

1948—1953年雷沃伊·约瑟夫（R é vai J ó zsef）是匈牙利文化生活的全权领导人，是“社会主义文化革命”最主要的领导人。他制定和坚定实施了“社会主义现实主义原则”。雷沃伊对资产阶级的文艺派别，对先锋派和民粹派作家都持反对态度，他只支持社会主义现实主义。在他的领导下，外国的文艺作品基本上不予出版，匈牙利毛达奇（Mad á ch）的著名诗歌剧《人的悲剧》被视为悲观主义作品而禁止出版，对奥第·安德烈和约瑟夫·阿蒂拉的作品持保留态度。禁止出版格林兄弟和匈牙利作家拜奈代克（Benedek Elek）的儿童故事书、菲什特（F ü st Mil á n）的颓废色彩书籍、考沙克（Kass á k Lajos）的现代主义书籍、反现实主义作家欧特利科（Ottlik Géza）的作品、走第三条道路的作家内迈特（Németh László）的作品。

1950 年开始发行《文艺报》，以苏军少校身份回国的莫斯科的匈牙利作家伊雷什（Illés Béla）担任主编。文艺政策杂志《有学问的人民》于 1950 年发行。1952 年发行《新声》杂志，由作家协会和劳动青年联盟共同主办，为年轻的作家们提供论坛。根据雷沃伊的指示，刊物上主要讨论工人、农民和知识分子的问题，揭露错误和揭发阶级敌人，突出正面的英雄人物。随后，出版了一批描写生产劳动的"生产小说"和阶级斗争的大部小说作品，如戴里·蒂博尔（Déry Tibor）的《回答》、萨波·帕尔（Szabó Pál）描写农村生活的《上帝的磨坊》、韦莱什·彼得（Veres Péter）的《三代人》。抒情诗中主要是歌颂两位伟大领袖斯大林和拉科西，老一代的诗人中班亚明·拉斯洛（Benjámin László）和泽尔克·佐尔坦（Zelk Zoltán）发表了大量这类的抒情诗。此外，还有弗尔代阿克·亚诺什（Földeák János）、戴韦切里·加博尔（Devecseri Gábor）及科尼奥·拉约什（Kónya Lajos）。而希蒙·伊斯特万（Simon István）、尤哈斯·费伦茨（Juhász Ferenc）和纳吉·拉约什（Nagy László）的作品主要歌颂劳动人民地位的提高和乐观主义。

1949—1953 年间，每年出版 400—500 本书，不及战前水平的一半。一些作品的年均发行量为 6000—7000 册，与 1938 年相比翻了一番。1945—1957 年，在世作家中伊雷什·贝拉（Illés Béla）的作品发行量最高，达 100 万册。发行量达到 30 万册的作家有伊耶什·久洛（Illyés Gyula）、萨博·帕尔（Szabó Pál）、韦莱什·彼得（Veres Péter）和泰尔山斯基·约日－耶诺（Tersánszky Józsi Jenő）。过世作家中莫里兹·日格蒙德的小说发行量最高，高达 200 万册。其次是米克沙特·卡尔曼 140 万册、约考伊·莫尔 130 万册。诗人当中奥劳尼·亚诺什 74.4 万册、裴多菲 67.9 万册。

1948 年设立了"科苏特奖金"。作家班亚明·拉斯洛（Benjámin László）、伊雷什·贝洛（Illés Béla）、科尼奥·拉约什（Kónya Lajos）、萨博·帕尔（Szabó Pál）、韦莱什·彼得（Veres Péter）和泽尔克·佐尔坦（Zelk Zoltán）于 1949—1956 年间两次获得"科苏特奖金"。伊耶什·久洛（Illyés Gyula）于 1948 年和 1953 年获得该奖。

除匈牙利作品外，还翻译出版了不少外国作品。1945—1957 年间翻译了 1500 部外国文学作品，高达 2500 万册。⅔ 为俄罗斯作家的作品，其中高尔基的作品位居首位，达 100 万册。其次是英国作家的作品，两次世界大战期间出版了英国文学作品 484 种，印数约 489 万册，仅美国作家马克·吐温的《汤姆·索亚历险记》和《顽童历险记》就印了 50 万册。其次就是法国文学作品，印数为 400 万册，仅儒勒 · 凡尔纳的浪漫儿童和冒险小说就出版了 84.6 万册。

音乐

1950 年成立了“国家人民歌舞团”，几年之后开始出国演出。当时巴尔托克（Bart ó k）的作品被视为资产阶级的颓废作品，因此《神奇的满大人》被禁止演出。轻歌剧院的许多剧目被淘汰，流行音乐中的许多旧军歌以及当时西方国家青年们非常喜爱的爵士乐和摇摆舞都被禁止。

当时最流行的音乐类别是在游行中、开会前后及好友聚会时唱的大众歌曲和运动歌曲，如国际歌、马赛曲、法国大革命时流行的卡马尼奥拉舞曲、马德里的捍卫者（又名国际游击队进行曲）、苏联工人运动和游击队之歌，如草原骑兵歌、阿穆尔游击队之歌。各类学校都在教学生唱革命内容的大众歌曲，成年人则从收音机学唱，从 1949 年到 1954 年收音机专门有一套节目叫《跟我一起唱》。另外还组织了合唱运动，1949—1951 个群众合唱团，1951 发展到 9584 个。此外还组织了歌手突击队，其任务是教每个劳动者会唱 4—5 首歌，以便在 4 月 4 日国庆节、5 月 1 日国际劳动节、8 月 15 宪法节和 11 月 7 日苏联十月革命节等国家重要节日的大游行时合唱。

电影

1949—1956 年共拍摄了 59 部新故事片，与此同时还制作了大量新闻纪录片。1948 年起，影院在故事片之前必须先放映一部新闻片。除此之外，还制作了许多科普和教学电影。从艺术水平来看，霍莫基 · 纳吉 · 伊斯特万（Homoki Nagy Istv á n）的自然片水平比较高，1953 年他拍摄的《铃兰从开花到落叶》获得了威尼斯电影节最佳科普片奖。匈牙利从 20 世纪 50 年代年代初开始拍摄彩色电影。1949—1956 年共放映了 206 部苏联故事片，其他社会主义国家的影片比苏联的还多些，包括美国和西欧国家在内的其他国家影片不足 150 部。

在拉科西年代，观看电影已经成了一种群众的消遣方式。1935 年，匈牙利每年人均观看电影 2.1 次，1949 年 4.6 次，1956 年提高到了 12 次。农村的电影放映场次和观众人数增长最快，布达佩斯最慢。1948 年影院被国有化时，全国共有 862 座影院。1956 年，电影院已经达到 4000 家，翻了四倍。布达佩斯的影院数量几乎没有增长，但农村的影院翻了六倍 。1950 年 100 个农村中有 42 座影院，1958 年达到了 85 座。20 世纪 50 年代末期，流动电影放映队每月都会到最小的农村或者独户村去放映一到两次电影。

这期间也拍摄了几部好电影，如 1954 年由法布里·佐尔坦（Fábri Zoltán）导演，匈牙利著名演员特勒奇克·毛丽（Törőcsik Mari）和肖什·伊姆雷（Soós Imre）主演的《旋转木马》（Körhinta），描写的是农业生产合作社一对男女青年的爱情故事。1956 年由萨博·埃尔诺导演的《洪尼巴尔老师》（Hannibál tanár úr），影片根据莫尔·费伦茨的讽刺小说《洪尼巴尔老师的复活》改编，讲述的是洪尼巴尔老师这位小人物为了争取自由发表意见的权利与法西斯社会发生的矛盾。1954 年拍摄的《莉莉雯菲》（Liliomfi），是由毛克·卡罗伊（Makk Károly）导演的一部爱情故事片，由著名演员道尔沃什·伊万（Darvas Iván）和克伦切伊·毛丽安（Krencsey Marian）主演。当时这几部影片的上座率都很高，并入选为当年 12 部最佳影片行列。

文化馆

文化馆发展也很快。20 世纪 30 年代末的 1500 个文化中心到大战结束时只剩下几百家，1950 年时也只有 400—500 家。1954 年增加到 2000 家以上，大部分设在居民区，其中 250 家归工会所有。文化馆设有象棋、舞蹈、戏剧小组及数以千计的合唱团。1951 年成立了“国民教育研究所”专门协调和指导其活动。文化馆经常举办科普讲座，1950 年举办了 5 万场，1953 年达到 12 万场，有 400 万—600 万人参加。另外，每年举行 3.6 万—6.2 万场的文艺节目演出，有 900 万—1400 万人观看。通常演出轻歌剧、带音乐的戏剧和各种轻音乐。

体育

这个时期，足球是匈牙利最热门的体育运动。从事足球运动的人占全国从事体育运动者的 ¼，1955 年正式足球运动员为 9.2 万人，全国有 2000 个足球场。足球赛的观众翻了 2—3 倍，一次全国冠军赛的观众可达几十万人。1953 年 11 月 25 日在伦敦举行的匈牙利 - 英国足球赛上，匈牙利队以 6 ∶ 3 战胜英国，夺取了世界冠军。当时匈牙利队的主要队员有普什卡什（Puskás）、黑代格库蒂（Hidegkuti）、齐博尔（Czibor）和科奇什（Kocsis）。全国人民几乎都收听了收音机的实况转播，举国上下感到无比骄傲和自豪。除足球外，匈牙利人热爱的体育项目依次为田径、排球、乒乓球、体操和手球。由于体育运动的快速发展，体育设施略显落后。1953 年 8 月 20 日，可容纳 10 万人的“人民体育场”落成，随后又先后在欧兹德（Ózd）、霍德麦泽瓦沙尔海伊（Hódmezővásárhely）、埃格尔（Eger）和绍尔戈陶尔杨（Salg ó tarj á n）兴建了可容纳 1 万—2 万人的体育场。

在 1936 年的柏林奥运会和 1948 年的伦敦奥运会上，匈牙利分别获得了 10 枚金牌。在 1952 年的赫尔辛基奥运会上获得 16 枚金牌。匈牙利拳击运动员保普·洛齐（Papp Laci）分别于 1948、1952 和 1956 年摘取奥林匹克拳击冠军，还在 1949 年和 1951 年两次获得欧洲冠军。击剑运动员卡尔帕蒂·鲁多尔夫（K á rp á ti Rudolf）在 1948、1952 和 1956 年奥运会上取得佩剑冠军。

第五篇

1956 年事件

——震惊世界的 12 天

1956年秋，政治反对派再次活跃起来。9月，裴多菲俱乐部恢复活动并猛烈攻击党的领导，尤其针对1950年起担任领导的人。《匈牙利民族报》原记者、裴多菲俱乐部的组织者洛松齐（Losonczy Géza）在文学杂志《文明人民》上撰文“要求罢免那些有过失且在苏共二十大之后仍在反抗的领导干部，并追究他们的个人责任”。1956年9月17日，在作家协会代表大会上，阿采尔（Aczél Tamás）、哈伊（Háy Gyula）、梅劳伊（Méray Tibor）和泽尔克（Zelk Zoltán）等人发言要求追究犯错误的干部们的责任，并要求为纳吉平反。

1956年10月6日，20万人参加了为拉伊克举行的葬礼，其中不乏很多政治家，国务部长明尼赫、爱国人民阵线全国委员会主席奥普罗、国防部副部长杨佐（Janza Károly）等人出席并讲了话。被开除党籍和解除一切职务的纳吉也参加了追悼会。应拉伊克夫人的邀请，拉伊克的同案人、好友萨斯（Szász Béla）在追悼会上致悼词。追悼会后，部分学生在鲍詹尼（Batthyányi）长明灯纪念碑前举行示威集会，打出了“我们不会半途而废，打倒斯大林主义”的口号。10月13日，为纳吉平反并恢复其党员身份。

10月16日，塞格德大学学生宣布退出劳动青年联盟，成立自己的组织“匈牙利大学生联合会”。10月22日，米什科尔茨、佩奇和肖普朗大学宣布加入匈牙利大学生联合会。

10月22日，布达佩斯工业大学学生召开会议，从下午一直开到深夜。最后提出16点要求，其中包括任命纳吉为总理、建立多党选举制、苏联军队撤出匈牙利、在平等和互不干涉的原则下重新审视匈牙利和苏联的关系、实行普遍和秘密的多党制选举、完全的言论自由、自由的电台等。此外，倡议10月23日在布达佩斯举行游行，以示对波兰人民的同情和支援（1956年6月28日在波兰的波兹南发生工人大罢工事件，波兰当局出兵镇压，导致至少74人死亡和800人受伤）。

第一章　10 月 23 日革命的爆发

10 月 23 日清晨，德布勒森大学数千名学生聚集在学校门口，以 8 人为一排的队形，高喊口号，唱起革命歌曲前往德布勒森市市党委大楼，要求印刷学生们提出的 20 点要求。党的领导同学生代表进行谈判后，当时著名电影和喜剧演员格尔拜（Gõrbe J á nos）在市委大楼的阳台上朗诵了裴多菲的诗歌《以人民的名义》。

10 月 23 日早 6 点，以党的第一书记格罗·埃尔诺和总理海盖迪什·安德拉什为首的匈牙利党政代表团从南斯拉夫回到布达佩斯，国内的领导人向其通报了一周内发生的事情，随后召开政治局会议研究对策。当日出版的《自由人民》报上发表了题为“新春的检阅”的社论，表示对游行的支持。政治局对于是否允许游行进行了无休止的讨论，先后作出了两个截然不同的决定。首先决定禁止游行，下午 2 点又作出了允许游行的决定。两项决定都在科苏特国家电台全文播出，随后又广播号召布达佩斯的党员们积极参加游行，以防止游行失控。

游行队伍于下午 3 点在“3 月 15 日广场”的裴多菲雕像前集合完毕，首先由年轻的话剧演员申科韦奇（Sinkovits Imre）朗诵了裴多菲的诗歌《民族之歌》，大学生和老师组成的 1 万—1.5 万人的游行队伍高呼“我们向匈牙利的上帝宣誓，我们宣誓！我们再也不作奴隶”，之后学生代表宣读了 16 条要求。这时，有人把匈牙利国旗中间的拉科西徽号（即苏联国徽图案）剪了下来，随后所有国旗中间的图案都被剪掉（乃至今日举办相关活动时都会挂出中间有个圆洞的国旗）。

游行队伍经过小弯路向拜姆广场前进，来到拜姆广场（Bem j ó zsef t é r）。首先，作协主席韦莱什宣读了作协的宣言，要求恢复纳吉总理职务、进行自由的国会选举、执行独立的民族政策、停止强迫性的农业合作化运动、由工人委员会领导工厂。之后，波兰作家齐别根纽·赫伯特（Zbigniew Herbert）致贺词。接着申科韦奇朗诵了匈牙利诗人弗勒什毛尔吉（Võrösmarty Mih á ly）于 1836 年创作的诗篇《号召书》（Sz ó zat），最后向象征匈牙利 – 波兰友好的拜姆（Bem）雕像敬献了花圈。

以上活动结束后，有人建议继续前往国会。于是，浩浩荡荡的队伍通过马尔吉特桥走向国会大厦。游行队伍唱着大家熟悉的革命歌曲并高呼口号“我们手挽着手前进”“纳吉返回政府”“把拉科西投入多瑙河”“我们要自由”“我们要科苏特国徽”其中喊的次数最多和最响亮是“俄国佬滚回去”“你要是匈牙利人，就要和我们在一起”。据警察局报告，当时在拜姆雕像前集聚了5万多人，并且人数还在持续增加。

晚上六七点钟，形势已发展到无法控制的地步。国会前的科苏特广场及附近街道已经聚集了20多万人，大多是25岁以下的学生和青年工人以及教师、医生、工程师、邮差等。大家都想听到纳吉的声音。晚上9点，纳吉在国会大厦阳台上开始向大家讲话，他大声地说“同志们！”集会人群中高声回应“我们不是同志”“我们不是同志”。纳吉在讲话中答应要进行改革，呼吁大家都回家。

晚上8点时，电台播放了第一书记格罗的讲话。他强调，有些人企图把无产阶级国际主义同匈牙利的爱国主义对立起来。我们是爱国主义者，同时也坚定地重申我们不是民族主义者。甚至，我们坚定地反对沙文主义、反犹太主义和一切反动的、仇视人民的和不人道的派别和观点。

攻占国家电台

格罗的讲话在群众中引起强烈不满和反感，而纳吉在科苏特广场的讲话又令他们感到失望。在这种情绪的支配下，游行群众聚集到位于布罗迪（Bródy Sándor）街的国家电台前，要求电台播放总结起来的群众的几点要求，但遭到拒绝。当催泪弹和水枪都无法阻止群众冲击电台大门时，电台领导调来了一台节目转播车。示威者很快发现转播车根本无法使用，于是用车撞击电台大门。电台领导不得已请代表进台谈判，但过了很久都不见出来，群众认为他们被捕了，于是情绪激动起来。武装保护人员用带刺刀的枪将人群逼迫至弯路，而前来保卫电台的两辆坦克车不慎将封锁线上的障碍物撞倒，群众顿时冲回电台门口。这时，黑暗中士兵开始向天空开枪，而被台内国家保安局战士误以为是进行反击的信号，于是开始向人群射击，造成一名军官死亡两名群众受伤。很多士兵站到了群众一边，把枪支送给他们并将帽子上的红五角星摘下扔掉。一些兵工厂的工人打开了工厂的武器库，把武器运来并发放给群众。开枪事件两小时后再次响起了枪声，而这次是布达佩斯人民武装起义的枪声。24日清晨，起义者占领了电台大楼。虽然次日上午苏联和匈牙利军队夺回了国家电台，但由于电台系统已被关闭和拆除，电台于25日搬到了国会大厦，直到1957年4月科苏特电台一直在国会大厦播音。

23日晚召开了党中央委员会会议。会议在激烈的争论中进行到凌晨，最后大家一致认为首要任务是恢复秩序，为此必须立即宣布戒严。会议还对政治局进行重大改组，半数政治局委员和书记处书记被撤换。中央委员会认为，匈牙利爆发了反革命，在讨论中纳吉和洛松齐·盖佐也都承认这是一场反革命暴乱，因此，纳吉和洛松齐当晚都进入了政治局 。根据中央领导层的决议，免去海盖迪什总理职务，任命纳吉为总理。改组了书记处，刚被释放的共产党国内派人士卡达尔、卡洛伊和多纳特（Don á th Ferenc）进入了书记处。

第二章　布达佩斯的系列事件(10月24日—31日)

苏联第一次出兵匈牙利

23日晚10点—11点，苏共中央主席团召开会议，多数成员同意立即出兵。在没有获得匈牙利政府正式邀请的情况下，苏联发动了代号为“行动波”的第一次干预行动。根据苏联国防部长朱可夫元帅的决定，由第128步兵师和第39机械化师组成的苏军部队于24日清晨2点15分越过国境线，并开进了布达佩斯。苏联坦克占领了国会前的科苏特广场、多瑙河桥头和重要的交通路口。

起义者们则在塞瑙（Sz é na）广场、科尔文小街（Corvin Köz）、鲍洛什（Baross）广场、消防队员街（Tüzolt ó utca）、鲍拉罗什（Bor ά ros t é r）广场、莫里兹（M ó ricz Zsigmond körtér）广场、切佩尔岛（Csepel）和新佩斯（ú jpest）成立了武装抵抗据点，并用从拜姆广场的兵营和位于蒂莫特（Tim ó t）街的武器库中缴获的大批枪支弹药武装起来。24日，他们同苏联的坦克交了火，主要反抗方式是向苏联坦克投掷燃烧瓶。

成立军事委员会

24日，匈牙利党中央成立了以明尼赫·费伦茨（M ü nnich Ferenc）、诺格拉迪·山多尔（N ó gr ά di S ά ndor）、费黑尔·拉约什（Feh é r Lajos）和迈泽·伊姆雷（Mez ő Imre）为成员的军事委员会。20点45分，中央书记卡达尔在电台发表讲话，严厉批评这场动乱是反动的、反革命的。

24日早8点，电台报道纳吉被任命为总理。8点45分，颁布政府戒严令和紧急状态。15分钟后，正式公布“应政府的请求，苏联军队将参与国内秩序的恢复工作”。纳吉在上任第一天就充当了邀请苏联军队镇压匈人民起义的参与者。同时，电台里不断说起义者是法西斯、反动分子和反革命分子。起初只是格罗和卡达尔这样表述，后来纳吉也跟着这样说。

科苏特广场上的枪击案

25日上午，许多市民们聚集在戴阿克广场、巴尔托克大街、美国大街和奥什托里奥旅馆前，他们向国会出发并要求与纳吉见面。上午 11 点左右，广场上聚集了约 5000 名和平示威者。“这时，新的悲剧发生了。手无寸铁的群众在科苏特广场遭到了突如其来的射击，近百人死亡，大批人受伤。凶杀的挑衅者是谁，至今都不知道。据分析，可能是从乡下调来的国安局队员开的枪。当时，为了保卫政府所在区域的安全，把他们安置在了广场周围建筑物的屋顶上，以防发生意外。”（见罗姆希奇·伊格纳茨 2010 年所著《20 世纪的匈牙利历史》匈牙利文版第 391 页）时至今日，历史学家们仍然不知道国会前的射击和灭绝人性的屠杀是谁下的命令以及准确的死伤人数。

根据军事历史学家戈斯托尼（Gosztonyi Péter）的考证：“是听命于共产党领导的游击队联盟成员们从农业部大楼楼顶首先向广场群众开枪，他们使用的是游击队联盟的机关枪。之后，可能是正在匈牙利的苏联国家安全委员会总司令伊万·亚历山德罗维奇·谢罗夫（Ivan Szerov）向广场上的苏联坦克车下达了开火的命令。”（见匈牙利文版维基百科中的《1956 年的革命和自由斗争》一文）。随后，保卫党中央大楼的匈牙利军队开始向苏联军队射击，广场陷入一片混乱。据联共（布）中央主席团委员、中央书记苏斯洛夫向联合国提供的资料，这次惨案造成了 62 人死亡，300 多人受伤。

纳吉得知这一惨案后非常气愤，立刻免去内务部长比洛什·拉斯洛的职务。这一血腥事件加剧了原本就要结束的武斗。从此，起义者加大了追杀国家保安局队员的行动，开始在街上的残杀行为。两个星期内被残忍处死和折磨致死的 28 人中，有 23 人是国家保安局队员。

卡达尔出任党的第一书记

25 日，科苏特广场上的枪击案后，在纳吉及苏联顾问米高扬和苏斯洛夫的倡议下，免除了格勒的第一书记职务，该职务由卡达尔担任。但对于起义的定性仍旧没有改变。15 点 15 分，卡达尔在电台发表讲话，表示部分青年组织了和平示威游行，但“由于混进队伍里的反人民和反革命分子的插手，几小时后这次游行变成了反对人民民主国家的武装进攻”。

纳吉也承认起义者为反革命分子

在卡达尔讲话后，纳吉在电视台发表了讲话，他说：“过去几天里我国发生了悲剧性事件。少数反革命煽动分子向人民共和国发起了武装进攻。”他呼吁起义者“立即停止战斗，交出武器”，并表示政府会给予宽大处理并不予追究。纳吉还说："作为国家总理我宣布，匈牙利政府将在匈苏友好、无产阶级国际主义以及共产党和社会主义国家之间平等和民族独立的基础上，同苏联就匈牙利人民共和国和苏联之间的关系，包括从匈牙利撤军等问题进行谈判。"

成立党中央主席团

26日，在马罗山的建议下成立了5人组成的党中央主席团，以代替党中央政治局。5名成员是纳吉、卡达尔、明尼赫、桑特·佐尔坦（Szántó Zoltán）和奥普罗·安道尔（Apró Antal）。

苏军撤出布达佩斯

26日，匈牙利劳动党开了一天会，军事委员会要求无情地镇压起义者。24日上任的书记处书记多纳特和政治局候补委员洛松齐·盖佐（Losonczy Géza）不同意把事件定性为反革命，要求同起义者进行谈判。但中央领导层并不接受他们的建议，因此二人离开了党中央。

经过长时间的争论，最终纳吉及其支持者占了上风，多数人认为虽然发生了武装斗争，但应当承认它并不是反革命，而是拥护社会主义的人民起义。对此，苏联领导人也表示认可，试图在不发生新的武装干涉下解决危机。27日，纳吉改组了政府。哲学家卢卡契、前小农党领导人、前国家总统蒂尔迪和刚从苏联回国的科瓦奇·贝拉进入了政府。

当晚，纳吉和卡达尔在苏联大使馆同米高扬和苏斯洛夫进行了长时间的谈判。苏方表示，为实现停火，苏军将撤出布达佩斯。之后苏军确实撤出了布达佩斯。在纳吉的努力下，劳动党政治局批准了政府关于停火的决定。10月28日，纳吉宣布正式停火。中央领导层将事件的定性从"反革命"改为"民族民主运动"。纳吉宣布，3月15日将再次成为国庆节，并将恢复科苏特国徽。宣布解散国家保安局，并成立国民自卫队（Nemzetőrség）。这是一支以起义团体为依靠的武装力量，其任务是保卫革命成果和维护公共秩序，总司令是布达佩斯司令员基拉伊·贝拉（Király Béla）。当日晚上，前第一书记格勒和前总理海盖迪什携家眷前往莫斯科避难。

起义者攻占布达佩斯市委大楼

起义者已经占领布达佩斯多区的劳动人民党办公楼，29日开始进攻市委大楼。他们认为市委大楼是镇压革命的指挥部，另有谣言说该大楼或广场下设有关押起义者和学生的秘密地下监狱。此外，保护市委大楼的三辆苏联军车于29日奉命撤离，但原先派来保护市委大楼的46名国安局战士仍在大楼内。

30日早晨，国民自卫队的战士强行进入市委大楼前厅，前来没收国安局战士的枪支。但楼内的人向他们开火，战士们逃出了大楼。起义者们认为，楼内的人违背了停火协议，因此开始进攻大楼。大楼内的人则从窗户上向楼下开火。上午10点，起义者们运来一门大炮并炮轰大楼。11点，一辆装甲车抵达并向大楼开炮。这时，市委书记迈泽·伊姆雷（Mező Imre）不断通过电话向党中央、国防部和八区的领导求援，甚至还打给纳吉。最后，时任八区第一书记的比斯库（Biszku Béla）在迈泽的一再哀求下，命令八区军队司令员韦拉格（Virág Endre）从马加什兵营派遣战车营救市委大楼，并任命高洛（Galó István）少校为T-34型坦克队的队长。因为只有队长的坦克上装有通信设备，其他坦克车上没有，导致两辆坦克迷路未能抵达目的地，其他三辆到达后却不知哪座是市委大楼建筑。他们看到一辆装甲车正在向大楼射击，于是也跟着向大楼开炮。随后，队长看到群众的欢呼，感觉不太对劲，又无法同其他坦克取得联系。领队的坦克在广场上转了两圈后驶出广场，其他坦克明白其用意也驶出了广场。他们在凯赖派希（Kerepesi）公墓停下来，这时才发现犯了错误，攻打了本来要保护的建筑物。坦克小队立刻返回广场，但那里的战斗已经结束。他们的误打决定了战斗的胜负，大楼内的战士停止了射击。两名少校军使和市委书记迈泽打着白旗从大楼里走出，准备和围攻者谈判，但刚出大门就被一梭子子弹击中倒地（历史上一直都是这样的说法，但2010年图莉潘·爱娃出版的《1956年共和国广场的围攻》一书中却说，迈泽是背后中弹。据此，她认为是楼内的人向迈泽开的枪）。现场三人都没有死亡，迈泽被送进医院后因伤势过重而死亡。一名少校被头朝下、双脚吊起倒挂在树上活活折磨而死，另一名则被残酷地开膛挖心示众。25名大楼的保安及工作人员均被击毙或折磨致死。

纳吉宣布取消一党制

10月30日下午，纳吉总理宣布匈牙利将取消一党制，“政府将在1945年新成立的联合政府各党民主合作的基础上运行”。被取缔的各党，例如小农党、匈牙利社会民主党、基督教民主人民党、匈牙利革命者党和农民联盟等都重新开始活动，先前的国家农民党改名为“裴多菲党”，匈牙利最有名气的作家都加入了该党。

10月30日，根据政府指令，在警察的保护下将明曾蒂大主教从软禁的别墅里解救了出来。

第三章　苏联决定第二次军事干预匈牙利

10月31日，苏共作出武力镇压匈牙利起义的决定。他们需要寻找合适人选做匈牙利的领导人，这个人不能引起群众的反感，而且能够控制局面。苏共看上了明尼赫和卡达尔。

11月1日，卡达尔和明尼赫被请到苏联驻匈牙利大使馆，被通知苏共最高领导人希望与之会谈。随后，他们分别乘苏联专机抵达莫斯科。11月2日和3日，他们同苏共中央主席团举行了谈判。苏联外长莫洛托夫希望由明尼赫担任匈牙利总理，因为卡达尔的路线和纳吉很相似，而且明尼赫公开主张对匈牙利进行武装干涉。11月3日，赫鲁晓夫从南斯拉夫的布里俄尼（Brioni）岛回国，他不但得到了铁托对匈牙利进行军事干预的支持，而且铁托还建议由卡达尔担任匈牙利第一把手。当天，赫鲁晓夫接见了卡达尔和明尼赫，共同商定了即将成立的匈牙利政府成员的名单，当晚就派专家把二人送回索尔诺克（Szolnok）。

纳吉宣布中立和退出华约

11月1日，纳吉接替了外交部长职务，并立即召见苏联大使安德罗波夫。这时，纳吉已经得知苏联将出兵干涉匈牙利起义的事件，但苏联大使就此一口否认。纳吉对苏联的口是心非很气愤，因此表示匈牙利将退出华沙条约并宣布中立。当天下午6时，纳吉在电台讲话中宣布了该决定。随后致电联合国秘书长告知其决定，并请求将匈牙利问题提到安理会议程中。

11月2日，纳吉再次致电联合国秘书长，请求协助安排匈牙利和苏联的谈判。任命埃尔代伊·费伦茨、毛莱泰尔·帕尔、科瓦奇·伊斯特万少将和絮奇·米克洛什上校组成的代表团与苏联就撤军问题进行谈判，并任命了前往华沙就退出华沙条约进行谈判的匈牙利政府代表团成员。政府还任命纳吉总理、蒂尔迪·佐尔坦和科瓦奇·贝拉为前往联合国出席联合国大会匈牙利代表团成员。

11月3日，纳吉改组了政府，成立了多党联合政府。纳吉任总理兼外长，国务部长是蒂尔迪·佐尔坦。除纳吉外，政府中还有卡达尔和洛松齐两位共产党员。小农党和社民党各3位部长，农民党2位部长，裴多菲党1位部长。晚上8点，明曾蒂大主教在电台的演说中指出，匈牙利是个小国，因此需要和美国及强大的苏联友好、不受干扰、和平且相互尊重地相处，并同各邻国保持良好的关系。他希望苏联军队尽快撤出匈牙利的领土，并表示不想与历史的进步对抗，但应当保护拥有悠久历史和巨大价值的宗教机构。大主教认为目前最急迫的任务是恢复宗教教育，恢复天主教机构、团体以及报刊。

11 月 3 日上午，匈牙利和苏联代表团在国会大厦进行苏联撤军的谈判。会后决定，晚 10 点在苏军司令部继续会谈。10 点准时开始谈判，但午夜过后匈牙利代表团全体人员被苏军逮捕。

苏军第二次军事干预匈牙利（11 月 4 日—11 日）

苏军于 11 月 4 日周日清晨 4 点发动了对匈牙利全境的进攻。清晨 5 点，乌日霍罗德（Ungvár）电台播放了明尼赫·费伦茨亲自宣读的由卡达尔签署的匈牙利革命工农政府致匈劳动人民的公开信。5 点 20 分，纳吉在科苏特电台发表了告全国人民书："在这里讲话的是匈牙利人民共和国部长会议主席纳吉·伊姆雷！今天清晨苏联军队对我们的首都发起了进攻，目的是要推翻合法的匈牙利民主政府。我们的军队在战斗！政府安然无恙。我想把这些告诉国家的民众和世界公众舆论！"科苏特电台自 8 点零 7 分起重复广播纳吉的讲话，然后用匈语、英语、德语和俄语广播了作家协会的呼吁"救命啊！救命啊！救命啊！"之后再没有了声音。

苏联军队在黎明时分从三个方向进入布达佩斯，开始了代号为"旋风"的军事行动。清晨，布达佩斯所有区的重要街道都布满了苏军的大炮和坦克。此时，国防部长毛莱泰尔已被苏军逮捕，无法下达命令。国家警卫队总司令和布达佩斯军队司令基拉伊·贝拉则认为抵抗没有意义，因此带着队伍退进布达山里，之后向维也纳方向撤退。因此，苏联的坦克在市内畅通无阻，没有受到匈牙利国防军的抵抗。早晨 8 点，保卫国会的匈牙利军队在苏军的逼迫下放下了武器。只有国务部长比博（Bibó István）仍在国会，他向西方国家驻布达佩斯各使馆发布宣言，号召全国人民不要承认这个傀儡政府，启用一切消极反抗的手段。他呼吁世界各大国及联合国，为了匈牙利民族的自由而采取英明和果断的行动。纳吉及约 40 名共产党员逃到南斯拉夫大使馆要求避难，使馆收留了他们。明曾蒂大主教逃到美国大使馆避难，蒂尔迪·佐尔坦到英国大使馆要求政治避难，但遭到拒绝。

中午前后，苏军占领了国防部、内务部、布达佩斯警察局和电台。居民们都躲进了防空洞。苏军司令部颁布了戒严令，但武装反抗还在进行。苏军对反抗最为厉害的城市工业区动用了炮兵和空袭。11 月 5 日，集中打击了基利安

(Kiliá n)兵营和科尔文(Corvin)街的反抗据点，但没有拿下。11月6日，苏军全力打击外地和首都的反抗据点，布达佩斯的谢纳(Sz é na)广场、盖莱尔特(Gell é rt)山、老布达(ó buda)及科尔文(Corvin)据点统统被拿下，在科尔文据点俘虏了500多人。7日，苏军占领了碉堡兵营。10日和11日，新佩斯和切佩尔的抵抗据点均被苏军占领。至此，布达佩斯的武装起义被彻底镇压。

苏联第二次出兵的原因

起初，苏联领导层对如何处理匈牙利事件意见并不统一。赫鲁晓夫等多数人支持纳吉的改革，因此主张政治解决。后来，匈牙利政府要退出华沙条约宣布中立，踩到了苏联的红线。

10月31日，赫鲁晓夫在苏共中央主席团会议上宣布第二次对匈牙利出兵。导致苏联再次武装干预匈牙利事件的主要原因如下：

第一，美国已经暗示不会干预。另外，各大国的注意力都集中在苏伊士运河危机上，从而分散了对匈牙利问题的关注。1956年7月26日，埃及总统宣布苏伊士运河国有化。10月29日，以色列进攻埃及，随后英国和法国也发动进攻。此时的苏联没有采取对抗，反而从埃及撤出了军事顾问和重型武器，目的是期待西方在匈牙利事件上采取消极态度。10月29日，美国国务卿杜勒斯致电赫鲁晓夫，并于10月31日在电台和电视的竞选讲话中对匈牙利人民表示赞赏，同时明确宣布“美国不把匈牙利的新领导视为潜在的盟友，不会给匈牙利人提供军事援助”(见匈文版维基百科中《1956年革命》文章中的“革命的国际反应”章节)。这实际上给了苏联入侵的批准书。

第二，得到了所有社会主义国家的同意。11月1日在马林科夫和莫洛托夫的陪同下飞往布列斯特，同波兰领导人哥穆尔卡进行了会谈，11月2日又在布加勒斯特征得了罗马尼亚、保加利亚和捷克斯洛伐克领导人的同意与支持。当天，抵达布里俄尼(Brioni)岛，同铁托和南斯拉夫领导人进行了通宿的谈判，铁托也表示同意该计划。这样一来，这个计划变成了社会主义国家的共同决议。11月3日，赫鲁晓夫返回国内。(见Korona出版社出版的匈文版《1918—1990的匈牙利历史》第331页)

第三，匈牙利局势的恶化。尤其是10月30日起义者攻打并占领了布达佩斯市委大楼，布达佩斯市委书记不幸遇难，两名上校军官被残酷杀害。

第四，苏共中央领导层内部对事件的看法渐趋一致，认为这是一场反苏、反社会主义的暴乱。而纳吉已背弃了社会主义。

起义者的诉求和伤亡

起义者们没有统一的意识形态，当中既有共产党人也有反共分子，既有知识分子也有工人和学生。他们只有一个临时的目的，想要重新获得民族独立和消灭独裁。匈牙利历史学家们对革命期间电台播放的及外国报道的 225 条要求进行了分类，要求独立的 78 条（占 35%），要求改革政治体制的 69 条（占 31%），要求经济改革的 63 条（占 28%），要求新闻和宗教自由的 15 条（占 6%）。没有恢复战前社会制度、废除国有化和修改边界的要求。

1956 年 10 月 23 日到 1957 年 1 月之间牺牲的 2500 人当中，44% 在 25 岁以下，58% 为体力劳动者。78% 的人死于布达佩斯。2 万名伤者中布达佩斯占 77%，30 岁以下的占 50%。

历史学家罗姆希奇在其著作《20 世纪的匈牙利历史》中写道："数月以后，匈牙利人民才明白，联合国和美国不帮助是因为匈牙利仍然是苏联集团的成员之一。如果还有活路的话，只能在苏联规定的范围内寻找。"

匈牙利革命工农政府成立

10 月的最后几日，以卡达尔为首的新革命中心在索尔诺克成立。他们是 10 月 28 日刚刚成立的党中央六人主席团中的卡达尔、明尼赫、奥普罗、基什四人以及马罗山、比斯库、费赫尔、卡罗伊和道比等人。

11 月 4 日早晨，设在索尔诺克的电台宣布：在卡达尔的领导下，马罗山・久尔吉和明尼赫・费伦茨的参与下，成立了"匈牙利革命工农政府"。并声明，在苏联军队的帮助下，新政府正在同反革命进行战斗。接着，电台广播了新政府致全国人民的公开信："我们呼吁人民共和国所有忠诚的儿女们、社会主义的所有信奉者，首先是共产党员、工人们、矿工们及农民和知识分子们最优秀的儿女们，支持匈牙利革命工农政府的所有措施及整个解放人民的斗争。" 11 月 7 日，苏军坦克把卡达尔及其 7 人政府送至首都布达佩斯。

匈牙利社会工人党为 56 年事件定性及国际社会的反应

匈牙利社会主义工人党于 12 月 2 日至 5 日召开了临时中央委员会扩大会议。全会同意卡达尔和其他人的意见，确定 10 月事件是"反革命事件"。扩大会议认为，四大因素导致反革命事件的爆发：1）身居领导地位的拉科西 – 格罗集团犯了宗派主义和教条主义的错误。他们"不顾国家的经济状况，忽视进步传统和民族利益，从而伤害了匈牙利人民的民族和爱国情感”。2）纳吉及其“集团”美元以正确的纲领改正错误，而是一味地攻击党，不能同反动势力划清界限。3）“霍尔蒂法西斯分子和匈牙利的资本家－地主反革命”在“10月事件的筹划和爆发中”起了关键性的作用。4）“国际帝国主义”利用其宣传工具“把实际的错误无限放大，之后煽动人民反对这个制度”。

对纳吉等人的处治

1956年11月22日，南斯拉夫方面迫于压力，在得到匈牙利新政府保证纳吉等人生命安全的前提下，最终同意交出纳吉。按照计划，纳吉及其同事应被送往南斯拉夫。但护送车辆离开南斯拉夫使馆后，在匈牙利当局知情的情况下（也有历史书中提到，在南斯拉夫知情和卡达尔的同意下）被苏军劫持，次日被送至罗马尼亚，软禁在靠近布加勒斯特的斯那科夫（Snagovs）政府别墅。在此期间，乔治乌－德治等罗马尼亚领导人多次劝说其改变立场，承认和支持卡达尔的新政府，并表示愿提供政治庇护，但均被纳吉拒绝。

1957年4月，纳吉等人从罗马尼亚被押送回匈牙利，1957年6月进行了秘密审判，1958年6月16日公布了纳吉·伊姆雷及其同谋者案件的判决书。总检察长在起诉书中指控纳吉·伊姆雷、多纳特·费伦茨、吉麦什·米科洛什、蒂尔迪·佐尔坦、毛勒泰尔·帕尔、科帕奇·山多尔、西拉基·约瑟夫、亚诺什·费伦茨、瓦沙尔海伊·米克洛什等犯了组织推翻匈牙利人民民主国家罪。此外还控告纳吉·伊姆雷犯了叛国罪，科帕奇·山多尔和毛勒泰尔·帕尔犯了组织军事暴乱罪。洛松齐·盖佐的案件因其病逝而停止审理。最终，判处纳吉·伊姆雷、吉麦什·米科洛什和毛勒泰尔·帕尔死刑，并于当日立即执行。判处多纳特·费伦茨12年有期徒刑、蒂尔迪·佐尔丹6年、亚诺什·费伦茨8年、瓦沙尔海伊·米克洛什5年有期徒刑。

这种判决肯定取得了赫鲁晓夫的同意，也是对其他国家的警示，反对苏联就是这样的下场。

参加起义的组织和个人遭受处罚

1956年11月11日，取缔了匈牙利知识分子革命委员会，解除了工厂内工人纠察队的武装。12月5日解散了各种革命委员会，9日查抄了中央工人委员会的办公室，逮捕了200多名领导人和积极分子。1957年1月18日停止了作家协会的活动，20日停止了匈牙利记者协会的活动。1957年4月6日成立最高法院特别法庭委员会，其判决不可上诉。

1957 年，很多著名作家和诗人被判刑。例如比博（Bibó István）被判处无期徒刑、根茨·阿尔帕德（Göncz Árpád）无期、德里（Déry Tibor）9 年有期、费凯泰（Fekete Sándor）9 年、厄尔希（Eörsi István）8 年、泽尔克（Zelk Zoltán）3 年、科沙里（Kosáry Domokos）2 年、利特万（Litván György）6 年、梅赖伊（Mérei Ferenc）10 年、阿达姆（Ádám György）无期徒刑。门沙罗什（Mensáros László）两年两个月有期，道尔沃什（Darvas Iván）22 个月有期结期等。

1956 年 11 月到 1959 年底，共对 3.5 万人进行了法庭审理，其中 2.2 万人被判处有期或无期徒刑，229 人死刑，1.3 万被拘留。21.1 万人因害怕报复而逃离祖国，其中 17 万人再没有回国。“这些人中只有一小部分人参加了武装战斗，而大部分年轻学生和工人因为渴望自由和更好的生活而逃离。这次的法庭审理与拉科西时代的清洗不同，那时针对的是整个社会阶级，受害者达几十万人。而 1956 年以后的惩罚是有选择性、有较合理依据的，其目标不是一个社会阶级，而是一些个人，他们的行为已被证明对政权产生了危害。”（见 Romsics Ignác 所著的《20 世纪的匈牙利历史》匈文版第 404 页）

国际社会的反应

1956 年 10 月事件后，除波兰外的所有社会主义国家领导人都认为这是一场反动的、法西斯反革命的事件。当听到匈牙利革命被镇压后，波兰许多城市都举行了数千人参加的沉默和哀悼示威活动。1957 年 1 月，联合国秘书长哈马舍尔德专门成立了调查匈牙利事件的特别委员会。1957 年 6 月公布了一份 268 页的报告，指责卡达尔和苏联严重损害了匈牙利人民的人权。1958 年 12 月 12 日，联合国大会通过共同声明，谴责对匈牙利人民的压迫和苏联的军事占领。

1991 年 12 月，戈尔巴乔夫和叶利钦分别代表苏联和俄罗斯，对 1956 年苏军在匈牙利犯下的罪行正式向匈牙利人民道歉。

第六篇

卡达尔时代

（1956—1989）

卡达尔于1912年5月26日出生在奥匈帝国亚得里亚海小城阜姆（今克罗地亚共和国第三大城市和主要海港城市里耶卡）的一个农民家庭，原名齐尔毛纳克·亚诺什。自幼父母离异，6岁时被生母带到布达佩斯。14岁辍学后去当学徒、帮工、货栈工和机械工人。1931年加入匈青年工人联盟，同年11月9日以“传播共产主义思想”的罪名被捕入狱，后因证据不足于1932年2月获释。1933年任青年工人联盟中央委员会书记，并自动转为共产党党员。1933年再遭逮捕，获释后在一家雨伞厂工作，为掩护身份从此化名为卡达尔。1935年6月21日再次被捕入狱，并被判处两年徒刑。在狱中服刑期间，结识了匈共领导人拉科西·马加什。1936年5月，共产国际以匈共没有积极执行共产国际的决议为由解散了匈牙利共产党。随后卡达尔加入匈社民党，1940年重返匈牙利共产党。1942年当选为党中央委员，1942年12月任党中央书记处书记。1943年5月，共产国际宣布解散，同年6月，匈共中央作出自行解散的决定，另行成立匈牙利和平党，卡达尔希望改名为“匈牙利工农党”，但未被其他人接受。1944年11月，卡达尔主持国内中央日常工作时将党名改回匈牙利共产党。1944年德军占领匈牙利后，卡达尔试图让苏联红军和流亡国外的共产党领导人与国内处于地下的共产党中央委员会建立联系，协调计划。卡达尔想在铁托游击队的帮助下找到苏军，但在匈南边境被捕并判刑两年半。匈牙利共产党得知此事后，立即重金聘请律师救出了卡达尔。

解放后，1945年春卡达尔任党中央干部部部长。1945—1948年任匈共布达佩斯市委书记。1945年5月当选为匈共中央委员、中央书记处书记和中央政治局委员。1946年9月当选为匈共中央委员会副总书记。1948年6月当选为匈劳动人民党中央委员、中央政治局委员、中央委员会副总书记。1948—1950年任政府内务部长，1950年任党中央党群组织部部长。1951年5月因“拉伊克案件”的牵连，受诬告被国家保安局逮捕，在狱中受到刑讯逼供，最后以“叛国罪”被判处无期徒刑。1953年拉科西一派开始失势。1954年7月，卡达尔被释放并恢复名誉。1955年任佩斯州党委第一书记。1956年7月当选为社会主义工人党中央委员、政治局委员、中央书记处书记，重新回到了党和国家最高领导层。

卡达尔是20世纪匈牙利政治家中执政时间最长的一位，从1956年11月到1988年5月总共32年。在此期间，他一直是执政党匈牙利社会主义工人党的第一把手，1957—1985年任中央委员会第一书记，1985—1988年任总书记，1988年5月22日到1989年5月8日担任党主席，1956—1958年和1961—1965年还兼任部长会议主席。

匈牙利历史学家罗姆希奇认为："他对匈牙利近代历史的影响可以说是巨大的，可与最伟大的人物相提并论。当他还在世的时候，其名字已成为时代和制度的同义词。除卡达尔时代的说法外，还有卡达尔主义和卡达尔制度这些根深蒂固的概念，都是对他的影响做出的最好诠释。"

2007 年，Medián 公共舆论和市场研究所同社会学家汉基什（Hankiss Elemér）合作进行了一次调查，结果显示在匈牙利历史人物中卡达尔是第三位最胜任的国家领导人，排名首位的是塞切尼（Széchenyi István），第二位是科苏特（Kossuth Lajos）。

卡达尔时代可以分为两个阶段。第一阶段从 1956 年到 1962—1963 年，主要任务是稳定政局、巩固政权、重新回归联合国。这期间，虽然 1956 年起义者要求的独立和民主没有完全实现，但也没有再回到 1956 年前的斯大林政策上，拉科西和格罗等人再也没有回到匈牙利政坛。第二阶段从 20 世纪 60 年代初到 20 世纪 80 年代末社会主义制度变更为止，是被西方定义为实用主义的"卡达尔主义"阶段。

历史学家罗姆希奇认为，在卡达尔时代，"匈牙利社会主义模式的主要特点是以独裁代替了全面专政，减少了国家的报复性行为，经济、教育、科学和文化等领域享有一定的自由，以国家所有制为基础的计划经济更加合乎经济原则，停止了党国意识形态的霸权，日常生活实现非政治化，社会消费现代化要求得到基本满足。但一党制仍是自由化不可逾越的栏杆，卡达尔时代不可以质疑匈牙利社会主义工人党的领导作用，要无条件地忠于苏联的外交政策及其领导的军事同盟（华沙条约）"。（见罗姆希奇·伊格纳茨 2010 年所著《20 世纪的匈牙利历史》匈文版第 399 页）

第一章　稳定政局及巩固政权（1956—1962）

卡达尔政府成立

1956 年 11 月 4 日，明尼赫·费伦茨同苏联军队一起来到布达佩斯。7 日，匈牙利革命工农政府的领导人也回到布达佩斯。主席团主席道比立刻任命卡达尔为总理，明尼赫在新政府中担任副总理兼武装力量和公安事务部部长，比斯库任内务部长，马罗山任国务部长，霍尔瓦特·伊姆雷（Horv á th Imre）任外交部长，科绍（Kosa Istv á n）任财政部长，奥普罗（Apro Antal）任重工业部长，德盖伊（Dögei Imre）任农业部长，罗瑙伊任贸易部长，卡洛伊任文教部长。

重建党组织

1956 年 10 月 31 日，匈牙利劳动人民党解散。11 月 1 日，匈牙利社会主义工人党宣告成立，并成立了以卡达尔为首的临时管理委员会，其成员有奥普罗、比斯库、费黑尔、卡达尔、卡洛伊、基什、马罗山和明尼赫。11 月 6 日成立了临时中央委员会。1956 年 12 月 2—5 日召开了临时中央委员会会议，会议决议宣布社会主义工党是匈牙利工人阶级统一的革命政党，其任务是领导匈牙利劳动人民在匈牙利建立社会主义社会制度。社会主义工人党“以马克思列宁主义学说为指南，坚决铲除过去一切坏的和不正确的东西，同时保持和发扬匈牙利共产主义运动 38 年历史斗争的传统。同匈牙利劳动人民党领导所犯的罪恶的教条主义错误，以及对列宁主义的歪曲划清界限”。

根据临时中央委员会公布的《关于吸收党员的方针》的规定，“接受党的政策，执行党的决议，参加基层工作，缴纳党费并年满 18 岁者方可成为匈牙利社会主义工人党党员”。规定不得吸收如下三种人入党：一是在拉科西集团统治时期犯过严重政治错误的人；二是在拉科西领导时期犯过反党反人民罪行的人，即迫害、逮捕过正直的共产党员，一贯严重滥用职权的人；三是作为武装起义参与者曾煽动毒杀工厂党员或其他进步人士、曾抢劫或参加过恐怖活动的人。

持有匈牙利劳动人民党党证而愿意加入社会主义工人党的人，经审查不属于上述三种人的均可以领到新的临时党证，党龄从加入劳动人民党之日算起。另外规定，非劳动人民申请入党需要两个正式党员介绍，由基层组织集体审查通过后，经上级组织批准方可吸收入党。

开始时党员人数增长很快，1956 年 12 月只有 3.7 万人，1957 年初达到 12.5 万人，到 1957 年年底已经拥有 40 万名党员，这时的党员人数已经相当于 1956 年 8 月匈牙利劳动人民党人数的一半。申请入党的大部分是过去的老党员，他们当中既有拥护强硬路线的斯大林分子，也有拥护卡达尔路线的人，还有部分或全部继承纳吉遗产的改革派共产党人。后来党员人数增长速度放缓，入党的几乎都是新人。

社会主义工人党于 1957 年 6 月 27—29 日召开了第一届全国代表会议。政治局委员中除卡达尔、明尼赫、马罗山、罗瑙伊外，还有 1945 年后受排挤但在 1956 年事件中保有名声的国内派共产党员卡洛伊、费黑尔、福克（Fock Jenő）和肖莫吉（Somogyi Miklós）。书记处书记有福克、卡洛伊、卡达尔、马罗山和基什.卡罗伊。书记处里没有一个是莫斯科派，政治局里只有明尼赫和候补委员奈迈什（Nemes Dezső）是莫斯科派。在新的领导集体中，与卡达尔亲近的所谓的国内派党员占主导地位。

重组军队

军队的重组工作从 1956 年 12 月开始，到 1958 年春结束。参加起义的军官被送上法庭，不可靠的军官被开除，80% 的军官宣誓效忠新政权，20% 的军官辞职 。新军队有 6.3 万人，相当于过去人数的 45%。1957 年 1 月只有 4.3 万战士住在兵营，除 1.9 万名列兵以外其余的都是军官或军士。1957 年 5 月开始招募新兵，只招募了 3 个师。1958 年又招募了一个师。1959 年军队人数为 8.4 万。服役时间缩短为 2 年。两所军官学校合并为一个，两所军事学院只留下兹里尼军事学院。匈牙利军队仍然是华沙条约军事力量的一部分，其任务是“保卫社会主义的匈牙利”。1957—1960 年的国防部长是雷韦斯（Révész Géza），1960—1984 年是齐奈盖（Czinege Lajós）。国防部长一直都是中央委员会委员、军队的总司令，根据规定国防部长只对部长会议和政治局负责，而实际上还要对各级苏联军事机关负责，最主要是对华沙条约总司令部以及驻扎在匈牙利的苏联南方集团军负责。

新建工人警卫队

工人警卫队（Munkásőrség）是新政权一个半军事化的武装团体。它并不是军队，而是党的一个机关，直属中央委员会领导。队员在家可以携带武器。工人警卫队第一个营于 1957 年 2 月 19 日在克巴尼奥（Köb á nya）成立。队员身着蓝色连衣裤，头戴大檐帽，手持冲锋枪或腰间别有手枪。人数很快达到 6 万人，平日担负夜间巡逻任务。举办大型群众活动时，则与警察共同担负维持秩序的任务。

成立匈牙利共产主义青年联盟

1957 年 3 月 21 日成立了匈牙利共产主义青年联盟，它取代了拉科西时代的劳动青年联盟，其任务仍然是对青年进行马克思 – 列宁主义的教育，培养党的接班人。

重建爱国人民阵线

1957 年 10 月 21—22 日重新成立了爱国人民阵线。由共产党员、油漆工出生的奥普罗・安道尔（Apr ó Antal）担任主席，总书记由小农党的民俗学研究员欧尔图陶伊・久洛（Ortutay Gyula）担任。人民阵线的任务是向社会传达党的政策，在党外人士中争取支持者。1970 年，全国共有 4000 个基层组织 12 万成员。

在重建政权的过程中，有些人认为这种报复行为不正确，有些人则认为应当更强硬些。1957 年 1 月从莫斯科回国的雷沃伊就是第一种观点的代表。为此，卡达尔于 1957 年 3 月底访问了莫斯科，从赫鲁晓夫那里得知雷沃伊并不代表莫斯科的立场，拉科西和盖勒也不会再回匈牙利。作为卡达尔访问的另外一个成果，1957 年 3 月 27 日，匈苏两国签订了苏军“临时”驻扎匈牙利的协议。就何时撤军的问题，卡达尔不仅当时没有谈论，之后也再没提过。

国会选举

1957 年 3 月 9 日召开了国会。国会通过了卡达尔政府所采取的一切措施，再次确认了卡达尔的政府首脑地位。国会通过了新的民族象征，不加任何装饰的三色国旗，恢复了科苏特的盾形国徽。这两项都是 1956 年起义者的强烈诉求。

1958 年 11 月 16 日举行了首届国会和地方议会选举，候选人由爱国人民阵线提名。338 名候选人中党外人士 62 人，占 18%。选民 660 万，占全国人口的 67%。98% 的选民参加了选举，其中 2.8 万人投了反对票，占选民的 0.4%。3.3 万张选票无效，占 0.5%。46% 的议员是第一次进入国会。从议员的职业看，工人比例从 43% 增加到 50%，农民比例则从 30% 降到了 22%。

党、国会和政府机构之间的关系和分工与以往相同。国会每年召开2—3次，每次6—10天。议员每年有3次机会对政府和部长进行质问。国会每年通过4—5部法律，由共和国主席团通过的具有法律效力的法令仍然很多。截至1967年，道比一直是主席团主席，他于1959年加入匈牙利社会主义工人党。1967—1987年由洛松齐·帕尔（Losonczi Pál）担任主席团主席。主席团的其他20名成员由工会、少数民族、爱国人民阵线和科学院等各社会团体和机构代表组成。主席团中也有党的最高机关的成员，如卡达尔和工会主席加什帕尔等。

这时，党政领导人的特权在减少。但他们在住房、汽车和短缺的消费品供应上仍享有特权，拥有豪华休假别墅和打猎的机会，但免费量身制作衣服和免费食品商店制度被取消。与此同时，“围绕着党的第一把手的个人崇拜也没有了。卡达尔特别喜欢打猎，除此以外，从各个角度来看他都是一个生活朴素的人。他住在比平均数稍大些的三间一套的别墅楼里，每天晚上下棋、打扑克或者阅读书籍。卡达尔不喜欢他人讲阿谀奉承的话，且坚决拒绝卑鄙小人本性的表露。相比之下，日夫科夫在他的家乡树立着巨大的雕像，赫鲁晓夫和布列日涅夫的生平都有传记和记录影片，铁托按照南美独裁者的方式每年都在布里俄尼岛度过夏天，罗马尼亚的齐奥塞斯库在个人崇拜方面胜过斯大林和拉科西，要求人们像崇拜上帝一样去崇拜他。卡达尔的这种自我克制获得了很多人的喜欢”（见罗姆希奇所著《20世纪的匈牙利历史》匈文版第411-412页）。1958年，基本上恢复了1956年前的政治体制。但同教会、知识分子和农民的关系，以及与联合国和西方大国的关系都还没有理顺。

改善同教会的关系

1957年上半年，天主教还处在反抗当中。牧师和平运动在起义过程中被搞乱，和平运动的领导人于1957年年初被梵蒂冈和明曾蒂罢免。政府于1957年2月开始与天主教进行谈判，作为谈判结果于1957年5月成立了全国和平理事会天主教委员会。委员会的主席由乔纳德（Csanád）大教堂的主教豪姆沃什·安德烈（Hamvas Endre）担任。

1958年7月22日，社会主义工人党中央委员会政治局的决议打破了僵局，该决议划清了宗教世界观和政治抵抗的界限。提出对于政治抵抗可以采用政治和行政的一切手段，而对宗教世界观问题则应采用“启蒙和教育”的手段。决议中指出，“同宗教世界观的斗争不可以伤害信徒们的宗教感情，不可以限制宗教活动的自由”。10月17日，主教团向教区教友们致以公开信，并于11月大选前在各教堂公开宣读。公开信中表明："我们是主教和牧师，我们的首要任务是为灵魂工作，因为我们是牧师。而国家的使命是为人民的世俗幸福而工作。我们由衷地赞同和支持国会和地方议会为缓解人们的困难和烦恼，为国家公民的福利而进行的工作。"

到 1959 年，终于实现了国家和教会关系的正常化。双方就国家支持教会的幅度达成了协议。制定了宗教教育的规则，小学和中学在正常课时以外每周可以有两个小时的宗教课。自 1951 年以来第一次任命了新主教，新主教的任命事先需征得国会主席团的同意，然后由梵蒂冈任命，新主教们于 1959 年 4 月 24 日向匈牙利宪法宣了誓。为了保持同教会的关系，1959 年 6 月 2 日成立了部长级的国家宗教局。被梵蒂冈开除教籍的拜赖斯托齐（Beresztóczy Miklós）于 1962 年被选为匈牙利国会副议长，对此梵蒂冈也表示认可。1964 年 9 月 16 日，匈牙利与梵蒂冈签订了协议，最重要的内容是梵蒂冈获得对主教的任命权，也就是说匈牙利政府放弃了圣职授予权，但新任命的主教们需要向匈牙利宪法宣誓。另外还商定，匈牙利的牧师可以到罗马"教皇匈牙利教会学院"进修。

这个协议是梵蒂冈新东方政策的一部分，承认了卡达尔制度"事实上"的存在。教会承认了匈牙利的"社会主义的现实"，而匈牙利则认可了"宗教世界观"的存在权。对于这场交易，匈牙利天主教首领明曾蒂坚决反对。为了扫除教会工作的障碍，匈牙利建议明曾蒂离境，他没有同意。但在匈牙利和美国达成协议后，明曾蒂于 1971 年 9 月 28 日离开匈牙利前往奥地利，后来去了美国。教皇建议明曾蒂辞职，但他没有同意，埃斯泰尔戈姆大主教的位置只好空缺。保禄六世教皇任命莱考伊·拉斯洛（Lékai László）为埃斯泰尔戈姆的圣徒摄政，直到明曾蒂逝世后，1975 年 2 月 10 日，莱考伊才被任命为埃斯泰尔戈姆大主教。

农业集体化问题

1956 年革命的十几天内解散了 50% 以上的农业合作社，⅔ 合作社成员退了社，合作社的耕地减少了一半。1956 年年底合作社社员只占农民人口的 6%，土地占全国耕地的 10%—20%。而其他社会主义国家，保加利亚合作社土地占全国耕地的 92%，捷克斯洛伐克占 75%，罗马尼亚占 55%，只有波兰和南斯拉夫排在匈牙利之后。

1956—1957 年，政府采取了很多有利于个体经济的措施，最终目的还是实现农业集体化。1957 年，党中央委员会作出了实现农业集体化的决议，考虑到会遭到农民的反抗，制定了一个多年后落实的规划。不是采取强迫方式，而是以

“宣传”方式来说服的办法。然而这种和平方式并未取得效果，到 1958 年年底仍无起色。因此，1958 年 12 月加快速度并扩大手段。从 1958 年冬季开始，连续三年派出大量由党务工作者、产业工人和知识分子组成的宣传队深入农村，挨家挨户宣传大企业经营的优越性。与过去的做法不同，这次从最有威望的农户开始动员，向他们许诺减税、做领导、上工伤保险和疾病险、给所有社员发放养老金等政策。1957 年 1 月，农业的税率从 26% 减到 20%。同年 12 月取消了无子女家庭税。政府还宣布，1957 年 1 月 31 日前非法离开祖国的人，回国后不予追究责任。共和国主席团 1957 年 12 月 28 日公布的 65 号法令及 1960 年第 6 号政府法令规定，合作社成员男子年满 70 岁、女子年满 65 岁每人每月可领取 260 福林的津贴。这在当时并不是很大的数目，但对于从未享受过这种待遇的人来说，就像是天上掉馅饼。

在农业领域采取的最大措施是废除农产品义务交售制，国家与农户签订合同收购粮食。给合作社成员分配自留地，社员完成工作任务即可得到一个霍尔特的自留地。20 世纪 60 年代中期，农民用自家自留地生产和从合作社获得的农产品从事畜牧业，自留地经济不但确保了大部分农村的食品供应，而且提供了国家收购商品的 22%。

允许农民家庭承包合作社土地。一个家庭或生产队可以从合作社承包一年一定数量的土地，除了得到规定的劳动报酬外，增产部分的 25%—50% 归自己所有。20 世纪 60 年代中期，合作社公共种植业的 ⅓ 被社员承包。之后由于机械化的发展，该比例有所下降，但到 1970 年仍有 27% 的种植业被承包。

1967 年 9 月成立了农业合作社全国委员会，并召开了第一次全国代表大会。1968 年 12 月颁布了《农业生产合作社法》。1968 年的经济体制改革决议承认合作社的独立性，承认合作社和国营企业之间的平等。合作社享有独立经营权，可以将产品卖给企业或顾客，也可以自行加工。

1958 年到 1961 年年底，合作社社员人数翻了 4 倍。1961 年年底，75% 的匈牙利农民为合作社社员，19% 是国营农场的工作人员，个体经营者只占 6.5%。这期间大量农村人口流向城市，1959 年到 1961 年农村人口的比例从 41% 降到了 30%。

知识分子问题

很多 1956 年革命中起到重要作用的作家在革命被镇压后逃往外国，没有走的多被逮捕和判刑。1957 年 1 月 17 日作协被停止活动。随后，政府开始了争取作家们的工作。从1957年起，许多文学艺术杂志开始发行。最先发行的全国性刊物是《生活与文学》周刊（1957），取代了被停刊的《文学报》。1957年9月发行的文学评论杂志《同龄人》取代了《星星》。1956年10月创刊的世界文学刊物《大世界》重新开始发行。1961年《新作品》文学月刊发行，其前身是已停刊的《新声》。1963年文学评论杂志《评论》发行，着重文学理论研究和对当代作家作品进行评论。

政府于1957年3月15日向内梅特·拉斯洛（N é met L á szl ó）、萨博·勒林茨（Szab ó Lörinc）、海尔陶伊·伊耶诺（Hetlai Jen ő）、柯达伊·佐尔坦（Kod á ly Zolt á n）、菲勒普·拉约什（F ü löp Lajos）、麦杰希·费伦茨（Medgyessy Ferenc）和博尔肖什·米克洛什（Borsos Mikl ó s）颁发了科苏特奖。

1958年8月，匈牙利党中央发表了《文教政策指导方针》。方针指出，正在建设的社会主义文化生活允许而且需要多样化。不仅要支持社会主义现实主义，还要支持所有其他人道主义的努力。

“当反对派作家的成员们还蹲在监狱，他们的支持者们还在进行沉默反抗时，空旷的文学大厅里一支新的社会主义作家合唱团开始演唱了，他们的歌声比真正扬声器的音量还要大。”他们是《火舞》（1958）诗集的21名年轻作者们，瓦齐（V á ci Mih á ly）、高劳伊（Garai G á bor）和洛达尼（Lad á nyi Mih á ly）等人。“他们在诗学上没有什么创新，但他们的才干和正直的意图是无可置疑的，这一代1956年之后登上艺术殿堂的人仍保持着在监狱内或在玻璃罩中沉默的同行们所失掉的信念，即苏共二十大后从1956年社会大变动中汲取了教训的匈牙利社会主义是可以改进的，可以变得更人性化。”《见Pölöskei Ferenc所著《1918—1990年的匈牙利历史》匈文版第323页》

1959年9月25日，在文艺界信任气氛逐渐形成的情况下，举行了作协成立大会，大会选举道尔沃什（Darvas J ó zsef）为主席，多博齐（Dobozy Imre）为秘书长，并通过了作协新章程。随后，其他艺术协会相继成立。应苏联作协邀请，1959年9月，作家内迈特·拉斯洛（N é met L á szlo）访问了莫斯科。他在莫斯科发表的带有自我批评的演讲中谈到俄罗斯文化的伟大和社会主义的伟大前景。几个月之后，伊耶什·久洛（Illyes Gyula）打破沉默，在一次带挑衅性的采访中表明了对社会主义的信念。他说：“共产党正在领导匈牙利奔向社会主义，我是一个社会主义者，我的作品可以证明这一点。”

1960年4月1日，主席团大赦了刑期在6年以下的1956年被判刑的犯人。分别被判9年和8年徒刑的作家德里（D é ry Tibor）、厄尔希（Eörsi Istv á n）与多纳特（Don á th Ferenc）被提前释放。后来负责文化艺术领域的领导人阿策尔（Aczel）同德里 、伊耶什、内梅特和沃什建立了超出官方联系的伙伴关系。历经战争恐怖和威胁报复的广大民众宁愿“忘掉”过去，选择安全放心的生活，因此党同知识分子顺利达成妥协。继天主教会之后，作家们也接受了妥协条件。1962 年召开作协年会时，党在文艺界进行的团结工作已基本完成。从此，作协成为文学生活的民主论坛。1960—1965 年被判刑和沉默的作家们先后露面并发声，匈牙利文学和艺术重新恢复了全貌。

卡达尔获得国际社会的承认

同教会和知识分子的关系顺利解决，农业集体化也基本完成，卡达尔稳定政局和巩固政权的任务中还缺少西方大国和联合国的承认。从 1957 年起，联合国每年都在讨论匈牙利问题，恢复匈会员国一事始终未能解决。卡达尔于 1960 年 9 月底在赫鲁晓夫的陪同下抵达纽约。10 月 3 日，卡达尔在联合国大会上发表了演讲，提醒大会注意匈牙利春季的大赦。他强调，匈牙利尊重联合国的人权原则。虽然他讲话时很多代表团离开会场，但此次演讲标志着新时期的开始。卡达尔回国后，匈牙利和美国开始就相关问题进行讨论。为达成目的，卡达尔许诺大赦在押政治犯。

1962 年 12 月 20 日，美国代表团建议把“匈牙利问题”从联合国议程中取消，最终以多数票通过。

1962 年 8 月 14—15 日中央委员会作出决议，谴责 1956 年前的个人崇拜和冤假错案，并成立专门机构统计受害者人数。相继恢复了 190 名被无辜判刑的共产党员的名誉，恢复了被非法开除人员的公职，并将非法收归国有的私宅归还原主。参与制造冤家错案的人员被调离内务、公安和党的纪检部门。与此同时，开除了拉科西、格罗等 17 人的党籍。

1963 年 1 月 8 日，联合国相关委员会接受了匈牙利代表团的委任状。1963 年 3 月 22 日大赦了在押的 3480 名政治犯，但不包括杀人犯。应匈牙利政府的邀请，1963 年 7 月 1—3 日联合国秘书长吴丹正式访问匈牙利，这是匈牙利制度的重大胜利。

1963 年，英国、法国和比利时同匈牙利的外交关系提升到大使级。1964 年，同瑞典、意大利、瑞士和加拿大的关系也升到大使级。匈牙利在国际上的孤立局面结束了。

社会主义工人党第八次代表大会

在清算了拉科西势力之后，社会主义工人党于 1962 年 11 月 20—24 日召开了第八次代表大会。大会宣布，“通过农业的社会主义改造，社会主义的生产关系在整个国民经济中已占主导地位，我们完成了奠定社会主义基础的任务，匈牙利人民取得了新的历史性的胜利，我们已经进入全面建设社会主义时代”。国民收入的 96%、工业生产的 98% 由社会主义成分提供，土地的 96% 属于国营农场或合作社所有，95% 的农民在国营农场或合作社工作。大会宣布完成了消灭“剥削阶级”的任务。在决议中还出现了 “社会主义民族团结”的新概念，其领导力量是工人阶级，匈牙利社会主义工人党是匈牙利人民公认的领导。当时及大会后很长时间内，都把这次党代会视为转折点。

卡达尔在其政治报告中明确传达了他的社会“和谐”政策，他说：“应当在社会主义民族团结政策的基础上，团结所有为社会主义与和平奋斗的人，团结共产党人和非共产党人、团结在政治上积极支持我们的人及那些迄今为止尚在动摇和中立的人，既要团结唯物主义世界观的人也要团结信教的人。建设社会主义社会是全民族的事业。”上述讲话同他在 1961 年 12 月 8 日召开的爱国人民阵线代表大会上讲的“谁不反对我们，谁就是和我们在一起”的精神一致 [经查证，这句名言出自流落在伦敦的匈牙利作家梅劳伊 · 蒂博尔（M é ray Tibor）的文稿中。在 1956 年革命 5 周年之际，梅劳伊在伦敦匈牙利侨民开办的《文学报》发表的纪念文章中写有这句话，一个半月后被卡达尔引用，此后成为匈牙利国内外一再被引用的卡达尔的治国名言]。

第二章　卡达尔时代的鼎盛时期（1963—1979）

党的领导不再寻求全面专政和对人们全方位的监督，不再要求必须信任这个制度，但仍不允许有任何言行反对制度。禁止谈论社会制度的合法性、苏联驻军、无产阶级专政的必要性、1956年卡达尔强硬路线等。除了这些敏感问题外，知识分子们可以在党领导的报刊中探讨各种问题。西方通常把卡达尔的这段执政时期称作“温柔的专政时期”。

1956年以后，卡达尔把民众日常生活的满意度视为战略问题。因此不惜一切代价，即便是以不可持续的方式也要提高人民的生活水平。新建的居民区解决了农村涌向城市的居民们的住房、取暖和洗浴问题，配备抽水马桶的厕所带来生活方式上质的飞跃。建造了许多疗养院和旅馆，夏季度假得到普及。此外，还建设了许多医院和门诊所，人人都享有社会保险。建造了很多学校，教育水平逐步提高。人们随时随地可以买到各种耐用消费品。“在温柔的专政时期，与其他社会主义国家强硬的专政相比，通常把匈牙利称作社会主义阵营中‘最快乐的天堂’，因人民的生活水平和生活环境得到了改善，故又将匈牙利称为‘古拉什共产主义（土豆加牛肉的共产主义）’。”（见匈语维基百科中的《1957—1989年的匈牙利》）

1968年的经济体制改革

经济体制改革的工作由原社民党党员，后加入共产党的印刷工出身的涅尔什（Nyers Rezső）领导，涅尔什于1957年成为社会主义工人党中央委员，从1962年起担任中央委员会经济政策部的书记。1966年5月，中央委员会通过了《关于经济体制改革的指导原则》和《关于经济体制改革的决议》。这两个法规是日后20多年改革的重要的指导性文献，经济改革自1968年1月1日开始执行。

20世纪60年代初，捷克、民主德国和保加利亚领导人都有过类似的设想，但由于1964年赫鲁晓夫下台后保守的反对改革的勃列日涅夫上台，这些改革设想都未能实现。除南斯拉夫外，苏联阵营中只有匈牙利进行了对计划经济激进改革的尝试。

经济体制改革主要体现在三个领域：第一，中央的计划作用减少，企业在生产和投资领域的独立性增加；第二，对包括消费价格在内的价格制度进行了改革；第三，修改了工资和收入的调节制度。

在改进国民经济计划体系方面，国家仍然制定了长期计划、五年计划和年度计划，但这些计划并不完全分摊给企业，企业参照国家计划和市场需求自行制订其生产、投资和发展计划。国民经济计划只对政府和经济管理机关有约束力。中央运用各种间接手段，即所谓的调节和鼓励手段，如税收、信贷、无须偿还的补贴等，用经济杠杆促使企业执行国民经济计划。从宏观经济上看拥有灵活的计划方案，从微观经济上看企业独立性占主导作用。

在价格制度方面，生产和消费价格中均实行了新的混合价格制度。该制度包括固定官价、官方限制幅度的价格和根据市场需求形成的自由价格三种价格。国内原材料和半成品的70%属于固定官价或者最高浮动价格，自由价格的产品占30%。但在加工工业中形式不同，80%的产品属于自由价格。农业中，农产品的60%属于严格的固定价格，自由市场上出售的产品只占12%。实行改革后的几年内，比例不断发生变化。到20世纪70年代，只有⅓产品属于固定价格和最高浮动价格。消费品范畴的产品中50%属于固定价格或最高浮动价格，这一比例五年内基本没有变化。面包、牛奶、奶酪和面粉等食品实行严格的固定价格。时尚服装产品、皮革装饰品及进口消费品，例如咖啡或茶叶等均属于自由价格。

在分配制度方面，利润成为衡量企业经营成绩的主要标准，直接关系到企业发展和职工收入。企业的纯收入中首先需要向国家缴税，充实后备基金后的剩余利润用于发展基金和分红基金。发展基金和分红基金的具体比例由企业自行决定，国家则采用税收形式进行管控。

职工的工资由三部分组成，即基本工资、工龄工资和浮动工资。基本工资由国家决定，无论企业利润如何都要照发职工的基本工资，并按规定每年增长1%—2%。亏损情况下，企业领导人要承担经济责任，主要领导人第二年只能拿到基本工资的75%，中层领导人为80%。如两年内仍不能转亏为赢，主要领导人将被撤换。浮动工资来源于利润中的分红基金，由企业自行分配。企业按高级和中级管理人员和一般职工三个档次确定个人的工资和分红工资额。实施初期，高级管理人员的分红占基本工资的80%，中级管理人员占50%，一般职工占25%。1969年取消了等级制，所有人员都按基本工资相同比例获得分红工资。

在对外贸易管理体制方面，匈牙利国民收入的50%通过外贸实现，因此外贸管理体制改革在整个经济体制改革中占据重要地位。改革初期，全国共有100多个大型企业拥有对外贸易经营权，有权自定进出口任务，甚至同外资联合建厂。国家不再向这些企业下达外贸指标，而是通过外汇汇率、收入提成、价格调整、关税、补贴和信贷等经济手段实现对外贸的指导。在特殊情况下，国家也可以下达指令。1972 年，《匈牙利和外国资本联合经营权》规定出台，1974 年出台了《外贸法》。根据这些规定，外国企业投资额可以占联合企业资产的 49%，所得利润可以汇出。外贸部统一领导全国外贸工作，代表政府对外签订贸易协定，授予企业直接经营外贸权，审批对资本主义国家的进出口合同，颁发进出口许可证等。外汇仍由国家统一管理，企业不得随意动用，也不得搞外汇提成。企业所得外币均按汇率折算成福林。

体制改革的阻力和回潮

改革实施当年，发生了苏联镇压“布拉格之春”事件，匈牙利被迫参加了镇压行动。匈牙利的改革与捷克大致相同，因此也受到了冲击。20 世纪 70 年代初，苏联指责匈牙利“违背了社会主义计划经济原则”“助长了资本主义倾向”。1970 年民主德国、1971 年捷克都批评卡达尔搞“西化”，并敦促立即“刹车”。

1972 年秋，在苏联的支持下，党内以比斯库（Biszku Béla）、科莫钦（Komocsin Zoltán）和普洛伊（Pullai Árpád）为首的反对改革的人士，趁卡达尔提出退休之机对改革发起了进攻。另外，部分老布尔什维克和民粹派作家，如韦莱什·彼得等人对“获得欲望”“小资产阶级”和“个人主义”的泛滥、对迄今为止所宣传的社会主义价值、平等和集体主义受到排斥持强烈的反对态度。加入反对改革行列的还有那些不适应市场竞争环境而亏损的工业大企业和托拉斯的领导们。

1972 年 2 月，卡达尔访问莫斯科时，被勃列日涅夫彻底地洗了脑。勃列日涅夫指出小资产阶级观点笼罩着匈牙利，在农业上恢复了小农经济，不关注社会的正义，总的来说警惕性不够。在这种形势下，卡达尔被迫作出了一系列让步。

1972 年 11 月 14—15 日举行了中央全会，实际上是对经济体制改革进行的批判会。全会要求修改经济调节制度，以确保国民经济计划的实现。1972 年将 50 家大型企业重新收归国有，重新开始利用盈利企业的利润填补亏损企业。国家加强了对矿业和能源工业部门的干预，重新修改了这些领域的工资调节制度。建筑工业部门把固定价格的比例从 60% 提高到 90%。重新授予部长们对企业下达指令的权力。全会要求加强经济的计划性，为此国会颁布了《国民经济计划法》，并于 1973 年成立了国家计划委员会。1972 年提高了产业工人的工资，1973 年提高了“白领”国家公务员们的工资，不再与绩效挂钩。1972 年起将选拔干部的政治可靠、专业知识和领导能力三原则作废，再次把政治可靠性放在首位，大批干部被派到马克思－列宁主义夜校学习。会议还决定加强党组织和工会在企业中的监督权。在文化中“不允许反对社会主义、危害人民利益的派别和作品存在”。

1974 年 3 月 20 日，社会主义工人党召开中央全会，比斯库和科莫钦在会上极力指责经济体制改革，党内矛盾公开化。卡达尔被迫再次作出让步，解除了涅尔什的中央书记、中央经济政策委员会主席和中央经济工作组组长的职务。主张和参加经济体制改革工作的政治局委员费黑尔（Feh é r Laj ó s）被免去副总理职务。

1975 年 3 月 17—22 日，社会主义工人党召开第十一次代表大会，勃列日涅夫参加了此次党代会，在发言中提出对“右倾势力进行坚决回击”。总理在会上作了自我批评，并违心地说“建设发达的社会主义社会要求进一步发展社会主义的计划经济”。5 月 15 日罢免了福克（Fock Jenő）的总理职务，拉扎尔（L á z á r György）副总理晋升为总理，同时任命豪沃希（havasi Ferenc）为副总理。

世界能源危机对匈牙利的影响

1973 年国际石油价格暴涨，几年之内石油市场价格翻了四倍，这给匈牙利经济带来了灾难性的后果。匈牙利生产的廉价大众商品在世界市场上大幅降价，而原料和能源价格上涨。5 年内，进口商品价格平均上涨了 70%，而出口价格仅提高了 30%—40%。进出口比例的严重失衡导致外贸出现逆差。1970 年从苏联进口的能源占匈牙利需求的 37%，1980 年达到 51%，而所商定的价格 5 年内不变。20 世纪 70 年代初，从苏联换取 10 吨石油需要用一辆公共汽车，而到 70 年代中期则需要 8 辆公共汽车，导致交换比的大幅恶化。

世界市场经济采取关闭耗能的部门，采取技术创新和节约措施、解雇工人、临时冻结工资或降低工资等办法来应对能源危机。这对于以完全就业和提高生活水平为重心的卡达尔来说不能接受。从 1973 年起，党领导不得不持续向资本主义国家（首先是日本）贷款，试图以此平衡年复一年的经济赤字。国家的外债 1975 年为 31 亿美元，1980 年达到 91 亿美元。开始时外债主要用于新投资项目、补贴亏损企业和直接提高人民的生活水平，后来主要用于维持生活水平。1970—1980 年间，用于消费和投资的款额比年国民收入增长还高 2.2%。1978 年赤字高达 5%，首次出现外贸收入不足以偿还外债利息的情况，只能借新债还债息。外债额不断增加，1989 年达到了 200 亿美元。除极少数知情人员外，人民对此毫不知情。

1968年实现经济体制改革以来，人民生活有了明显提高。居民们时尚起来，任何人都可以合法地购买电冰箱、电视、汽车，购置别墅及其他能改善生活舒适度的商品，使得人民感觉能够接受当时的制度。过去的清教徒主义被群众的消费文化所代替，平等原则被个人生计所取代。“由于生产的发展和更好的生活前景，使得人民对卡达尔本人的评价也发生了变化，没有人再在意其在镇压革命中所起的作用，他在人民的眼中已经变成了慈父般的领导人。”（见匈牙利语维基百科《1957—1989年的匈牙利》）

第三章　卡达尔时代的衰落和结束（1979—1988）

新的改革尝试

为了应付20世纪70年代末形成的债台高筑的危机局面，政治领导人被迫改变经济和社会福利政策，开始实施比1968年更激进的市场经济改革。

经济政策的变化伴随着人事变动，政治地位得到加强的卡达尔于1978让比斯库辞去了中央委员会书记的职务，1980年又让他辞去了政治局委员的职务。实际上，1977年10月和1978年4月举行的两次中央全会已经使匈牙利重回改革的道路。两次全会都把恢复国民经济平衡，特别是外贸平衡作为首要任务。将放慢经济发展速度、减少投资、放慢提高人民生活水平速度、加快农业和食品工业发展、合并和取消部分大企业、成立小型自治企业、修订产品价格的调整制度等列为日后的任务。新的改革措施如下：

1）修改经济调节法

1979年11月1日，匈牙利颁布了一系列修改经济调节制度的政府法令，1980年开始执行。在企业利润分配中减少了企业所占比例，企业工资税由占工资总额的13%增加到24%，城乡发展税由6%增加到10%。剩余利润中缴纳的普通利润税由36%增加到了40%。储备基金从占剩余利润的15%提高到了25%，企业大概能留下全部利润的20%。

2）提高农产品的收购价格，减少价格补贴

从1980年起，农畜产品收购价格提高了11%，水果和蔬菜提高了10%。与此同时，减少了对兴建畜舍、购买拖拉机、农机和购买化肥的补贴。以上措施的目的在于增加国家财政收入，扭转财政亏损，促进企业改进经营管理，放慢人民生活水平提高的速度。

3）发展“第二经济”

政府认为，“第二经济在从事有益活动，起着弥补空白的作用”。因此自1980年2月起，政府奖励技术人员在业余时间从事第二职业，鼓励企业将闲置的设备租借给由在职或退休职工成立的劳动小组从事商品生产。企业内部也可以成立劳动小组，下班之后利用工厂的机械设备继续工作，劳动小组成员的⅔都有正式工作。1981年，这类厂内劳动小组有2775个，拥有2.8万成员。1982

年，商业中有5900家“合同商店”，饮食业中有1.7万人以此方式从事第二经济。个体小手工业者的人数也在增加，1982年有12.1万名小手工业者，1.6万户个体商贩。为了增加收入和提高生活水平，20世纪80年代初共有450万人从事第二经济活动。

4）允许成立“小企业”

根据1981年9月25日的法令，私人可以成立“小企业”，政府不能对小企业下达指令，不向其收取费用，亏损时国家也不给补贴。法律还规定，企业也可以以子公司的形式成立公司，但子公司需同母公司分享利润。

5）统一国内和国际市场价格

1979—1980年开始实行激进的价格改革，统一了国内和国际市场价格，消费品的70%开始实行自由价格，只对最基本的食品价格进行管控。

6）取消福林的双重汇率

1981年取消了1945年起实行的外贸和旅游汇率双重汇率制。1980年，大型企业获得了外贸权，为同外国建立联合企业提供了方便。1980年只有7家联合企业，1988年猛增至100家。

7）组建合资企业

1977年，匈牙利只有8家合资企业，允许外资股份超过49%以后，合资企业开始增加，1980年已增至13家，1987年达到70多家。与匈牙利建立合资企业最多的是奥地利和联邦德国。合资企业有两个好处，一是有利于采用和掌握外国的先进技术，二是有利于出口。

8）解散垄断机构托拉斯

改革初期，开始成立托拉斯以加强集中组织。1968年，全国只有15个托拉斯，1977年增至24个。他们的企业占全国企业的20%。1000人以上的大企业占企业总数的87.5%，50人以下的小企业只占0.1%。为形成企业之间的竞争，发挥中小企业的主动性，1980—1983年间解散了20多个托拉斯。

9）加入国际金融组织

1982年，匈牙利经济已处于崩溃的边缘，1980年国家外债高达90亿美元。只有拥有巨资的国际货币基金组织和世界银行的贷款才能拯救匈牙利。因此，1982年匈牙利加入了国际货币基金会，1983年加入了世界银行。1988年7月1日，政府与世界银行签订了《改进工业结构的贷款协议》。根据该协议，制定和公布了《公司法》，允许将国营企业改为股份公司。

10）颁布《破产法》

1984年4月17日，中央全会通过了《关于继续发展经济管理体制问题》

的决议。自1984年1月起，大幅提高部分商品的价格，企业上缴国家的利润从70%降到50%。免除40%的企业折旧基金，允许自由支配的资金从30%改为全部。企业领导人由任命改为选举或招聘，取消平均工资调节制度，工资由企业自行规定。1984年取消对亏损企业的补贴，并颁布了《破产法》。

然而，1978年以后采取的新的改革措施没有达到预期效果，1980年国民收入仅增长了0.8%。匈牙利经济增长幅度越来越慢，维护“革命成果”越来越困难。但卡达尔仍坚持不顾一切提高人民生活水平的方针，千方百计保证完全就业，不允许有失业。

1985年国会选举

1983年对《选举法》进行了修改。新法规定，每个选区必须有两名候选人，所有候选人必须接受爱国人民阵线的纲领。在推选候选人的会议上，自荐者也可以被选为候选人。此外还规定了召回制度，在选区10%的选民发起下可以召回该代表，之后选区重新举行选举。全国名单上的候选人只能由国会行使召回权。1985年6月，根据新的选举法举行了大选，共有78名自荐候选人，其中41人进入国会，占387名议员的10.5%。新当选的议员占65%，议员中党员占75%。在秋季的国会上，第一次出现法律草案以75票反对13票弃权被通过的情况。

社会主义工人党第13次代表大会

1985年3月，社会主义工人党召开了第十三次代表大会。十三大改为总书记的建制，卡达尔和内梅特（Németh Miklós）分别担任正副总书记。首都市委书记格罗斯（Grosz Károly）被选进政治局。代表大会没能对匈牙利经济困境提出好的解决办法。卡达尔也承认未能完成十二大确定的目标，部分民众生活水平下降，退休金的实际发放也不能保证。党代会后匈牙利经济大幅滑坡，1985年国民收入只增长了0.6%，财政赤字比原计划翻了一番。外贸逆差不断增长，1985—1986年外债总额增长了40亿美元，1986年为140亿美元，1987年猛增至177亿美元，1988年上半年已突破180亿美元。人均欠债1800美元，位居苏联和东欧国家之首。匈牙利已经到了借新债还旧债的危险境地。这时，全国各地对国家的经济状况争议不断，人们开始质问陷入此境地的原因和责任人。

反对派组织纷纷登场

早在20世纪70年代，对共产党一党制不满的知识分子就展开了积极活动，他们在私人住所进行秘密的思想交流，并印发批评共产党的非法出版物。初期，当局采取了传统的禁止在媒体发声的方法。匈牙利是1975年8月发表的《欧洲安全与合作会议赫尔辛基最后文件》的签署国，该文件中的人权条款为匈牙利和其他苏联东欧地区国家不同政见者运动提供了道德和法律的依据。匈牙利经济困难而需要西方国家的支持，因此无法完全无视赫尔辛基的这些基本原则。10年后，赫尔辛基的最后文件成了不同政见者们手中的有力武器。

匈牙利的反对派分为民主反对派（城市派）和民族反对派（民粹派）。民主反对派成立于1976—1977年，他们团结在拉伊克的儿子拉伊克·拉斯洛（Rajk László）和哲学家基什·亚诺什（Kis János）的周围。民族反对派则团结在作家丘里·山多尔（Csoóri Sándor）和伊耶什·久洛（Illyes Gyula）的周围，成员还有琴盖伊（Csengey Dénes）、丘尔考（Csurka István）和克泰莱什（Köteles Pál）等人，他们关心的是生活在境外的匈牙利人的命运。

20世纪80年代中期相继成立了各种小组、俱乐部和团体，这意味着平民社会也想介入公共事务的处理。其中最重要的有码头俱乐部（1982）、比博·伊斯特万专科讲习班（1983）、多瑙俱乐部（1984）、鲍伊奇－日林斯基友好协会（1985）、山丹丹裴多菲文化和维护传统联合会（1986）、韦莱什·彼得协会（1987）、科瓦奇·贝拉政治协会（1988）等，1988—1989年还在技术大学举办了多场改革晚会。

1977年1月，匈牙利34名知识分子在公开信中支持捷克77宪章运动。1977年年底，21位反对派知识分子在《马克思在第四个十年》专题论文集中发表文章，阐述对马克思主义及其政治实践的看法。1979年5月10日，匈牙利著名律师和政治理论家比博·伊斯特万逝世。5月21日举行了葬礼，伊耶什和凯奈迪（Kenedi János）的悼词就是反对派针对政府的一次示威。后来又专门为比博编辑了一本纪念文集，阐述当时人们最关心的最重要问题，但没有出版社敢出版。1980年，这本书作为非法出版物在社会上广为流传。1981年，由一批著名作家，如凯奈迪·亚诺什、基什·亚诺什、孔拉德·久尔吉（Konrád György）、克塞格·费伦茨（Kőszeg Ferenc）编辑的地下杂志《发言人》，5月15日正式亮相，在社会上被广泛传播和传阅。之后相继出版的地下刊物还有《通信员》《民主主义者》和《匈牙利观察家》。此外，聚集在正式刊物《蒂萨风光》和《流动的世界》的不同政见者也在积极活动。

自1951年10月6日开播的自由欧洲电台的匈牙利语广播站（1993年10月31日停播）在介绍反对派的思想和活动方面起到重要的作用，不断报道反对派的集会、立场和出版物，介绍他们最重要的文章和专辑。

党政领导人的变动

1987 年 5 月，匈牙利党政领导人发生了重大变更。格罗斯（Grósz Károly）取代拉扎尔担任政府总理，拉扎尔当选为社会主义工人党副总书记，时任社会主义工人党副总书记的内梅特取代洛松齐担任主席团主席。同年，社会主义工人党提出了三年内稳定经济的计划。

格罗斯于 1987 年夏到 1988 年 11 月担任总理期间，采取了许多激进的向市场经济发展的措施。如取消对消费价格的国家补贴，开始征收 20%—60% 的个人所得税，还决定征收增值税。从 1988 年 1 月 1 日起，消费价格提高了 7.6%，80% 的消费品列为自由价格。占总人口四分之一的退休者的生活受到了极大影响，生活水平降至最低社会标准线以下。执行《破产法》后，失业者达 5 万人。在对外政策上，1987 年 9 月开始与以色列进行建交谈判，1989 年 2 月继续与韩国进行建交谈判。1987 年 10 月 7 日，格罗斯正式访问德意志联邦共和国，并签订了 10 亿马克可自由使用的贷款协议，用于发展匈牙利工业。

迫于形势变化，当局改变了针对反对派的政策。新总理开始推行有限的多元化政策，为对话提供了更宽广的领域，但仍然禁止反对派进行有组织的活动。格罗斯总理说，“我们并不认为持不同观点者就是制度的敌人。我们认为，持不同观点的人们根据他们最好的信念在为祖国的发展服务，只是所使用的方式和方法与我们不同。我们注意到了持不同政见者们所写的文章，也注意到了他们对我们每天实践的看法”，“但他们没有权力发动有组织的活动，因为这是法律所不允许的”。

民主反对派的莫诺尔会议

1985 年 6 月 14—16 日在莫诺里森林（Monorierdő）的一顶帐篷中，45 位匈牙利知识分子举行了会议，发起人多纳特·费伦茨在开幕式的致辞中说：“国内紧张局势在加剧，不安定因素在增加。几年来，大多数社会阶层的生活水平不断下降，这是造成社会紧张的原因。人们越来越意识到政府说话不算数，进一步加深了社会的不安定。”除了民主反对派的代表外，参加会议的还有 1956 年的战士、改革派的经济学家、历史学家、民粹派作家及反对卡达尔制度的艺术家们。这场非法会晤是民主反对派的第一次会晤，无论城市派还是民粹派在所有问题上的观点都取得了一致。与会者们在楚尔考·伊斯特万、乔里·山多尔、基什·亚诺什等人发言的基础上分析了国家的社会和经济形势，并对出路进行了探讨。

莫诺尔会议后，反对派把制定纲领作为主要任务，特别强调了政治体制改革问题，即反对派和党如何分配权力的问题。1986年，一批改革派经济学家起草了题为“转变和改革”的第一份详细建议，除经济问题外还提出了政治方面的建议。他们建议要有组织地确保团体利益，社会制度要多元化和民主化。

在1986年11月举行的匈牙利作家协会大会上，作家们和政府领导发生了公开的激烈冲突。改选过程中，不顾文教部长的干涉和反对，大会否决了官方提出的全部候选人名单。之后当局试图另外成立作协，被反对派的作家们阻止。1987年夏，在《发言人》杂志的特刊上发表了一篇题为“社会契约”的文章，提出匈牙利社会需要根本性的政治转变，需要一个建立在经济和政治改革基础上的社会和谐的政治局面，否则就不会有民族的复兴。该文章的结论是“目前的党的领导不能胜任这一变革任务，所以卡达尔应该下台”。

民族和民主反对派的洛基泰莱克会议

1987年9月27日，民族和民主反对派在洛基泰莱克（Lakitelek）举行了第一次讨论会，除了交换意见外，他们想要政权当局允许反对派的活动，希望不再是秘密聚会，而是可以参与到反对派针对政治讨论的公开会议中。为此，组织方专门邀请了爱国人民阵线秘书长波日高伊（Pozsgay Imre）参会并发言，波日高伊曾多次表示支持政治变革和改革，反对派把他视为实现变革的关键人物。波日高伊在会上的讲话措辞很谨慎，但也强调了政治改革的必要性。

共有150多人出席了洛基泰莱克会议，反对派各派别都派人参加。组织者试图借此将反对派联合起来，但这一努力并没有成功。会后发表的声明中强调，“匈牙利陷入了历史上最严重的一场危机，经济面临崩溃的危险。我们的民族没有共同认可的远景”，“应当建立让社会成员成为真正伙伴，并参加公共协议的制定”，鉴于“在目前的政治和社会组织中无法发表独立观点，因此我们建议成立匈牙利民主论坛，作为持续和公开的对话场所”。1987年11月，波日高伊将此份声明和记者对他的采访偷偷地拿到《匈牙利民族报》上发表。就这样，这份在当时不能被印刷和广播的文件上了报纸，全国人民都看到了。

反对派成立政党

1987年9月27日，第一个反对党“匈牙利民主论坛”成立，该党自1988年1月起经常在尤尔陶剧场举办300—400人参加的讨论会。在1月1日举办的首场讨论会上就提出了自由选举的要求，“与会者一致同意，需要一个公开运转的民主选举及只对选民负责的国会”。

1988年3月30日，“青年民主联盟”党（简称青民盟）宣告成立，打破了共产主义青年团30多年的垄断地位。11月13日，“自由民主联盟”党（简称自民盟）宣布成立。

20世纪60年代，文化领域出现了零星的持不同政见者。70年代，经济学领域出现一批所谓的“改革经济学家”，公开提出多元化的要求。到80年代，对党国垄断一切政务的体制提出了疑问。反对派在1987—1988年完成了3项重要任务：第一，由于不同政见者及后来的反对派10年来不断发表与执政党社会主义工人党不同的见解，让大批青年知识分子相信了他们对于“解放”和“民主”的理解，认为反对派所述的1956年事件历史比官方更可信；第二，反对派针对经济和政治制度的民主化提出了摆脱危机的激进纲领，以此逼迫党政当局，同时摧毁了执政党迄今为止的家长式统治的光环；第三，社会上成立的不同组织奠定了日后多党制机构的基础。

严肃党纪的措施

此时，卡达尔最担心的是党内民主改革反对派同社会各种反对派的接触和联合。为此，卡达尔决定整顿党的纪律。1988年年初，卡达尔向与反对派经常合作的党内知识分子提出警告。波日高伊不但擅自参加了洛基泰莱克会议，还和党内民主改革反对派和党外的民族反对派知识分子有着密切的联系，实际上1986年的《转变和改革》和1987年的《社会契约》都是在他的支持下出笼的。一些匈牙利历史学家认为，这些举动超过了戈尔巴乔夫的改革步伐。为此，政治局对波日高伊进行了党纪考察，最后给予党内警告处分。涅尔什在1988年年初试图把1953—1956年的改革共产党人士、1968年改革者、年轻的改革经济学家及新闻界的改革派联合起来，组织成立“新3月15日阵线”。政治局对此进行了谴责，并勒令立即停止组织活动。1988年4月9日，党中央宣布开除参与和发起洛基泰莱克会议的社会主义工人党党员比罗·佐尔坦（Bíró Zoltán）、比豪里·米哈伊（Bihari Mihály）、兰杰尔·拉斯洛（Lengyel László）和基拉伊·佐尔坦（Király Zoltán）的党籍。但这些警告和处分来得太晚了，已无法达到预期效果。在当时的国际和国内形势下，许多党员已不再相信卡达尔政权，而是同情受到威胁的党内民主改革反对派以及社会上的某些反对派组织。

社会主义工人党全国特别代表会议

匈牙利陷入社会、政治和经济的全面危机中，在党内外的压力下，社会主义工人党于 1988 年 5 月 20—22 日举行了全国特别代表会议。卡达尔原本希望通过更换中央委员会和政治局⅓的委员以及推选克里姆林宫支持的格罗斯为总书记，以此满足党内反对派的要求，确保自己在党内的优势。但在会议前，格罗斯伙同阿采尔（Acz é l György）和波日高伊策划了逼迫卡达尔下台的计划，并答应事成后让波日高伊出任总理。这时的卡达尔仍认为匈牙利没有陷入危机，前往各州作宣传时无人同意他的观点。

卡达尔在大会上的发言中，仍然反对“导致资产阶级民主和无政府主义的企图”。格罗斯表示“当前的一党制是人民欲望的一致反映，是历史形成的结果”。波日高伊在发言中则说，“今天人们反对只追究执行者而不追究决策者的责任，尤其是不追究中央决策者的责任”。在一片掌声后他又补充“我们要么砸碎栏杆，要么被砸碎在栏杆中”。

会前和卡达尔达成的协议是格罗斯担任总书记，卡达尔担任党的主席。但卡达尔希望他的人在中央委员会里占多数，还是由他说了算。由于卡达尔仍然否认危机，格罗斯推翻了事先达成的协议，将卡达尔支持者全部从候选人名单中删除。最后政治局委员更换了 60%，13 名前政治局委员中有 8 名落选。卡达尔也遭落选，最终还是给了他一个有名无实的党主席职务。波日高伊和涅尔什被选入政治局，格罗斯既是党的总书记又是政府总理。

1988 年 5 月，卡达尔失败了，卡达尔时代至此结束。众所周知，卡达尔下台不是因为年老体衰，而是他越来越不能适应新时代的要求。深陷危机的制度无法在卡达尔社会主义制度模式内解决，接踵而来的是一个充满斗争的变革阶段。

第四章　卡达尔时代的经济状况

1956 年由于十月革命、罢工运动、生产合作社的解散及秋收作物未能及时收割等原因，造成国民资产损失 30 亿福林，当年国民收入减少了 20%。由于匈牙利取得了苏联、中国、南斯拉夫和其他社会主义国家条件优惠的货币和商品贷款，其中 ⅓ 是可兑换货币。因此，没有导致长期的严重危机，生产很快恢复到革命前的水平。

为了促使经济平衡发展并获得居民的信任，新政府首先调整了投资结构。从 1957 年起，在减少投资比例的同时，对经济政策进行了修改。1957—1960 年，用于投资的国民收入比例不超过 20%，1953 年前曾高达 30% 以上。1950—1954 年，工业投资占 47%，1958—1970 年降到 35%—38%。对农业的投资比例从 20 世纪 50 年代的 10%—13% 提高到 1960—1965 年的 16%，1966—1970 年达到 18% 以上。对矿业和电力的投资比例从 1958 年的 30% 降到 1970 年的 20%，而对食品工业的投资则从 6% 增至 10% 以上。

1960—1970 年匈牙利经济增长速度高于世界平均水平，与最发达国家的差距在缩小。根据保罗·贝罗赫（Paul Bairoch）的计算数据，匈牙利 1973 年的人均国民收入达到了欧洲平均水平的 89%，1913 年曾达到过 69%，两次世界大战期间最好的年份为 74%。1968 年，经济体制改革后迅速发展，1960—1965 年国民经济年均增长 4.1%，1966—1970 年国民经济年均增长 6.8%，1971—1975 年国民经济年均增长 6.3%。

一、农畜牧业

农业生产在 1960—1970 年间平均每年增长 2.5%，高于两次世界大战期间及奥匈帝国时期的增长速度。1970—1975 年，年均增长 4%—5%，与前一个 5 年相比翻了一番。1970 年，农业生产总值与 1950 年相比翻了 2 番，1982 年是 1950 年农业生产总值的 2.3 倍。这种高速度发展是在农业劳动力大幅度减少的情况下实现的。1949 年的农业就业人数比例为 54%，1960 年为 38%，1970 年降到了 25%。同工业情况相反，农业的增产是因生产水平和效率的提高而实现的。此外，还依靠农村和城镇居民的“自我剥削”，即非工作时间的“干私活”，后被称为发展“第二经济”、农业机械化、合理的土壤改良和农业合作社等，以农民利益为出发点的管理制度都是促进农业增产的因素。1963—1967 年期间的平均产量与战前 5 年相比，小麦、黑麦、玉米和甜菜的产量均提高了 50%。这种大跃进式的发展是 75 年来的第一次。

从农作物产量上看，小麦的产量 1961 年为每公顷 1820 公斤，1970 年为 2070 公斤，1980 年达到 4740 公斤，是 1961 年的 2.6 倍。黑麦的产量 1961 年每公顷出产 1160 公斤，1970 年 1130 公斤，1980 年 1920 公斤，是 1961 年的 1.7 倍。甜菜 1961 年每公顷出产 17750 公斤，1970 年 28780 公斤，1980 年 37280 公斤，是 1961 年的 2.1 倍。玉米 1961 年每公顷出产 1790 公斤，1970 年 3400 公斤，1980 年 5580 公斤，是 1961 年的 3.1 倍。玉米的大幅度增产主要归功于农业专家布尔盖尔·罗拜尔特（Burger R ó bert）从美国引进的“封闭式的工业化玉米生产体系”，开始时在巴博尔瑙（B á bolna）国营农场试验，之后推向全国。马铃薯 1961 年每公顷出产 17750 公斤，1970 年 28780 公斤，1980 年 37280 公斤，是 1961 年的 2.1 倍。

20 世纪 70 年代园艺的 92%、葡萄园的 56%、水果园的 33% 都掌握在小生产者手中。20 世纪 30 年代水果的年产量在 2.6 万—5 万吨之间，而 20 世纪 70 年代初年产量突破 100 万吨。匈牙利的传统水果有苹果、杏、李子、梨、酸樱桃、樱桃。20 世纪 70 年代出现了新的水果，如覆盆子、草莓和醋栗果等。蔬菜的年产量在 200 万吨左右，是 20 世纪 30 年代的 2 倍。

从 20 世纪 50 年代末起，畜牧业的产值每年增长 3.4%，高于农作物产值的增长速度。战前畜牧业的产值占农业产值的 37%，1960 年占 42%，1970 年增加至 48%。其中，猪和家禽是畜牧业的支柱。

战前猪的存栏数为 520 万头，战后长期停滞不前，1968 年只有 660 万头。养猪业发展缓慢主要因为肥肉市场的萎缩和其他肉类的出现。1970 年增加到 731 万头，1980 年达到 833 万头，是 1938 年 522 万头的 1.6 倍。

匈牙利家禽养殖业的发展始于 20 世纪 50 年代末，存栏量超过 1938 年的水平。20 世纪 60 年代超过 1938 年 59%，1970 年则高出 97%。1980 年家禽存栏数为 4276 万只，是 1938 年 1761 万只的 1.42 倍。1961 年平均每只母鸡产蛋 73 个，1970 年 198 个，1980 年增至 226 个。20 世纪 60 年代初期，匈牙利开始实行工业化养鸡体系，也是由布尔盖尔·罗拜尔特从外国引进的。

1938 年绵羊的存栏数为 162 万头，1950 年为 1938 年的 60%，1960 年 225 万头，1980 年 309 万头，是 1938 年的 1.9 倍，几乎翻了两倍。匈牙利传统的卷角羊逐渐被淘汰，改为饲养更适应大平原干燥气候的美利奴绵羊。1961 年，每只绵羊产3公斤羊毛，1980年4公斤，比1961年增长了33%。1938年牛的存栏数为187万头，1950年达到201万。之后逐年下降，直至1980年再也没有超过200万头。1961年每头奶牛产奶1960公升，1970年2410公升，1980年3506公升。

匈牙利农机发展迅速，1958年年底全国共有2.6万台拖拉机，1950年仅为1.3万台。1962年为4.4万台，1969年达到6.7万台。1969年，匈牙利每百公顷耕地拥有10台拖拉机，与波兰水平相当，落在捷克之后（捷克19台）。1949年，匈牙利出现康拜因收割机，1955年有2200台，1960年4200万台，到1970年猛增至1.2万台。第二次世界大战前只有脱粒实现了机械化，20世纪60年代末耕作和收割都实现了机械化。1970年小麦收割机械化程度达到93%，1970年甜菜收割机械化从1960年的42%增至93%，玉米收割机械化程度从36%增至72%。1960年，匈牙利农业机械化水平处于欧洲中等水平。1961年，全国共有235个拖拉机站，1964年撤销了拖拉机站，之后的拖拉机采购和维修均由合作社自己负责，这也是农业生产向合理化方向迈出的一步。化肥使用量逐年增加。1938年每公顷耕地使用2公斤，1950年6公斤，1960年31公斤，1968年124公斤，1970年150公斤，1980年达到225公斤。该数额达到了使用化肥最多的西欧发达国家水平。

在匈牙利农业发展中，自留地、辅助经济和其他小生产者起到主要作用，但其相对重要性逐渐减少。1970—1990年自留地经济面积占耕地的比例从10%减少到4%，个体经济的面积从3%减少到1%。1970年，自留地、辅助经济和个体经济的产值占整个农业产值的40%，1975年减少到35%，1986年降到31%。除蔬菜和养猪业外，在其他领域的重要性都在减退。1980年，自留地、辅助经济和个体经济生产的蔬菜占全部蔬菜的75%，占水果的59%，占猪存栏数的56%，占家禽的43%。

20世纪70年代匈牙利农业再次接近世界水平，有些地方超过了世界水平。1980年，谷物单产量达到每公顷4790公斤，世界平均单产量仅为2150公斤，经互会国家为1800公斤，共同市场国家为4460公斤，美国为3770公斤。欧洲国家中只有荷兰（5690公斤）、英国（4950公斤）和法国（4850公斤）超过匈牙利。玉米的单产量也在迅速增长，20世纪70年代起以40%—50%的增长幅度超过世界和经互会的单产量，但低于共同市场国家10%。人均肉类水平仅低于丹麦，与荷兰并列世界第二。匈牙利在鸡蛋、蔬菜和水果的人均产量上也名列世界前茅。从平均产量、劳动生产率、居民供应和外贸额为基础的农业生产水平综合指数来看，两次世界大战期间匈牙利在23个欧洲国家中位居第18位，20世纪

70年代上升至第12位，1974—1976年排位第11，1979—1981年上升为第9位，仅次于荷兰、比利时、卢森堡、爱尔兰、德国、法国、英国和瑞典。

二、工业

工业生产值在1956年之后的10年内每年增长8.5%，20世纪60年代的前5年每年增长7%，这一速度高于工业发达国家。20世纪60年代5%—6%的增长速度与经互会国家8%的速度相近。工业增长主要依靠大量投入新劳力和扩大产能取得，并不是通过提高劳动生产率取得的。1950—1960年，就业人数年均增长5.5%，人均年生产值增长4%，50年代为3.1%，60年代为5.3%。在此期间，工业发达国家就业人数每年仅增长了0.5%，而人均生产值却增长了3%—4%。

20世纪60年代，发展政策的改变使得传统工业部门的结构发生了巨大变化。食品工业战前占比为30%，1965年降到19%，纺织工业从15%降至7%，而重工业从42%增加到61%。重工业中发展最快的是机械工业，20世纪60年代中期的生产值已占工业生产总值的25%。20世纪50年代，机械工业主要生产公共汽车、载重汽车和拖拉机，20世纪60年代除这些产品外侧重生产各种消费品，如自行车、摩托车、吸尘器、洗衣机、冰箱和通信器材等。

机动车的生产

由于经互会国家在产品生产中的分工，匈牙利不可以生产小轿车，但所生产的公共汽车和自行车可以在其他经互会国家销售。匈牙利机动车工业中最成功的是公共汽车，第一辆以铝版为基本原料的伊卡鲁斯（Ik á rusz）公共汽车于1965年开始批量生产。当年北京长安街大1路公交车用的就是匈牙利的伊卡鲁斯。私人小轿车在1955年全国不到2000辆，从1957年起每年增长1万—1.5万辆，1965年达到10万辆，1970年增至24万辆，其中大部分为私人轿车。20世纪50年代初全国有摩托车5万辆，1960年增加到20万辆，1970年为61万辆。购买摩托车的多为农村的青年人和城市的青年工人，小轿车的购买者多为城市知识分子和国家各级党政领导。按人均拥有量计算，在欧洲社会主义国家中只有东德和捷克斯洛伐克高于匈牙利。但与欧洲发达资本主义国家相比，匈牙利还很落后。20世纪60年代，欧洲发达资本主义国家每万名居民拥有小轿车1520辆，载重汽车250辆，公共汽车8辆，而同期匈牙利每万名居民拥有小轿车100辆，载重汽车46辆，公共汽车6–7辆。低于欧洲社会主义国家122辆小轿车、60辆载重汽车和9辆公共汽车的平均水平。

陆路和空中交通

1960年年底开始建造通往巴拉顿的M7号高速公路，并于1975年交付使用。1977年开始建造科马罗姆（Komárom）到杰尔（Györ）的M1号高速公路，1978年修建布达佩斯到格德勒（Gödöllő）的M3号高速公路，1980年开始建造格德勒到豪特万（Hatvan）之间的M3号段。1985年完成了通往塞格德的M5号高速公路布达佩斯到欧乔（Ócsa）的路段建设。1975—1987年间共建造了162公里的高速公路。

同高速公路一样，地铁的建设也具有重要意义。1950年开工，1954年曾停工的戴阿克广场（Deák tér）到厄尔什韦泽尔广场（Örsvezér tér）的地铁于1970年建设完成。随后又建造了戴阿克广场到南车站、戴阿克广场到纳吉瓦劳德广场（Nagyváradi tér）的地铁。1970年地铁线路只有6.5公里，1990年达到34.6公里。1970年地铁网络只能承担4%的首都客运量，1980年达到19%。

除地铁和公共汽车外，出租车在客运交通运输方面的作用越来越大，20世纪50年代中期出租车的年客运量约为5000万人次，1960年达到1.16亿，1970年为2亿，1977年达到4.13亿人次。

1980年乘坐飞机的人数为1亿，1990年为1.5亿。国际航线共有40条，从1969年起取消了国内航班。为了满足不断增长的客运需求，二号机场于1986年投入运行。

化学工业

化工在1950年占整个工业产值的3.5%，1970年上升到11%。化工中最主要的是石油加工、化肥、农药、药品和塑料的生产。20世纪50年代，有着光荣传统的炼油厂由于过于老旧都被拆除并重建了新厂。化肥和农药的生产也在20世纪50年代末期开始繁荣，除1930年投产的佩蒂（Péti）氮肥厂外，在考津茨鲍尔齐考（Kazincbarcika）新建了鲍尔绍德化工联合企业和蒂萨新城（Tiszaújváros）化工联合企业，这两家都生产氮肥。另外还建设了多家磷肥厂。具有传统的制药工业也从20世纪60年代走向繁荣，除原有的奇诺因（Chinoin）和克巴尼奥（Kőbánya）制药厂以外，1960年在德布勒森建立了比欧高尔（Biogal）制药厂。20世纪80年代，匈牙利药品生产在世界位居第14—16名，药品出口为6—8位。

工业原料

匈牙利的能源主要依靠煤，1950 年煤的产量为 1300 万吨，1964 年达到 3150 万吨，创匈牙利历史最高纪录。20 世纪 60 年代，煤占匈牙利能源消耗的 70%，1938 年占 82%。从 20 世纪 60 年代中期起，一直落后的能源结构发生迅猛变化。1967 年，煤在能源中所占比例中降到 57%，天然气和石油则超过了 36%。20 世纪 60 年代中期不景气的深井相继关闭，1965—1975 年间，矿工人数从 12.6 万减至 5.6 万人。

1965 年在奥尔哲（Algyő）地区发现迄今为止储量最大的天然气和石油。1939—1965 年天然气产量从 1300 万立方米增加到 10 亿立方米以上。1939—1970 年石油产量从 5 万吨增加到 200 万吨。尽管如此，仍无法满足国内的能源需求。20 世纪 60 年代，匈牙利同苏联修建了两条友谊输油管道和一条输气管道，从苏联的进口占匈牙利能源需求的比例不断增加，1960 年占 26%，1980 年则超过了 50%。到 20 世纪 60 年代末期，对经济造成巨大损失的经常性停电现象不再出现。按照经互会的结算方式，匈牙利得以长期从苏联获得便宜的石油和天然气。

铝矿是匈牙利最大的矿业，在欧洲可称为铝矿大国。但由于缺少电能，铝矾土的冶炼一直是个难题。第二次世界大战前，匈牙利把铝矾土运到德国冶炼。后来苏联取代了德国，1962 年，匈牙利和苏联签订了氧化铝—铝协议。将铝矾土在国内冶炼成氧化铝后运往苏联冶炼成铝锭，匈牙利以氧化铝向苏联换取铝锭。20 世纪 70 年代，⅔ 的氧化铝被运到苏联加工。早在 20 世纪 60 年代匈牙利和波兰签订了同样的协议，只是交换数量相对。匈牙利国内共有三家炼铝厂，1940 年建造的陶陶巴尼奥（Tatabánya）、1943 年建造的奥伊考（Ajka）和 20 世纪 50 年代建造的伊诺陶伊（Inotai），这三家炼铝厂所需的氧化铝总量还不到国产总量的 20%。和炼铝业相反，匈牙利冶金业的原料铁矿石和优质煤需要依靠进口，主要从苏联进口。尽管如此，20 世纪 50 年代钢铁产量已超出国内需求。1939 年，生铁产量 30 万吨，20 世纪 60 年代中期为 150 万吨。同期钢产量从 60 万吨—250 万吨。由于技术和工艺的落后，产品成本高且质量不佳。

轻工业

20 世纪 60 年代，轻工业对工业产值的贡献稳定在 20% 左右。纺织和服装业的比例下降了，造纸和印刷业得到了加强。20 世纪 60 年代匈牙利第一批尼龙和塑料产品问世。高质量的受消费者喜欢的尼龙长筒袜、尼龙衬衣和尼龙风雨衣，一直是通过西方亲属或外国旅游者带进匈牙利的，或者以走私商品流入匈牙利市场。

食品工业

食品工业在工业中所占比例有所下降。1960 年占工业产值的 19%，1973 年下降到 16%。制糖业、面包业和啤酒业发展最慢，食品和冷藏食品发展最快，同 1950 年相比，20 世纪 60 年代末冷藏食品增长了 8 倍。食品工业同轻工业一样面临质量不高和品种单一的问题。

通信和商业网点

匈牙利通信系统现代化方面进展不大。1979 年布达佩斯每百户家庭拥有 33 部电话机，乡下只有 4—5 部。当时的欧洲只有波兰和阿尔巴尼亚不如匈牙利。20 世纪 70 年代末有 25 万家庭在等待安装电话。

20 世纪 70 年代初商业网点每年增长 1%，之后增长放慢。商店面积年增长从 4% 降到 3%。多数投资者将资金投入大型商场的建设。1974 年，布达佩斯大商场多穆什（Domos）开业，1976 年什卡拉（Skála）开业，接着是舒加尔（Sugár）和弗洛里安（Flórián）。大型商场的相继落成和开业导致大批小商店倒闭，很多市民感到购买日用品比过去困难了。

三、外贸

1950—1966 年匈牙利进出口额翻了 4 倍。1959 年，外贸在国民经济中只占 25%，1967 年上升到 40%。进口的主要产品仍然是原料和半成品，战前占进口额的 63%，20 世纪 60 年代降到 52%。机械和设备的进口也有大幅增长，战前只占进口总额的 10%，20 世纪 60 年代增加到 22%—23%。出口的结构也发生了巨大变化，战前农产品和食品占 60%，工业成品只占 10%。之后的经济转型导致农产品出口大幅减少，20 世纪 60 年代农产品出口仅占 21%—22%，机械和设备出口翻了三倍，从 9%—10% 增加到近 30%，有些年份还超过了 30%。

匈牙利最主要的贸易伙伴是苏联，20 世纪 50 年代同苏联的贸易额占贸易总额的 20%，20 世纪 60 年代增加到 35%—37%，一半以上进口的是石油、天然气和电。除此之外还有军事装备，匈牙利军队的全部运输工具和武器都是苏联制造。社会主义国家生产的汽车中，最好的品牌是苏联生产的莫斯科人、日古丽和拉达牌小轿车。匈牙利同其他经互会国家的外贸额约占其外贸总额的⅓，排首位的是德意志民主共和国，其次是捷克斯洛伐克。同罗马尼亚、南斯拉夫的外贸额只占2%—3%，同奥地利也大致如此。

第五章　社会关系和生活环境

人口问题

1949 年，匈牙利人口为 920 万，1980 年增长到 1070 万，1999 年降至 1030 万。由于 1953—1956 年禁止堕胎，20 世纪 50 年代上半期人口出生率达到 2.2%—2.3%，接近两次大战期间的水平。取消堕胎禁令后，20 世纪 60 年代上半期出生率降至 1.3%—1.4%，人口纯增长率仅为 0.2%—0.4%。为了抑制下降趋势，政府于 1967 年颁布新的支持家庭的形式。除保留现有的生育补贴外，把 1953—1966 年执行的对 3 个及 3 个以上孩子的家庭给予补贴的规定改为对有 2 个及 2 个以上孩子的家庭给予补贴。此外，新增加了幼儿补贴（GYES），小孩出生后每月可得到 500—600 福林的补助，直至两岁半为止。从 1969 年起，小孩出生前有一年半工龄的母亲也可以享受为期三年的幼儿补贴。在鼓励生育政策的影响下，到 20 世纪 70 年代中期出生率提高到了 1.6%—1.8%。1975 起出生率又开始下降，20 世纪 80 年代中期降至 1.2%。

20 世纪初，死亡率为 2.5%。1930 年降到 1.5%，1958 年为 1.0%，1975 年为 1.24%，1986 年升至 1.38%。这主要是由匈牙利社会老龄化造成的。1949—1990 年，60 岁以上人口比例由 12% 增至 19%。14 岁以下人口从 25% 降到 21%。死亡率增高的另外一个原因是 35—65 岁的男姓死亡率增高，20 世纪 80 年代匈牙利的状况在全球最糟。1965 年男性的预期寿命为 67.5 岁，1965—1985 年降到 65.1 岁，而女性的预期寿命则从 72 岁增至 74 岁。这些因素致使 1980 年以来匈牙利人口不断减少。

20 世纪 80 年代初，少数民族人口为 80 万，占全国人口的 8%。德国人有 20 万人，占全国人口的 2%。斯洛伐克人有 11 万，南斯拉夫人有 5 万，罗马尼亚人有 2 万。

茨冈人问题

按战后国土面积计算，1893 年匈牙利有 6.5 万茨冈人，占全国人口的 1%。1930 年为 10 万人，1961 年 22.2 万人，1970 年 32.5 万人，1980 年年底达到 40

万人，占全国人口的 4%。大部分茨冈人生活在蒂萨河以东地区的东南部，茨冈人是匈牙利的所有民族中唯一没有母国的民族，因此，匈牙利不把茨冈人视为少数民族，而是作为匈牙利籍的少数种族。

宗教信仰

根据 1949 年的统计，居民的 ⅔ 信奉罗马天主教，22% 为基督教加尔文派，5% 为路德教信徒。由于“二战”的迫害，犹太教徒人数减少到 13.4 万人，仅占 1.5%，半数生活在首都。希腊礼天主教徒为 25 万人，占 2.7%，大部分住在东北各州。东正教教徒 3.6 万人，占 0.4%。1992 年的统计数据有些变化，罗马天主教和希腊礼天主教徒占 68%，基督教加尔文派教徒占 21%，路德教教徒占 4%。无神论者从 1949 年的 0.1% 增加到了 4.8%。受过洗礼，但坚持无神论、不去或很少去教堂的人数大幅增加。根据 1992 年的调查，常去教堂的信徒占 12.7%，偶尔去的占 20.6%。其他人中，以自己的方式信教的人占 10%，不去教堂但认为自己是信徒的占 29%，无神论者 23.6%。1950 年，罗马天主教有 3583 名神父和 1.1 万名修道士，1986 年分别下降到 2600 和 250 名。

劳动力问题

1949—1980 年，15—65 岁的人口从 560 万增加到了 620 万，就业人数从 400 万增加到 500 万，有收入的人在全国人口比例中从 47% 增至 69%，被抚养的人比例从 53% 降到 31%。1960—1983 年，退休者和享受补贴的人从 75.9 万增加到 220 万，占全国人口的 20.3%。20 世纪 70 年代和 80 年代匈牙利形成新的家庭模式，不再是父亲抚养 2—3 个孩子，而是父母共同抚养 1—2 个孩子。1949 年，平均每百户家庭 340 个人，其中儿童 150 名。1980 年，每百户家庭平均只有 300 人，其中儿童 110 人。20 世纪 80 年代，抚养两个孩子的家庭占 27%，1 个孩子的家庭占 34%，无子女的家庭 32%—34%。

1958 年合作化完成之前，79% 的农业劳动力在私营经济中，1962 年降至 6.5%。1970 年和 1980 年个体农户连同家属在内也只有 6 万—8 万人，占全部就业人数的 1.2%—1.6%。20 世纪 80 年代初，小手工业者和小商贩的人数为 6 万 –8 万，大部分是裁缝、石匠、木工、鞋匠、钟表和汽车修理工、卖菜者和小饭店经营者。就业人数的 3% 在私营经济中，其他人都在合作社或国营企业中。鼓励个人办小企业之后，20 世纪 80 年代初就业情况发生变化。1980—1990 年，非农业的小商品生产者增长了 50%，人数接近 1948—1949 年的水平。国营和合作社经济仍占主导地位，独立的小手工业者和小商贩人数只占 4.2%，个体农户及其家属的人数占比降至 1.1%。

从就业领域来看，以农业为生的居民越来越少，工业部门就业人数猛增。20 世纪 50 年代是劳动力从农业流向工业的高潮期，农业人口从 53% 降至 38%，工业人口从 21% 升至 34%。20 世纪 60 年代人口仍以这种速度流向工业。1970 年，农业人口减少至 24%，工业人口上升至 44%。在这 20 年中，匈牙利从农业－工业国家一跃变成了工业国家。随后的变化速度逐渐放缓，1980 年以农业为生的人口减少到 19%，1990 年再减至 15%。这时，工业人口的增长停止并开始减少了，1980 年到 1990 年间工业人口从 42% 降低到了 38%。第三产业人数开始增加，1960 年至 1990 年，该产业人数占比从 27% 猛增至 47%，成为国民经济中就业人数最多的部门。同时，商业部门的发展也在加速，30 年内第三产业就业人数翻了两倍，而商业部门只翻了一倍。

1900—1990 年就业者按职业性质的分布情况

单位：百分比

年	体力劳动者	脑力劳动者	兼职的家庭成员
1990	55.0	3.9	41.1
1910	54.8	5.1	40.1
1920	51.9	6.2	41.9
1930	50.3	6.8	42.9
1941	50.7	7.0	42.3
1949	35.5	9.6	54.9
1960	59.4	17.2	23.4
1970	70.1	24.6	5.3
1980	66.3	29.7	4.0
1990	61.7	33.0	5.3

见匈文版《20 世纪的匈牙利》（Magyarorszá g a XX. Szá zadban）第二册 163 页

就业关系中，体力和脑力劳动者的比例也发生了变化。1941 年，有文凭的知识分子即白领阶层占 7%，1949 年上升到 9%，随着中高等教育的发展，1960 年上升至 17%，1970 年达到 25%，之后增长速度放缓，1980 年增至 29%，1990 年已达 33%。20 世纪 60 年代之前增加的主要是办公室行政人员，之后增加的是工程师、技术员等技术人才。白领多数拥有大专和中学毕业文凭。这一改变是经济现代化的必然要求，也基本符合国际潮流。资本主义国家在 1960—1980 年间已完成这种转变，而匈牙利和其他社会主义国家在“二战”结束 20—30 年后才开始。匈牙利服务性行业就业人数的增长比资本主义国家晚了 10—20 年。1980 年，资本主义国家脑力劳动者占比为 35%，匈牙利直到 1990 年也没能达到这一水平。知识分子和脑力劳动者的文化水平有着很大差异，1980 年拥有高等教育文凭的人占 29%，中学毕业和技工水平的占 53%，小学毕业的占 18%。

城市和城市人口

城市人口大增，农村人口锐减。两次世界大战期间全国共有 3643 个定居点，1949 年有 3262 个，其中 54 个城市，3211 个乡镇。54 个城市内居住着全国人口的 37%。当时布达佩斯拥有 150 万人口，占全国人口的 17%。10 万居民以上的城市由 2 个增加到 3 个，它们是塞格德、德布勒森和米什科尔茨。3 万—10 万人口的城市有 19 个，3 万人口以下（平均 2 万）的城市 31 个。人口在 1000—5000 之间的农村占全国农村的一半。1980 年，城市增加到 96 个，10 万人口以上的城市增加到 7 个，城市人口占比由 37% 增至 53%。20 世纪 50 年代 50 万农村人口变成城市人口，1960—1975 年 300 万人口转成了城市人口。1980—1990 年间，城市化继续发展，10 年内增加了 640 万人，城市人口占全国人口的 62%。这不是农村人口涌入城市的结果，而是因为部分乡镇升级为城市所致。1950—1980 年 30 年间增加了 43 个城市，而 1980—1990 年 10 年间就增加了 69 座城市。很多城市的基础设施并不健全，且缺乏配套的文化和教育机构。

1980—1990 年城市人口排名

城市	1980 年	1990 年	变化（单位：%）
布达佩斯（Budapest）	2 059 347	2016132	− 2.1
德布勒森（Debrecen）	198 195	212 247	+ 7.1
米什科尔茨（Miskolc）	208 103	196 449	− 5.6
塞格德（Szeged）	170 794	175 338	+2.7
佩奇（P é cs）	169 134	170 119	+ 0.6
杰尔（Gy　r）	124 147	129 356	+ 4.2
尼赖吉哈佐（Ny í regyh á za）	108 235	114 166	+ 5.5
白城（Sz é kesfeh é rv á r）	103 571	108 990	+ 5.2
凯奇凯梅特（Kecskem é t）	96 828	102 528	+ 5.9
松博特海伊（Szombathely）	82 828	85 418	+ 3.1
索尔诺克（Szolnok）	75 372	78 333	+ 3.9
陶陶巴尼奥（Tatab á nya）	75 971	74 271	− 2.2
考波什瓦尔（Kaposv á r）	72 377	71 793	− 0.8
贝凯什乔鲍（B é k é scsaba）	68 612	67 661	− 0.4
维斯普雷姆（Veszpr é m）	57 249	63 902	+ 11.6

见 1996 年出版的匈文版《匈牙利社会和经济地图》，作者 Perczel György

人民生活水平大幅提高

社会和居住区（定居点）结构的改变伴随着生活环境的革命性快速变化。国民收入的持续增长及更合理的消费比例，促使居民生活水平大幅持续提高。人均实际收入体现着生活水平改善的状况。1960 年到 1980 年实际收入翻了一倍多，1950—1990 年几乎翻了三倍。1966—1970 年间增长最快，平均年增长为 6.5%。1971—1976 年间的年增长率为 4.5%。从 20 世纪 70 年代末起增长速度放慢，到 20 世纪 80 年代的最后三年完全停止增长。人均个人实际收入 1989 年达到最高点，人均个人消费 1987 年达到最高点。反映工资和消费价格变化的人均实际工资直到 20 世纪 70 年代末一直在增长，之后开始缓慢下降。1990 年的实际收入比最高点的 1989 年下降了 2%，而实际工资只达到了 1978 年最高点的 86%。

实际收入和工资的增长是在劳动时间缩减的情况下实现的。1967 年，政府决定缩短劳动时间，1968—1969 年每周工作时间从 48 小时减少到 44 小时，涉及 170 万工人。从 1978 年起，除生产合作社社员外，全国实行统一的每周 44 小时工作制。1979 年，不包括生产合作社社员在内的 360 万劳动者均享受每周 44 小时工作制，占有收入者的 92%。1981 年，工业部门和国家行政单位开始实行每周 42 小时工作制。从 20 世纪 70 年代中期起每两周的一个周六为公休日。从 20 世纪 80 年代起每个周六均为公休日。

居民收入的大部分用于购买消费品，主要是食品。1950—1980 年肉类和糖的人均消费翻了一倍多，鸡蛋翻了 3 倍，脂肪类增长 79%，奶及奶制品增长了 62%，水果增长了一倍多。但面粉和马铃薯的消费量下降，意味着匈牙利食品消费在数量和质量上都接近了富国的饮食习惯。“1960—1980 年，多数匈牙利人已不懂饥饿的含义，满足居民基本需求已不是问题。‘古拉什共产主义’作为评价卡达尔时代的一个同义词是完全有根据的。”（见罗姆希奇 Romsics Ign á c2010 年所著《20 世纪的匈牙利历史》，匈文版第 479 页）但匈牙利的食品消费距离每天摄入 3000 大卡的全球水平还很远。匈牙利脂肪类消费量较高，脂肪与鸡蛋的消费量共同位居世界前列。谷物消费量也在世界平均水平之上，但在人均蔬菜、奶和奶制品的消费上，发达资本主义国家和多数社会主义国家都超过了匈牙利。

1934—1990 年重要食品的人均消费量

单位：公斤

食品	1934—38 年	1950 年	1960 年	1970 年	1980 年	1990 年
肉类	34.0	34.9	49.1	60.4	73.9	75.8
脂肪类	17.0	18.7	23.5	27.7	30.5	38.6
奶及奶制品	102.0	99.0	114.0	109.6	166.2	169.9
鸡蛋（个）	93.0	85.0	160.0	247.0	317.0	389.0
蔬菜、水果	95.0	100.0	139.4	155.7	154.6	155.6
大米、白面	147.0	142.1	136.2	129.2	115.2	110.4
马铃薯	130.0	108.7	97.6	75.1	61.2	61.0
糖	11.0	16.3	26.6	33.5	37.9	38.2

见 1996 年匈牙利统计局出版的匈文版《匈牙利的人口和经济》，第 200 页

在 1960—1980 年间，匈牙利家庭实现了机械化。收音机基本不再增长，增长最快的是吸尘器、洗衣机、电冰箱、电视机、电唱机和磁带录音机。这些产品在 20 年内翻了 9—19 倍。电冰箱翻了 9 倍，因此卡达尔时代也被称作“电冰箱社会主义”。平均每千名居民拥有的电视机数量超过多数社会主义国家及南欧国家，只有捷克和民主德国位于匈牙利之前。

1952—1994 年每百户家庭平均拥有的耐用消费品数量

	1960 年	1970 年	1980 年	1983 年	1994 年
电冰箱	1	35	87	97	103
洗衣机	19	70	91	95	103
吸尘器	4	38	76	82	91
小轿车	0	6	26	32	36
摩托车	7	16	21	20	11
收音机	73	101	142	154	194
电视机	5	66	99	105（彩电 12）	113（彩电 79）
电唱机	5	15	29	34	19
磁带录音机	2	9	37	47	12

见 1996 年匈牙利统计局出版的匈文版的《匈牙利人口和经济》，第 203 页

1970—1980 年间小轿车的数量翻了三倍，接近 100 万辆。1983 年，每百户家庭拥有 32 辆小轿车。1980 年，人均数量达到国际平均水平的 73%。1986 年超过了国际平均数的 2%。匈牙利每千人拥有 135 辆小轿车，发达国家拥有 400—500 辆。西班牙为 240 辆，希腊 127 辆，波兰 99 辆。

住房问题

居民的储蓄比例逐年增高，1960 年占居民收入的 6%，1970 年为 12%，1980 年占 14%。起初存款的 ⅔ 用于购房或自建房，后来该比率变为 ½。政府把住房建设视为最重要的福利政策。20 世纪 60 年代中期，取消了免费分配住房的政策，改为给建房者提供优惠贷款或以优惠价格将房产卖给居民。社会主义工人党 1958 年作出决议，1961—1975 年间要建造 100 万套住宅。建筑工业部门不仅完成任务，还多建了 5 万套。1976—1980 年间建造了 45.3 万套新住宅。由于总体经济增长速度放缓等原因，住房建设速度也减慢了。1975 年平均每千人建设 9.4 套住宅，1990 年降到了 3.9 套。50% 的新建住房为两间一套，⅓ 为一间或一间半。1980 年，所有住房中 27% 为一间一套，49% 为两间，24% 为三间或四间一套。住房的舒适度也明显提高。1949 年平均每百个房间住 265 人，1970 年 200 人，到 1990 年每百间住 113 人。根据 1980 年的统计，360 万套住房中半数是 1960 年后建造的，其中大部分都安装了舒适的居住设备。1949 年，装有浴室或喷头的住房只占 10%，1990 年达到 77%。1949 年装有抽水马桶的住房只占 13%，到 1990 年达到 74%。从新住房的间数和面积来看，社会主义国家中匈牙利与波兰、捷克持平，优于保加利亚、南斯拉夫和希腊。

新住房多为预制板楼，首先于 1966 年夏天在布达佩斯投入使用，随后其他大城市中也开始建造 4—10 层的板楼居民区。1985 年，全国 408 个居民区共 51.8 万板楼中居住着 160 万人口。1960—1970 年间无房的年轻夫妇以及住房不够舒适的家庭获得一套板楼内的住房是非常喜庆的事。之后，板楼的缺陷渐渐显露出来：拥挤、单调和荒凉。20 世纪 80 年代开始有人迁出这类居民区，有条件的则去购买绿色区的别墅或单户住房。

社会福利

除现金收入外，社会福利补贴或人均供应也是影响生活水平的重要因素。除免费教育、建房补助外，退休金和免费医疗服务占居民总收入的 12%—13%。1950 年，享受社会保险和退休金的居民不足 440 万人，约占全民的 ½。在

1958—1961 年农业集体化过程中，社会保险和退休金也扩大到新合作社社员，享受社会保险和退休金的人占比上升到 85%。1972 年，私人小手工业者和小商贩及农业个体户也纳入体系后，实现了社会保险的全民覆盖。1975 年，实施统一的退休制度，男性 60 岁女性 55 岁退休，退休金由工龄和最后三年的工资确定。之后，退休人数和退休金的数量猛增。1960—1980 年退休人数翻了一番，从占全民的 8% 增至 17%。退休金总额从 44 亿增加到 268 亿。退休金的 29% 由企业上缴的退休保险中支付，剩余部分由国家预算支付。

从卫生保障的角度来看，平均每千名居民拥有几位大夫也是个重要标准。1960 年，匈牙利平均每千名居民拥有 150 名大夫，1980 年增加到 280 名大夫。基础卫生服务方面，匈牙利和其他社会主义国家取得了杰出成绩，优于美国和西欧国家。1960 年，平均每千名居民拥有 70 个医院床位，1980 年提高到 90 个，在欧洲居中等水平。比战前翻了一番。

为提高人口增长率，20 世纪 60 年代初开始对有子女的家庭实行家庭补贴。1960 年 50 多万家庭享受了补贴。1980 年增加到 110 万，36% 的家庭享受补贴，补贴金额达到 136 亿福林。幼儿补贴（GYES）开始于 1967 年，当年发放了 6400 万福林。1980 年增至 390 亿福林，1980 年 25.4 万家庭享受，平均每个家庭每月获得 1250 福林。

由于服务项目的扩大，社会保险开支翻了好多倍。1950 年到 1980 年翻了 39 倍，1960 年到 1980 年翻了 7 倍。1980 年社会保险支出占国民收入的 14%，1985 年占 16%。瑞典、荷兰或者德意志联邦共和国等最发达的福利社会国家，在这期间的开支占国民收入的 20%—30%。美国不超过 10%，英国和瑞士也只占 15%。匈牙利 20 世纪 80 年代中期形成的危机也与社保的高开支有关。在生产和国民收入下降的情况下，只能通过借外债支付这些不断增长的费用。

虽然匈牙利的医疗服务得到了发展，各种社会福利补贴也很多，但社会健康状况和人的心理健康状况没有得到改善，甚至在 1956 年以后的几十年中更糟糕了。“最危险的异常表现是自杀，从 20 世纪 50 年代中期开始蔓延，到 20 世纪 80 年代中期每年 10 万人中有 44—45 人自杀，匈牙利除年人均肉类和鸡蛋消费量占世界第一以外，在很长的一段时间内匈牙利自杀率也占世界第一。人均酒精消费量和因酒精中毒死于肝萎缩的人数也在迅速增长。20 世纪 50 年代中期匈牙利人均年饮用的各类酒折合 5 公升纯酒精，1980—1990 年间增加到了 11 公升以上，首先是烈性白酒，其次是啤酒，葡萄酒的消费量在减少。比匈牙利喝酒还要多的国家有法国、西班牙、意大利和葡萄牙，但这些国家的人主要饮用对健康危害较小的葡萄酒。在 20 世纪 80 年代中期，万人当中因肝萎缩和肝病而逝世的

人数匈牙利也位居世界第一名。”（见 Romsics Ignác 所著《20 世纪的匈牙利历史》匈文版，第 493 页）

1934—1992 年人均酒精饮料的消费情况

单位：公升

年	葡萄酒	啤酒	烈性饮料（酒精含量 50%）	酒精饮料总数（酒精含量 100%）
1934-38	32.1	3.1	3.3	5.5
1950	33.0	8.3	1.5	4.9
1960	29.9	36.8	2.8	6.1
1970	37.7	59.4	5.4	9.1
1980	34.8	86.0	9.3	11.7
1985	24.8	92.4	10.9	11.5
1990	27.7	105.3	8.5	11.0
1992	29.8	98.1	7.4	10.5

见 Münnich Iván 1994 年出版的匈文版的《匈牙利的异常行为》

第六章　卡达尔时代的教育和科研

小学教育

教育制度和形式以1945—1950年的制度为基础，小学仍为8年制。20世纪50年代，98%的6—13岁的适龄儿童在8年制小学读书，但并不是所有儿童都能读完。1955年，37%的适龄儿童未能完成小学教育，1960年降为24%。1961年将小学义务教育从8年改为10年，毕业年龄延长到了16岁。10年制的小学义务教育坚持了20年后，由于条件不具备而取消。

根据1961年的教育法，对农村不分班级的小学进行了合并。1960—1980年间，小学数量从6300所减少到3500所，教室数量增加了⅓。因此，每班学生人数从46人降到30人。1960—1980年间，分班级的小学的比例从37%上升到75%。1982年，小学教员比1960年增加了$^2/_5$。加之小学合并等因素，平均一名教员负责学生的人数从1960年的24人减至1982年的15人。

中学教育

小学教育发展比较稳定，而中学教育中则出现了错误的发展策略。1961年，教育法最重要的目的是普及中等教育，把中等教育的普及年限提高到18岁。中学数量在1950—1960年间没有大变化，1960—1965年增加了50%，达到近600所。在这5年间，小城市和大乡镇开办了200所中学，学生人数从11.9万增加到23.6万。这时出现了人力和物力供应不足的现象，与劳动力需求也产生了矛盾。社会主义工人党政治局认识到这一问题后，立刻放弃了普及中等教育的计划。之后中学和中学生人数开始下降，直到1985年才恢复至1965年的水平。1961年，在中学里还试验了5+1的制度，即每周6日教学中的第6天为实践课日。初衷是为了让学生毕业后能尽快参加生产劳动，但实际上多数学校师生都以闲逛和敷衍的态度来对付实践课，因此，这种5+1的制度未获得成功，最终于1965年取消。为了学生的继续深造，学校内部开设了外语和数学班。20世纪70年代末，根据学生兴趣开设了课外的选修课程，以发挥学生的特长。这一制度在1945年以前就有，那时在学校之间开设，这次是在本校内。

与20世纪60年代相比，学校教学条件逐渐改善。每班学生人数35—40人，1980年减少到28—32人。每位教师平均负责的学生人数从18人减少至13人。各学校教学水平参差不齐，最好的学校升学率为80%—90%，而一些农村中学在10%以下。

1950—1951年创建了中等技术学校，专门培养具有中学毕业水平的中级经济领导人。然而，这一举措也没达到预期的目的。18—20岁的青年人，尤其是女生很难胜任技术领导或生产队长的职务。因此，从1961年起中等技术学校渐渐退出了历史舞台，1968—1969学年招收了最后一批学生。之后，在此基础上开办了专业中学，培养具有接近中学毕业文化水平的技术工人。专业中学发展很快，从1960—1970年发展到161所，1980年已达到367所。在此期间，普通中学从258所减少到167所。20世纪70年代中期，专业中学在校人数比普通中学多2万—3万人。20世纪80年代初，在专业中学里设有76门专业课。5+1模式取消后，中学里的常识课课时逐渐增加，20世纪80年代头4年的常识课共有4484课时，专业中学里只有2307课时。专业中学不教外语课，匈牙利语文及历史课也很少，没有音乐课和艺术史课，但数学课时比普通中学多。

技术工人培训学校

截至20世纪50年代中期，技工培训学校发展缓慢，1956年后得以迅速发展。1956—1966年的10年内技工学校数量翻了一番，学生人数翻了一倍半。示范车间也很充足，1980年代初300所学校拥有1.5万个示范车间，学生们可以在此学习掌握100种手艺。技术培训学校学制3年，一周内3—4天在车间，2—3天在学校。技工学校教授的基础知识比普通中学少。20世纪80年代初，普通中学的基础知识课为4484课时，专业中学为2307课时，技工培训学校只有924课时。

20世纪60年代，70%的小学毕业生进入上述三类中学学习。1970—1975年达到80%，1975年提高至90%—93%。卡达尔时代初期，29%的14–18岁年轻人在普通中学学习，32%在专业中学学习，14%就读中等技术学校。20世纪70年代末发生了变化，就读普通中学的学生降至20%，专业中学上升到43%—44%，中等技术学校的占25%—26%。

大学

在高等教育领域也犯了同中等教育一样的错误。1960—1965年高等教育机构从 43 所猛增到 92 所，一批师范学校、幼儿师范学院及中等技术学校被盲目提升为高等教育机构，降低了高等教育机构的教学水平，为纠正此错误花费了很长时间。1965—1970 年间，不得不对高校进行了改组和合并，到 1975 年高等教育机构减少至 56 所，这种状态一直保持到 20 世纪 80 年代中期。其中大学 24 所，如布达佩斯理工大学、1945 年成立的格德勒农业大学、1948 年独立出来的马克思经济大学、1949 年成立的米什科尔茨重工业技术大学以及 1951 年独立的米什科尔茨医科大学。有名的学院有布达佩斯商业和服务行业学院（1962）、杰尔（Győr）交通和电信技术学院（1968）、布达佩斯孔多·卡尔曼（Kandó Kálmán）电力工业技术学院（1969）、布达佩斯班基·多纳特（Bánki Donát）机械工业技术学院（1969）以及财政和审计学院（1970）等。在师资培训方面，除大学外还有 4 所师范学院、9 所小学教师师范学院和 4 所幼儿师范学院。为培养政治精英，1968 年把党校升级为大学。

20 世纪 60 年代，中学毕业生平均每年 4.1 万人，后增长到 4.7 万—4.8 万人。1960 年 18% 的毕业生考上大学，1970 年和 1980 年分别为 24% 和 35%。1962 年取消了大学录取中对工农子弟的分数照顾，但仍保留获得国家和党的奖励的干部子弟的优先政策。取消这一特权后，大学中工农子弟的比例下降，1956—1957 年占 55%，1966—1967 年 42%，1970—1971 年 38%，1983—1984 年降至 37%。

大学生学习的专业发生了变化。1938 年律师专业占 33%，1960—1982 年间只占 4%—6%，工程师专业则占 27%—37%。小学老师专业占 11%—14%，农业工程师占 6%—10%。高校中师生比例一直很平衡。1960 年和 1970 年代平均每位老师负责 5—6 名学生，1980 年起为 4—5 名。

1948—1949 年曾关闭了匈牙利在国外的文化中心，1959 年和 1963 年分别恢复了罗马和维也纳的匈牙利研究院（Collegium Hungaricum）。之后又在国外开设了十几个匈牙利文化馆和文化中心。这些机构不同于两次世界大战之间的文化中心，只从事维护文化关系的事务，不再进行研究生的培训。

夜校和函授教育

20 世纪 50 年代上半期启动的夜校和函授教育在卡达尔时代蓬勃发展。1960 年，10 万成年人参加小学夜校，8 万成年人参加中学班，1.5 万人参加大学夜校。这些学生占全国小学生人数的 7%，中学生和大学生人数的 35%。从 1960 年起成年人上夜小学的人数开始减少，20 世纪 80 年代上半期减少到 1—1.1 万人。

夜中学的学生人数在 20 世纪 70 年代中期增加到 17.5 万人，20 世纪 80 年代中期减少至 1960 年的水平。而读夜大学的人数仍在增长，20 世纪 80 年代初达到 3.7 万人。此时，夜校和函授的学生占全国小学生人数的 1%，占中学生的 28%—32%，占大学生的 36%—37%。

成年人夜校的学员发生了变化，起初多为年纪比较大的成年人，他们因社会地位或经济原因未能上小学。而从 20 世纪 70 年代起，读过小学和中学的年轻人再去读夜大学，拿到毕业文凭后更容易找工作。1982 年读夜大或函授大学的 60% 都是 30 岁以下的年轻人。

除夜校以外，还为在岗的年轻人举办了各种学习班，如审计、经营管理、商贸和外语等。1982 年近 50 万人参加学习班，占在职人员的 9%。体力劳动者参加最多的是技工考试学习班。外语学习班也很受欢迎。20 世纪 60 年代每年 2000—3000 人参加初级、中级和高级外语的国家级考试。20 世纪 70 年代每年 4000—5000 人，20 世纪 80 年代每年 5000—6000 人参加国家级外语考试。1970 年之前主要是学习德语，之后是英语，对俄语和法语的学习兴趣在下降。1982 年通过国家英语考试的人数是俄语的两倍半，是法语的五倍。

经过多年的努力，居民受教育指数不断提高。1960 年 8 年制小学毕业者占 15 周岁以上居民的 ⅓，1984 年提高到了 ⅔。同期，中学毕业的比例从 6.2% 增至 18.5%。大学毕业的从 2.3% 增至 7%。如果把专业工人培训班也算在内的话，在小学和中学读书的人占适龄青年的 93%。在欧洲与波兰和民主德国相等，高于捷克（76%）、联邦德国（78%）、奥地利（81%）、葡萄牙（82%）、意大利（85%）、南斯拉夫（88%）、罗马尼亚（87%）、英国（91%）和瑞典（91%）。在高等教育机构就读的人占适龄青年的 14.7%，同捷克水平相当，高于葡萄牙（11.4%）和罗马尼亚（11.8%），但低于斯堪的纳维亚国家（30%）和西欧的水平（20%—30%）。

1960—1970 年，匈牙利对教育的拨款占国民收入的 3%。1980 年占 4%，1985 年提高到 5.37%，是南欧和东南欧国家的一倍，但只相当于斯堪的纳维亚国家的 ⅔。

科研

1945 年以前大学的教研室是培养科学家和进行科研的中心。1949—1950 年对科学领域进行了改组，匈牙利科学院成了科研中心和全国科研的最高领导机构。1951 年科学院有 10 个研究所，1956 年 23 个，1960 年 34 个，1970 年发展到 43 个。主要研究所有中央化学研究所（1952）、农业研究所（1957）、哲学研究所（1957）、社会学研究组（1963）、微生物学研究组（1963）、心理学研究所（1965）、民俗学研究组（1967）、塞格德生物学研究中心（1971）等。工作人员从 44 人增加到 1600 人。科学院院部的工作人员从 1948 年的 37 人增加到 1970 年的 223 人。1984 年，除科学院的这些研究所以外，企业、政府各部和各大学等非科学院所属的科研机构总共有 1279 家，工作人员 7.8 万，其中拥有科学博士学位近 1000 人，近 7000 人拥有副博士学位。科研人员的研究专业也反映了经济发展的需求。20 世纪 70 年代起，50% 的科学人员研究工程技术科学，研究社会科学的不到 20%，研究自然科学的占 13%，医学的占 10%，农业的占 8%—9%。直到 20 世纪 80 年代中期，科研经费都是发放给科研单位。从 1986 年起启动项目拨款制度，为此专门成立了“全国科研基金”。

几百年来科研都是个人行为的状况发生了改变，集体和国际合作搞科研日益盛行。在社会科学领域，依靠集体力量出版了许多巨著。例如《匈牙利语详解词典》（7 册，1959—1962 年）、《匈牙利文学史》（6 册，1964—1965 年）、《匈牙利民俗学》（5 册，1977—1982 年）、《匈牙利历史》（10 册，1976 年）、《匈牙利艺术史》（9 册，1961—1985），《埃尔代伊的历史》（3 册，1986 年）。这些著作都是根据马克思主义辩证唯物主义和历史唯物主义精神撰写的。1959—1962 年出版了 6 册的《新匈牙利百科全书》，但因为“过于简短和资料不准确” 受到社会的批评。20 世纪 70 年代末计划重新编写，但没能实现。由于 1911—1935 年出版的雷沃伊（R é vai）的百科全书水平无人能超越，故于 20 世纪 80 年代后半期再版了 20 册的《雷沃伊大百科全书》。

匈牙利在农业科研方面，尤其是在甜菜和玉米育种方面取得了显著成绩。20 世纪 50 年代培育的杂交玉米使产量提高了 15%—20%，推广后大大提高了粮食产量。

匈牙利魔方

魔方是近 30—40 年来匈牙利最有名的发明。1974 年，匈牙利建筑学教授、雕塑家鲁比克·埃尔诺（Rubik Ern ő）为了帮助学生们认识空间立方体的组成和结构，亲手做了第一个魔方的雏形，其灵感来自多瑙河中的砂砾。这一益智玩具——魔方（Magic Cube）在 1975 年获得匈牙利专利号（HU170062），但没有申请国际专利。1979 年 9 月，理想玩具公司（Ideal Toys）将魔方推向全世界，并于 1980 年 1—2 月在伦敦、巴黎和美国的国际玩具博览会上亮相。展出后，理想玩具公司将魔方改名为鲁比克魔方（Rubik's Cube）。魔方在20世纪80年代最为风靡，据当时估计，全世界五分之一的人在玩魔方。截至2009年1月，魔方在全球销售了3.5亿多个。

根据吉尼斯世界纪录，1981年3月13日举行了首场魔方比赛，取得冠军的是慕尼黑出生的Jury Froesch，用时38秒。1982年6月5日在布达佩斯举行了第一届国际性比赛，比赛项目是速解魔方，取得第一名的是越南人Minh Thai，用时22.95秒。之后逐渐增加了其他比赛项目。魔方的官方组织是世界魔方协会（World Cube Association，简称WCA），推广魔方的同时举办各种比赛，并收录最佳成绩作为官方世界纪录。

匈牙利的诺贝尔奖获得者

到目前为止，共有14位匈牙利人或匈牙利裔的外国人获得了诺贝尔奖。最近一位获奖者是作家凯尔泰斯·伊姆雷（Kert é sz Imre），凯尔泰斯于1929年11月9日出生于布达佩斯，其父是木材商人，其母是小职员。因为出身犹太人家庭，1944年被纳粹投入奥斯威辛集中营，1945年获得解救。他的小说《无形的命运》（也被译为《无命运的人生》）于2002年获得诺贝尔文学奖。小说以他在集中营的生活为背景，“对脆弱的个人在对抗强大野蛮强权时的痛苦经历进行了深入的刻画，且其自传体文学风格也具有独特性”。小说由北京外国语大学匈牙利语教研室主任许衍艺以《无命运的人生》为名翻译出版（2010年，译林出版社），此外旅匈华人翻译家余泽民以《命运无常》为名翻译出版。

第七章　卡达尔时代的文化和娱乐

文艺政策

1956年革命被镇压后，同整个社会状况一样，文艺界也存在着迷茫、消极甚至是对抗的气氛，一些人因参与活动而被捕。最初几年，整个文艺界显得较为沉默，这种局面随着党和政府采取的团结政策取得成效后渐渐转变。1957年8月，时任文教部副部长的阿策尔（Acz é l György）向卡达尔和中央政治局提出对文艺作品实行“3 T”政策，即支持（T á mogatott）、容忍（Tört）和禁止（Tiltott）。该政策针对拉科西时代对文化艺术管理过严，甚至实行政治制度化管理而提出。“支持”有党性和社会主义现实主义的作品，“容忍”虽不是马克思主义但并不公开与马克思主义论战的作品，“禁止”是指政治上明确反对马克思主义和反对社会主义的作品。卡达尔采纳了阿策尔的建议，对匈牙利的文化生活实行了相对宽松自由的政策。“3T”政策成为卡达尔时代文化思想领域的指导方针。阿策尔是卡达尔时代匈牙利思想和文化领域最具影响力的理论家，是卡达尔的“智囊人物”。他于1967年被选为中央委员会书记处书记，负责文化教育领域。1970年11月当选为政治局委员，1971年再次当选为中央文化政策工作小组组长。

党强调只要不是恶意公开反对党的方针政策的人都是同路人和朋友，支持社会主义现实主义文学的同时，不再强调它是唯一必须遵守的创作方法，提供作家们更多的“创作自由”，保证了“民粹派”及“都市派”作家具有人道主义思想内容的文学应有的地位和发展空间，强调耐心说服和心平气和讨论的重要性，提出不能采取行政命令或手段对艺术形式的讨论做决断。1958年8月，党中央发表的《文教政策指导方针》中指出，正在建设的社会主义文化生活不但允许而且需要多样化。1962年党代会后，开始贯穿“谁不反对我们，谁就是和我们在一起”的精神，文艺政策更加宽松。1966年，党的第九次代表大会对1962—1966年间进行的哲学、文学、历史、宗教等方面的争论进行了总结，提出“我们支持面向大众的社会主义的和其他人道主义的作品，支持政治和思想上不敌对的追求。但要从我们的文化生活中铲除那些政治上敌对、反人道主义或违背公共道德的表现”。

电影

1957年后，匈牙利电影片产量逐年增加。1957年制作了15部，1959年前制作了19部。从1960年起，匈牙利每年制作30部故事片，其中⅔在影院放映，⅓在电视台播放。50%—60%的故事片为匈牙利戏剧片，侦探片只占10%。1975年以后，戏剧片和音乐片占比不到10%。除大片外20世纪80年代中期共制作了一万多部新闻片和其他短片。

20世纪50年代末和60年代初，活跃在电影界的导演有法布里·佐尔坦（Fá bri Zoltá n），他主要创作反法西斯主题的电影，如《汉尼拔先生》（1956）、《地狱中的两个期限》（1961）、《日蚀》（1964）。第二位是毛克·卡罗伊（Makk Ká roly），擅长拍摄分析社会各阶层人物性格及心理的影片，代表作有《莉莉雯菲》（Liliomfi，1954）、《9号病房》（1955）、《全神贯注》（1961）、《失去的天堂》（1962）、《倒数第二的人》（1963）、《爱情》（1971）和《猫戏》（1972）。第三位是劳诺迪·拉斯洛（Ranody Lá szló），他拍摄的电影有《少年牧鹅马季》（1949）、《大海在咆哮》（1953）、《云雀》（1963）、《金龙》（1966）和《孤儿》（1976）。第四位是班·弗里杰什（Ban Frigyes），其作品有《安静的家》（1957）、《螺旋式楼梯》（1957）、《圣彼得的伞》（1958）、《我要见部长》（1961）、《假币伪造者》（1964）和《臭水》（1964）。

20世纪60年代，匈牙利涌现出一批年轻的导演，如杨乔·米克洛什（Jancs ó Mikl ó，又译为杨索·米克洛什）、加尔·伊斯特万（Ga á l Istv á n）、科瓦奇·安德拉什（Kov á cs Andr á s），比他们还年轻的胡萨里克·佐尔坦（Husz á rik Zolt á n）、科绍·费伦茨（K ó sa Ferenc）、沙劳·山多尔（S á ra S á ndor）和萨博·伊斯特万（Szab ó Istv á n）。这时的匈牙利电影得到了进一步发展，逐步摆脱20世纪50年代前后那种公式化的倾向，许多导演以现实主义创作方法反映和分析匈牙利的昨日与今天，对历史和社会进行深刻的描述及剖析，形成所谓的布达佩斯学派。

这批导演陆续在国际电影节上为匈牙利争得了荣誉。1963年，加尔·伊斯特万导演的电影《在涌流中》（Sodr á ban）获得卡罗维发利电影节大奖。科绍·费伦茨的《一万天》（Tizezer Nap）在戛纳国际电影节获得最佳导演奖。萨博·伊斯特万（Szab ó Istv á n）的抒情片《父亲》于1966年在莫斯科电影节获得大奖。杨乔.米克洛什 Jancs ó Mikl ó s（又译为米克洛斯或米克洛什.杨索）凭借《红色赞歌》（M é g k é r a n é p）赢得1972年戛纳电影节最佳导演奖，

1990 年则获得威尼斯电影节终身成就奖。

匈牙利于 1981 年和 1982 年连续两年获得奥斯卡奖，1981 年鲁福斯·费伦茨（Rófusz Ferenc）拍摄的动画短片《苍蝇》获得奥斯卡奖，1982 年萨博拍摄的电影《靡菲斯特》在美国获得奥斯卡最佳外国片奖、在 1980 年第三十届柏林电影节获最佳导演奖、在 1981 年戛纳电影节获得评判团奖 。萨博除在国际上获奖的《父亲》和《靡菲斯特》外，其他作品还有《波热街 25 号》（1973）、《布达佩斯的童话》（1977）和《信任》（1979）等。

杨乔·米克洛什从 20 世纪 60 年代初开始长篇创作。他拍摄的电影很多，除《红色赞歌》外，还有《我曾如此来过》（Igy jöttem，1964）、《绿林好汉》（Szegény legények，1966）、《红军和白军》（Csillagosok,katonák，1967）、《静默与呼喊》（Csendes és kiáltás，1968）、《焚风》（Fényes szelek，1969）、《上帝的羔羊》（Égi Bárány，1970）、《红色赞歌》（1971）、《厄勒克特拉》（Elektra, 1974）、《匈牙利狂想曲》和《快板》（1979）等一批较具影响的作品。杨乔·米克洛是匈牙利新浪潮运动当之无愧的旗手，作品多与战争、镇压、迫害、恐怖等政治事件相关，“人与权力”是他创作的核心主题。影片中找不到传统意义上的主人公，取而代之的是人与人、势力与势力之间的相互关系。电影语言极具个人风格，构图具有鲜明的表现主义色彩，最常见的画面是由广阔的平面与强烈的黑白对比组成。影片中大量运用超长镜头，经常出现长达数分钟的长镜头。在 60 年代末期的作品中，杨乔·米克洛将连续镜头的技巧推向了顶峰，《焚风》影片中只有 9 个镜头，而《静默与呼喊》由 11 个镜头组成。

鲍乔·彼得（Bacsó Péter）拍摄的《证人》（Tanú）是 20 世纪 70 年代最成功的一部讽刺性电影，对 20 世纪 50 年代进行了毁灭性的批评。这部处于“禁止”和“容忍”之间的作品直到 1978 年才允许在内部和偏僻的俱乐部中放映。影片主角的两句台词“国际形势紧张”“生活不是奶油蛋糕”在之后几年内成为匈牙利人常常挂在嘴边的讽刺性流行语。

科瓦奇·安德拉什拍摄了《雷雨》（1960）、《寒冷的日子》（1966）、《养马场》（1978）等作品。梅萨罗什·马尔陶拍摄的《写给我孩子们的日记》（1982）、《写给我所爱的人们的日记》（1987）和《写给我父母的日记》（1990）三部社会调查片也很出众，描写了一位在莫斯科长大并于 1946 年回国的干部家庭出生的知识分子对匈牙利 20 世纪 50 年代和 60 年代的看法。

匈牙利纪录电影在战后形成了自己的传统。早在 1945 年就拍了表现土地改革的纪录片《土地属于我们，我们要得到它》，之后又拍摄了一系列反映社会主义建设成就和问题的纪录片，如《他们希望和平》（1961）、《茨冈人》（1962）、《他们20岁》（1965）、《春天的镜子》（1966）、《黑色的火车》（1970）、《历史的对比》（1975）、《按照纪录》（1980）等。这类纪录片的最后两部是沙劳·山多尔和乔里·山多尔拍摄的《猛烈的炮火》和《大事记》，记录了1943年1月12日匈牙利第二集团军在顿河与苏联红军战斗中遭到覆灭性惨败的情况。在这场战役中，匈军牺牲7.5万—8万人，4万人被俘8万人受伤。两位导演对战争幸存者进行了采访，并拍摄成长达24小时的纪录片。这两部纪录片处在“容忍”和“禁止”的边缘，根据党中央指示只放映了第一部，第二部被“禁止”。

在匈牙利电影事业中，1958年成立的鲍拉日（Balázs）电影制片厂起到重要作用。该制片厂为有才华的青年电影艺术家提供了创造工作的实验场地。

图书出版

书籍出版的数量在增长。1960—1985年出版的书籍和活页文选数量翻了一番，达到1万种以上。1980年代中期出版册数达到1亿册。1955年和1960年每千人平均拥有53本书和活页文选，1984年达到98本。1970年匈牙利与法国、比利时和保加利亚持平，处于欧洲中等水平。到1980年与奥地利、联邦德国和荷兰持平，位居欧洲国家前⅓的行列。

比书籍出版量更重要的是纯宣传性的出版物减少了，过去不让翻译出版的外国作家作品也可以出版了，而且售价很便宜。从20世纪60年代起出版的美国、英国和法国作者的作品数量超过了苏俄作品。除了高尔基、肖洛霍夫、西蒙诺夫、盖达尔和卡塔耶夫外，福克纳、德莱塞、毛姆、史坦贝克、福伊希特万格和莫拉维亚等人的作品越来越多。1960—1982年间，外国作者中英国女作家阿加莎·克里斯蒂的作品销量最高，达到260万册。其次是法国作家罗贝尔·梅尔特（200万册），之后是比利时作家西默农（180万册）。

匈牙利作家中约考伊（Jókai）仍位居第一，1945—1982年间共销售1580万册。其次是米克萨特（Mikszáth）、莫劳（Móra）、奥劳尼（Arany，也被译为奥洛尼）、卡尔多尼·盖佐（Gárdonyi）、克鲁迪（Krúdy）和裴多菲的作品。保守－民族派作家豪姆沃什（Hamvas Béla）和海尔采格（Herczeg Ferenc）的作品分别在1983年和1985才被允许出版，萨博（Szabó Dezső）和马劳伊（Márai Sándor）的作品在整个卡达尔时代都被禁止出版。

现代作家中，儿童文学家费凯泰·伊斯特万（Fekete István）的作品销量最高，到2002年共计销售870万册。其作品被翻译成10种文字，在12个国家畅销。1945—1982年间，按销量排位依次是西尔瓦希（Szilvási Lajos）、拜尔凯希（Berkesi András）和萨博（Szabó Magda），销售量在30万—50万册之间。内梅特（Németh László）的销售量为20万—25万册，德里（Déry Tibor）的《虚构的采访》销售了17.8万册，厄尔凯伊（Örkény István）的《一分钟小说》销售了14.5万册。

图书馆

公共图书馆从1955年起再没有增加，稳定在9000—10000左右。藏书量翻了6倍，1985年将近5000万册图书。1982年，把国家专业图书馆和学校图书馆也计算在内的话，全国共有1.5万个图书馆，藏书量高达一亿册。1970年和1980年的匈牙利人均藏书量在欧洲名列前茅，但位于丹麦、保加利亚和法国之后。截至1970年，借书量持续增长，之后开始下降。从20世纪60年代起，全国有200万人持有图书馆借书证，即每5个公民中就有1人持有图书馆的借书证。直到20世纪70年代中期，平均每位读者每年借阅25本书。20世纪80年代中期降至22—23本。绝大部分读者为年轻人，14岁及以下者占40%，15—18岁的学生占17%。

报刊

1960年各种期刊达600种，1985年猛增至1700种。年印刷量从7亿增加到14亿。1960年全国有20份日报，印刷量为4.72亿份，1985年增加到9.16亿份。按千人平均拥有的日报数量计算，匈牙利、波兰及捷克都处于欧洲中等水平，远远超出巴尔干国家及南欧国家。在6份全国性刊物中，社会主义工人党的报纸《人民自由报》（Népszabadság）的日发行量最大，达70万份。人们可以从文章和评论中了解党的政策动向。其次是《人民之声报》（Népszava），自1948年以来一直是工会的专刊。再次是1956年开始发行的刊登奇闻逸事的《晚间新闻报》。《匈牙利民族报》（Magyar Nemzet）是爱国人民阵线的报纸，深受具有民族观点的知识分子的喜爱，1970—1985年的发行量为10万—12万份，被称为半个政府的报纸。1968年开始发行的《匈牙利新闻报》（Magyar Hírlap）的发行量约5万份。

除收音机和电视节目报外，《妇女报》（Nők Lapja）周刊的读者最多，经常刊登五花八门的消息，1970—1980年间每期发行量从60万份增加到100多万份。《自由大地》（Szabad Föld）1970 年的发行量为 37.3 万份，1985 年达到 50 万份，读者多为广大农村居民。当年深受人们欢迎的笑话杂志《少年牧鹅马季》（L ú dos Matyi）的发行量从 60 万份降到 33 万份。社会主义工人党的理论刊物《社会评论》（T á sadalmi Szemle）1980—1985 年 5 年内印刷量从 4.8 万份降到了 2.4 万份。

电视

电视机发明于两次大战之间，第二次世界大战之后开始在西欧和美国流行。匈牙利于 1953 年开始试播，1958 年正式开播，一周不到 20 小时的节目。初期全国只有 1.6 万台电视。20 世纪 60 年代到 20 世纪 70 年代中期，电视机用户在迅速增加。1958 年，每千人平均拥有 2 台电视机，1960 年 10 台，1965 年 82 台，1970 年 171 台，1980 年达到 258 台。1970 年，匈牙利电视机平均拥有量在欧洲位居第 13 位，1980 年升到第 11 位，同奥地利、意大利和捷克同处于中等水平。电视机拥有量在社会各阶层间大致相等。1982 年每 100 个工人家庭拥有 108 台电视机，农民家庭拥有 100 台，脑力劳动者家庭 118 台。与此同时，电视节目的播出时间也在增加，第一套节目和 1980 年开播的第二套节目在 1985 年平均每周播放 100 个小时。但匈牙利彩色电视节目开播较晚，1969 年才开始试播，1982 年彩色节目只占总节目时长的 60%。这时大部分的电视机只能收看黑白节目，20 世纪 80 年代后半期才开始普及彩色电视。电视的普及大大改变了人们的娱乐习惯，家庭成员一起度过休闲时间的形式越来越少。晚饭后到睡觉前的 2–3 小时基本上都是在家里的电视机前度过，从儿童节目《晚间故事》开始，之后是新闻广播，然后是一部故事片。从 1962 年起，娱乐节目中收视率最高的是竞赛节目《你会什么？》（Ki Mit Tud）、民间舞蹈会演节目《飞吧孔雀》、歌舞联欢节目和民间音乐。

影院

电视普及的同时，人们对影院的兴趣开始下降。电影院的数量从 1965 年起不再增长，当时 96% 的居民区经常放映电影，到 1980 年初只有 77%—78% 的居民区还有电影院。电影观众人数急剧下降，1960 年有 1.4 亿观众，平均每人每年观看 14 场电影。1970 年观众人数降到 7900 万，1980 年降至 6000 万。之后稍有增长，20 世纪 80 年代上半期回升到 7000 万人，同 1950 年相当，但低于 1955 年。这时影院的上座率只有 40%。1960 年到 1982 年，政治题材的苏联电影从 46% 降到 32%，而美国冒险和动作片的比例则从 8% 增加到 26%。1960 年，苏联电影的观众人数为 2800 万，美国电影的观众为 1200 万。1982 年，苏联电影观众为 700 万，美国电影观众高达 2000 万。1982 年美国电影《宾汉》的观众人数最多，达 260 万。其次是星际大战，《帝国大反击》和《教父》。匈牙利电影的观众人数逐渐减少，但 1981—1982 年间萨博电影《靡菲斯特》的卖座达到 120 万人。

戏剧

戏剧的观众也减少了，但没有像电影状况那么严重。1950—1955 年，喜剧观众增加最快，从每年 300 万增加到 670 万，之后稳定在 600 万左右。这主要是由于机动车的普及，开车很容易前往首都或外地去观看演出，此外还要归功于学校组织的戏剧观赏活动，国家对剧院 70% 的补贴也起了重要作用。20 世纪 80 年代初，观看一场戏剧只需花费 30 福林，几乎和电影的价格相等。观众最喜欢音乐喜剧、轻歌剧和歌舞剧。根据 1982 年的统计，当年的卡巴莱节目《能走多远》的观众达 8.5 万人，该节目采取了类似西方民主国家政治辩论上的调侃方式谈论卡达尔时代。其次是《勇敢的约翰》（János vitéz），观众达 8.4 万人。《玛丽曹伯爵夫人》（Marica grófnő）、《班克总督》和《哈里·亚诺什》都有 5.5 万观众。戏剧观众减少的同时，严肃音乐会反而更受欢迎，观众从 40 万增加到 120 万。1982 年，一张音乐会的门票只需 26 福林，每张票国家补贴了 36 福林。

体育

在卡达尔时代，已经以个人业余体育运动代替了由中央组织的颇具军国主义性质的体育锻炼。业余运动项目有网球、游泳、滑雪、帆板运动、慢跑、骑自行车、有氧健身运动及健美等。最普及的体育运动仍然是足球，其次是排球。群众对球类运动的兴趣大大下降，主要是因为足球场和排球场越来越少。而涌现出大量的网球场、游泳馆、体操馆和配备了空调的体育场馆。

竞赛体育的吸引力下降。1955 年以来正规运动员有 30 万人，1964 年有 4600 家体育协会，1980 年减少到 3900 个。专业队从 19 个减至 11 个。由于群众运动结构的改变、竞赛体育吸引力的下降以及对学校体育的不重视，导致匈牙利优秀运动员的成绩下降。1952 年奥运会上匈牙利运动员曾取得 16 枚金牌，之后再没有这样的好成绩。1964 年和 1968 年各获得 10 枚金牌，从此一年不如一年。1976 年仅获得 4 枚。当时最优秀的运动员是五项全能运动员鲍尔佐·安德拉什

（Balczó András）、击剑运动员卡尔帕蒂·鲁多尔夫（Kárpáti Rudolf）和库尔恰尔·哲泽（Kulcsár Győző）。匈牙利水球队于 1956 年、1964 年和 1976 年三次夺得奥运冠军，足球队于 1964 年和 1968 年两次夺冠。

旅游

旅游，尤其是避暑旅游已成为阅读和电视之外的最主要的生活方式。福利旅游是社会主义时期旅游的特殊形式，由企业或工会组织，价格非常便宜。1960 年 50 万人，20 世纪 80 年代中期每年 150 万人凭企业或工会出具的介绍信，免费或便宜价格享受疗养院内 1—2 周的度假。初期，社会各阶层人士都可以享受这种待遇，后改为仅限中等阶层。20 世纪 70 年代和 20 世纪 80 年代，较富余的家庭开始在郊区建造周末度假屋，或在度假区购买小别墅。1981—1987 年间建造了 3 万个避暑别墅。

国内避暑普及后，开始了到国外避暑的热潮，这在 1956 年以前根本不可能。20 世纪 60 年代，大批人具备前往国外旅游的政治和物质条件。1960 年只有 30 万人跨出了国门，1970 年增长到 100 万人，1980 年达到 520 万人。多数人前往社会主义国家，还有一些人去了半社会主义半资本主义国家南斯拉夫，近 50 万人去了真正的西方国家。

"在社会主义国家中，这种独一无二的出行自由以及文化的多元化是卡达尔时代自由主义的象征。深受青年人和知识分子的欢迎，并把此作为越来越自由的象征。每个到过西方国家的匈牙利人都会同西方作比较，就像那些容忍非马克思主义的文学及其他作品一样，腐蚀了制度的根基。文化的自由主义和出国的相对自由，起到了稳定制度的作用，但同时也带来了瓦解制度的后果。"（见罗姆希奇 2010 年所著《20 世纪的匈牙利历史》匈文版，第 509 页）

第八章　卡达尔时代的外交政策和境外匈牙利人

1963年联合国恢复匈牙利成员资格之前，匈牙利在国际上处于孤立地位。为了摆脱这种局面，卡达尔采取了两个措施：一是获得社会主义邻国的信任，二是积极同第三世界苏联的朋友及不结盟国家建立联系。为了获得社会主义国家的支持，卡达尔于1958年2月访问了罗马尼亚，明尼赫总理于1958年12月访问了捷克斯洛伐克。访问期间，不仅向两国领导人保证对其领土没有任何要求，还表示罗马尼亚和捷克斯洛伐克的少数民族政策是正确的，声明那里的匈牙利人问题是两国的内部事务。结果导致在这两个国家生活的匈牙利少数民族处境越发恶化。捷克斯洛伐克以加强社会主义爱国主义为由，将匈牙利语和斯洛伐克语学校合并。1960年，斯洛伐克重新划分了行政区，只留下一两个纯匈牙利人居住区，其他人都被划到斯洛伐克和匈牙利人的混住区。匈牙利人在这些居住区沦为少数民族。1959年3月，罗马尼亚将克卢日用匈牙利语教学的博雅伊（Bolyai）大学与用罗马尼亚语教学的巴比什（Babe）大学合并，取名为巴比什－博雅伊大学。

向第三世界开放

1957年夏，匈牙利副外长级代表团访问了印度、印度尼西亚、不丹、新西兰、叙利亚、埃及和苏丹。1960年印度尼西亚总统苏加诺、1961年加纳总统恩克鲁玛分别访问了匈牙利。

与苏联的关系

匈牙利同社会主义邻国和第三世界国家的关系固然重要，但对于匈牙利来说，和苏联的关系更加重要。1957年11月，卡达尔前往莫斯科参加世界共产党和工人党会议。赫鲁晓夫召开该会是为了改善因武装干涉匈牙利而毁坏的名声。卡达尔在会上发言作证苏联的干涉是正确的。1958年4月，赫鲁晓夫访问了匈牙利，赫鲁晓夫强调1956年苏联出兵不是为了征服匈牙利，而是为了帮助匈牙利。赫鲁晓夫还对匈牙利经济的快速复苏大加赞赏。卡达尔和赫鲁晓夫个人关系很好，1959年赫鲁晓夫两次到访匈牙利，1960年同卡达尔一同乘飞机前往纽约参加联合国大会。

1964 年 10 月 14 日，赫鲁晓夫下台后，卡达尔失去了最重要的保护人，但他仍把忠于苏联视为外交政策的基本原则。1967 年在以色列和阿拉伯的 6 天战争期间，匈牙利和除罗马尼亚以外的其他社会主义国家一同断绝了与以色列的外交关系。1968 年，卡达尔再次证明了对苏联的忠诚。虽然卡达尔对捷克改革派领导人深表同情，甚至还在布拉格和莫斯科之间做过调停人，但最后仍参加了对捷克的武装干涉。社会主义国家中只有罗马尼亚没有参加。对卡达尔来说，更重要的是刚刚开始的经济体制改革和文化自由主义。1973—1974 年经济改革遭到“干扰”，但最终得以坚持。20 世纪 70 年代出现特殊的矛盾现象，匈牙利在经济和文化领域离开了苏联模式，但外交上仍然是苏联集团最顺从的国家之一。

卡达尔认为意识形态中最大的危险是民族主义，因此他无条件地忠诚与苏联的友好，并宁愿放弃外交独立性。1959 年，匈牙利党中央通过了《资产阶级民族主义和社会主义爱国主义》的文件，随后将民族自豪和自尊视为“民族主义的残留”加以批判，把匈牙利的历史称为阶级斗争的历史。

多瑙河盆地各国人民的命运共同体

在反对“民族主义残余”意识形态斗争后，卡达尔在 1964 年 12 月共青团代表大会上宣布“多瑙河盆地的各国人民生活在一个命运共同体中，要么一起生活，要么一起灭亡，没有其他路可走”，当时的外交部长彼得·亚诺什（Pé ter Já nos）也发表了同样的声明。生活在多瑙河盆地的各国人民显然是指匈牙利、捷克斯洛伐克、南斯拉夫及奥地利。匈牙利提出这个建议的目的是化解各民族间的矛盾，改善生活在邻国的匈牙利少数民族的状况。然而，此建议并没有得到相关国家的积极响应。

匈牙利和罗马尼亚的关系

历史学家罗姆希奇·伊格纳茨于 2010 年出版的《20 世纪的匈牙利历史》一书抱怨说，“有理由为匈牙利人在罗马尼亚的处境叫屈，1965 年齐奥塞斯库执政以来，匈牙利人遭到越来越严重的歧视。罗马尼亚于 1968 年取消了匈牙利自治省。此后采取各种明的和暗的措施减少匈牙利语班级和匈牙利语老师的数量。以纸张短缺为名取消了匈牙利报刊或减少其发行量。1972 年还通过了民族同族纲领，其最终目的是完全同化各少数民族，建立一个在种族和语言上同族的罗马尼亚民族国家”。为了减少和停止这种歧视，匈牙利和罗马尼亚领导人进行了多次谈判。1977 年，卡达尔在德布勒森和奥拉迪亚（Arad）同齐奥塞斯库进行了会谈。出于同样的目的，1982年阿策尔·久尔吉访问了布加勒斯特。但会谈没有取得任何成果。1988年，罗马尼亚执行的同化匈牙利人政策达到顶点，宣布执行所谓的系统化规划，从拆除全国13000个农村中的7000个，把居民集中到大的农工中心区，这致使20世纪70年代末两国关系异常紧张。20世纪80年代后半期，几万埃尔代伊的匈牙利人逃到匈牙利或通过匈牙利逃到西方。

匈牙利和南斯拉夫的关系

1964年铁托访问匈牙利的联合公报中，只强调了少数民族的桥梁作用，没有提到任何问题。由于南斯拉夫实行的是联邦制，生活在伏伊伏丁那自治省的匈牙利人的处境相对较好。伏伊伏丁那自治省有5种官方语言，匈牙利语是其中之一。80%的匈牙利族儿童都在匈牙利语学校就读，诺威萨德大学和苏博蒂察师范学院都设有匈牙利语教研室，地名和街名标注有少数民族语言。1966年匈牙利和南斯拉夫之间取消了签证，边境贸易和旅游事业随之逐渐繁荣。

匈牙利和捷克斯洛伐克的关系

匈牙利同捷克斯洛伐克的关系就没这么好了。在《20世纪的匈牙利历史》一书中写道："在斯洛伐克的匈牙利少数民族1968年申请的自治权没有被批准，也没有恢复按语言边界界定州和区边界的请求，匈牙利语的教育和文化阵地继续被压缩。20世纪60年代中期，斯洛伐克有496所匈牙利语小学，1977年减少到376所，学生人数也从9万—10万减至7万。20世纪60年代中期，匈牙利儿童的25%—30%在斯洛伐克或捷克语学校就读，匈牙利族中学毕业生中只有36%的学生能进入斯洛伐克语或捷克语的大专院学继续深造，而斯洛伐克学生升学率高达60%。"

匈牙利的少数民族政策

1968年，匈牙利改变了对民族和少数民族的政策，新政策中谴责对少数民族的同化，支持匈牙利少数民族保护其民族和文化传统。在伊耶什·久洛（Illyés Gyula）和勒林采·拉约什（Lőrincze Lajos）等人的倡导下，匈牙利发起了母语运动，并于1970年举办了第一届会议。之后每3—4年举办一次，意在显示匈牙利文化的团结。起初只有西方和匈牙利的代表参加，但在1977年举办的第三次会议上，生活在捷克斯洛伐克、南斯拉夫及苏联的匈牙利少数民族代表们也参加了会议，唯独罗马尼亚的匈牙利少数民族没有参加。1972年修改宪法时，确保了匈牙利境内各少数民族保护母语和维护民族文化的权利。故此，1979—1980年间匈牙利境内的少数民族的学校增长了 1—1.5 倍。

与奥地利和芬兰的关系

位于两个军事集团之间的中立国家，奥地利和芬兰是匈牙利的首要合作伙伴。在几位第三世界国家元首和社会主义阵营领导人对匈牙利的常规访问之后，1967 年奥地利总理约瑟夫 · 克劳斯、1969 年芬兰总统乌尔霍 · 吉科宁分别访问了匈牙利，并与卡达尔进行了会谈。匈牙利对此大力宣传，强调这些访问证明不同社会制度的国家可以友好相处。此后，同两国之间的贸易和文化关系更加紧密。奥地利是非社会主义国家中第一个向匈牙利公民免签的国家，互免签证协议于 1979 年 1 月 1 日生效。

匈牙利和联邦德国的关系

继奥地利和芬兰之后，匈牙利的外交开始向德意志联邦共和国开放。但遭到党政领导层中保守和教条势力的公开反对和阻止。苏共新领导布列日涅夫的代言人、时任匈牙利司法部长的科罗姆 · 米哈伊（Korom Mih á ly）认为，同西方国家的密切关系将会“削弱”社会主义制度。1964 年，匈牙利放宽了西方国家公民的入境手续，并可以在边境获得签证。保守势力歧视德意志联邦共和国的公民，拒绝在边境站给德国人办理入境签证。党的自由派领导人福克、涅尔什及卡达尔本人都出来反对他们的做法。

1966 年，联邦德国组建了大联合政府，社会民主党人士维利 · 勃兰特担任外交部长。新政府开始执行“新东方政策”，意在缓和“二战”后的欧洲紧张局势，恢复同东方集团的关系。在这种形势下，匈牙利和联邦德国于 1967 年开始建交谈判，1973 年达成协议，并于当年 12 月 21 日签署了建交协议。从此，两国的文化、科学和经济关系得到迅速发展。从 20 世纪 70 年代起，匈牙利在联邦德国留学的人超过了在民主德国的人数。到 20 世纪 80 年代中期，联邦德国已成为匈牙利第二个最重要的外贸伙伴。

匈牙利和梵蒂冈的关系

匈牙利在改善与芬兰、奥地利及联邦德国关系的同时，也争取同梵蒂冈关系的正常化。改善双方关系的唯一障碍是在布达佩斯美国大使馆避难的明曾蒂大主教。经梵蒂冈、匈牙利和美国长时间的秘密谈判，三方达成妥协方案。1971 年，匈牙利部长会议颁布了对红衣大主教明曾蒂的大赦令，前提条件是他必须离开这个国家。教皇还答应1972年明曾蒂80岁时，令其辞去职位，让各方都能接受的人接替他担任匈牙利红衣大主教。根据协议，明曾蒂于1971年9月28日离开了匈牙利，在罗马短暂停留后前往美国和加拿大讲学，最后在维也纳定居。不管保禄六世教皇如何劝说，明曾蒂就是不肯放弃大主教的职位。万般无奈下，教皇单方面宣布明曾蒂退休，并公布1973年年底前埃斯泰尔戈姆大主教为空缺职位。1974年2月任命空衔（没有主教区的）主教、维斯普雷姆教堂的行政管理员雷考伊·拉斯洛（L é kai L á szl ó ）为埃斯泰尔戈姆大教区的圣徒摄政。1975年5月6日明曾蒂病逝，经匈牙利人民共和国主席团同意后，梵蒂冈教皇于1976年2月10日任命雷考伊·拉斯洛为埃斯泰尔戈姆大主教，同年又任命其为红衣大主教。雷考伊与明曾蒂不同，他不把教会视为政治和权力的要素，他认为教会仅仅是个从事宗教活动的组织。其座右铭为“剪过枝的树发绿了”，表示“发绿的树”不希望也不可能回到“剪枝前”的状况。以此在天主教教会和国家关系中开辟了新篇章。1977年，卡达尔访问了梵蒂冈，这是罗马教廷和布达佩斯之间的友好关系的象征。匈牙利电视台对卡达尔和教皇的会晤进行了报道，匈牙利的教徒们深受感动。

匈牙利和美国的关系

1965年爆发的越南战争妨碍了匈牙利同美国建立密切友好关系的进程。匈牙利政府同苏联和其他社会主义国家一同强烈谴责和批评美国对越南的轰炸。美国总统约翰逊1964年宣布与西德“新东方政策”类似的“架桥”政策后，承认了苏联集团存在的事实。1967—1968年，匈牙利和美国之间提升为大使级外交关系，但直到1973年才解决了有关赔偿匈牙利没收美国财产的问题。根据当年3月签订的协议，匈牙利要在20年内向美国赔偿1890万美元的损失。此后，匈美关系逐渐改善。根据美国总统卡特的决定，1978年1月5日美国用专机将一直作为战利品存放在军事基地的匈牙利圣伊斯特万王冠运回布达佩斯，1月6日美国国务卿万斯在匈牙利国会大厦正式将国宝归还匈牙利。同年，两国还签订了贸易最惠国待遇协议。当时，美国只占匈牙利外贸额的2%—3%，到20世纪80年代中期美国在匈牙利的外贸中排名第9位，但匈牙利从美国进口的都是高科技产品。1979年在美国印第安纳州的布鲁明顿大学开设了匈牙利语教研室，该校可为研究匈牙利的学生颁发硕士和哲学博士文凭。

社会主义工人党同西欧共产党的关系

正当匈牙利在同西方国家发展关系的时候，20世纪70年代后期认同苏联领导作用和承认苏联模式普遍性的东欧国家共产党、社会民主党和工人党，同主张多条道路通向社会主义的西欧（主要是意大利和西班牙）共产党产生了矛盾和争论。主张私有制、市场经济和多元政治民主的欧洲共产党观点遭到了苏联和绝大多数东欧国家党领导的坚决反对。匈牙利强硬路线的代表是政治学院院长内梅什·戴若。卡达尔在强调苏联的理论和实践经验“特别重要”的同时，反对机械地照抄苏联模式，强调各党有权选择最适合本国的发展道路。

20世纪70年代末到20世纪80年代初，美国和苏联的关系再次紧张起来，卡达尔小心翼翼奉行的独立外交政策具有特殊意义。1977—1980年美国总统卡特的人权主张，以及1981年里根上台后的星球大战计划都令苏联领导人感到不安。罗马尼亚由于在国内实行镇压政策，失去了西方世界的同情。1981年，波兰宣布紧急状态，随后雅鲁泽尔斯基实行军事专政。保加利亚、捷克斯洛伐克和民主德国一直都奉行着僵硬的亲苏政策。匈牙利仍然甚至更公开地支持和相信两种制度和平共处的可能和必要性，并在苏联集团内实行了史无前例的经济和文化的自由主义。20多年来在国际舞台上不被理睬的卡达尔，20世纪80年代初成了东方集团中最受人欢迎的国家元首，并享有“伟大老人”之美称。卡达尔于1976年访问了澳大利亚，1977年访问了意大利、联邦德国和南斯拉夫，1978年访问了法国，1982年再次访问了联邦德国，1985年访问了英国，各国都给予了最高规格的接待。1977年法国总理雷蒙·巴尔、1979年联邦德国总理施密特、1980年梵蒂冈国务秘书红衣大主教阿戈斯蒂诺·卡萨罗利、1982年法国总统密特朗、1983年美国副总统布什、1984年英国首相撒切尔和联邦德国总理科尔访问了匈牙利。

在卡达尔和西方世界领导人建立和维持正常关系之时，匈牙利经济问题已经十分严重，人民生活水平逐步降低。卡达尔在国内威望下降的同时，却在西欧和美国享受着毫无保留的敬重，20世纪80年代前半期对他的敬重达到了顶点。官方的宣传机器也在有意识地以外国的称赞来凸显卡达尔的成就。“1982年恰逢卡达尔70大寿，很多人已经感觉到经济问题的严重性，但大多数匈牙利人觉得生活还不错，在一般群众眼里卡达尔就是我们的父亲，并相信有他在我们的生活不会比现在更坏。”（见罗姆希奇·伊格纳茨2010年所著《20世纪的匈牙利历史》匈文版，第520页）

第七篇
社会制度的变更

匈牙利社会制度的变更是指从社会主义回到资本主义社会，从无产阶级专政回到议会民主，从一党制回到多党制，从国家所有制回到私有制。匈牙利社会制度的变更始于20世纪60年代不同政见者们出现之时。从狭义上讲，真正的演变始于1985年民主论坛的成立，1990年秋季地方选举后完成。

第一章　格罗斯政府（1987—1988）

1988年5月，社会主义工人党特别代表会议解除了卡达尔第一书记职务后，格罗斯·卡洛伊（Gr ó sz K á roly）身兼党的总书记和政府总理。他在积极推进改革的同时，希望不会威胁社会制度的根基。

1988年7月3—14日，党中央政治局会议讨论了经济问题。会议上取得两项共识：一是不可能实现完全就业，失业现象不可避免；二是不改变所有制就不可能提高生产率。因此，国会于1988年10月通过了《公司法》（1988年第VI号法），随后于1989年6月通过《公司法》的补充修改法（1989年第XIII号法）。《公司法》规定，私人可以成立公司，并允许外国人投资。1988年，有法人代表的经济组织共有1.1万家，1990年猛增到2.9万家。经济公司增长最快，1988年为919家，1990年增至1.9万家。1988年有451家责任有限公司，1989年有4485家，1990年猛增到1.2万家。1989年第14号法律规定，禁止把外国人投资的企业国有化，外资公司的外汇可以自由汇出。1989年的宪法修正案规定，各种所有制在法律面前一律平等。

《公司法》出台后，几乎所有国营企业都转成了私有公司。1988年，社会主义工人党在没有制定任何私有化政策的情况下实施“自主私有化”，公司可以自行作主进行私有化，由公司领导决定私有化伙伴、方法和条件，国有资产所有者即国家的代表不允许参与资产评估。评估委员会故意压低价格，不到两年的时间里，价值1300亿福林的250家国有企业更换了主人，大部分被原企业领导者购买。80%的私有化收入留给企业，20%上缴国库。1990年的第16号法律宣布，对国有小商业、服务业和旅游业企业进行私有化。这一计划于1997年完成，1万多家小企业被拍卖，实现了私有化。这种做法在社会上引起了极大的不满。1990年5月1日成立了“国家资产局”（Állami Vagyon ő gynöks é g）监督和指导迅速发展的私有化进程。

1988年下半年，如何正确理解“社会主义多元化”成为报刊讨论的热点。

反对派要求社会监督党、国会监督政府。社会党的改革派们原则上接受了这一立场。关键问题在于多元化应在一党还是多党制下实行。格罗斯及其专业领导人主张在一党制框架下进行，而以波日高伊和涅尔什为首的激进改革派则主张在多党制条件下进行。

1988年7月4—5日格罗斯访问莫斯科，会见了戈尔巴乔夫。匈牙利希望苏联提供的石油和天然气数量维持至1995年不变，并提出使用贸易顺差购买苏联的现代化机械，以减少匈牙利的国防开支。戈尔巴乔夫表示会考虑这一要求，但同时提出匈牙利需改善同罗马尼亚的关系。

这时的匈牙利同其他社会主义国家的关系开始恶化。没有任何政策变化的东柏林、布拉格、索非亚和布加勒斯特都很不信任地关注着匈牙利。罗马尼亚要对埃尔代伊的匈牙利族居住的农村进行改造，引发匈牙利族强烈的不满，认为罗马尼亚在破坏匈牙利传统文化。这时近1.3万回匈探访和旅游的匈族人不愿再回罗马尼亚。格罗斯应戈尔巴乔夫的要求，于1988年8月28日在罗马尼亚的阿拉德同齐奥塞斯库进行了会谈，但并未取得任何成果。人们认为格罗斯没有维护匈牙利民族利益，导致格罗斯在人民心中威望大幅降低。

1988年6月6日，400多人在布达佩斯集会纪念纳吉被判决30周年。警察粗暴地解散了集会，并拘留了15人。6月27日，首都1万多人集会抗议罗马尼亚破坏埃尔代伊匈牙利族居住的农村和齐奥塞斯库的政策，当局则批准了该集会，这是1956年以来首次非党和政府组织的大型集会。纪念56年革命的游行未被批准，但仍于10月23日如期举行，5名活动组织者被拘留。

第二章　内梅特政府（1988-1989）

鉴于匈牙利面临太多政治和经济难题，格罗斯和其他领导人都认为，总理应当由懂经济的人担任。在党领导层的建议下，1988 年 11 月 24 日，40 岁的经济学家内梅特 · 米克洛什（N é meth Mikl ó s）正式出任政府总理。“内梅特在担任总理的前几个月内，扮演了一个很听话的角色。但从 1989 年春季开始渐渐向党内的激进改革派靠近，不久成为党内激进改革派的领袖人物之一。”（见罗姆希奇 · 伊格纳茨 2010 年所著《20 世纪的匈牙利历史》匈文版，第 538 页）

内梅特政府是匈牙利人民共和国的最后一届政府，在仅存的一年零六个月里，匈牙利以“谈判式的革命”完成了“从社会主义到资本主义制度的变更”。

56 年事件被定性为人民起义

1989 年 1 月 28 日，波日高伊 · 伊姆雷（Pozsgay Imre）利用总书记不在国内之机，未经中央许可，擅自在电台发表的讲话中将 1956 年“反革命”事件说成是“人民起义”，并主张在匈牙利实行多党制。这进一步加深了党组织的内部分歧。格罗斯总书记批评说：“关于历史问题的政治结论应由中央委员会作出，而不是由个人或一个小组。”总理内梅特说：“用一个词来评价复杂的历史现象会犯大错误。”而很多新成立的政治组织则表示支持波日高伊的讲话。

1989 年 2 月 10—11 日，党中央召开秘密会议，讨论波日高伊的讲话以及所带来的不可回避的问题。在漫长的争论过程中，不少人认为波日高伊在分裂党，应当开除其党籍。最后，中央委员会宣布，波日高伊未经讨论而公开发表历史委员会的研究结果是操之过急之举，对于简单引用研究结果所引起的误解表示遗憾，但中央委员会仍表示信任波日高伊。出人意料的是，社会主义工人党 2 月全会的决议也将 56 年事件定性为人民起义，决议说：“1956 年由于领导在革新方面的无能为力导致政治性爆发，爆发了真正的起义——人民起义。在这次起义中，民主社会主义力量起了作用，但企图复辟的力量、社会渣滓和声名狼藉的分子从开始就鱼目混珠地混杂进来。到 10 月底，反革命的行动增多了。”中央全会上先是批评了波日高伊，同时在决议中又同意他的说法，可见格罗斯总书记在党内已失去话语权。此外，在这次中央全会的公报中第一次提出“中央委员会希望对政治体制进行深入的改革，多元化政治制度在特定条件下也可以在多党制的框架下实现”。

实际上，当时一党制在匈牙利已成为往事。第一个反对政党匈牙利民主论坛于 1987 年 9 月 27 日宣告成立，1988 年 3 月 30 日青年民主联盟（简称青民盟）宣告成立，11 月 13 日自由民主联盟（简称自民盟）宣布成立。一些解散和被解散的党派也纷纷重建，1988 年 1 月 18 日独立小农党重建，1 月社会民主党、2 月国家农民党和匈牙利人民党、4 月 2 日基督教民主人民党重建。至此，曾出现在历史舞台上的政党全部恢复或重建。至 1989 年夏，新旧政党共有 30 个，年底则达到 60 个。

从 1989 年起，报纸杂志的出版发行不再需要审批。各种日报、周刊、画报、儿童刊物纷纷发行，登记注册的报刊多达 591 种。例如《168 小时》周刊、《匈牙利橙子》（讽刺性内容居多的刊物）、《匈牙利和圣·王冠》（具有反犹太主义倾向和正统主义的右翼刊物）。漫画刊物有《雪靴》和《少年牧鹅马季》，文学刊物有《2000》《零星物品》和《匈牙利日记》，历史刊物有《历史》和《卢比孔》。匈牙利犹太人的老刊物《过去和未来》于 1990 年重新发行。

反对派圆桌会议的成立

1989 年 2 月 17 日，反对党派和组织发表共同声明，欢迎匈牙利社会主义工人党把多党制作为行使政权的唯一的民主形式。同时仿效波兰的先例，建议党和政府同反对派开始商讨分权及和平过渡到民主的具体办法。此时的反对派组织很多，但由于缺乏协调机制而处于散沙状态。1989 年 3 月 15 日，成立于 1988 年 11 月 27 日的“独立律师论坛”向独立的政治组织发出倡议，成立经常活动的协商论坛，并将此倡议书寄给了鲍伊奇 - 日林斯基协会、青民盟、独立小农党、匈牙利民主论坛、匈牙利人民党、匈牙利社会民主党和自民盟等最有影响的反对派组织。3 月 21 日，《匈牙利民族报》全文发表了这个倡议书。3 月 22 日，上述组织在罗兰大学法学院正式成立了“反对派圆桌会议”。

（一）反对派演练占领电视台

3 月 15 日，近 10 万人参加了反对派组织举办的 1848 年革命纪念活动，该活动没有受到任何干扰。匈牙利民主阵线的政治家琴盖伊（Csengey D é nes）以人民的名义，象征性地占领了匈牙利电视台。话剧和电影演员切尔豪尔米（Cserhalmi György）宣读了由 31 个反对派组织签署的 12 点要求，其中包括自由选举、法制国家、民主、独立、中立、真正的历史教育、解散工人警卫队、苏军撤出匈牙利等要求。电视台对此进行了直播，晚间新闻广播播放了重点摘要。

(二)匈牙利协助东德人逃往西德

1989年8月19日，波日高伊和奥匈帝国末代皇帝的儿子哈布斯堡·奥托在肖普朗（Sopron）联合举办了“泛欧野餐”会，1000多名东德人借助此次短暂开放的边界逃往奥地利。

8月24日，匈牙利当局允许滞留在德意志联邦共和国驻匈牙利大使馆内的德意志民主共和国公民前往奥地利。9月10日，允许滞留在匈牙利的德意志民主共和国的所有公民前往奥地利。截至9月中旬，共有2.3万德意志民主共和国公民经匈牙利抵达德意志联邦共和国。匈牙利历史学家罗姆希奇认为，“匈牙利此举对苏联集团的解体起到催化剂的作用”。

重新安葬纳吉卡达尔病逝

1988年春，专门为纳吉平反的“历史正义委员会”秘密成立，发起人是纳吉的女儿纳吉·伊丽莎白、根茨·阿尔巴德（后来的匈牙利总统）、瓦沙尔海伊（当年纳吉政府的新闻发言人）等人。

1988年6月6日是纳吉被判刑30周年纪念日，历史正义委员会倡议重新安葬死者，并恢复他们的名誉。五位被处死刑者的家属及34名被判刑者在倡议书上签字。

格罗斯总书记于1986年6月下令寻找纳吉等人的遗骨。经查，1958年6月16日，纳吉被处死后葬在了科兹毛（Kozma）街小监狱的院子里。1961年2月24日，其遗骨被转移到布达佩斯10区新公墓301号地段，并起了个女人的假名博尔比罗·皮罗什考（Borbir ó Piroska）。1989年3月29日，纳吉的遗体被起出。截至1989年4月16日，5人遗体都从坟墓中起出。他们都是面朝下双手被铁丝捆绑。

1989年2月14日，历史正义委员会与司法部的国务秘书博里奇达成协议，将于6月16日在新的公墓举办一场“正常”的小规模仪式，重新安葬纳吉。但历史正义委员会坚持在葬礼的同时，举行大规模的群众游行示威，因此在社会党内引发激烈的争论。5月，在舆论的压力下社会主义工人党没有批准游行示威，社会主义工人党内的激进改革派坚决主张立刻为纳吉平反。最终，社会主义工人党同历史正义委员会达成协议，要把纳吉的葬礼办成匈牙利民族的“和解日”。

纳吉的葬礼由历史正义委员会发起、筹办和主持。1989年6月16日，纳吉·伊姆雷、毛勒泰尔·帕尔、洛松齐·盖佐、吉麦什·米科洛什、西拉基·约瑟夫，以及一位无名青年的黑色棺木被摆放在英雄广场艺术博物馆的前面，有30万—40万群众敬献了花圈或鲜花。烈士们当年的战友及当时青民盟领导人之一欧尔班以青年代表的身份在追悼会上致悼词。

早晨9点，人民群众开始献花，10点开始3名广播员用时45分钟念诵了当年被害的200多名烈士的名单，11点各机关单位敬献花篮。第一个献花篮的是纳吉的出生地考波什瓦尔市的市长，随后是国会、部长会议、匈牙利各教会、外国使团等。12—12点30分，群众再次献花。12点30分全国默哀一分钟，车辆和船只停驶，教堂钟声齐鸣。之后，载着棺木的车队缓缓向拉科什凯赖斯图尔（Rákoskeresztúr）公墓驶去。历史学家劳伊奈尔（Rainer）认为，6月16日重新安葬纳吉的这一天就是“卡达尔制度在道义上灭亡的日子”。

1989年4月20日，内梅特政府要求内务部长将1958年审判纳吉的所有案卷交给最高检察长，以重新审查其判决的合法性。几天之后，内务部将88个卷宗交给了最高检察长，随后由5名检察员对几千页的材料进行分析。6月9日分析研究完毕，随后最高检察院宣布1958年审判纳吉的案件是“捏造的”、“判决是非法的”。1989年7月6日，最高法院院长领导的7人主席团正式对外宣布，1958年对纳吉等人的判决是“非法的”，故此予以“撤销”，并宣布“被告人无罪”。巧合的是在最高法院宣布纳吉无罪几个小时后，卡达尔去世了。卡达尔肯定知道对纳吉的重新安葬，但在弥留之际的他是否知晓纳吉恢复名誉的消息就不得而知了。

1989年7月6日，卡达尔病逝。社工党在党中央办公楼设置了灵堂，成千上万名普通党员和党外人士前往吊唁。根据当时的民意测验，75%的人认为“他的去世使匈牙利政治生活失去了一位最重要的人士”。被采访者对60和70年代的安宁和相对的富裕生活持肯定态度，但对其模棱两可的致使最终陷入危机的经济政策持否定态度。

涅尔什担任社会主义工人党主席

1989年6月24日，社会主义工人党召开中央委员会会议，决议中指出“我们的目标是民主社会主义、法制国家、多党制基础上的议会民主、建立在公有制占主导地位上的市场经济”。中央全会解散了党中央政治局，选举出了由涅尔什、格罗斯、波日高伊和内梅特4人组成的政治管理委员会，政治管理委员会取代了政治局。涅尔什任政治管理委员会主席，成为党的第一把手。

1989年2月，社工党内的激进改革派成立主要由知识分子组成的“改革俱乐部”，其组织很快遍布全国。4月15日，改革俱乐部在凯奇凯梅特市举行了第一次全国会议。波日高伊和涅尔什都应邀出席，他们主张用“民主社会主义”的纲领彻底更新党。这些俱乐部加速了党的自由化，促进了社会制度变更的进程，同时也加深了党内分裂。

1989年9月2—3日，改革俱乐部召开了第二次全国会议，要求建立没有保守分子的以改革纲领派为基础的新的政党，党主席涅尔什说“要从匈牙利社会主义工人党中组建一支改革党”。

社会主义工人党更名为社会党

1989年8月19日，社会主义工人党发布的《匈牙利社会主义工人党纲领宣言》中指出：“匈牙利的改革势力已经崛起，并开辟了从国家社会主义向民主社会主义和平过渡的道路。国家社会主义使匈牙利陷入危机，破坏了人们对实现社会主义的信心。尽快改变模式，向民主社会主义过渡已经不可避免。我们信奉左翼社会党人的思想。我们这个正在革新的党希望把共产党和社会民主党人的价值观统一起来，用民主社会主义的纲领同全民族一起探索摆脱危机的出路。”

在这种严峻的形势下，社会主义工人党于1989年10月6—10日召开了第十四次代表大会。1988年5月后党内成立的各种派别都在大会上提出自己的纲领和主张，会上争论激烈。争论的问题主要是，如何评价社会主义工人党的过去，党要维护团结还是分裂。

各地的改革俱乐部组成了“改革派联盟”，代表改革派联盟的波日高伊声称：“要同过去的领导人彻底决裂，同过去40年的错误，同造成独裁的国家社会主义一刀两断。”他说，社会主义工人党和党治国家的历史已经接近尾声，今后的党员将成为新社会党的主人。社会党“要根据欧洲左派的价值和民主社会主义的要求进行组织建设，在政治上通过竞争争取做执政党”。

格罗斯等人反对全盘否定过去，不同意改建新党而主张更新党。指出不能为了眼前的政治目的，只谈论社会主义工人党以前的错误，这将严重危害发展和振兴，所以“必须忠实地描写历史”。格罗斯还说，不能放弃工运的进步价值和共产主义的思想，应当只放弃败坏它的声誉的实践。“完全否定，无论是打着左的旗号，还是右的旗号，都是不能允许的。”

多数大会发言人都认为，社会主义及社会主义工人党不能在迄今为止的道路上继续前进了，党内需要换班、改革和清洗。当时社会主义工人党拥有72.5万党员，出席大会的代表有1276名。最后，大会就是否将社会主义工人党更名为社会党进行了表决，1202 人表示同意（占 94.2%），159 人不同意（占 1.24%），38 人弃权（占 0.3%）。

成立于 1956 年的匈牙利社会主义工人党被改名为匈牙利社会党。10 月 9 日，大会通过了匈牙利社会党的纲领和章程。纲领中规定，在匈牙利建设民主社会主义的政治体系。社会党是人民的党，代表社会大多数人民的利益，首先是代表体力和脑力劳动者的利益。大会选举产生了由 24 人组成的主席团和财政监督委员会，比波日高伊和内梅特更温和的涅尔什（Nyers Rezső）当选社会党主席。大会中还确定波日高伊为社会党的共和国总统候选人。

决议中规定，原社会主义工人党党员不能自动转为社会党，需要重新申请和登记。截至 1989 年年底，登记加入社会党的有 2 万人，到 1990 年春季有 5 万人。

社会主义工人党继续召开第十四次代表大会

10 月 8 日，格罗斯在记者招待会上宣布不加入匈牙利社会党。在格罗斯的带领下，反对更名的 159 名代表自认为仍是社会主义工人党党员，并于 1989 年 12 月 17 日继续召开第十四次代表大会。大会选举蒂尔迈尔·久洛（Thürmer Gyula）为主席，格罗斯和拜赖茨（Berecz János）为中央委员。1992 年，社会主义工人党改名为匈牙利工人党。当时社会上流传的政治笑话中说，匈牙利社会党继承了资本，而工人党继承了马克思。

民族圆桌会议

6 月 10 日，社会主义工人党同反对派达成了举行 3 方（即社会主义工人党和反对派圆桌会议的代表外加工会和爱国人民阵线等群众组织组成的第三方）秘密会谈的协议，就匈牙利制度变更的根本问题进行了协商。这就是有名的“民族圆桌会议”，会议在国会大厦举行，由社会主义工人党政治局委员波日高伊主持。会谈中，社会主义工人党得到各反对党不会对社会主义工人党党员进行打击报复的口头承诺。

国会议长絮鲁什·马加什（Szűrös Mátyás）在会议上致开幕词，随后社会主义工人党总书记格罗斯、反对派园桌会议的代表科尼奥（Kónya Imre）及第三方代表库科赖利（Kukorelli István）分别在会议上致辞。在后来的谈判中，社会党人费伊蒂（Fejti György）和波日高伊，反对派的安道尔（Antall József）、绍鲍德（Szabad György）、欧尔班（Orbán Viktor）和特尔杰希（Tölgyessy

Péter）都起到了重要作用。

电视台对民族圆桌会议6月13日的开幕式和9月18日的闭幕式进行了直播。为期3个月的闭门谈判期间，共召开了238次委员会和专家委员会会议，前后共有1300人参加，会谈记录厚达3500多页。会议就如下6个重要法律草案的基本原则达成了一致：制定新宪法、组建宪法法院、政党活动和管理法、国会选举法、刑事法典和刑事诉讼法。6个法案于9月26—30日在国会上通过。历史学家罗姆希奇在他的书中写到，“正是1985年选举出来的占国会75%议席的共产党员们，完成了顺应社会环境要求的任务”。

闭会文件中规定，在1990年春举行的第一次自由选举之前，将于1月7日举行直接的总统选举。对此，社会主义工人党和民主论坛表示同意。但自由民主联盟和青年民主联盟表示反对，既没在协议上签字也没否决协议。他们认为，这是社会党在挽救自己权力的阴谋。如过渡时期内由全民直接投票选举，凭借波日高伊在国内的威望和知名度肯定会当选为国家总统，两党不希望看到这样的结果。之后，自民盟和青民盟伙同独立小农党和社会民主党共同建议，就总统的选举时间和解散工人警卫队、清算社会主义工人党的财产及党组织撤出劳动岗位的四个问题，举行全民公决。社会主义工人党同意了该建议。

鉴于此，国会于10月31日决定在11月26日举行全民公决。58%的选民参加了投票，有效票占53%。同意党组织撤出工作岗位的占95.15%，同意清算社会主义工人党财产的占95.37%，同意解散工人警卫队的占94.94%。同意国会大选后再选举国家总统的占50.07%，比反对者只多出6101票。国会不得不撤回于1990年1月7日全民直接选举总统的决议。

（一）新宪法

1989年10月23日，以1989年第XXXI号法令的形式正式公布了匈牙利共和国宪法。将匈牙利人民共和国改为匈牙利共和国，取消了“工人阶级的马克思–列宁主义政党”领导作用的说法，宣布实施多党制，任何一个政党都不可单独行使国家权力。在经济上，“公共财产和私有财产享受平等保护”“承认和支持创业权利和竞争自由”。宪法规定，国会每年冬季和夏季召开两次会议，领取工资的国会议员任期为四年。国会除立法外，只负责对重要人士的任免，例如部长会议成员及重要的国家机关领导人。国会有权宣布战争状态、同外国签订合约、宣布紧急状况和在国内外动用武装力量。取消了主席团，设立共和国总统职务。共和国总统兼任武装力量总司令，总统是民族团结的象征，确保国家机构的民主运转。总统的人身不可侵犯，但如果违反法律可以被罢免，罢免总统需要国会议员⅔多数通过。总统对国会拥有有限否决权和有限解散权。需要总统签署的法律，如果总统不同意，有权退回国会令其重新考虑，这时国会必须对法律进行重新讨论。总统在收到国会再次上交的法案后要在5天内签署并公布。总统只有在特殊环境下才可以解散国会，并最晚在30天内进行大选。

（二）匈牙利共和国的成立

10月23日公布新宪法的当天，议长絮鲁什·马加什在科苏特广场上宣布匈牙利共和国正式成立，10万群众参加了此次活动，5个不同党派的代表分别发言。絮鲁什·马加什担任共和国临时总统。当天晚上6点，国会大厦顶端闪闪发光的红五角星渐渐熄灭。从这一天起，社会主义工人党领导的社会主义的匈牙利不复存在。

（三）宪法法院

1989年10月30日，国会通过并公布了成立宪法法院的1989年第XXXII号法律。宪法法院由5人组成，通过国会选举产生，任期九年。宪法法院要在1990年1月1日成立并运转，其职权范围包括对法令进行事先和事后审查，对违反宪法的案件进行判决，对宪法进行解释，废除违反宪法的法律和违反法律的政府措施等。

（四）国会选举法

1989年10月30日，国会以1989年第XXXIV号法通过了国会选举法。选举法规定，凡年满18周岁的匈牙利公民都拥有选举权。在讨论选举法时，老派政党主张采取1945年和1947年的政党候选人名单制，社会主义工人党主张采用个人选区制，青民盟则建议将两者结合采用混合选举制，即386名国会议员中的176人在个人选区由选民直接选举，152人在20个选区（19个州和首都）由政党提出候选人名单，另外58人由全国政党名单中产生。每张匈牙利选民的投票都不会作废，如党的候选人在个人及政党候选人选区中没有入选，其得票也将记入该党支持票数上，最终按各党支持票数去分配58名议员名额。每个选民拥有两张选票，一张投在个人选区，另一张在政党候选人选区使用。个人选区中实行两轮制，如第一轮中无人获得50%以上的选票，则需进行第二轮投票。只有在第一轮选举中获得至少15%选票的前三名，才能进入第二轮竞选。候选人需事先取得至少750名选民签名的推荐信，才能参加个人选区选举。如一个党在个人选区中所得选票未能达到全国票数的4%，则将取消该党在区和全国获取国会议员的资格。

（五）刑事法典和刑事诉讼法

1989年10月15日，国会以1989年第XXXV号法和XXXVI号法通过了修改的刑事法典和刑事诉讼法，法律缩小了叛国罪的范围，扩大了人身自由权。

1989 年第 XXVIII 号法把出国旅游和回国定居视为人的基本权利。1989 年第 XXIX 号法对公民移民国外和回国定居进行了规范。10 月 21 日通过的 1989 年第 XXX 号法宣布解散工人警卫队。10 月 30 日通过的 1989 年第 XXXIII 号法宣布禁止党组织在劳动岗位设立党支部。同时规定，国家要为新成立的党派提供活动经费。11 月 10 日通过的 1989 年第 XXXVIII 号法宣布成立国家审计署，主要任务是对国家财政进行监督，对国家财产的管理进行检查。

国会在 1989 年共通过了 58 部法律，是 1950—1985 年间每年通过法律平均数的 10 倍，是 1988 年 2 倍。

苏联军队撤出匈牙利

苏军根据两国 1957 年签订的《苏军在匈牙利人民共和国临时驻扎的法律地位》协议（1957 年第 54 号法令）在匈牙利驻扎。法令中指出，“在目前的国际局势下，苏联军队在匈牙利的临时驻扎是为了共同对付万一发生的入侵，这是符合国际协议的”。

1990 年 1 月 9 日，内梅特总理和苏联总理在索菲亚签订了全面从匈撤军的原则协议。2 月 1 日，两国副外长在布达佩斯举行谈判。3 月 10 日，匈外长霍恩同苏联外长谢瓦尔德纳泽在莫斯科签署了苏军撤军协议。根据该协议，从 1990 年 3 月 12 日起至 1991 年 6 月 30 日，苏联将把驻扎在匈牙利境内的所有部队、武器和装备及苏联公民全部撤出匈牙利。在一年多的时间里，苏联共撤走了 10 万居民、2.7 万台机械和战争运输工具、23 万吨炸药和 10 万吨燃料，最后一趟列车于 1991 年 6 月 16 日驶离匈牙利。苏联南方集团军司令维克多（Viktor Silov）中将于 6 月 19 日身着便服，持外交护照乘坐黑色伏尔加轿车离开匈牙利。

2001 年 5 月 8 日，国会通过的第 XVII 号法中将 6 月 19 日定为恢复国家主权的民族纪念日，将 6 月的最后一个星期六定为匈牙利自由日。

多瑙门事件

1990 年 1 月 5 日，自民盟和青民盟代表向首都总检察长检举内务部国家安全处滥用职权，进行犯罪活动，揭发安全处动用秘密手段和方法对反对党和组织进行侦查，根据 1989 年 10 月 23 日通过的新宪法规定，这种行为属于违宪行为。两党在记者招待会上公布了内务部国家安全处 12 月 6 日、20 日和 22 日的侦查记录，其中大部分是通过电话监听和拆看信件等秘密手段获得的。

丑闻被揭露后，波日高伊的密友、内务部长加尔（Gál Zoltán）于1月23日宣布辞职。20年以后，检举人内务部的韦格瓦利（Végvári József）少校获得共和国功勋奖章。

多瑙门事件发生在国会大选之前，对社会党和波日高伊本人均产生负面影响。社会党因此出手反击，操纵国会于1990年3月1日通过了第XVI号法，对1989年的第XXXI号法进行了修改，规定“第一任共和国总统不由国会选举，而由全民在国会大选之后的6个月内进行选举”。此举实际上是为了实现波日高伊的总统梦。

政府同教会的关系

1990年1月24日，国会通过的第IV号法律宣布各教派平等，废除了1964年与罗马教廷签署的协议。根据该协议教廷任命主教时，匈牙利国家享有否决权及事先同意权。1990年2月6日，内梅特总理同红衣主教保什考伊·拉斯洛（Paskai László）共同发表声明，废除了1950年8月30日政府与匈牙利主教团以及1948年同其他教会签订的协议。

1990年的国会大选

国家临时总统宣布于3月25日举行国会大选。在突然而来的自由中，新旧政党达到了65个，但只有12个为全国范围的党派，可以参加大选。最终获得全国选票超过4%的6个党进入了国会。3月25日进行的第一轮选举中有65%的选民参选，4月8日第二轮选举中有45.5%的选民参选。386名议员中，匈牙利民主论坛获得164个议席，占议员总数的42%。自民盟获得94个议席（23.6%），小农党44个议席（11.4%），匈牙利社会党33个（8.5%），青民盟22个（5.4%），基督教民主人民党21个（5.4%）。在此次大选中，传统的左派政党遭受惨败，社民党由于内乱而失败，新成立的社会党只获得33个议席，同预计差距很大。

这届国会议员的组成与1985年国会议员组成相比有着巨大变化，新当选的议员占了95%。上届社会主义工人党党员占75%，本届只占13.5%。受过高等教育的从59%提高到89%。上届卡达尔时代经济和政治精英的骨干力量、毕业于农业和技术专业的干部占53%，本届降到18%。法律和文科毕业的从23%提高到51%。本届议员70%属于独立知识分子阶层，工人所占的比例从22%降至4%。

多数国会议员是在制度变更中起到重要作用的骨干分子以及参加圆桌会议的人文知识分子，这必将影响日后国会的作风和优先排序。

匈牙利民主论坛和自民盟的协议

根据选举结果，民主论坛获得了组阁权。他们只能和观点相近的独立小农党和基督教民主人民党组成联合政府，但三家议席加起来仍旧只有 59.5%。因此，民主论坛主席安道尔和自民盟主席基什·亚诺什（Kis J á nos）于 4 月 29 日签订了包含三点的协议：一是政府的宪法地位，二是共和国总统的选举办法，三是需 ⅔ 绝对多数通过的法律范围。其交换条件是将总统的位置让给自民盟。该协议于 5 月 2 日召开国会的当天公布于众，引起事先毫不知情的联合政府其他两党的极大不满。

第一届国会于 5 月 2 日召开，选举作家、自民盟创始人之一、自民盟全国委员会委员根茨·阿尔巴德（Göncz Árp á d）为国会议长和临时总统，临时总统委托民主论坛主席安道尔组阁。

根据民主论坛与自民盟事先达成的协议，国会于 5 月 9 日通过了第一条宪法修改案（1990 年第 XXIX 号法律），规定国会只选举总理，政府其他成员由总理提名总统任命。安道尔于 5 月 23 日正式组建了民主论坛、小农党和基督教民主人民党三党组成联合政府，在国会中占 59.5%。加上最大反对党自民盟的 23.6%，达到总数为 83.1% 的 ⅔ 多数。

6 月 19 日，国会通过了第二条宪法修改案（1990 年第 XL 号法律），规定只有在五分之一议员发起，且一半议员同意并同时提出候选人的情况下，才可以罢免总理。此规定是从德国人那里学来的，它几乎完全排除了可能的政府危机。此外，民主论坛和自民盟还列出了需要 ⅔ 绝对多数通过的法律名单。此外，国会还对 1990 年 3 月 1 日通过的第 XVI 号法进行了修改，规定总统仍由国会选举，不由全民选举，且任期由 4 年改为 5 年。就此，社会党表示不同意，要求就此进行全民公决。7 月 29 日举行了全民公决，因只有 14% 的公民参投而宣布无效。从此确定了总统由国会选举的制度。

1990 年 8 月 3 日，国会以 295 人同意 13 人弃权的结果，选举根茨为匈牙利共和国总统。

1990 年的地方自治政府的选举

1990 年 8 月，国会通过了地方自治政府系列法律（LXIV 号法、LXV 号和

LXVII 号法），废除了 1950 年形成的地方议会制度，全国所有居民区都恢复了地方自治政府。地方自治政府的一把手为市长，1 万人以下的定居点由居民直接选举市长。1 万人以上则实行间接选举，先选举代表，再由代表选举市长。布达佩斯市各区都实行间接选举。

1990 年 9 月 30 日至 10 月 14 日，举行了全国地方自治政府选举。竞选各级市长的有 8.8 万人，最终选举出 2931 位市长。选民对地方选举兴趣不高，只有 40% 的人参加了第一轮投票，第二轮只有 29%。地方选举的特点是选民们并不憎恨过去的官员，1 万人以下选区中 55% 新当选的市长是先前的地方议会议员，这个比例在间接选举的地方为 18%。

罗姆希奇·伊格纳茨所著的《20 世纪的匈牙利历史》匈文版中写道："1988 年开始的、1989 年加快速度和 1990 年春夏最终形成轮廓的法律和政治变革，以 1990 年秋季地方选举的结束宣告大功告成。资本主义代替了社会主义，多党制代替了一党制，私有制代替了公有制。这种变革从形式和方法上来看，是和平的非暴力的，匈牙利历史学家们乐意称其为'谈判式的革命'。"

匈牙利社会制度变更的原因

卡达尔 1988 年 5 月下台和 1990 年匈牙利制度的变更由多种原因导致，既由于国内和国际的形势，也有社工党本身的问题。大致归纳为如下五个原因：

第一、国内经济综合性的危机致使人民生活水平降低。由于生活水平降低，从而使政府失去了全社会的信任。1973 年的世界能源（石油）危机给匈牙利经济造成巨大损失，为了发展经济和维持人民的生活水平，匈牙利开始向资本主义国家贷款，却未能合理运用，且越积越多。1987 年有外债 177 亿美元，1989 年高达 200 多亿，人均负债 1800 多美元，位居苏联和东欧国家之首。匈牙利已经到了借新债还旧债的危险境地。与此同时，20 世纪 80 年代起经济增长速度和人们的收入增长幅度都非常低，1980 年国民收入仅增长了 0.8%，1981—1985 年平均年增长率只有 1.6%。1971—1976 年人们的收入平均年增长 4.5%，但 20 世纪 80 年代的最后三年完全停止了增长，从 1982 年起还逐年降低。全国各地对国家的经济状况争议不断，人们开始责问原因和责任人。

根据 1981 年就西方国家和匈牙利对比的社会调查，90% 的人认为儿童上学、医疗保险和就业方面匈牙利比西方国家好，60% 的人认为匈牙利货币坚挺，容易得到住房。多数人认为物质生活和外出旅游方面西方比匈牙利好。在 1986 年对 19 个项目进行的民意调查中，同西方发达国家相比，匈牙利 9 项领先 10 项落后。1986—1988年间，人们的看法发生了巨大的变化。只剩就业方面优于西方，当时卡达尔仍在奉行完全就业的方针。1983—1988年，对布达佩斯技术大学学生的调查情况也类似。1983年，61%的学生认为在自由选举中共产党也会获得多数，70%的学生对社会主义匈牙利的未来充满信心。这两个比例在1988年分别降至25%和37%。这些都显示出20世纪80年代中期，人民对卡达尔制度产生了怀疑，在20世纪80年代的最后三年卡达尔制度陷入了危机。但匈牙利并没有发生罢工罢课、要求涨薪的运动和上街游行的事件。人们只是在嘟囔着表示不满意，但没有进行激烈的行为。这表明社会的不满程度并没有达到波兰、罗马尼亚和南斯拉夫的程度。鉴于此，匈牙利历史学家罗姆希奇·伊格纳茨在的《20世纪的匈牙利历史》匈文版第552页中写到，“卡达尔1988年被撤职和1989—1990年社会制度的变更，不是因为经济危机而爆发的群众运动导致，而像20世纪许多政治大转变那样，基本上也是因为外部条件的变化造成，更确切地说是提供了可能”。

第二，苏联的削弱和对东欧的放弃。苏美两个超级大国的斗争自1945年开始，20世纪70年代末80年代初进入新阶段，从70年代的缓和再次回到尖锐的对立和昂贵的军备竞赛上。1979年年末，苏联出兵占领阿富汗。为了回敬苏联在东欧部署SS–20导弹，北大西洋公约组织1979年在西欧部署了中程核导弹。接着，1981年上任的里根总统宣布了星球大战纲领，两国的军备竞赛越演越烈。

1985年，戈尔巴乔夫上台后，面对苏联的衰落进行了战略收缩，为缓和同美国与西欧的关系，苏联宁愿放弃在东欧的霸权。1988年12月，戈尔巴乔夫在联合国大会上宣布，苏联将减少在波兰、捷克斯洛伐克和匈牙利的驻军数量。也就是说，所谓的勃列日涅夫主义不再有效，如出现危机形势，苏联将不再对东欧各盟国进行军事干涉。

1989年12月2日，戈尔巴乔夫和布什在马耳他举行了会谈，谈判重点是“东欧的未来”。在这次会谈中，戈尔巴乔夫不再认为“东欧国家是苏联的利益范围”，他表示“改革后的苏联和重新获得自由的东欧集团将会成为新型欧洲一体化的一个重要支柱”。另外，他还毫无保留地、完全接受了布什的在东欧各国进行“自由选举和不干涉内政的原则”。

第三，匈牙利反对派在制度变更中起了重要作用。匈牙利持不同政见者经历了从地下秘密组织到公开的反对派组织，之后变成政党的过程。在此期间，他们得到了美国情报局、匈裔美国金融大亨索罗斯及境外匈牙利移民和自由欧洲电台多种渠道的资助和帮助。因此，到20世纪80年代的最后三年匈牙利出现了大批准备好接管政权的政治精英。在20世纪60年代，文化领域出现了一些零星的不同政见者。到70年代，经济学领域出现了一批所谓的“改革经济学家”，公开提出多元化的要求。1986—1987年反对派提出了“社会制度要多元化和民主化”及“分享政治权力的要求”，1987年夏公开提出“目前的党的领导不能胜任这一变革任务，所以卡达尔应该下台”。

匈牙利反对派获得如下境外人士和组织的帮助：

（1）在反对派组织的组建和运转中，生活在西方的匈牙利移民组织发挥了重要作用。反对派组织通过他们同西方国家的知识分子及政治组织建立联系，并如期得到西方出版的匈牙利文刊物。例如创刊于1950年、在慕尼黑出版的与匈牙利民族反对派观点相近的《新视野》，该刊物的主编是自由欧洲电台匈牙利语组长博尔班迪（Borb á ndi Gyula）。还有1978年在巴黎出版的《匈牙利活页文选》，其主编是肯戴（Kende P é ter），他于1956年参加武装起义，1957年离开匈牙利后定居法国，同匈牙利民主反对派保持着密切的联系。这些刊物从1985年起被大量偷运到匈牙利，并在知识分子中间传阅。（2）设在德国慕尼黑的自由欧洲电台匈牙利语广播站，在宣传反对派的观点方面起到重要作用。该站点于1951年10月6日开播，1993年10月31日停播。拥有120名工作人员，每天广播19个小时，不断介绍反对派的思想和活动，并报道反对派的集会、立场和出版物。（3）匈裔美国金融大亨索罗斯（Soros György）成立的“公开社会基金会”，自1982年开始持续向年轻的匈牙利反对派知识分子们提供奖学金。（4）在波兰裔美国人布列津斯基的建议下，美国总统卡特组建了“全国民主基金会”。该基金会于1983年开始运转，目的在于帮助东欧和其他国家建立多元化的社会制度，为刚刚成立的反对派组织出谋划策并提供物资上的支持。基金会资金大部分来自美国国会的拨款，美国中央情报局是其主要的合作伙伴。

第四，美国驻匈大使活动频繁。1988年春夏，美国认为其在东欧的活动余地扩大了。虽然这些国家仍不具备完全独立的条件，但可以争取建立民主化内部关系及合法的政治体系。因此，积极支持东欧国家的民主运动。另外，“在匈牙利，美国驻匈牙利大使马克·帕默（Mark Palmer）表现出前所未有的积极性，接连不断参加刚刚成立的反对派组织举办的活动”（见罗姆希奇所著《20世纪的匈牙利历史》匈文版，第524页）。

第五，卡达尔下台后，党内没有形成团结一致的领导班子。党内矛盾集中表现在1930年出生在工人家庭的格罗斯和1933年出生在小贵族家庭的波日高伊之间。面对经济危机，格罗斯主张以技术性的经济改革克服危机，拒绝政治制度的变革。波日高伊一派则认为，首先要变更政治制度，从上至下建立“有监督的”多元制，把社会主义工人党和社会主义制度的合法性建立在新的民族的基础上。

1989年1月28日波日高伊擅自在电台宣布1956年“反革命”为人民起义，并主张实行“多党制”。格罗斯就此提出强烈批评。随后召开党中央全会，讨论如何处理波日高伊，有人提出要开除其党籍，但全会上风向变了，起初全会表示对波日高伊还是信任的，随后中央全会则正式宣布1956年事件为人民起义，并公开承认了多党制。同年6月24日，匈牙利党中央取消了政治局，成立了四人组成的政治管理委员会，涅尔什任主席，成员有格罗斯、波日高伊和内梅特。党内“激进改革派”的涅尔什、波日高伊和内梅特积极主张实行多党制和西方式的议会民主制，格罗斯已基本上没有发言权了。

1989年8月19日，社会主义工人党发布的《匈牙利社会主义工人党纲领宣言》中明确指出国家社会主义让匈牙利陷入危机，必须向民主社会主义过渡。10月6—12日，社会主义工人党非常代表大会上，波日高伊声称要同过去的领导人和造成独裁的国家社会主义彻底决裂。

在党内两派之争中，最终以涅尔什和波日高伊为首的激进改革派胜出。1989年6月13—9月18日，波日高伊代表政府与反对派代表们在国会大厦进行了3个月的秘密会谈，就匈牙利社会制度和平过渡的所有重大问题达成了详细的协议，完成了匈牙利的“谈判式的革命”。

第八篇

政治体制改制后的匈牙利

（1989—2018）

从 1989 年 10 月 23 日起，匈牙利开始实行德国的政治制度。国会为议院制，4 年改选一次。国会行使立法权，在 ⅔ 绝对多数通过的情况下才可以修改宪法。总统在法律公布之前有权把草案退回国会重新考虑，或交宪法法院裁决。宪法法院可以废除整个法律，也可以只批准其中不违宪的章节。在大选时各政党都可以推荐候选人，独立个人也可以参选。将 1992 年以前国会的 386 个议席减为 199 个。大选中获得议席最多的党可以和其他党谈判，组成在国会中拥有 50%+1 的多数政府，然后由国会选举总理，由总理组阁，总理可以罢免部长。法律规定，只有在的议员发起，一半议员同意并同时提出总理人选的情况下才可以罢免总理。新的立法一般 20% 都由政府发起，通常执政党在议会中拥有多数，可以使法律顺利通过。实际上，立法机构完全听命于执行机构。

第一章　历届执政政府

一、安道尔 - 博罗什政府（Antal-Boross，1990—1994）

在 1990 年 3 月 5 日—4 月 8 日举行的大选中，民主论坛党获胜，5 月 2 日召开的第一届国会上根茨·阿尔巴德被选为国会议长和临时总统。随后，临时总统根茨委托民主论坛主席安道尔组阁。1990 年 8 月 3 日，国会以 295 人同意 13 人弃权的结果选举根茨·阿尔帕德（Göncz Árp á d）为匈牙利第三共和国总统。

安道尔政府（Antal J ó zsef）于 1990 年 5 月 23 日宣誓就职，这是由民主论坛、小农党和基督教民主人民党组成的联合政府，在国会中占 60% 的议席，再加上自民盟的支持，安道尔政府是一个绝对稳定的政府。政府中有 13 位部长和 3 位不管部长。13 名部长中民主论坛占 8 个，小农党 4 个，基督教民主人民党 1 个。其中外长、内务部长、国防部长、司法部长、工商部长和文教部长都是民主论坛的人。基督教民主人民党得到了人民福利部、小农党得到了农业部部长职务，财政部长和国际经济关系部部长为无党派人士。

安道尔在就职演说中表示：这个政府将是自由的政府，所有匈牙利公民在法律面前平等；这个政府是人民的政府，是 43 年来第一次由人民自由选举出来的政府；这个政府将是经济转型的政府，这是个艰巨的任务，我们的目的是实现社会市场经济，在市场开放的同时也要重视社会福利及环境保护等问题；这个政府是一个欧洲的政府，不仅因为位于欧洲，更是因为我们信奉自由、多元化和开放的传统。在我们民族的历史上出现了 40 年的断裂，现在我们想重新回到欧洲的遗产上来。

联合政府内的分歧

安道尔执政期间，国会共召开了 379 次全会，通过和修改了 432 部法律，平均每次会议通过 1.13 部法律，很多法律的赞成率为 90%，平均赞成率为 80%。由此可见，安道尔同自民盟的合作良好。但民主论坛同联合政府其他两党的合作并不理想，在私有化问题上同小农党发生了矛盾，小农党主张把过去没收的土地归还给原主，民主论坛不认同。基督教民主人民党主张把当年没收的教会财产归还教会，民主论坛持有不同意见。但民主论坛不想同时得罪这两个合作伙伴，不得不同意了基督教民主人民党的主张。

党内不团结

民主论坛的成分比较复杂，其成员以“民主反对派”为主，但又自称是具有“民主和民族精神的”组织，接纳“各种世界观和党派的人”，其中也有几个“改革共产党人”，波日高伊也参加了成立大会。到 1993 年下半年，20% 的国会议员被开除出民主论坛。1993 年在萨博·伊万（Szab ó Iv á n）的带领下，部分民主论坛成员另外组建了“匈牙利民主人民党”。民主人民党的 15 名国会议员退出民主论坛议员团，组建了新的议员团。新党成为民主论坛的反对党。政府内部工作人员更换频繁，各部共有 26 个国务秘书职位，4 年内就有 50 个人轮换，47 个副国务国秘位置更换过 86 人次。1991 年，民主论坛议员团团长科尼奥（K ó nya Imre）说：“民主论坛的威信低到了不可相信的地步，党的凝聚力下降了。”这是由多种原因造成的，一是社会中对“独立的错误理解”还在蔓延，二是没有经过流血革命而取得胜利的民主论坛成员们没有成为变革的利益获得者，三是解放了的报刊和新闻媒体被在旧制度中就已名声狼藉的，又与联合政府为敌的人们所垄断，四是党的国会议员团成员过分行使权力，乱发表不同意见或随意对党和议员团领导进行批评，直接危害了党的内部团结 。五是安道尔就任总理不久便得了不治之症淋巴癌，大大削弱了党和政府的领导力。

出租车大封锁

刚上任的安道尔政府就遇上了两个棘手问题：出租车大封锁和媒体大战。安道尔政府宣誓就职一个月零三天时，10 月 26 日，布达佩斯爆发出租车司机大罢工和封锁道路的事件，起因是政府在前日晚没有与利益相关方进行任何事先协商，直接宣布汽油价格上涨 65%。由于海湾战争的影响，国际石油价格上涨，加上苏联不能按时供应，导致匈牙利的燃油断供，库存燃料只能维持三天。出租车司机们开车到国会，要求政府收回涨价决定，否则无法维持生计。交通部长拒绝了他们的要求，随后出租车开始占领首都交通要道的路口，导致几小时内布达佩斯交通瘫痪。次日，其他城市也行动起来，居民的小轿车和其他运输车辆也参加了抗议活动，全国道路瘫痪，有些地方连面包都供应不上了。

26 日上午，政府和出租车代表开始谈判，司机们要求政府撤回涨价决定，政府坚决不同意。直至 27 日晚，政府表示可以发给司机补贴，每购买一公升燃油补贴 10—12 福林。为了缓解匈牙利的困境，当日奥地利政府答应向匈牙利提供燃油援助。28 日晚，政府与罢工者达成协议，司机每购买一公升汽油获得 12 福林的政府补贴，即每公升汽油涨价 53 福林。

这次大罢工行动很快，影响也很大。当时司机们都有大哥大手机，联系起来非常方便。出租车的队伍庞大，首都有 2 万持证出租车，还有 5000 辆没有执照的黑车。另外，罢工活动得到了反对派的支持，首先是青民盟的公开支持。总统和政府在对事件的判断和处理上也存在分歧。

媒体大战

新闻媒体是政权斗争的战场和积极参与者。对于刚选出的第一届新国会来说，媒体的组织结构和管理办法是个重要的问题。商业媒体都私有化了，多数掌握在外国人手中。于是，国家所有的电台和电视台成为各党争夺的对象。1990 年夏，民主论坛和自民盟就两家媒体领导人的委任达成了协议。但执政党和媒体负责人之间关系很快恶化，执政党认为节目中左倾自由主义的内容过多，从而导致了政府威望下降，要求更换电台和电视台的领导。安道尔总理决定由民主论坛的两位副主席分别去电台和电视台担任领导工作，但根茨总统否决了任命。宪法法院在总理的请求下宣布总统没有认真权衡，希望他在合理的时间内对任命作出决定。国会文化委员会也认为原来的两位台长不称职，总理要求立刻免去两人职务，再次遭到总统的否决。

总统持续 8 个月都没签署罢免台长的法案。1993 年，国家预算法规定电台和电视台将归总理府领导，此时新闻法还没有在国会中获得通过，两台台长担心财政拨款上将会出现麻烦，这时两台台长于 1993 年 1 月同时宣布辞职。

在文字新闻方面，1990 年已可以自由发行报刊。制度变更后在电子媒体方面，除了 1974 年发布的关于电台和电视台的政府决议外再没有其他法律依据了。1992 年宪法法院指出该政府决议违宪，呼吁尽早制定新的新闻法。之后，国会在讨论政府提出的新闻法草案时，执政党与反对党之间分歧很大。草案修改完成后，执政党私自添加了议员们不能接受的内容，1992 年 12 月 30 日，国会表决时议员们无人赞成，一致反对。故此，新闻法一直拖到 1995 年年底才被国会通过。

私有化

匈牙利的私有化以向私人（包括外国人）公开出售国家资产的方式实现。因匈牙利外债负担较重，因此采取了出售而不像波兰和捷克那样免费赠送给国民的方式，以期增加政府财政收入，改善资金匮乏的状况。安道尔政府上台后不再推行自主私有化政策，开始实行由国家主导的私有化。1990 年 9 月，国家资产局将 20 家大企业作为试点进行拍卖，其中包括最大的旅游公司伊布斯（IBUSZ）旅行社、沃兰货运股份公司、中央百货公司以及里查得。盖戴姆制药企业等。1993 年 12 月 12 日安道尔总理因病去世，博罗什（Boross P é ter）继任后提出“购买企业时，匈牙利人享有优先权”的方案，目的在于尽快造就一批新生的强大资产阶级，这是制度更改后匈牙利政权的重要政治目标。为此，出台了各种优惠贷款条件，并尽量把拍卖价格降低。但匈牙利缺少有实力的投资者，截至 1994 年，拍卖收入仅得 3100 亿福林。

赔偿问题

1992 年到 1993 年政党之间及公众舆论就赔偿问题产生巨大分歧。以小农党为代表的极端派认为不要赔偿，而是要把没收的财产归还本人，并在农业领域恢复 1945 年土改后的土地所有制关系。而青民盟和社会党拒绝一切赔偿形式，主张将私有化收入用来偿还外债。国会上各党展开激烈辩论，执政党内部意见也不统一。最终各方达成妥协，国会通过了《赔偿法》。《赔偿法》规定，对 1948 年国有化造成的财产损失（土地、住房及债券等）发给赔偿券。享受赔偿的还包括 1939 年以后遭受政治迫害的人，最终向 180 万人赔偿了 2500 亿—3000 亿福林的赔偿券。法律规定，如被没收的财产价值在 20 万福林之内，则如数赔偿。如超过该值，赔偿额则大幅度递减，最高额度为 500 万福林。

赔偿券可以用来购买有产权的住房，或兑换成银行发放的养老金，也可以用来购买股票或土地。为此，生产合作社和国营农场专门划定了可以用赔偿券购买的地块。

由于私有化以及赔偿券可以购买土地，农业领域所有制关系发生巨变。1990 年农业合作社的土地占比为 72%，1996 年降到 22%。农业公司的土地从 1990 年的 13% 提高到 1996 年的 28%。1990—1996 年，个体经营者土地占比从 15% 增至 50%。1997 年，170 万家庭拥有土地所有权，占全部土地的 45%，达 930 万公顷，其中可耕地占 65%。80% 的农户拥有 1 公顷以下的土地，17% 的拥有 1—10 公顷土地。农场主约有 5 万—6 万户，新建现代化农业大企业只有几千家。

对教会的赔偿

对教会的赔偿采取了物归原主的政策，因为教会从事的是公益活动。1991

年 7 月 21 日生效的第 XXXII 号法律规定，10 年内将当年没收的教会不动产全部归还原主。12 个教派总共提出了 7000 个不动产归还申请，截至 1996 年春已有 2000 个归还。教会可以不要回不动产，而要求用赔偿券抵偿。1995 年 5 月 31 日，政府同四个历史教会商定将归还期限从 10 年延长至 20 年，即最终截止期限为 2011 年。1991 年的法律没有规定归还后不动产所需的活动经费问题，就此安道尔政府从国家预算中专门拨出了部分经费。1997 年 6 月 20 日，霍恩政府同罗马教廷签订了支持天主教会的协定。该协定规定，今后政府对教会维持的教育机构同国家或地方政府教育机构一样平等对待，同样可以得到国家的支持。

由于国家预算对教会学校的支持，教会学校数量在几年内翻了好几倍。1994—1995 学年共有 225 所教会学校，其中包括幼儿园、小学、中学、学院和大学，其中 50% 由天主教会管理。虽然教会学校发展了，但宗教信仰并没有发展。根据 1996 年的统计，15%—17% 的居民承认自己信教，50% 的人承认有点信，30% 承认为无神论者。

经济状况

1990 年以后，匈牙利经济进入严重危机时期。匈牙利工业在没有任何防范措施的情况下，需要对抗资金雄厚、技术先进的西方国家的开放市场，其结果可想而知。20 世纪 80 年代末 90 年代初， 4 年之内匈牙利取消了 150 万个劳动岗位，工业产值下降 30%，农业产值下降 40% 。失业率猛增，1990 年年底失业率只有 1%，1991 年 4.1%，1992 年 10.3%，1993 年 11.3%，1994 年失业率达到了 12.9%，两位数的失业率一直持续至 20 世纪 90 年代末。机械工业在 1989—1994 年下降了 50%，从前匈牙利产品的 ⅔ 出口至经互会国家，经互会市场的崩溃对匈牙利造成严重影响。农业生产也大幅度下降。相比 1989 年，1993 年的农业产值为其 65%，1996 年为其 70%。1993 年谷物总产量比 1990 年下降 20%，牛和猪的存栏数分别下降 46% 和 30%。

安道尔政府经济转型在非常不利的国际市场环境中进行。一方面传统的经互会市场垮台，另一方面欧洲经济共同体实行农业保护主义，加之匈牙利大部分产品竞争力很低，因此外贸从 1990—1997 年一直是逆差。经济的衰退带来了通货膨胀，1991 年的通货膨胀率高达 35%，1994 年下降到 20%。与此同时，国家外债也居高不下，1989 年毛外债为 204 亿美元，1994 年增至 285 亿美元。

二、霍恩政府（Horn Gyula J á nos，1994—1998）

1994 年大选的结果令人意外，上届大选中排名第四位的匈牙利社会党获得国会 54% 的议席，而曾获得 42.4% 议席的民主论坛只获得了 9.8% 的议席。1993 年从匈牙利民主论坛分裂出来的右翼民族主义“匈牙利正义和生活党”获得了 14 个议席，占 3.6%。社会党虽获超过半数议席，但为了确保国会内 ⅔ 的多数，同自民盟组成了联合政府，两党在国会的总议席为 72%。6 月 24 日，两党签订了详细的相互担保的联合执政协定，7 月 15 日联合政府正式成立，自民盟获得三个部长的职务。

1994 年 12 月 11 日举行了地方政府选举，3136 名市长中 80% 为无党派人士（上一届为 83%）；1 万人口以下小居民区的代表中 81% 为无党派人士（上一届为 71%），右翼反对党民主论坛、青民盟和基督教民主人民党所占席位从 50% 降至 27%，社会党席位从 7% 增至 30%，自民盟从 35% 降到 27%，自民盟的戴姆斯基 · 卡博尔（Demszky G á bor）再次当选为布达佩斯市市长。

博克罗什财政紧缩方案

霍恩政府上台后做的第一件事就是解决经济危机问题。1994 年，政府多次作出福林贬值的决定。在财长贝凯希 · 拉斯洛的建议下，国会通过了政府的补充预算案，但预算压力仍然很大，在此问题上政府同国家银行行长产生了分歧。11 月 23 日，总理同行长鲍德 · 彼得谈话，随后行长宣布辞职。总理任命舒拉尼 · 久尔吉为行长。总理同财长在竞选时就有矛盾，1995 年 1 月底，财长舒拉尼突然辞职。这时总理任命博克罗什 · 拉斯洛（Bokros L á szl ó）为新财长。在经济渐渐走向崩溃的形势下，总理、财长和国家银行行长进行了一次密谈。随后在 3 月 12 日公布了一项解决危机的方案，即“博克罗什财政紧缩方案”。内阁部长们事先都不知道该方案，公布后两位部长提交辞呈。“博克罗什财政紧缩方案”的主旨在于改善外贸平衡和压缩国家预算赤字。财政紧缩方案规定福林一次性贬值 9%，增加 8% 的补充关税，并公布了一系列的紧缩措施，导致实际工资和人们生活水平大幅下降。国会于 5 月 30 日以多数票通过了这一方案，但遭到反对党的一致反对，社会党的几个议员也投了反对票。根茨总统虽然签署了这个方案，但还是提请宪法法院做最后审理。宪法法院裁定该方案多处违宪，但也没有完全给予否决。博克罗什的紧缩措施改善了国家预算的平衡状况，增强了外资投资信心，但居民的生活水平降低了。1996 年 2 月，财长博克罗什辞职，新财长迈杰希·彼得上任后仍旧执行前任的政策。

私有化政策

霍恩政府执政期间，私有化速度加快，在简化手续的同时还修改了匈牙利人优先的政策，更加注重外资投资购买。1995 年 5 月通过了新的《私有化法》（1995 年第 XXXIX 号法），新成立了“国家私有化和资产管理公司”（Az Állami Privatizáció s és Vagyonkezelő Rt），其任务是继续推行国家财产私有化并管理现有的国家财产。法律规定，资产在 6 亿福林以下且员工在 500 人以下的公司，公司领导可以自行制定其私有化方案，由国家私有化和资产管理局进行审批。这一政策使公司领导发了大财。

这时，国家私有化和资产管理局公布了 121 个需要私有化的企业，以市场价格的 51% 出售，只收现金，最终成功拍卖了 72 个。通过私有化，外资大量涌入匈牙利的工业、通信、能源、商业和银行领域，匈牙利的能源部门完全掌握在外国人手中。1994 年工业资本的 50% 为国有，1997 年国家所有比例只占 30%。世界 50 强公司中有 35 个在匈牙利落户，例如通用电气、西门子和联合利华等。

1995 年制定的《私有化法》明确了私有化的目标，规定了私有财产的组织形式以及国有财产的出售原则，明确了进行私有化的企业的条件。匈牙利的私有化采取了公开拍卖、员工参股、经理买断和小资产者参股四种形式。1992 年推出的政策主要适用于中小型企业，资产在 10 亿福林以下且员工人数 100 人以下的企业，其私有化决定需要由 40% 员工出席的员工大会通过，之后确定法人并履行登记手续。员工参股允许分期付款。到 1998 年 284 家企业以员工参股的形式实现了私有化。 经理买断形式是由经理或企业管理层共同购买企业产权，并可以获得国家特别设立的“生存贷款”——E- 型贷款，期限 15 年，利息 7%。在小资产者参股形式的情况下，凡拥有匈牙利国籍且拥有 10 亿福林资金的人都可以购买国家私有化和财产管理局出售计划中公布的企业股份。

1997 年年底，私有化基本结束。指定私有化的 1600 个国有企业中，90% 成为匈牙利个人或外国人的私有财产。1990—1994 年安道尔 - 博罗什政府期间私有化收入为 3100 亿福林，其中外国投资者占 55%。1994—1998 年霍恩政府期间私有化收入为 11000 亿福林。1990—1998 年私有化收入为 14100 亿福林，其中现金约 80%，外汇占 62% 左右。

私有化基本完成之后，匈牙利经济的所有制关系发生了根本性变化。1989

年，国民生产总值的 80% 由公有制企业创造。1997 年国民生产总值国有企业占 30%，而私营企业占到 70%，其中外国企业 49%，匈牙利企业 21%。1990 年，外国投资者中德国人占首位，到 1996 年年底德国占 28%，美国占 26%，奥地利和法国各占 10%。在引进外资方面，匈牙利位居本地区首位。1997 年年底共引进 170 亿美元，人均排名第一。按数额计算，波兰第一，匈牙利第二。

就业方面

1992 年，国有企业就业人数占比 33%，1997 年降到 7%。在生产合作社工作的人数则由 7% 降至 2.7%。在部分或完全私有农业公司工作的人数占比则从 22% 增长到 41%。截至 1977 年年底注册的企业家超过 100 万人，真正经营的有 79.2 万人，比 1990 年人数翻了一倍半。其中个体经营者 46.2 万人，合伙经营者 26.1 万人。到 20 世纪末，匈牙利已经形成了私人所有制占主导地位的混合所有制市场经济。

霍恩政府期间的经济状况（1994—1998）

年	失业率(%)	就业率(%)	最低工资（福林）	平均工资（福林）	通膨率(%)	GDP 增长率	新建住房	赤字(%)	国债占 GDP %
1994	10.2	53.5	10500	33939	18.8	2.9	20947		86.0
1995	9.5	52.5	12200	38900	28.2	1.5	24718		84.0
1996	9.2	52.4	14500	46837	23.6	1.3	28257		71.2
1997	8.1	52.5	17000	57270	18.3	3.3	28130		61.8
1998	7.8	53.6	19500	67764	14.3	4.2	20323	−8.0	59.7

霍恩政府期间将失业率从 10.2% 降至 7.8%，通膨率从 18.8% 降至 14.3%，GDP 增长速度从 2.9% 增至 4.2%，国债占 GDP 的比例从 86% 降至 59.7%。由于预算赤字，匈牙利外债一直降不下来。1993—1995 年毛外债约为 120 亿美元，1995 年上升到 320 亿美元，是 1989 年的 163%。之后私有化收入及紧缩措施促进了国民经济平衡的进一步改善，1997 年降至 276 亿美元。

外汇储备

1990—1994 年，国家的外汇储备由 12 亿美元增加到 67 亿美元，1997 年达到了 100 亿美元。1997 年福林成为国际通用货币，无限制购买外币，福林银行卡可在世界任何国家内使用。

生活水平

1996 年居民收入和消费水平仅相当于 20 世纪 70 年代中期。1989—1997 年工薪阶层纯收入的实际价值下降了 25.7%，300 多万退休者的退休金实际价值下降了 31%，国家预算单位的实际工资降低幅度更大，私营部门工作者的工资反而增高。1991—1992 年间，社会顶层人士 10% 人的工资是位于社会底层 10% 人士工资的 6.7 倍，1994 年达到 7.7 倍。这种差距每年都在加剧，甚至相差 9 倍，与当时欧洲最穷的葡萄牙和希腊水平相当。

新的社会等级

1996 年，匈牙利形成了一个新的社会等级，他们是社会顶层的 1% 的人，工资和收入都远远高于平均水平。中等收入者大约占人口的 50%，低于中等收入水平者占 39%—40%。最高收入者包括中高层领导、成功企业家、知识分子精英及部分基层领导和车间主任；中等收入者包括大部分知识分子、办公室职员、独立手工业者、商人和技术工人等；低收入者包括没有经过培训的工人、农民、农业工人、失业者以及领取寡妇和鳏夫养老金的人。低收入者从 1989 年的 1.4 万增加到 1993 年的 60 万人，占适龄劳动者的 13%，1997 年降至 47.7 万人。收入低于平均收入一半的被视为最低收入者，20 世纪 90 年代中期最低收入者占人口的 10%—12%，抚养三个子女以上家庭的 71% 以及 56% 的茨冈人都属于最低收入者。

针对制度的评价

社会学者针对霍恩政府时期和卡达尔时代制度对比的调查结果显示，1991 年 40%、1994 年 51%、1995 年 54% 的人认为新制度不如老制度好。认为现在制度比卡达尔时代好的 1991 年占 31%、1994 年占 26%、1995 年占 27%。对新制度最不满的是辅助工人、半熟练工人及农业劳动者，他们之中 65% 的人认为不如 1990 年以前。最满意的是企业家、高层知识分子，他们之中只有 29% 的人认为现在不如从前。根据匈牙利著名社会学家费尔盖（Ferge Zsuzsa）的调查，对 1970—1980 年和 1991—1994 年两个时间段进行打分，最高分定为 7 分。调查结果显示，1970—1980 年为 3.79 分，1991—1994 年为 3.11 分。1995 年维也纳人文和社会科学研究所（IWM）及 1997 年公共舆论和市场研究所（Medi á n）的调查结果都表明，同其他国家相比，“匈牙利居民对制度的变更最为失望”。

三、欧尔班政府（Orb á n Viktor，1998—2002）

1998 年大选于 5 月 10 日进行了第一轮投票，56.26% 的选民参加。5 月 24 日举行的第二轮投票中 57% 的选民参加。青民盟获得 38.34% 的议席，社会党获得 34.72% 议席，小农党获得 12.44% 的议席。总统委托青民盟主席欧尔班组建政府，青民盟与小农党和自民盟组成了联合政府。欧尔班于 7 月 6 日宣誓就职，7 月 8 日公布内阁成员，内务部长、外交部长、国防部长和经济部长均由青民盟党员担任。农业部、国防部和环保部由小农党领导，司法部长为自民盟党员。欧尔班对多个部委的名称和职权做了调整，将人民福利部更名为卫生部，工业和商业部更名为经济部，文教部更名为教育和民族文化遗产部。除此之外还新建了社会福利和家庭事务部以及农业和农村发展部。取消了国家体育局，取而代之成立了青年和体育事务部。

经济政策的成果

国债占国内生产总值的比例从 1998—1999 年的 61% 降至 2000 年的 55%，2001 年减少到 52%，2002 年升至 55%。1998—2002 年国内生产总值平均年增长为 4.6%，通货膨胀率从 1998 年的 14.2% 降到 5.2%，失业率从 1998 年的 8.4% 降到 5.8%，1999 年到 2002 年实际工资平均增长 5.5%。

欧尔班执行爱国主义的经济政策，首先于 2001 年 1 月投入 6260 亿福林预算资金启动“塞切尼计划”，以期改善国内中小型企业的经营状况。并将最低工资由 2.5 万福林提高到 4 万福林，2002 年 1 月 1 日起再提高到 5 万福林，最低工资在一年内翻番。除此之外，国家对住房建设提供优惠贷款，促进建筑业的发展。欧尔班认为提高国内消费即可保持经济增长速度。

欧尔班第一届政府期间的经济状况（1998—2002）

年	失业率 %	就业率 %	最低工资（福林）	平均工资（福林）	通膨率 %	GDP 增长率 %	赤字 %	国债占 GDP 比例
1998	7.8%	53.6%	19500	67764	14.3%	4.2%	−8.0%	59.7%
1999	7.0%	55%	22500	77187	10.0%	3.2%	−5.5%	59.5%
2000	6.4%	56%	25500	87646	9.8%	4.2%	−3.0%	54.8%
2001	5.7%	56.2%	40000	107553	9.2%	3.8%	−4.1%	51.4%
2002	5.8%	56.2%	50000	122487	5.3%	4.5%	−9.0%	54.6%

欧尔班执政期间，失业率从 7.8% 降到了 5.8%，通膨率从 14.3% 降到了 5.3%。GDP 增长速度略有增长，从 4.2% 增至 4.5%。赤字没有减少，反而

从 -8.0% 增到 -9.0%。国债占 GDP 的比例从 1998 年的 59.7% 降到了 54.6%。实际工资从 1999—2002 年平均增长 5.5%。

社会福利政策

在霍恩政府期间，幼儿补贴（GYES）和育儿补助（GYET, 小孩 3—8 岁之间，家庭每月获得的育儿补助）同家庭收入状况挂钩。欧尔班取消了这一限制，规定所有儿童均可享受补助。此外还规定，同住并参与抚养的祖父母也可以领取育儿补助。自 1999 年起，欧尔班政府通过税收政策支持多子女的家庭，条件是父母双方需至少一人正常缴纳所得税，抚养一个孩子的家庭收入 40 万福林以下部分免个人所得税，两个孩子的家庭 62.2 万福林，三个及三个以上孩子的家庭 135 万福林免交个人所得税。霍恩政府规定大学生要缴纳学费，欧尔班政府改为不在学校住宿的走读生一律免学费。

宗教政策

教育和民族文化遗产部同教会签订协议，1999 年国家预算向每个在教会学校读书的学生提供 500 福林的资助。2000 年 9 月 2 日，米什科尔兹的费尼·久洛（F é nyi Gyula）耶稣会中学及宿舍经 7 年的修建落成，耗资 1000 万马克。2001 年 8 月 16 日，政府将布达佩斯的圣伊斯特万大教堂所有权移交给匈牙利天主教会，这座方形大教堂在此之前并不是教会财产。

玛利亚·沃莱丽奥桥的修复

这座桥原本是捷克和匈牙利的边界，1894 年 2 月开工并于 1895 年 9 月 28 日落成，是一座长 496 米的 5 孔铁桥。为了美观，桥墩间距离不等，中间两个桥墩之间的距离为 118 米，这在当年是破纪录的建设。经奥匈帝国皇帝费伦茨同意，此桥以皇帝同茜茜公主最小的女儿玛利亚·沃莱丽奥（M á ria Val é ria）的名字命名。玛利亚·沃莱丽奥公主是哈布斯堡家族统治匈牙利 392 年间唯一在匈牙利出生的家族成员。

1919 年 7 月 22 日，捷克空军炸毁了捷克岸边的桥墩。根据 1920 年签订的《特里亚农条约》，多瑙河成了匈牙利和捷克斯洛伐克的界河。在经济需要和国际多瑙河委员会的督促下，捷克于 1922 年修复了大桥的结构，1927 年 5 月 1 日钢筋水泥的桥面修复完成并投入使用。1944 年 12 月 26 日，撤退的德军炸毁了中间三个桥墩。从 1964 年起，匈 – 捷交通委员会就该桥的重建进行讨论，直至 1987 年仍无进展。1980 年在民间组织的倡导下，埃斯泰尔戈姆和帕尔卡尼（Párkány，现斯洛伐克的什图罗沃）分别成立桥务委员会，经十几年的共同努力终于取得欧盟的补助。1999 年，匈牙利和斯洛伐克签署了重建大桥的政府间协议，总投资为 1940 万欧元，其中建桥费 1200 万美元，余款用于修建道路和海关建筑。重建工程于 2000 年 10 月动工，2001 年 10 月 11 日完成，匈牙利总理欧尔班和斯洛伐克总理米库拉什·祖林达（Mikuláš Dzurinda）及欧盟扩建专员京特·费尔霍伊根（Günter Verheugen）出席了落成仪式。修复之后，埃斯泰尔戈姆和帕尔卡尼成为两国的边界城市，2005 年过境人数是 2001 年的 20 倍。2002 年全年过境超过 250 万人次，过往车辆达 50 万辆，两座城市都得到了巨大发展。

四、麦杰希政府（Medgyessy Péter，2002—2004）

在 2002 年 4 月 7 日的大选中，70.53% 的选民参加了第一轮投票，73.51% 的选民参加了 4 月 21 日的第二轮投票。最终社会党获得 46.11% 的议席，青民盟 42.49%，民主论坛 6.22%，自民盟 5.18%。

总统委任麦杰希·彼得（Medgyessy Péter）组阁，麦杰希是一位无党派人士，匈牙利社会主义工人党解散后并没有加入社会党。他组建了社会党—自民盟联合执政政府，并于 2002 年 5 月 27 日宣誓就职。

政府的危机

总理就职 3 周之后的 6 月 18 日，《匈牙利民族报》公布了一份编号为 D-290 的秘密档案，揭露麦杰希曾是卡达尔时期的一名秘密特务。麦杰希起初不承认，后来承认在 1977—1982 年间为保护匈牙利经济做过反间谍人员。事发之后，自民盟国会议员团要求麦杰希辞职，在社会党坚决支持下，次日自民盟议员团改变了立场。自民盟前主席基什·亚诺什仍坚决反对，并于 7 月份退出自民盟以示抗议。国会就此成立了两个委员会，分别调查麦杰希的过去和制度变更后政府成员与卡达尔时期国安局的关系。这时，许多政治家都承认曾与国安局有关。2002 年 7 月 3 日，青民盟主席波科尔尼（Pokorni Zoltán）被揭露其父曾为内务部的密探后辞职。这一事件并没有影响麦杰希的声望，由于他推行的 100 天纲领，民众对他本人和社会党的支持率反而升高。

经济政策

多党制国家大选前，参选党派通常作出许诺争取选票，当选后会兑现一些许诺。2002 年，迈杰希政府上台后立刻开始执行其 100 天纲领。从 2002 年 9 月 1 日起为 60 万公务员提高了 50% 的工资，宣布最低工资免税，一次性为退休者发放 1.9 万福林的补贴，家庭补贴提高 20%，每年发放 13 个月的家庭补贴，为 300 万退休者发放第 13 个月的退休金。这些措施导致当年预算赤字增加了 1500 亿福林。此外，2002 年圣诞节前通过了预算法的修改方案，许多大项目被通过，诸如修建高速公路、匈牙利发展银行的亏损案、交通公司的债务案、体育领域的投资项目、对战争期间关进集中营人员的赔偿以及对地方政府翻修煤气管道的补助费等。结果赤字由原先计划的 5655 亿涨到 12493 亿福林，负债率从 3%—3.2% 上升到 9.0%。匈牙利高速公路长度从 2000 年的 505 公里增加到 769 公里。

欧洲议会的选举

同加入北约一样，加入欧盟也需要进行全民公决。2003 年 4 月 12 日的全民公决中 45% 的选民参加，其中 85% 赞同。2004 年 5 月 1 日，匈牙利正式加入欧盟。2004 年 6 月 13 日举行首次欧洲议会选举，匈牙利获得 24 个议员名额，参选政党需要取得 2 万份推荐信，当年只有 8 个党具备参选条件。最终，青民盟获得 12 个议席（占 50%），社会党获得 9 个议席（占 37%），自民盟 2 个议席，民主坛 1 个议席。

麦杰希辞职

社会党在欧洲议会选举中成绩不理想，党内普遍认为，麦杰希在下届选举中无力与欧尔班竞争，当时的体育部长久尔恰尼看似可以胜任总理职务，且对国家未来有设想。与此同时，迈杰希和自民盟之间正持续着不可调和的争论，卖杰希指责自民盟腐败，坚持主张更换经济部长奇洛格。社会党高层领导与自民盟秘密商讨罢免麦杰希，得到自民盟的支持。由于联合政府党派之间的矛盾及社会党对自己的不信任，麦杰希于 8 月 19 日宣布辞职，并于 25 日正式提交辞呈。他以代总理的身份工作至 2004 年 9 月 29 日。

五、久尔恰尼政府（Gyurcs á ny Ferenc，2004—2009）

麦杰希辞职后，社会党推选久尔恰尼为总理，久尔恰尼于 2004 年 10 月 4 日宣誓就职，政府仍然是社会党和自民盟的联合政府。

久尔恰尼认为过去执行的经济政策无法维持，因此国会撤销了逐年减税的法律。很多匈牙利经济学家认为，欧尔班的“爱国主义”经济政策及麦杰希的“100 天纲领”是后来匈牙利经济一度困难的根源。他们认为，提高公务员的工资或修建高速公路是正确的，但这些项目的费用不是来自国民收入的增收部分，而是外国贷款，致使国家陷入更深的外债陷阱。

紧缩政策

2006 年政府制定了“新的平衡 2006—2008”的纲领，也被称为“久尔恰尼的一揽子计划”。为达到宏观经济的财政平衡而制定了许多紧缩措施。其中包括通过提高流通税和增添利息税等新税种增加国家收入，将政府部委编制从 7936 人裁至 6089 人，减少国家对天然气价格的补贴。此外，为了消减卫生事业开支，实行了收取挂号费、住院费等措施，在调整医院床位的过程中取消了一些医院或科室，限制医院里的检查项目。2007 年的预算赤字从 2006 年的 9.2% 降到 6%，但也导致了通货膨胀和经济增速放缓，年通货膨胀率从 3.9% 增至 8%，GDP 增长从 3.8% 降到了 0.4%，低于预期的 2%—2.2%。

2006 年秋的抗议活动

5 月 26 日，匈牙利社会党国会议员团在巴拉顿湖岸的厄瑟德（Őszöd）召开闭门会议，久尔恰尼总理在会上发表了演讲，但演讲录音被青民盟的人拿到，并于 9 月 17 日提供给所有媒体。匈牙利电台对全国进行了广播，当晚久尔恰尼总理在他的博客中，社会党也在其网站上公布了演讲的全文。久尔恰尼在演讲中说，他执政一年半及麦杰希执政两年半以来都在撒谎。他说，“没有太多选择，之所以没有是因为我们已经败坏掉了，不是一般而是严重败坏。没有哪个欧洲国家像我们一样干了这种蠢事”，“显然，最后一年半以来我们一直在撒谎，告诉大家的都不是实事”，“一年半以来我们要装作在治理国家，实际上，早晨、晚上以及夜间我们都在撒谎，我不想再这样做了”。丑闻爆发后，久尔恰尼解释说他所指的是在此之前 8 到 10 年的整个政治精英，之后又把自己的讲话称作激情的实话。总统肖约姆批评他“以自己的谎言来混淆 16 年来的历史”。

此时，反对党要求久尔恰尼下台。青民盟主席欧尔班要求总理 72 小时内辞职，但久尔恰尼并没有下台。青民盟开始在科苏特广场组织系列示威游行和演讲，最初每日约一万人参加，几天之后便成立了 17 个群众组织，被称为“科苏特广场的人”。

9 月 18 日，社会党主席团及议员团发表声明，支持久尔恰尼及其改革政策。自民盟也表示支持久尔恰尼和坚持联合执政。青民盟和基督教民主人民党要求总统出面解决危机，并要求社会党撤回对久尔恰尼的信任。

攻占国家电视台

9 月 18 日晚，又有几千人参加了前一天开始的科苏特广场的示威活动，要求久尔恰尼下台。广场上有几万人，但电视台报道只有 900 人，这一不实报道激起了示威者们的愤慨，纷纷涌向电视台大楼。同时起草了一份请愿书，想要在电视台播放。“64 个城堡州青年组织”的领导人托罗茨考伊·拉斯洛被委托完成此项任务。他们于 21 点 45 分抵达电视台，但保安人员拒绝其进入。托罗茨考伊一伙人回到广场，号召人们共同前往电视台，电视台台长仍不愿意同他们谈判。22 点，警察加强了保卫工作，试图驱散群众，但没有成功，反被群众挤到了大楼的门口。这时，示威者用啤酒瓶、公园里的铺路石块等随手能捡到的物品投向警察和建筑物，大楼的许多玻璃被打碎，警察试图以催泪弹和水柱驱散示威群众，但也没有成功。11 点半，警察动用水枪车将示威者从大门周围赶走，但几分钟之后高压水枪车没水了，群众再次冲到大楼门口。与此同时，示威者开始在大楼周围的停车场燃烧汽车。警察经过几次努力都未能将群众驱散，故决定保卫大楼，之后又放弃了大楼。实际上，电视台全体工作人员已在新闻部主任凯尔特接收请愿书之后撤离，并停止了对外广播。示威者攻破守卫而涌进大楼，哄抢了小卖部，拿走电脑和录音带。113 名警察和 50 名示威者在此次骚乱中受伤，造成的损失达 2.32 亿福林。示威者还破坏了自由广场上的苏联英雄纪念碑，将镶嵌着红五角星的苏联国徽砸掉，挂上了阿尔帕德 7 条旗和一面剪掉中间部分的匈牙利旗。

2006 年 10 月 23 日，1956 年革命 50 周年纪念日当天下午，一些示威者闯进被封闭的科苏特广场时与警察发生冲突。晚上，示威者高喊“久尔恰尼滚蛋”，以此干扰正在广场举办的全国一分钟默哀仪式，久尔恰尼总理不顾安全部门的警告仍参加了这一活动。在内城青民盟单独举行了纪念活动，发生了公众骚乱，在驱散群众的过程中造成许多警察受伤。最后一次较大型的抗议活动发生在2007年11月4日，青民盟举行反对久尔恰尼的火炬游行。在数次的抗议活动中，发生了284次犯罪事件，警察局共拘捕了472人。

2008年的金融危机

2008年的金融危机对匈牙利产生了严重的影响。2007—2008年，布达佩斯证券市场的股票一年内缩水50%，匈牙利石油和天然气公司（MOL）以及全国储蓄银行的股值下降50%，外汇市场上福林同其他外汇的比价大幅下降。匈牙利国家银行立刻将纸币发行银行的基本利率提高了3%。为了应对世界经济危机，久尔恰尼政府从12月18日起采取了12项措施，其中包括来年国家公务员不再提高工资，当年不发第13个月的工资，新退休者不发放第13个月的退休金，压缩公务员的奖金，将2009年3%的经济增长速度修改为1.2%。将2009年预算赤字从0.4%提高到3.4%，推迟2010年减税计划等。采取这些措施的目的在于改善国内财政平衡状况以及确保已商定的251亿美元贷款，其中国际货币基金组织157亿美元，欧盟81亿美元，世界银行13亿美元。根据协议，匈牙利可以在2010年3月之前使用。

2008年的全民公决

2006年大选后，联合政府采取的改革措施直接伤害了民众的利益，从而引发一些社会阶层的反抗。例如，政府规定从2007年2月15日起，病人看病要缴纳挂号费，每次300福林。住院需缴纳住院费，每天300福林，病人每年最多累积缴纳20天住院费，超过20天后无须再缴费。政府还规定从2008年9月开始，学生上学要缴纳学费，基础教育机构学生缴纳学费的20%，即10.5万福林。专业教育30%（15万福林），大学的学费可以高出基础教育的50%。青民盟和基督教民主人民党从一开始就反对这些措施，称其目的在于敛钱。从2006年秋天起，反对党发起全民公决反对改革措施。公决的问题从7个减到3个，包括看病要不要缴纳挂号费，住院要不要缴纳住院费，大学生要不要缴纳学费。2007年秋，在宪法法院认定公决不违宪后，全国选举委员会核准了公决项目。随后，青民盟和基督教民主人民党立刻开始征集签名，10月24日青民盟将征集的签名交给全国选举委员会，全国选举委员会于12月5日核准了提交的签名，12月17日国会以多数票通过了此案。之后，总统公布于2008年3月9日举行全民公决。

就此，执政党和反对党都展开了强大的宣传活动。最终 50.51% 的选民参加了投票，其中 84.08% 的人反对缴纳住院费，82.42% 的反对缴纳挂号费，82.22% 的反对大学生缴纳学费。政府在这次公投中失败，故于 2008 年 4 月 1 日停止了上述收费。

联合政府的瓦解

全民公决失败后，久尔恰尼总理在社会党会议上表示将要解除卫生部长霍尔瓦特·阿格奈什的职务，并向自民盟建议两党共同推选一位新的卫生部长。该建议遭到自民盟的强烈反对，他们表示支持霍尔瓦特部长，并威胁如果解除其职务，自民盟将退出联合政府并撤回对久尔恰尼的信任。尽管如此，久尔恰尼还是在 3 月 31 日公布 4 月 1 日起免除卫生部长职务。随后自民盟国会议员团宣布将向自民盟代办委员会建议，4 月 31 日起撤回自民盟在联合政府的政府部长。3 月 31 日晚，自民盟代办委员会一致通过建议，联合政府于 2008 年 4 月 30 日彻底瓦解。

从 2008 年 5 月 1 日起，匈牙利社会党和党外人士组成了政府。任命全国卫生保险局局长塞盖伊为新的卫生部长，更换了社会福利和劳动事务部及环保部的部长。同时新设民族发展和经济部，统管经济发展、地区经济发展和与欧盟的经济事务。

久尔恰尼辞职

久尔恰尼 2009 年 3 月 21 日在党的代表大会上宣布辞去总理职务，建议在两周之内确定总理候选人，然后通过在国会上对他发起建议性不信任动议来产生新的总理。他感到自己已成为进行改革和党取得政治成就的障碍。青民盟立刻建议解散国会举行大选，遭到社会党和自民盟国会多数的反对和否决。经过多次协商，社会党和自民盟决定由鲍伊瑙伊接替总理职务。2009 年 4 月 7 日，92 名社会党议员签名对久尔恰尼发起不信任动议。4 月 14 日国会表决，确定了新总理鲍伊瑙伊。

六、鲍伊瑙伊政府（Bajnai Győ rgy Gordon，2009—2010）

鲍伊瑙伊在国会上说，为了防止经济危机对匈牙利经济产生更不利的影响，“需要真诚和坦率，应对危机需要每个家庭作出牺牲和舍弃，这是件痛苦的事”。他还拿体育生涯做比喻，表示不想在政治生涯中搞竞赛，“我是一个守门员，不会做假动作，也不去担任前锋的角色，我只做守卫”。

政府纲领

2009 年 4 月 19 日，鲍伊瑙伊公布了政府纲领，2009 年预算将压缩 3500 亿—4000 亿福林，2010 年压缩 9000 亿福林。部长和国务秘书降薪 15%，国家领导人出访的日补贴费减少 50%，国家领导人未取得年假不再发给补偿金。规定了国有公司领导人的最高工资，降低了国有企业经理和监督委员会成员的薪酬。此外，在其他领域也采取了紧缩措施。例如冻结政府部门两年的工资总额，停发第 13 个月的工资，减少对地方政府的补贴，提前执行 65 岁退休制度，推迟调整 2009 年退休金至年底，2010 年不再调整退休金，2009 年不再发放第 13 个月的退休金的另外一半，2010 年取消发放第 13 个月的退休金。社会福利方面，将伤病补贴费减少 10%，两年内不再提高家庭补贴金额。幼儿补贴由三年改为两年。并取消迄今为止的住房补贴制度，改为 35 岁以下公民新建或改建住房时可享受贷款贴息。逐渐停止对天然气和供暖的补贴，减少对公共交通的补贴，将流通税从 20% 提高到 25%。

麦杰希、久尔恰尼和鲍伊瑙伊政府的政绩（2002-2010）

年	失业率（%）	就业率（%）	最低工资（福林）	平均工资（福林）	通膨率（%）	GDP 增长率（%）	新建住房	赤字（%）	国债占 GDP %
2002	5.8	56.2	50 000	122 482	5.3	4.5	31 511	−9.0	54.6
2003	5.9	57.0	50 000	137 193	4.7	3.8	35 543	−7.3	57.1
2004	6.1	56.8	53 000	145 520	6.8	4.9	43 913	−6.4	58.0
2005	7.2	56.9	57 000	158 343	3.6	4.4	41 084	−7.8	60.0
2006	7.5	57.4	62 500	171 351	3.9	3.8	33 864	−9.3	64.1
2007	7.7	57.0	65 500	185 017	8.0	0.4	36 159	−5.0	65.0
2008	8.0	56.4	69 000	198 964	6.1	0.8	36 075	−3.7	71.0
2009	10.5	55.0	71 500	199 837	4.2	−6.6	31 994	−4.5	77.2
2010	10.9	54.9	73 500	202 525	4.9	0.7	20 823	−4.5	79.7

鲍伊瑙伊执政期间，就业率从 56.2% 降到 54.9%，GDP 增长从 2002 年的 4.5% 降到了 0.7%，2009 年形成了 – 6.6% 的负增长。国债占 GDP 的比例从 54.6% 增长到 79.7%，新建住房从 2002 年的 31511 套降至 20823 套。与此同时，

最低工资及平均工资都所有提高，最低工资从 5 万福林增加到 6.9 万福林，月平均工资从 12.2 万福林增至 20.3 万福林。

七、欧尔班第二届政府（Orb á n Viktor，2010—2014）

2010 年 4 月举行了国会大选，青民盟和基督教民主人民党获胜。2010 年 5 月 29 日，国会通过了青民盟－基督教民主人民党联合政府的《民主合作制度》纲领，并推选欧尔班为政府总理。

政府宣誓就职后，青民盟主席科绍（K ó sa Lajos）宣布，避免匈牙利国家破产的机会很渺茫，随后总理也发言表示这一说法并不过分。政府的宣布完全搅乱了金融市场，欧元与福林比价从 1 欧元兑换 274 福林直冲 282 福林，交易所的指数从当天最高指标下降 3.7%，总理发言人发布讲话后交易所指数再降 3.34%，欧元与福林的比价升到了欧元兑捐 289 福林。

个人社保基金被国有化

面对这场经济危机，欧尔班政府并没有向国际货币基金组织、世界银行和欧盟申请贷款，而是采取在国内融资的办法解决。不顾参与者的反对，政府于 2011 年将个人社会保障基金国有化，29453 亿福林转入退休金改革和消减国债基金会的账户。2011 年退休金财产中 13660 亿的国债券兑现后用于偿还国债。截至 2015 年，20170 亿福林用于偿还国债，4590 亿用于预算投资。

振兴经济行动计划

2010 年 6 月 10 日，欧尔班宣布了 29 条振兴经济的行动计划，主要包括如下内容：

1）征收 98% 的特别税：国会于 2010 年 7 月通过了一条法律，规定因解除劳动关系而从国家财政得到的解雇费，数额超过 200 万福林的部分要缴纳 98% 的特别税，此法追溯至 2010 年 1 月起执行。10 月 26 日，宪法法院判定此法违宪。就此，青民盟国会议员团向国会提出并通过了将特别税问题从宪法法院判决范围中取消的建议，宪法法院不得讨论有关国家预算和税收的问题。

2）银行税：2010 年，国会通过了银行税法。规定保险公司税率为 6.2%，资金在 500 亿以下的信贷机构税率为 0.15%，500 亿以上者 5%。金融企业税率 6.5%，针对储蓄合作社的优惠政策不变。

3）危机税：2010 年银行税后又颁布了危机税，电信、通信、能源部门和商店另外缴纳危机税。法律规定，从事商店零售业务的公司计税基数超过 5 亿福林的要纳税，5 亿—300 亿的税率为 0.1%，300 亿—1000 亿的税率为 0.4%，超过 1000 亿的为 2.5%。电信企业中计税基数超过 1 亿的需要缴税，1 亿以下者不缴。1 亿—5 亿的税率为 2.5%，5 亿—50 亿的税率为 4.5%，超过 50 亿的为 6.5%。能源企业的税率一律为 1.05%。

4）国家领导人、企业和公司领导人的月工资不得超过 200 万福林。欧尔班还公布了 30 名月工资超过 200 万福林的企业领导人名单，布达佩斯公共交通企业领导人月工资 819 万福林，国家银行三位领导人的工资分别为 801 万、640 万和 560 万福林。

5）个人所得税的改革：从 2011 年 1 月 1 日起，个人所得税一律为 16%，有孩子的家庭可得到优惠。社会上对于统一个税制的看法不一，有人认为利于富人，也有人认为利于穷人。另外，国家机关不得更换家具、手机和汽车。国家对政党的支持费用压缩 15% 等。

6）将 2010—2013 年的高教经费减少了 840 亿。

7）柴油价格提高 13%。失业补贴从 9 个月减少到 3 个月。

8）减少居民公用费用支出：分三步逐步减少居民公用费用 30%。从 2013 年 1 月 1 日起，煤气、电和暖气费以及自来水费、管道费和垃圾处理费一律降低 10%，11 月再降 11.1%。2014 年 4 月煤气价格降低 6.5%，9 月份电价降低 5.7%，中央供暖费降低 3.3%。

民族合作声明

2010 年 6 月 14 日国会通过了《民族合作声明》，声明把 2010 年的国会选举称为革命，宣布 2010 年 4 月诞生了新的社会契约，匈牙利人民决定建立新的民族合作制度，并强调境外匈牙利人也是这个制度的一部分。7 月政府决定，国家公共机构必须在明显位置悬挂《民族合作声明》，但遭到反对党以及法院、宪法法院、最高检察院和总统府的反对和抵制。

修改宪法

国会于 2011 年 4 月 18 日通过了名为《基本法》的新宪法，2012 年 1 月 1 日正式生效。匈牙利将国名从匈牙利共和国改为匈牙利。还规定总统选举最多两轮，议会有权批准教会组织，3 月 15 日前在不能通过国家预算的情况下总统有权解散国会。国会选举由两轮改为一轮，区域与全国名单合并为“政党名单”，议员人数由 386 名减至 199 名。得票率超过 15% 的前三人进入第二轮选举，如不足三人则得票最多的前三人进入第二轮。宪法法院的法官由 11 人增加到 15 人，任期从 9 年延长到 12 年。如果国家债务占国民收入比例低于 50%，宪法法院将重获对国家预算和税收问题的裁决权。地方政府选举从四年改为五年。将原来分别负责公民权、数据安全、少数民族权利和保护下一代的 4 名申诉专员减为 1 名，即公民基本权专员。执行真正的终身监禁。婚姻是男人和女人的共同生活，以此阻止对同性恋婚姻的立法。国家资助的学生可以在指定的时间内在匈牙利工作。竞选期间政党宣传只能在国家资助的媒体中进行。

媒体管理

2010 年夏，“国家新闻报道局”、全国电台和电视台总局合并，更名为“国家媒体和通讯局”，局长为绍洛伊·安娜玛利亚（Szalai Annamária），享受部长级待遇，任期 9 年，并可以多次被任命。10 月 11 日成立了媒体委员会，成员由国会 ⅔ 多数选举产生，任期 9 年。委员会主席由国家媒体和通讯局长担任。取消匈牙利电视台基金、多瑙电视台和匈牙利电台基金，由 2011 年成立的“媒体服务支持与资产管理基金”（Médiaszolgáltatás-támogató és Vagyonkezelő Alap）监管匈牙利电视台、多瑙电视台、匈牙利电台和匈牙利通讯社。基金管理委员会由 6 人组成，经国会选举，任期 9 年。反对党和执政党各提名 3 人，委员会主席由国家媒体委员会的代表，同时再派一名委员以此确保执政党的多数。

新闻和媒体法

2010 年 12 月 2 日，国会通过了《新闻法》，统管印刷和电子出版物以及国际计算机互联网络。如公共利益需要，法院和各级当局都可以责成记者提供消息的来源。媒体委员会对国会直播规则行使监督权。

2010 年 12 月 21 日，国会以 256 票同意 87 票反对通过了新的《媒体法》。该法规定，拥有 15% 收听和收看率的电台和电视台被视为有重大影响力的媒体，必须在规定时段播放新闻节目，新闻节目中刑事案件内容不能超过 20%。商业电视台中，半数应为欧洲节目，其中至少 ⅓ 为匈牙利节目。公共电视台中，欧洲国家节目必须占到 60% 以上，其中匈牙利节目至少 50%。另外还规定 5 年前摄制的节目只能占极少比例。电台音乐节目中，匈牙利音乐至少占 35%，四分之一的节目必须是录制不超过5年的新节目。商业电视台中，每小时播放广告量不得超过12分钟，公共电视台中，每小时不得超过8分钟。

国家媒体和通讯局有权对内容上违反“公共利益”“公共道德”，或节目失衡的报刊和电视台进行处罚，针对全国性周刊最高可罚1000万福林，商业电视台最高可罚2000万福林。

《媒体法》通过后国内外反应强烈。除匈牙利新闻媒体外，许多国际上的政府和非政府组织都提出反对。如欧洲记者协会（EFJ）、欧洲报刊出版社协会（ENPA）及世界报刊和报刊出版社联盟（WAN–IFRA）、欧洲安全及合作组织（EBESZ）及美国“自由之家”。国际大赦组织代表认为，新法“完全违背欧洲和国际人权标准”。匈牙利记者全国协会和匈牙利报刊出版协会认为罚款高得离谱，且“严重损害民主公开性以及言论自由和新闻自由”。争取自由权协会则认为，法律中很多地方概念混乱，并侵犯了言论自由和新闻自由，因此是违反宪法的。为了抗议新媒体法，《匈牙利橘子报》《人民之声报》《生活和文学报》以及《168小时报》，都曾以第一版“空白”的形式表示抗议。

塞尔・卡尔曼计划

2011年3月1日政府公布了“塞尔・卡尔曼（Széll Kálmán）计划”，塞尔・卡尔曼曾在1899—1903年担任匈牙利总理，是一位财政专家，被人称为匈牙利的“总经理”。在他上任时国家背负着6300万福林的赤字，三年后成功甩掉了2300万。这也是欧尔班以他名字命名其纲领的原因。“塞尔・卡尔曼计划”的目的是减少国家外债和对外国的依赖。欧尔班表示，“匈牙利人缴纳的个人所得税的⅔，即每3福林中就有2福林用来偿还外债，匈牙利是欠外债最多的国家之一。我们是一个完全依附于别国的国家”，“我们在劳动，别人在发财”。“塞尔・卡尔曼计划”内容主要如下：

1）减少国债和外债：匈牙利国家债务2002年占GDP的53%，2010年上升到80%。如加上公司和国民的个人债务，2010年外债达到GDP的130%。政府的目标是到2014年降至65%—70%（2014年为76.9%，没有达到目标）。2018年降至50%（2018年为70.9%，也没有达到50%的目标）。

2002年外债占国债的25%，2010年上升到44%，2012年达50%。2016年8月底外债为79081亿福林，占国债的41.9%。政府计划到2017年外债占国债的比例降到25%。

2）增加就业人数：匈牙利存在着就业率低的问题，2011年15—65岁的适龄劳动者的就业率为 55.4%，与马耳他基本持平，低于欧盟 66% 的平均水平。欧尔班认为“有工作就有一切，没有工作就什么都没有”。“塞尔·卡尔曼计划”的目标是 10 年内增加 100 万就业者，就业率提高到 70%（2018 年达到了 69.2%）。

3）减少国家预算赤字：根据计划，2011 年将预算赤字降到 2.9%（实际为 5.5%），2012 年计划降到 2.5%（实际为 2.3%），2013 年计划降到 2.2%（实际为 2.6%），2014 年计划降到 1.9%（实际为 2.1%）。

欧尔班第二次执政期间的经济状况（2010—2014）

年	失业率（%）	就业率（%）	最低工资（福林）	平均工资（福林）	通膨率（%）	GDP 增长率	新建住房	赤字（%）
2010	10.9	54.9	73 500	202 525	4.9	0.7	−4.5	79.7
2011	10.94	55.4	78 000	213 094	3.9	1.8	−5.4	79.9
2012	10.94	56.7	93 000	223 060	5.7	−1.7	−2.4	77.6
2013	10.25	58.1	98 000	230 664	1.7	1.9	−2.6	76
2014	7.7	61.8	101 500	237 695	−0.2	3.7	−2.6	75.2

欧尔班第二届政府期间取得了可圈可点的成绩，失业率从 10.9% 降到了 7.7%，通膨率从 4.9% 降至 – 0.2%，GDP 增长速度由 0.7% 上升到 3.7%，赤字从 – 4.5% 降到 – 2.6%，国债占 GDP 的比例从 79.7% 降到了 75.2%。

2004 年 5 月 1 日匈牙利加入欧盟，根据欧尔班的计划将在 2007 年加入欧元区，但在麦杰希执政期间预算赤字再次攀升。2004 年 6 月 5 日，因赤字连续三年超过 3%，欧盟对匈牙利执行了“过渡赤字惩罚程序”，并处以相当于 GDP 总值 0.5% 的罚款，该程序 9 年后解除。

八、欧尔班的第三届政府（Orb á n Viktor，2014—2018）

2014 年 4 月 6 日，匈牙利举行了议会选举，有选举权的选民人数为 802 万。根据 2012 年 1 月 1 日通过的匈牙利议会新选举法，议会选举为一轮制，199 个议席中 106 个通过个人选区直选产生，凡获得 500 张推荐信的公民都可以参选，每个选区按简单多数票者胜出的规则选出一名议员。其余的 93 个议席由提出“全国选举名单”的政党根据所获选票量进行分配，共有 18 个政党在 8 个州和布达佩斯拥有该党个人候选人，从而有权提出全国选举名单。选民拥有两张选票，分别投给其支持的候选人和政党。

最终，青民盟（Fidesz）与基督教民主人民党（KDNP）组成的联盟获得了

133个议席，占66.86%。国家总统阿戴尔·亚诺什于6月6日任命欧尔班为总理，欧尔班与奥匈帝国时期的韦凯尔莱·山多尔以及纳吉·伊姆雷一样，成为担任了三届总理的人。

欧洲移民问题

2015年9月4日，由匈牙利、捷克、斯洛伐克和波兰组成的维谢格拉德四国（V4）总理发表共同声明称，移民危机是全欧的问题，应在欧洲范围内共同努力解决。欧尔班总理说，“如果我们不保卫我们的边界，将会有上千万的人一次又一次地涌入欧洲。”那时，移民问题将成为欧洲政治的主要议题之一。9月5日，德国及奥地利同意接收滞留在匈牙利的移民后，一日内约1万名主要来自中东地区的移民从匈牙利进入奥地利及德国。

2015年9月，欧盟内务部长会议通过了两个法规，决定在成员国之间分配滞留在意大利和希腊的16万难民。各国应根据欧盟中央规定的配额，在两年内检查和通过庇护申请，接纳和安置获得国际保护的难民。对此，匈牙利、斯洛伐克、捷克和罗马尼亚都投了反对票，但欧盟绝大多数成员国同意并批准了该决定。匈牙利的难民配额是1294人，其中988人来自希腊，306人来自意大利。匈牙利坚决反对，至今没有接收任何难民。

非法移民大多不以匈牙利为终点站，而是计划前往德国等其他国家申请庇护，因此他们不愿意向匈牙利当局登记申请庇护，以免失去在其他发达国家的申请资格。2015年6月17日，匈牙利政府宣布，将在匈牙利与塞尔维亚和克罗地亚接壤的边境建造围栏，以阻止移民以非法途径进入匈牙利，移民必须从边境检查站进入并按照欧盟法律和国际法在匈牙利申请庇护。匈塞边境的围栏于2015年7月开工8月29日建成，全长175公里。围栏建成后，非法移民被迫改道进入克罗地亚，然后克罗地亚又把他们带到与匈牙利接壤的边境。因此，匈牙利于2015年9月中旬开始修建和克罗地亚接壤的41公里长的围栏，并于10月15日建成。此后非法移民大多改道从斯洛文尼亚北上。

2015年9月4日，匈牙利国会通过法案，将非法越界、破坏或阻挠建设边境围栏列为犯罪行为，违反者将被判监禁或驱除出境，新法于9月15日生效。在2015年9月一个月内，共有138396名非法移民进入匈牙利。围栏建成后，2015年11月只有315名非法移民被截获，2016年11月降至152人。针对政府修建边界围栏的决定，反对党中除尤比克（Jobbik）党外均表示反对。

降低公民日常开销

欧尔班在大选获胜后举行的首次国际记者招待会上说，他将继续奉行迄今为止的政策，将继续减少居民的公用开支，他说，“要将匈牙利的能源价格降到美国的水平”。欧尔班在 2014 年 9 月 15 日秋季国会的开幕式上说：“减少居民公用开支是我们整个政策的核心，我们要让匈牙利人在欧洲成为交纳日常开销最低的人。”2010 年居民采暖费每立方 108 福林，2017 年降至 87 福林 。2013 年 1 月天然气、电和供暖费价格降低了 10%，同年 11 月再降 11.1%。2014 年天然气费降低 6.5%、电价降低 5.7% 、供暖费降低 3.3%。根据估算，通过降低公用费用的措施，平均每个家庭每年可节省 17 万福林。

欧尔班第三届政府期间的经济状况（2014—2018）

年	失业率（%）	就业率（%）	最低工资（福林）	平均工资（福林）	通膨率（%）	GDP 增长率	新建住房	赤字（%）	国债占 GDP %
2014	7.7	61.8	101500	237 695	−0.2	3.7	8 358	−2.6	75.2
2015	6.8	63.9	105 000	247 924	−0.1	2.0	7 612	−1.9	74.7
2016	5.1	66.5	110 000	263 171	0.4	2.0	9 994	−1.6	73.9
2017	4.2	68.2	127 500	297 017	2.4	4.0	14 389	−2.2	72.7
2018	3.7	69.2	138 000	329 943	2.8	4.9	17 681	−2.2	70.9

在欧尔班第三任期间，匈牙利失业率从 7.7% 降到了 3.7%，就业率从 61.8% 上升到 69.2%，失业人数较 7 年前已减少近 ⅔，降至 17.5 万人。自 2010 年政府换届以来，就业人数增加了 73.8 万人，达到了 444.7 万人。青年就业情况也有明显好转，15—24 岁年龄段的失业率已从 31% 下降至 10.2%，该年龄段就业率提升了 29.3%。匈牙利失业率处于欧盟最低记录十年之久。

GDP 年增长率在 2017 年和 2018 年分别为 4.0% 和 4.9%，国债占 GDP 的比例从 75.2% 降到了 70.9%，职工平均工资从 23.8 万增长到 33 万。但通膨率却从 – 0.2% 增至 2.8%，赤字仅从 –2.6% 降到 –2.2%。

农业部长法泽卡什 · 山多尔说，匈牙利的农业在欧盟是发展最快的国家之一，过去 8 年产值翻了 1.5 倍，创造了 7 万个工作岗位。与 2010 年相比，畜牧业提高了 40%，种植业提高了 63%。

匈牙利模式

欧尔班认为，“匈牙利模式”是指尊重劳动、支持家庭、保存民族特性和维护民族独立，这就是匈牙利的未来。该模式有三个重点：首先是全面就业，过去8年已成功创造了70万工作岗位；其次是绝不用移民和难民解决劳动力短缺和人口下降问题；第三是创造有竞争力的环境、灵活的劳动力市场规则和具有吸引力的税收体系。他还强调发展要有两个条件，即高素质的熟练工人和稳定的国家安全。匈牙利必须保护自己的边界，并保持已取得的世界上最安全国家之一的地位。

第二章　外交政策

苏联解体和东欧巨变后，匈牙利的邻国由 5 个变成了 7 个，即斯洛伐克、乌克兰、罗马尼亚、塞尔维亚、克罗地亚、斯洛文尼亚和奥地利。从 1990 年起，匈牙利外交政策主要是恢复国家主权、加入北约和欧盟、同邻国的经济关系，以及关心和捍卫境外匈牙利人利益四项任务。

苏联撤军

经过艰难的谈判，1990 年 5 月 10 日，匈牙利和苏联政府就从匈撤军达成协议。根据协议，1991 年 6 月 19 日苏联军队全部撤出匈牙利。

加入北约

迄今为止的匈牙利历届政府都把加强同西方的一体化视为重要和急迫的任务，但很快发现加入西方组织需要较长的过程。欧洲理事会于 1990 年 11 月吸收匈牙利为成员国，但加入北大西洋公约和欧盟需要满足各种条件。匈牙利当时不能立刻加入北约，因为需要考虑苏联的感受，苏联认为匈牙利加入北约意味着北约东扩，是对苏联安全的威胁。北大西洋公约在 1994 年 1 月公布了关于同原华约成员国建立“和平伙伴关系”的计划。1997 年 7 月，第 14 次马德里会议正式决定首批接纳波兰、匈牙利和捷克三国的加入。1997 年 11 月 16 日，匈牙利就加入北约举行全民公决，只有 49% 的公民参加投票，85% 的选民表示支持。

为了准备加入北约，匈牙利军队中进行了“制度改革”。内梅特执政期间，将军衔之后称呼“同志”的习惯改回 1945—1948 年间实行的“战友”称呼，允许战士自由进行宗教活动。1990 年 3 月 15 日军队正式名称由“人民军”改为“国防军”。安道尔执政期间，军服更换为两次世界大战期间的样式，军人之间不再称呼“战友”而称呼“先生”。1993 年 12 月 7 日通过的《防御法》仍规定军队以普遍义务制为基础，但人数大大减少。1989—1994 年间从 15.5 万减到 9.8 万人，服役时间从 1990 年的 18 个月减少到 12 个月，1997 年再次减至 9 个月。1994—1995 年对军队的组织机构进行了改革。根据北大西洋公约的要求，1997 年将匈牙利国防军司令部改为国防军总参谋部，下设陆军总参谋部和空军总参谋部。2002 年，匈牙利采购了瑞典的 Jas 39 鹰狮战斗机。在完成这些改革之后于 2004 年把义务兵制改为 2.8 万人编制的雇佣兵制。

为了证明匈牙利加入北约的诚意，匈牙利政府于 1994 年允许北约战机使用匈牙利领空，1995 年允许北约在匈牙利外多瑙南部设立军事基地。1999 年，匈牙利军队参加了对小南斯拉夫的空袭，还参加了科索沃战争。对 2003 年英美发动的伊拉克战争匈牙利政党意见不一，尽管青民盟对让北约使用匈牙利领空以及派维和部队赴伊拉克表现出不太情愿，但在对麦杰希政府进行批评的同时也投了赞成票。1999 年 3 月 12 日，匈牙利正式成为北约成员国。

匈牙利加入欧盟

欧盟的前身是欧洲共同体，1991 年 12 月，欧洲共同体马斯特里赫特首脑会议通过了《欧洲联盟条约》，通称《马斯特里赫特条约》（简称《马约》）。1993 年 11 月 1 日《马约》正式生效，欧盟正式诞生。1991 年 12 月 16 日，匈牙利同欧洲共同体签订了伙伴协议，规定了申请国截至 2001 年需逐步减少关税和其他限制的“日程表”。1993 年，欧盟又公布了对申请国其他的具体要求，匈牙利在得知这些要求后于 1994 年 4 月正式提出了加入欧盟的申请。1997 年布鲁塞尔对包括匈牙利在内的 5 个申请国作出了答复，表示 1998 年将进行具体的谈判。2003 年 4 月 12 日，匈牙利就加入欧盟进行了全民公决，45% 的选民参加了投票，其中 83% 的选民投了赞成票。政府就参投人数不多解释道，很多人尤其是右翼人士对欧盟持怀疑态度，担心加入欧盟会使匈牙利的主权受损。2004 年 5 月 1 日，匈牙利等 10 个国家被批准正式加入欧盟。

匈牙利加入《申根条约》

入盟后，匈牙利同许多国家之间取消了关税，可以在许多国家自由就业。2007 年 12 月 21 日匈牙利签署了《申根条约》，会员国之间实现了无国界，消除了过境关卡限制。

维谢格拉德组织

在捷克斯洛伐克总统哈维尔的倡议下，波兰、匈牙利和捷克斯洛伐克三国组建了维谢格拉德组织。1991 年 2 月 15 日，在匈牙利维谢格拉德（Visegrád）城堡的骑士大厅签订了被称为《维谢格拉德倡议》的协议，旨在发展邻国之间的合作。但因为三国家都需要资金和发达的工业技术，而这些只能从西方发达国家得到，所有三国的经济关系并未因此得到深入发展。另外，各自的民族利益及以自我利益为出发点的竞争也起到不利的影响。此外，持久的斯洛伐克和匈牙利的敌对关系造成阻碍。匈牙利和斯洛伐克的敌对由两个原因造成：第一是安道尔政府于 1992 年单方面撕毁了两国共同建造多瑙河水力发电站的合同；第二是斯洛伐克的匈牙利少数民族对他们的处境不满，导致匈牙利政府对斯洛伐克政府的不满。1998—2002 年的欧尔班政府试图恢复维谢格拉德合作的活力，但没有得到斯洛伐克方面的积极响应。

匈牙利和斯洛伐克对堂国际法院

由于伯什 – 纳吉毛罗什（Bös–Nagymaros）水电站项目，匈牙利和斯洛伐克的关系变得更糟。1963 年，匈牙利和捷克斯洛伐克就水电站的兴建进行了讨论，但由于两国经济实力不足，施工时间一直无法确定。1977 年，两国终于确定了方案，并于当年 5 月 6 日签字，后又推迟至 1983 年执行。根据计划，水电站建成后将满足两国 ⅔ 的用电需求。1992 年 5 月 7 日，安道尔政府以环保和破坏生态平衡为由单方面撕毁条约，斯洛伐克方面则按原计划继续施工，并于 1992 年完成了多瑙河的改道工程。之后，两国就如何利用多瑙河水的问题开始谈判。谈判无果后于 1993 年提交哥本哈根国际法院进行裁决。哥本哈根国际法院于 1997 年 9 月 25 日作出判决，判定匈牙利 1977 年废除水电站兴建条约违法，同时也判定斯洛伐克正式将水电站投入运营违法。

同邻国签订保护少数民族条约

保护生活在邻国的 250 万匈牙利少数民族的利益是新政府的第四项重点任务。安道尔在 1990 年上任时曾宣布：“我从心里感到我是 1500 万匈牙利人的总理。”此言一出在邻国中引起了强烈不满。虽然匈牙利当时正面临着严重的预算赤字压力，政府仍然拨出相当多的财力支援邻国的匈牙利少数民族组织。为了使他们也能享受和保持母语文化，匈牙利特地发射了一颗人造卫星，通过卫星的转播，让在邻国最远的地方也能收看到 1992—1993 年开播的多瑙电视台的节目。境外匈牙利少数民族组织在这些国家制度变更期间成立，所在国政府没有给予他们任何自治的权利，而他们希望像瑞士、比利时、西班牙和芬兰那样被视为“伙伴民族”，享有自治权。然而斯洛伐克、罗马尼亚和塞尔维亚的领导层，在任何党派掌权时都没有给他们这种待遇和权利。

1993 年，匈牙利同乌克兰签订了条约，确保了生活在外喀尔巴阡州

（Kárpátalja）的 15 万 –18 万匈牙利少数民族的文化和自治权。匈牙利再次重申边界不可改变的义务，而乌克兰则答应根据国际准则确保少数民族的权利。

1994—1998 年执政的霍恩政府于 1995 年和 1996 年分别与斯洛伐克和罗马尼亚签订协议。绝大部分境外匈牙利人生活在这两个国家，斯洛伐克有 50 万匈牙利人，罗马尼亚有 150 万匈牙利人。条约中匈牙利许诺遵守《特里亚农条约》的边界义务，罗马尼亚和斯洛伐克答应根据欧洲的标准确保匈牙利少数民族的权利。从地区稳定和匈牙利邻国政策的角度来看这些条约都是好的。

匈牙利同斯洛文尼亚和克罗地亚的关系一直很好，一方面因为两国都奉行大度的少数民族政策，另外匈牙利少数民族在这两个国家人数也很少。在克罗地亚的 2 万匈牙利人享有广泛的文化权利，在斯洛文尼亚的 6000 匈牙利人享有有限的地区自治权。匈牙利 1992 年和 1996 年分别同斯洛文尼亚和克罗地亚签订了保护匈牙利少数民族的协议。

同塞尔维亚的关系直到 20 世纪 90 年代末都很紧张。南斯拉夫解体后，以前享有广泛自治权的伏伊伏丁那的匈牙利人生活条件明显恶化。塞尔维亚认为，这是因为在 20 世纪 90 年代末布达佩斯的一家公司在匈牙利政府知情下向克罗地亚运送了一批武器。另外在 20 世纪 90 年代中期，匈牙利参与了国际上对塞尔维亚的制裁。两国关系正常化始于 21 世纪初期。2002 年麦杰希政府预备和塞尔维亚签订基本条约，但因反对党的反对而搁浅。2003 年秋，两国终于签订了保护少数民族的条约，该条约确保了 30 万匈牙利人的文化自治权。

尽管罗马尼亚和斯洛伐克领导人没有把瑞士和西班牙的自治形式放在他们的少数民主权利的概念中，但在邻国生活的匈牙利少数民族处境相比制度变更前有所好转。他们可以成立政党、开办学校和组建各种其他组织，同母国的联系也没有障碍。

匈牙利对邻国匈族人的政策

2001 年，欧尔班对邻国的匈牙利少数民族制定了优惠法，向在匈牙利学校就读的学生家庭提供包括物质援助在内的各种优惠。这些家庭拥有匈牙利证件，凭此证件到匈牙利旅游可以享受优惠，共有 90 万家庭获得了这种证件。由于欧尔班政府执行的优惠法及积极的少数民族政策，匈牙利同邻国的关系再度紧张，至 2002 年社会党执政后才有所改善。

2001 年，欧尔班政府在克洛日瓦尔（Kolozsvár，即罗马尼亚的克卢日 – 纳波）投资创建了用匈语授课的埃尔代伊综合大学，并在毛罗什瓦尔海伊

（Marosv á v á rhely，即罗马尼亚的特尔古穆列什）和奇克塞赖道（Csikszereda，即罗马尼亚的米耶尔库雷亚丘克）设立了分院，到 2015 年共有 3900 名学生毕业。

2004 年 7 月 2 日，“匈牙利人世界联合会”将建议允许双重国籍的 32.1 万人签名书递交全国选举委员会。9 月 13 日国会批准并于 12 月 5 日就境外匈族人的双重国籍问题举行了全民公决。公决的题目是“你是否同意国会制定一部法律，让那些认为自己是匈牙利国籍、不居住在匈牙利、不是匈牙利公民，但根据 2001 年第 LXII 号法律拥有匈牙利证件的人取得匈牙利国籍”。但只有 37.46% 的公民参加了投票，赞成和反对票都没超过 25%，因此公投被宣布无效。境外的匈牙利人对此十分失望和不满。

2010 年 5 月 3 日上任的欧尔班政府于 5 月底火速制定了一部法律，规定如祖辈（父亲和爷爷）曾经是匈牙利人，或来自匈牙利，或会说匈语，但不是匈牙利公民的人，在个人申请下可以快速获得匈牙利国籍。

第三章　教育、文化和艺术

允许建立私立学校

文化领域制度的变更从1989年开始。6月18日取消俄语为必修课的同时，也取消了中小学8+4年的唯一教学模式，允许8+6年的制度，目前匈牙利中小学基本以8+4年制为主。1990年起允许建立私立学校，2005/2006学年全国共有5200所中小学校，其中300多所为教会学校，600多所基金会和私人学校。幼儿园和中等技术学校的状况与此相似。1990年，大部分中小学交给地方自治政府管理，只有50多所仍归国家所有。由于20世纪80年代人口出生率低，1989年到2006年小学生人数从120万降到85万。同期，中学生人数几乎翻了一倍，由25万增加到了44万。

根据1993年的教育法规定，除了4年制外还可以开办6年或8年制的中学。因为国家发给中学生的人头补助费比小学生高很多，所以很多中学都乐于开办6或8年的中学班。2005/2006学年6年或8年制的中学在全国占比为14%。匈牙利的这种混合结构的中小学体制在世界上独一无二，教师和公共舆论对此看法不一且争论不休。从整体上看，仍是小学8年和中学4年制占主导。1990年对1985年的教育法进行了修改，把对学生进行社会主义教育的说法改为“要对青年人进行民主和人道主义的教育”。

学生可自选宗教课

1990年开始执政的安道尔政府规定学生可以自选宗教课程，根据政府与教会达成的协议，宗教课老师是学校教师队伍的一员，其工资由学校发放。这一规定遭到自民盟和社会党的坚决反对，后来政府撤回了该规定。最终达成的妥协方案中指出，宗教课老师不是全校教师队伍的成员，而是学校老师们的“教学伙伴”，其工资由政府负担。教会为选修宗教课的学生颁发特别证书，但宗教课成绩不列入学生的成绩单中。1990年9月的资料表明，只有15%的学生有选修宗教课的愿望。

大专院校数量激增

教育体系中变化最大的是高等教育领域。由于基金会学院、私人学院和神学院的建立，高等教育机构的数量从 20 世纪 90 年代的 57 所增加到 90 所，1999 年减至 60 所，2002 年起又开始增加，到 2006 年达到 70 所。

派特残疾人学院（Pet Int é zet）建于 1990 年，保兹马尼·彼得（P á zm á ny P é ter）天主教大学建于 1992 年，科多拉尼·亚诺什（Kodol á nyi J á nos）学院建于 1992 年，布达佩斯的卡罗利·卡什帕尔（K á roli G á sp á r）基督教卡尔文派大学建于 1993 年，布达佩斯中欧大学建于 1994 年。

由于新高等学院的建立和旧大专院校的扩招，大专院校全日制学生人数从 1990 年的 7 万人增加到 2006 年的 21.7 万人。1990 年 20% 的高中毕业生考入全日制大学，21 世纪初达到 45%。但教师的数量和基础建设都未能跟上学生增长的速度，教学质量呈下降趋势。文科毕业生、律师和教师比例过高，工程师的比例过低，匈牙利的经济市场只能吸纳一半的毕业生。

匈牙利制度变更后只保留了两个学位，即哲学博士（Doctor of Philosophy）学位和文学博士学位。取消了大学毕业后攻读的大学博士学位和 1950 年设立的副博士（kandid á tus）学位，保留与副博士一起设立的科学博士（俗称大博士）。为了培养科学博士，大学专门开办了学制为 3 年的博士学校。

教育经费问题

20 世纪 90 年代匈牙利对教育的投资占 GDP 的 4%—5%，大部分用于普通教育上，用于高等教育的只占教育经费的 1% 左右。2002—2003 年教育经费增加至 GDP 的 6.5%，同时教师工资提高了 50%。也就是说经费的大部分用在了提薪上，只有小部分用于基础建设、配置电脑及上网费。之后再度提高拨款，教育经费占 GDP 的 6%—7%，但与经济发达国家相比仍比较低。2007 年，人均教育经费只有 4300 美元，仅相当于经济合作与发展组织国家的 61%。

科研经费问题

匈牙利科学院及其研究所对经济转型带来影响记忆犹新。20 世纪 80 年代前半期，对科学院及其研究所的拨款占 GDP 的 2%—3%，1990 年降到 1.6%，1995 年降至 0.6% 的最低点，2002 年增长到 1%，至今也还在 1% 左右。2005 年，欧盟国家对科学的投资平均占 GDP 的 2%，美国占 3%，瑞典占 4%。匈牙利的投资接近 10 亿欧元，与匈牙利人口大致相同的奥地利、比利时、丹麦以及人口较少的芬兰为 50 亿欧元。在这种情况下，匈牙利科学的竞争力低是可以理解的，但在无须大量投资的领域取得了良好的成果，出现了一批国际上知名的科学家，例如数学家洛瓦斯·拉斯洛（Lovász László）、脑科专家夫劳恩特·陶马什（Freund Tamás）、经济学家科尔瑙伊·亚诺什（Kornai János）。根据普莱斯指数，2007 年匈牙利科学在世界位居第 30 名。

文学和出版

从 1989 年起，国内也可以买到原先只能从西方国家偷偷买的禁书，例如英国作家乔治·奥威尔（Orwel）和俄国作家索尔仁尼琴（Szolzsenyicin）的作品，以及匈牙利作家比博（Bibó István）、孔拉德（Konrád György）、马劳伊（Márai Sándor）和沃什（Wass Albert）等一直被禁止出版的作品。年青一代人对上述作家的作品一无所知。读者不是因政治原因对禁书感兴趣，而是因为消遣读物很少。出版审查制度取消了，新形势下成立了许多私人出版社，新书种类也增加了，但在 1989—2004 年间的出版册数减少了 75%。1989 年出版了 7500 种书，印数达 1.2 亿册，2004 年出版了 1.2 万种书，但印数只有 3200 万册。收入减少和文化市场化改变了人们的阅读习惯，有价值但售价高的作品很少有人购买，而侦探小说、传奇剧以及色情小说却很畅销。

电影和电视

由于电影院的私有化，影院数量及电影观众大幅度下降。1989 年 56% 的居民区都有影院，1995 年只有 13%，几乎所有的农村影院都关闭了。20 世纪 80 年代，匈牙利人平均每年观看 6—7 场电影，1990 年降至 4 场，2000 年降低到 1 场。剧院也面临同样的问题，制度变更后剧院数量和演出场次都有所增加，但观众减少了。1990 年，全国平均每人看戏 0.48 场，2000 年减少到 0.39 场。由于支付能力和文化习惯的改变，传统文化产品的兴趣减退。有线和卫星电视取代了书籍、报刊、影院和剧院。20 世纪 80 年代匈牙利开始出租录像带和光碟，1990 年发展速度，再现 20 世纪 50 年代影院和图书馆在匈牙利的普及速度。制度变更的前十年，匈牙利人平均每天看一个小时电视，之后的 10 年增加了一个小时，20 世纪末和 21 世纪初，人均每日观看电视达 2.5 小时，居欧盟国家首位。

第四章　社会环境和生活水平

人口

匈牙利人口从 1981 年起持续减少，当时有 1000.70 万人。1900 年降到了 1000.37 万人，2008 年降至 1000.04 万人，主要是出生率低造成，20 世纪 70 年代每千人每年生育 15-18 个婴儿，制度变更年代为 12 个，21 世纪初降到了 10 个。另外一个原因是死亡率高，由于卫生保健事业的发展死亡率曾一度下降，从 1961 年起又开始上升。1993 年达到最高峰，每千人每年死亡 14.6 人。21 世纪初的几年里死亡率在 13.2%—13.5%，由婴儿和儿童的高死亡率转为成年和老年人。2000 年，男人预期寿命为 67 岁，女人为 76 岁。

出生和死亡的不平衡导致 1990—2006 年间人口减少 50 万，这期间从罗马尼亚、乌克兰和前南斯拉夫国家来匈定居的有 20 万人，多为 20—40 岁的匈牙利族成年人。与欧洲其他国家一样，匈牙利也存在人口老龄化的问题。1990 到 2005 年间 65 岁以上人口从 13% 上升到 16.5%，同期 14 岁以下人口从 20% 降到 16.8%。1989 年之后的几年内，退休人员超过 100 万，劳动力从 500 万减少到 360 万，之后渐渐回升，2000 年回升到 390 万。同时被抚养的人口有 340 万，其中大部分是退休者，另外学生占 17%，其他被抚养者 7%，失业者占 2%—3%。也就是说，每名适龄劳动者抚养不工作的人数多于一人。在制度变更后的几年内，成千上万的人失业，很多人被迫自动退休领取残疾人退休金。2004 年领取残疾人退休金的有 80 万人，其中 46 万人不到退休年龄。20 世纪 90 年代中期，⅓ 的退休者年龄在 50 岁以下。2003 年，15 岁—64 岁年龄段中的就业率只有 57%，比欧盟国家平均水平低 6%。

就业结构

制度变更后匈牙利的就业结构发生变化，在农业和工业领域的就业者减少，而各种服务性行业的就业人员大幅增多，2000 年占到 60%。这时，匈牙利已从工业社会转变成后工业社会。服务性行业的增长使得脑力劳动者在就业人数中的占比增加，体力劳动者减少。由于私有化，企业家比例增加，1992—2000 年间男性企业家的比例从8%增加到12%，女性由4%增至7%。

宗教信仰

根据2001年人口统计资料，匈牙利超过一半人口信奉天主教，16%信奉基督教卡尔文派，3%信奉路德教，每周去一次教堂的比例从1990年的14%降低到10%，每月去一次的比例从9%降到4%。不属任何教会的人占15%，拒绝回答此问题的占11%。

收入状况

1989年的经济危机导致人们收入大幅下降。20世纪90年代中期收入和消费水平相当于20世纪70年代后半期。1997年人均实际工资的价值与1989年相比下降了24%，300多万退休者的退休金价值下降了30%—31%。后来有所好转，但2002年的实际收入和实际工资的价值与1989年的水平相等。这主要归功于2000—2002年欧尔班政府提高最低工资政策和麦杰希政府的100天纲领。2006年实际工资和收入与1989年相比增长了24%，收入的实际价值比2000年增长了44%，超过经济增长速度，带来了严重的不平衡。

2006年脑力劳动者月平均收入为11万福林，体力劳动者为8.1万，知识分子为14.4万福林。在卡达尔时代，社会最上层25%人的人均收入比最下层25%的高4—5倍。1992年则高出7倍，2003年高8.4倍，之后差距逐渐缩小。在欧盟国家中，匈牙利的收入差距位于平均水平，比斯堪的纳维亚国家高，比西欧国家低。一半人的收入为最高和最低收入的平均数，平均线下的人占全民35%—40%。

最高收入者为中高层领导、成功企业家、知识分子精英及一些低层领导和车间主任等，大部分知识分子、办公室职员、独立的工商业者和技术工人等为中等收入者。无一技之长的工人、农民、农业劳动者、鳏夫和寡妇、残疾人和失业者们处于最低生活线上，1989年有1.4万人，1993年达到60万人，之后渐渐减少，2000年仍有40万人，占有收入者的8%。71%抚养3个或3个以上孩子的家庭、56%茨冈人家庭的收入都不到平均值的一半。卡达尔时代的最后10年，62%有劳动能力的茨冈人上班工作，1993年下降到22%，这种状况一直维持到今天，他们处在150万穷人的行列。

家庭和子女补贴

历届政府都对有子女的家庭给予资助，主要包括如下方式：

1）婴儿护理费（CSED，Csecsemőgondozási díj）从生育前 28 天起享受 168 天，条件是生育前两年累计工作至少 365 天。

2）儿童护理费（GYED，Gyermekgondozási díj）始于 1985 年，婴儿护理费停止后开始领取，直到孩子满 2 周岁为止，每月 6.3 万福林。2019 年起改为国家最低工资两倍的 70%。2019 年最低工资为 19.5 万福林，即儿童照料费为每月 27.3 万福林。

3）儿童护理补贴（GYES，Gyermekgondozást segítő ellátás）始于 1967 年，享受至 3 周岁为止，2017 年补贴为每月 28.5 福林。

4）家庭补贴享受到年满 18 周岁。抚养一个孩子的家庭每月获得 12200 福林，两个孩子的家庭每月每个孩子获得 13300 福林，三个或三个以上孩子的家庭每月每个孩子获得 16000 福林的补贴。该补贴自 2008 年至今没有提高，虽然购买力下降了 36%。

5）育儿津贴（GYET，Gyermeknevelési támogatás）针对至少抚养三个孩子的家庭，其中最小的孩子在 3—8 岁之间。补助金额为当年老年退休金的最低额，2017 年为 28.5 万福林。

1990—1994 年家庭补贴的发放按照孩子人数计算，到霍恩政府（1994—1998）时改为与家庭收入挂钩。欧尔班执政时期（1998—2002）恢复了按人数发放，增添孩子必须就学的条件。麦杰希执政期间（2002—2004）再次改为根据家庭经济状况发放，现在的欧尔班政府仍奉行按人数发放的政策。

匈牙利社会福利开支占 GDP 的比重在东欧国家中最高，2006 年占 18%，略低于当时欧盟的平均值。虽然有子女的家庭获得了各种资助，但人均平均收入仍远远低于无子女的家庭。

⅔ 的人居住在城市

卡达尔时代后期及制度变更后，小农村、小城镇和农业城市基本没有了。20 世纪 90 年代中期 100 个大的乡镇晋级为城市。21 世纪初，匈牙利的定居结构由 2898 个村（镇）、214 个城市和 22 个州级城市以及首都组成。2000 年 ⅓ 人口居住在 1 万人口以上的大城市中，⅓ 居住在 5000 到 1 万人口的城市中，剩余 ⅓ 则居住在较小的村镇中。20 世纪 80 年代中后期大城市的人口开始减少，主要由于人口的减少及人们离开了大城市。在布达佩斯最为显著，1990—2000 年间人口减少了 25 万。

消费结构的改变、住房和卫生状况也反映了居民收入和生活环境的变化。由于国家取消对能源价格的补贴，住房支出翻了一番。居民的食品支出没有太大变化，而服装和耐用消费品的价格有所下降。1996 年 42% 的家庭支出用于购买食品，21% 用于住房。此后，食品支出减少，而耐用消费品和各种服务项目的支出逐渐增加。

1995 年，位于收入最高层的 10% 人的肉类消费量比最底层的 10% 的多一倍，新鲜蔬菜消费上多 2 倍，新鲜水果上多 4 倍。服装上的差距为 2.3 倍，保健和化妆支出的差距为 3.5 倍，文教和娱乐的差距为 6—7 倍。

居住条件

住房建设的速度从 20 世纪 80 年代开始放慢。制度变更后建房兴趣更低了。之后，欧尔班政府提出有利贷款条件，从 2000 年起人们开始对建房产生兴趣。1990—2006 年住房数量从 380 万套增加到 420 万套。2007 年，由于人口的减少及新住房的建造，平均每套住房居住人口减少为 2.5 人，每百个房间居住人口减少到 92 人。基本上每个人都拥有一个独立的房间。但从平均数上看并不理想，2001 年两人以上同居一间房的三间一套住房有 20 万人。茨冈人的居住条件基本如此。

90% 的住房中有自来水、厕所、洗澡间或洗浴室，70% 的住房中通了天然气管道。⅔ 的住房有下水道，布达佩斯 90% 的住房有下水道，乡镇不到 ⅓。2017 年全国有 1.1 万无家可归者，大部分在布达佩斯，政府为他们开设了 100 个白天或夜间的取暖房和 40 个供餐点。

医疗条件

医院数量从 1989—2005 年减少了 20%，但医生人数和卫生保健费并没有减少。2003 年，卫生事务支出占 GDP 的比重为 8.4%，在欧盟名列第 15 位。虽然医院数量减少了，但每万人平均占有床位为 80 个，远远超过欧盟 60 个的平均数。

第五章　现任政府及其愿景——欧尔班的第四届政府（Orb á n Viktor，2018- ）

匈牙利于 2018 年 4 月 8 日举行了国会选举，青民盟和基民党的执政联盟获得国会 199 个议席中的 133 个，占 ⅔ 多数。5 月 10 日，根据总统阿戴尔·亚诺什提名，新国会以 134 人赞成 28 人反对选举欧尔班·维克托为总理，社会党、“政治可以不同”和“对话”党没有参加选举，以此表示抗议。欧尔班成为匈牙利历史上唯一四次当选总理的人。5 月 18 日，欧尔班在国会宣誓就职。新政府由 10 个部委组成：农业部、内务部、人力资源部、国防部、司法部、创新和科技部、外交和对外经济部、财政部、总理内阁办公室和总理府。欧尔班就新设立的创新和科技部表示，“新技术时代已经开始，新政府的组成必须适应这一挑战”。

总理在就职后的演讲中说，“欧洲的经济重心逐渐向东部转移，包括匈牙利在内的中东欧国家是欧盟发展最快的地区”，“在 1990 年时，欧洲是我们的未来。当今，我们是欧洲的未来”。他还说，“匈牙利政府将是自由的匈牙利人和主权国家匈牙利的政府。我们想要一个强大的欧洲，我们需要欧盟，欧盟也需要我们。但是，欧盟应该是自由国家的联盟，必须放弃‘欧洲合众国’的噩梦，回到现实中来”。

欧尔班公开宣布：“自由民主的时代结束了。我们将以 21 世纪的基督教民主代替陷入困境的自由民主，基督教民主能保证人们的尊严、自由和安全，保证男女平等、传统的家庭模式，控制反犹太主义，维护基督教文化，为我们民族生存和繁荣提供机会。我们是基督教民主主义者，我们需要基督教民主。”

欧尔班坚决反对强制性移民配额制，他说，“现在的布鲁塞尔把移民当作基本人权，因此，他们想剥夺我们决定接受谁和不接受谁的权力”，“我相信，移民最终会导致民族和国家崩溃，民族语言被削弱，国界被消除，民族文化被融化，最后只剩下一个独一无二的统一的欧洲政府”，“我们反对强制性移民配额，主张基督教文化并为保卫我国的边界而战斗”。

欧尔班公布 2018 年为家庭年，政府将把国内生产总值的 5%（约 2 万亿福林）用于补助家庭。其目的是提高出生率，2018 年抚养两个孩子的家庭税务优惠由原先的 3 万提高到 3.5 万福林。

2017 年政府通过了 3 年期的涨薪计划，涉及所有直接或间接属于国家发展部的国家控股经济实体。在此框架下，2017—2019 年之间上述经济实体中工资平均增长了 30%，涉及 14 万工作人员。条件是职员在今后 3 年内不得就工资问题采取任何针对雇主的活动。

截至 2030 年的十大任务

欧尔班在新政府成立后的首次国会演讲中说，“我们不要制定 4 年的计划，要制定 10 年甚至 12 年的计划，因为欧盟的下一个预算期到 2030 年结束”，“说实在的，我一直把 2010—2030 年这二十年作为一个统一的时代看待”。截至 2030 年政府定下了十大任务：

1）“到 2030 年，匈牙利在欧盟中要进入生活、居住和劳动条件最好的前 5 个国家之列，我认为届时我国在新的竞争能力排行榜中也有可能进入欧盟 5 强”。

2）制止匈牙利人口的自然减少。

3）将快速公路修到每个州级城市，各条高速公路修到国界线，从国家的任何地点出发都可以在 30 分钟之内到达快速公路。

4）新的太阳能光伏电站及帕克什（Paks）核电站二期工程，将使匈牙利进入清洁和可持续的能源生产国的先进行列。

5）引进高产值和高工资的投资项目，匈牙利将在这个领域进入世界 10 强国家之列。

6）在匈牙利的出口产品中，将国内企业所占比例提高到 50%。

7）大力减少流行疾病，为此要让卫生事业更加合理化，并实行强有力的激励措施。

8）建立新的匈牙利国防军，我们的邻国们都在备战。一个民族如果不能自卫，那是不负责的，是在犯历史性的错误。

9）经济上要把构成历史命运共同体的中欧建设好，要把各国首都和大城市用公路、铁路和航空联结在一起。

10）要把昔日的伟大和豪华归还给布达佩斯。